미술은   철학의   눈이다

엮은이 **서동욱**

벨기에 루뱅 대학에서 철학박사학위를 받았고, 현재 서강대학교 철학과 교수이다. 시인이자 평론가이며 계간『세계의 문학』편집위원이다. 지은 책으로『차이와 타자』『들뢰즈의 철학』『일상의 모험』『익명의 밤』『철학연습』등이 있다.

필자 소개 (가나다순)

강우성 서울대 영문과 교수
김동규 서강대 철학과 강사
김상현 성균관대 학부대학 대우전임교수
김재희 이화여대 이화인문과학원 HK연구교수
맹정현 서울정신분석포럼 SFP 회원
박기순 충북대 철학과 교수
서동욱 서강대 철학과 교수
신인섭 강남대 철학과 교수
윤성우 한국외대 철학과 교수
지영래 고려대 불문과 교수
하피터 경희대 체육대학원 교수
허 경 한국근현대문화사상연구소 공동 대표

현대의 지성 155

미술은 철학의 눈이다
하이데거에서 랑시에르까지, 현대철학자들의 미술론

제1판 제 1쇄   2014년 6월 10일
제1판 제12쇄   2024년 11월 12일

엮은이   서동욱
펴낸이   이광호
펴낸곳   ㈜**문학과지성사**
등록번호   제1993-000098호
주소   04034 서울 마포구 잔다리로7길 18 (서교동 377-20)
전화   02) 338-7224
팩스   02) 323-4180 (편집)   02) 338-7221 (영업)
전자우편   moonji@moonji.com
홈페이지   www.moonji.com

ⓒ 강우성, 김동규, 김상현, 김재희, 맹정현, 박기순, 서동욱, 신인섭,
　윤성우, 지영래, 하피터, 허경, 2014. Printed in Seoul, Korea.
ISBN 978-89-320-2626-8

현대의 지성 155

미술은 철학의 눈이다

하이데거에서 랑시에르까지, 현대철학자들의 미술론   서 동 욱 엮 음

문학과지성사
2014

철학은 안대를 풀고 미술의 빛을 본다

철학자들은 유령처럼 투명한 자신의 생각을 보아야 하기 때문에 그림과 조각을 필요로 한다. 철학자는 만지는 자이고 듣는 자이기도 하지만 무엇보다도 보는 자이다. 어떤 의미에서 철학은 보는 일에서 자신의 완성을 구한다. 가령 플라톤은 우리에게 익숙한 세상을 한낱 껍데기로 여기고 그 배후에서 세상을 질서지우는 가장 근본적인 것을 보고 싶어 했고, 그것을 '이데아ἰδέα'라고 불렀다. 그런데 헬라스 말 '이데아'란 '사물의 보인 모습'을 뜻한다. 보이는 것을 극도로 혐오했던 인간이 궁극적으로 염원했던 것은 놀랍게도 사물의 '진짜 보인 모습'이었던 것이다. 그의 철학 자체가 사람들이 이데아를 볼 수 있도록 해주는 것, 바로 이데아의 전람회 아닌가?

인류는 보고자 하는 욕망을 포기한 적이 없으며(그런 뜻에서 스스로 시력을 상실한 오이디푸스는 비극의 극단이다), 바로 그 욕망 때문에 역설적이게도 가장 먼저 눈에 들어오는 것, 일상적 비전을 시시하게 여졌다. 우리는 눈을 뜨고 세상의 햇살과 색깔과 사물의 형태들을 보고 있지만, 사실 이때 보고 있는 것은 고집스럽게 우리의 망막을 가리고 있는 상식, 뻔한 이야기와 뻔한 도덕, 뻔한 감동이다. 세상의 진정한 국면을 바라볼 수 있기 위해서는, 동굴의 비유에 한참 늦게 첨가된 동방인의 후기라 할 만한, 다마스쿠스의 박해자의 눈에서 비늘이 떨어져나가는 사건이 일어나고 또 일어나야 하는 것이다.

그런데 바로 우리에게 눈을 뜨게 해주는 사건, 세계 안의 평균적인 가시성이라는 맹인의 안대를 풀고 근본적인 것을 향해 시야를 열어주는 사건이 있는데, 그것이 바로 '미술'이다. 미술에 대한 현대철학자들의 열광적인 몰두는 안구를 새로운 빛으로 가득 채우는 저 사건의 위대성을 존중하는 작업이다.

현대철학의 영토를 나누어 가진 큰 권역들 가운데 대표적인 것으로, 독일과 프랑스를 중심으로 전개된 '현상학 및 실존주의적 경향'과 이른바 '포스트모던적 사유'라는 전위적 철학 운동의 갈래가 있다. 현상학적·실존주의적 철학이건 또는 포스트모던적 사유의 모험이건, 우리 시대를 대표하는 두 철학적 경향은 철학적 개념의 추상성을 넘어 삶의 구체적 국면들에 접근하여 개념을 살아 있는 그림으로 만들기 위한 노력을 게을리하지 않았다. 이들 철학이 자신의 개념에 색을 입히기 위해 공통적으로 몰입한 것이 바로 미술이다. 미술은 철학의 눈을 뜨게 해주며, 또 철학이 입고 있는 옷의 현란한 색깔을 사람들이 볼 수 있도록 해준다. 철학은 미술을 통해서 스스로가 벌거벗은 임금님이 아니라는 것, 지금 허구의 의상을 입고서 옷 자랑을 하는 사기극에 연루된 것이 아니라는 것, 그러니 진짜 색깔을 지닌 세상에서 자신이 진지하게 활동하고 있다는 것을 증명할 수 있는 것이다.

이런 배경 아래 우리는 이 책에서 현대철학자들과 미술가들이 맺는 특별한 관계의 목록을 제시하고 있다. 목록의 첫번째 부분(제1부)은 현상학 및 실존주의적 철학의 논제들에 색깔을 주는 미술에 관한 것이다. 하이데거가 몰두한 반 고흐의 구두 그림(하피터), 사르트르의 조각가 자코메티(지영래), 레비나스의 조각가 소스노(서동욱), 메를로-퐁티의 세잔(신인섭), 리쾨르의 렘브란트(윤성우), 미셸 앙리의 칸딘스키(김재희), 마리옹의 로스코(김동규). 그리고 목록의 두번째 부분(제2부)은 구조주의 이후 사상가들의 철학에 대해 빛과 색이 되어주는 미술에 관한 것이다. 라캉의 홀바인(맹정현), 리오타르의 뉴먼(김상현), 들뢰즈의 베이컨(서동욱), 푸코의 마네(허경), 데리다의 아다미(강우성), 랑시에르의 조각가 로댕(박기순). 우리는 이 책에서 현대 사상의 가장 뜨거운 용광로를 미술품이 걸린 회랑을 걸으며 통과하게 될 것이다.

철학자들이 미술을 빌려 비로소 자신의 개념에 삶의 구체적인 무늬를 입힐 수 있게 되었을 때, 그와 동시에 예술가들의 작품의 가장 근본적인 국면 역시 함께 빛을 얻는다. 그러니 이 책은 한편으로 비가시적인 철학이 육화하기 위한 환등기이며, 다른 한편으로 미술의 현란한 질료 안에 담겨 있는 비밀스러운 이념이 철학을 통해 비로소 말을 시작하는 자리이기도 하다. 요컨대 이 책은 오래전 그리스인들이 우리 삶이 그로부터 자라나오는 두 뿌리의 명칭으로 부른 것, 즉 '노에인 voεĩv'과 '아이스테시스 αἴσϑησις,' 생각함과 감각함이 어떻게 최상의 학문의 형태와 최상의 예술의 형태로 서로 조화하는지 보여주고자 한다.

현대 사상의 가장 대표적인 철학자들의 미술론을 이렇게 한자리에서 집중적으로 성찰하는 유례없는 작업이 가능했던 것은 이 분야에서 최고의 역량을 쌓은 필자들 덕분이다. 책의 최초 기획부터 출판까지 8년 가까운 시간이 걸렸고, 그사이 책은 더 넓은 범위로 확장되면서 보다 많은 전문가들을 모이게 했다. 좋은 원고를 주시고 긴 과정을 함께해주신 강우성, 김동규, 김상현, 김재희, 맹정현, 박기순, 신인섭, 윤성우, 지영래, 하피터, 허경 선생님께 이 자리를 빌려 감사의 말씀을 올린다.

이 책은 우리 문화 속에서 늘 학문과 예술의 버팀목이 되어주는 문학과지성사의 이해와 배려 속에서 탄생했다. 공부하고 글을 쓰는 일을 하는 자에게 이 사실은 더할 나위 없는 위안이고 기쁨이다.

수술을 성공적으로 끝내기 위해선 눈이 좋은 의사가 필요하듯, 어지러운 교정지의 배를 꿰매 무사히 책의 형태 안에 봉인하기 위해서는 눈이 좋은 분들이 필요하다. 꼼꼼한 솜씨로 책을 만들어준 편집부의 최대연 씨, 그리고 정성과 정확함을 가지고 책의 교정과 색인 작업에 많은 도움을 준 서강대 철학과 대학원의 이솔, 눈이 좋은 이분들께도 감사의 마음을 전한다.

2014년 초여름
서동욱

차 례

제1부

실존주의와 현상학의 미술 체험

1장
하이데거의
미술론

반 고흐

마르틴 하이데거
Martin Heidegger
1889~1976

빈센트 반 고흐
Vincent van Gogh
1853~1890

전통 회화론과 달리 하이데거는 회화의 본질을 '미' 개념이 아닌 '진리' 개념에서 찾는다. 여기서 언급되는 진리는 전통 형이상학적 진리 개념처럼 대상과의 '일치함'이 아니라, 도구의 기능에 대한 '비은폐성'을 의미한다. 도구의 진정한 기능은 비목적론적인 가능성에 있는데, 이러한 가능성은 비일상적인 세계에서만 만날 수 있다. 그리고 일상적인 세계에서는 감춰져 있는 비일상적인 세계는 회화에서 체험될 수 있다. 반 고흐의 촌 아낙네 구두 회화에서 비일상적인 세계와 그에 속해 있는 도구의 진리는 화가의 천재적 예술행위에 의해 구두 도구가 화폭 위에 재현될 때 비로소 밝혀진다.

그러나 하이데거에게 화가의 천재적 행위는 세계와 무관한 채 허공에 떠 있는 개별적인 주체의 자유로운 행위를 의미하지 않는다. 화가의 창조적 행위는 근본적으로 '민족'을 전제로 하며, 또한 전승된 문화를 의미하는 '대지'에 뿌리박고 있다. 이러한 사실을 우리는 하이데거의 회화론에서 확인할 수 있다. 촌 아낙네의 구두를 재현한 반 고흐의 「구두」에 대한 분석에서 하이데거는 실존적 진리 개념의 가능 조건인 미학적 자유, 즉 '유희 공간'이 세계에 던져져 있음을 분명하게 보여준다.

반 고흐의 「구두」 그림과 미학적 진리 개념

하피터

1. 들어가며

1935년 11월 하이데거는 프라이부르크 대학에서 "예술작품의 기원"이라는 제목으로 공개강연을 했고, 1년 뒤에 이 주제를 보완하여 프랑크푸르트에서 같은 제목으로 세 번의 강연을 했다. 하이데거의 유명한 예술철학론이 전개된 『예술작품의 근원』은 바로 이 프랑크푸르트 강연의 강의록이다. 이 강연에서 하이데거는 전통 회화론과는 구분되는 새로운 회화론을 정초하고자 하는데, 그것은 반 고흐의 구두 회화에 대한 분석에서 찾을 수 있다. 이때 제시된 하이데거의 예술(회화)론은 가다머가 증언한 바와 같이,[1] 그 당시 사람들로부터 많은

---

1) H.-G. Gadamer, "Zur Einführung," M. Heidegger, *Der Ursprung des Kunstwerkes*, Stuttgart: Reclam, 1978, p. 108.

〈그림 1〉 빈센트 반 고흐, 「구두」(1886)

'놀라움'을 자아냈으나, 58쪽이라는 짧은 분량에 단편적으로만 제시됨으로써 매우 난해한 이론으로 평가되었다. 『예술작품의 근원』의 단편적인 설명을 통해 해명되는 하이데거의 회화론을 이해하기 위해서는 그 당시 이루어졌던 하이데거의 다른 강의들과의 연관성 속에서 그 강의 내용들이 함축하고 있는 철학적 문맥이 전제되어야 한다.

잘 알려진 바와 같이, 1932년경부터 하이데거는 『존재와 시간』 (1927)에서 확립된 실존적인 사유의 길과는 다른 새로운 사유의 길을 열어 밝히고자(탈은폐) 하는데,[2] 이 시기부터 1944년까지 하이데거는 미학에 대하여 집중적으로 논의하며 특히 니체와 횔덜린의 예술사상을 심도 있게 다룬다. 『예술작품의 근원』과 관련지어 이 시기에 했던 강의 중에 특별히 주목할 만한 것들은 『형이상학 입문』(1935),[3] 『니

---

2) 하이데거를 한순간에 유명하게 만든 저서 『존재와 시간』은 원래 총 3부로 계획되었는데, 3부는 유보된 채 1부와 2부만 출판되어 미완성으로 남아 있는 책이다. 그래서 『존재와 시간』 출판 이후 하이데거가 가장 중점을 두었던 점은 3부를 빨리 마무리 지어 미완성으로 끝난 『존재와 시간』을 완성하는 것이었다. 그런데 하이데거는 『존재와 시간』을 완성하려는 계획을 1930년 초까지 유지하다가 어느 시점에서 포기하게 된다. 이러한 사실은 하이데거가 1932년 자신의 절친한 친구인 블로흐만E. Blochmann에게 보낸 편지에서 확인할 수 있다. "사람들은, 내가 지금 『존재와 시간 II』를 쓰고 있다고 생각하고 있으며 또 이미 그것에 대해 이러쿵저러쿵 이야기하고 있습니다. 좋을 대로 하라지요. 하지만 『존재와 시간 I』이 한때 나에게는 나를 어디론가 이끌어준 하나의 길이기는 했으나 지금 그 길은 더 이상 왕래가 끊겨버렸고 이미 흔적이 없어져버렸기에, 나는 『존재와 시간 II』를 더 이상 쓸 수가 없습니다. 나는 도대체 지금 아무 책도 쓰고 있지 않습니다"(F. W. 폰 헤르만, 『하이데거의 예술철학』, 이기상·강태성 옮김, 문예출판사, 1997, p. 41). 이 편지에서 볼 수 있듯이, 하이데거는 『존재와 시간』에서 제시된 사유의 길을 더 이상 걷지 않기로 결심하며, 이와는 다른 새로운 사유의 길을 찾으려고 시도한다. 그의 예술철학은 바로 이러한 과정에서 성립된 사상이다.

3) 마르틴 하이데거, 『형이상학 입문』, 박휘근 옮김, 문예출판사, 1994. 이 책은 두 가지 의미에서 하이데거의 『예술철학의 근원』을 읽는 데 필히 참조되어야 한다. 첫째, 이 책을 통해 '도약Sprung'의 의미를 함축하고 있는 하이데거의 용어 "근원Ur-sprung"을 『예술철학의 근원』의 경우처럼 단편적이지 않고 포괄적으로 접근할 수 있다. "다음과 같은 사실 안에, 즉

체』(1936~42),[4] 『횔덜린 시에 대한 강의』(1934~42)[5] 등이 있다. 이
강의들에서 하이데거가 추구하는 것은 전통적인 방식으로 이해된 "미
학의 극복"[6]이다. 이 같은 시도를 정당화하기 위해 그는 예술 또는 회
화가 전통적인 미학에서처럼 '미'에 관계하는 것이 아니라, '진리'에
관계한다고 주장한다. "요컨대 예술은 진리를 작품 속에서 창작적으
로 보존함이다. 그리고 **그런 의미에서 예술은 진리가 되어가고 일어나는**

사람들이 그것이 진정이었던 거짓이었든지 간에 지금까지의 자신의 인간존재를 감싸 보호
하고 있던 안일로부터 뛰쳐나오도록 해주는 그와 같은 도약Sprung 속에 그 근원Absprung
을 가지고 있다는 사실을 경험하게 되는 것이다. 〔……〕여기서 이 '도약'이 의미하는 것은
차후 점차로 밝혀질 것이다"(p. 29). 둘째, 이 책을 통해 『예술철학의 근원』의 핵심적인 주
제이기는 하나 모호하게 남아 있는 예술과 정치의 관계를 보다 분명하게 볼 수 있다. "그래
서 이 투쟁은 창조적인 사람들로부터, 시인들로부터, 사색하는 사람들로부터, 그리고 위대
한 정치가들로부터 이끌어지는 것이다"(p. 108).

4) 마르틴 하이데거, 『니체 1·2』, 박찬국 옮김, 길, 2012. 『존재와 시간』 출판 이후 새로운 사
유의 길을 정초하기 위해 하이데거가 가장 집중적으로 연구한 철학자는 바로 니체이다. 니
체 철학의 중심 개념인 "힘에의 의지Willen zur Macht"의 본질을 예술과 결부시켜 분석한
하이데거의 『니체』 제1권은 특히 『예술작품의 근원』을 이해하는 데 있어서 매우 결정적인
책이다.

5) 마르틴 하이데거, 『횔덜린의 송가 〈이스터〉』, 최상욱 옮김, 동문선, 2005. 『예술철학의 근
원』에서 하이데거는 반反형이상학적 예술론을 펼치고자 시도하는데, 그는 이러한 예술론의
단초가 횔덜린의 시에서 발견된다고 주장한다. "만약 엄밀히 서구적인 개념 안에서, 단지
형이상학적인 예술로서의 예술만이 존재한다면, 횔덜린의 시는 만약 그것이 형이상학적이
지 않다면 더 이상 '예술'도 아니다. 예술과 형이상학의 본질은 횔덜린의 시에게, 그것에 걸
맞은 본질 공간을 부여하는 데 충분하지 않다. 그러나 이 시는 만약 그것이 형이상학적이지
않다면 또한 '철학'도 아니다; 왜냐하면 플라톤 이래 '철학'이라고 불린 모든 사유는 형이상
학이기 때문이다"(p. 46). "거의 2500년간 지배적이었던 공간-시간-표상들은 형이상학
적인 방식이다. **그러나 이제 횔덜린의 송시는 모든 형이상학으로부터 떨어져나왔고**, 그럼에도
강물의 시를 지음에 있어 필연적으로 인간의 역사성과, 장소와 시간이 서로 지어진다면 형
이상학은 장소성과 방랑성, 그리고 그 통일성을 밝히는 데 직접적으로 아무런 도움도 주지
않을 것이다"(p. 88, 강조는 필자).

6) M. Heidegger, *Contributions to Philosophy*, P. Emad & K. Maly(trans.), Bloomington:
Indiana University Press, 1999, p. 354.

하나의 방식이다ein Werden und Geschehen der Wahrheit."⁷⁾ 하이데거는 이 같은 명제를 증명해 보이기 위해 반 고흐의 촌 아낙네 구두 회화를 예로 든다. "고흐의 그림은 도구, 예컨대 한 켤레의 촌 아낙네의 구두가 진실로 어떻게 존재하고 있는가를 개시Eröffnung하고 있다."⁸⁾ 그의 회화론에 따르면 반 고흐의 촌 아낙네 구두 회화는 구두의 본질이 무엇인가를 진실로 보여준다.

일견 예술작품이 '진리'에 관계한다는 주장은 마치 회화의 본질이 화가(주체)에 의한 예술작품의 사실적 재현에 있다고 설명하는 것처럼 보인다. 이 관점에서 볼 때, 반 고흐의 「구두」가 진리와 관계한다는 것은 천재적인 화가 반 고흐가 눈앞에 실재하는 구두를 있는 그대로 화폭에 재현했음을 의미하는 것 같다. 하지만 하이데거는 자신의 진리 개념은 이러한 견해와 다르다고 주장한다. "고흐의 그림은 현실적인 구두로부터 하나의 모상Abbild을 이끌어내 그것을 예술적 생산품 속으로 옮겨놓았기에 예술작품이란 말인가? 결코 그렇지 않다."⁹⁾ 하이데거가 회화론에서 말하는 진리는 전통 형이상학적 진리의 경우처럼 사물과 지성의 '일치함'을 의미하지 않는다. 또한 회화에서 수립되는 진리는 천재적인 예술가에 의해 창조되는 진리를 지칭하지 않는다. 그러면 반 고흐의 촌 아낙네 구두 회화에서 개시되는 진리는 무엇

---

7) 마르틴 하이데거, 『예술작품의 근원』, 오병남·민형원 옮김, 예전사, 1996, p. 90. 예술작품을 진리와 연관 짓는 하이데거의 예술(회화)론을 이해하는 데 있어서 다음의 책들은 매우 중요하다. F. W. 폰 헤르만, 『하이데거의 예술철학』; J. Derrida, *The Truth in Painting*, G. Bennington & I. McLeod(trans.), Chicago: The University of Chicago Press, 1987, pp. 255~382.

8) 마르틴 하이데거, 『예술작품의 근원』, p. 40.

9) 같은 책, p. 42.

을 의미하는가? 반 고흐의 「구두」와 진리의 관계를 규명하면서 하이데거는 예술작품의 본질을 전통 형이상학적 방식과는 다르게 규정하는데, 진리를 수립하는 하이데거의 회화론을 이해하기 위해서는 이러한 차이점이 먼저 밝혀져야 하며, '미'는 곧 '진리'라는 근본 명제를 파악해야 한다. 따라서 이 글에서는 미를 통해 드러나는 진리가 무엇인지를 하이데거의 예술론과 『존재와 시간』에서 확립된 진리 개념을 연관 지어 해명하고자 한다.

2. 예술작품과 도구

하이데거에게 있어서 회화의 본질은 사물을 완벽하게 재현하여 훌륭한 모사품으로 그리는 데 있지 않다. 하이데거는 이 같은 사실을 반 고흐의 촌 아낙네 구두 회화를 예로 들어 보여주고자 한다. 그의 해석에 따르면, 반 고흐가 그린 구두는 실제로 농부가 들판을 걷기 위해 사용한 구두의 모사품이 아니다.[10] 왜냐하면 구두는 일상세계에서 사용되는 '도구'이지 인식에 의해 표상되는 '대상'이 아니기 때문이다. 하

---

10) 반 고흐 자신도 초상화가나 회화 화가가 자신들의 작품에서 추구하는 것은 사실적인 모사품을 만들어내는 것이 아니라고 주장한다. "내가 훌륭한 형태들에 대해 그렇게 필사적이라는 것을 세레Ch. E. Serret에게 말했을 때, 나는 아카데미적으로 정확하기를 원하지 않으며, 사진에서 땅을 파고 있는 사람의 경우, 그는 정말로 땅을 파고 있는 것이 아니라고 나는 말하고 싶다. 나는 미켈란젤로의 그림들을 찬양할 만하다고 보는데, 그것은 왜냐하면 결정적으로 다리들이 너무 길고, 엉덩이와 넓적다리가 지나치게 크기 때문에…… 그 진실한 그림들은…… 그것들이 주는 느낌만큼…… 그 정도로 사물들을 다듬은 것은 아니다"(R. G. 콜링우드, 『상상과 표현』, 김혜련 옮김, 고려원, 1996, p. 72 참조).

이데거는 자신의 회화론이 함축하고 있는 비사실적인 재현의 특성을 보여주기 위해 '도구' 개념을 강조하는데, 이 도구는 사물에 대한 전통 형이상학적 규정으로부터 벗어나 있다.

전통 형이상학은 — 하이데거의 해석에 따르면 — 예술작품을 포함한 모든 사물을 '형식화된 질료'로 규정한다. 즉 전통 형이상학은 '질료hyle'와 '형식morphe'의 개념틀로써 모든 사물의 구조를 파악한다. 이러한 개념틀에 의하면, '질료'는 사물을 경험하는 데 있어 우리의 감각을 자극하는 것들, 즉 색깔, 소리, 굳기, 부피 등을 의미하는 반면, '형식'은 변하지 않고 그 자체로 있는 사물의 고유한 항구성Standhaft-igkeit을 지칭한다. 사물에 대한 이 같은 형이상학적 규정은 고대 그리스 철학에 의해 고안된 '질료'와 '형식'의 개념틀 위에 기초한 것인데, 이는 고대 그리스와는 다른 세계관을 가진 중세 시기에도 여전히 유지되었다. 사물 전체를 피조물, 즉 제작된 것으로 파악하고자 하는 기독교 신앙에 바탕을 둔 스콜라 철학은 피조물ens creatum을 질료와 형식의 통일로 파악했다.

이는 근대 형이상학에서도 여전히 유효하다고 하이데거는 역설하며, 특히 코페르니쿠스적 전환을 통해 고대와 중세 철학과는 전혀 다른 철학적 사유를 보여준 칸트의 비판철학에서도 이 같은 개념틀은 여전히 유지된다고 강조한다. "아무튼 그렇게 해서 질료와 형식에 의한 사물 해석은, 그것이 중세적인 것에 머물든 혹은 근대의 칸트식 선험철학의 형태로 나타나든, 우리에게 친숙하고 자명한 것이 되어버렸다."[11] '질료'와 '형식'의 개념틀에 의하면 사물의 본질은 한편에서 감

---

11) 마르틴 하이데거, 『예술작품의 근원』, p. 32.

각기관을 통해 지각되는 '질료'에 의해, 다른 한편에서는 이성을 통해 부여된 '형식'에 의해 비로소 인지될 수 있다. 그리고 이 같은 전통 형이상학적 사물 규정은 인간이 본질적으로 '이성적인 동물'이라는 사실과 맥을 같이한다.

　이성주의에 기초한 전통적인 사물 규정 방식인 '질료'와 '형식'의 개념틀이 중요한 이유는, 이것이 예술작품에 대한 규정에도 적용되기 때문이다. 예술작품도 하나의 사물인 이상, 그것을 규정하기 위해서는 도식이 필요한데, 질료와 형식이 바로 이러한 도식을 의미한다. "매우 다양한 변형들을 취해오기는 했을망정 질료 — 또는 내용 — 와 형식이라는 구분은 **모든 예술론과 미학 이론들이 사용해온 개념 도식**이었다."[12] 예술작품 또한 '질료'와 '형식'의 개념틀에 의해 규정된다는 사실은 예술작품의 한 종류인 조각의 구조를 분석함으로써 볼 수 있다. 조각은 조각가에 의해 제작된 것으로 파악된다. 그런데 조각가가 조각을 하기에 앞서 필요한 것은 어떠한 형상도 가지고 있지 않은 대리석 덩어리(질료)이다. 조각가는 특정한 형상을 가지고 있지 않은 대리석에 하나의 구체적인 형식을 부여한다. 이렇게 볼 때, 예술작품으로서의 조각은 특정한 형상을 가지고 있지 않은 대리석(질료)과 조각가에 의해 부여된 '형식'의 통일로 간주될 수 있다. 그런데 하이데거는 자신의 회화론에서 이러한 이성주의에 기초한 '질료'와 '형식'의 개념틀에 의거한 사물 개념은 회화의 본질을 규명하는 데 적합하지 않다고 주장한다.

　하이데거에게 있어서 인간의 본질은 그 '실존'에 있다. 그는 전통철

---

12) 같은 책, p. 28.

학에서처럼 인간의 근원적 토대를 이성에서 찾지 않고 실존을 가능케 하는 삶의 영역에서 찾는다. 인간은 사유에 앞서 이미 세계 안에 살고 있는데, 사유에 선행하는 인간 삶에서 드러나는 세계는 이성에 의해 구성된 **주제적인** 세계가 아니라 **전**前**주제적인**vorthematische 세계를 의미한다. 하이데거의 회화론은 전주제적인 세계에 관계하는데, 이는 하이데거의 회화론을 이해하는 데 있어 매우 중요하다. 그리고 전주제적인 세계를 밝히기 위해 하이데거는 사물에 대한 전통 형이상학적 규정에 부합되지 않는 새로운 사물 개념인 '도구'를 제시한다.

하이데거에게서 인간은 전주제적인 세계에서 존재자들과 관계를 맺는데, 이 관계에서 마주하는 사물들은 전통적인 사물 개념인 '실재적 사물Ding-realia'이 아니라, 일상생활에서 사용하는 '도구적 사물 Ding-Zeug'이다. "도구Zeug는 그것의 도구성에 상응하게 언제나 다른 도구에의 귀속성**에서부터** 존재한다: 필기도구, 펜, 잉크, 종이, 책받침, 책상, 등불, 가구, 창문, 문, 방, 등. 이러한 '사물들'은 결코 우선 스스로에게 자신을 내보이고 나서 그다음 실제적인 것의 합으로서 Summe von Realen 방 하나를 채우고 있는 것이 아니다."[13] 전주제적인 세계를 이해하기 위해서는 먼저 '실재적 사물'과 구분되는 '도구'의 특징이 규명되어야 한다.

인간의 전주제적인 주위 세계에서 만나는 '도구'는 우선 전통적인

---

13) 마르틴 하이데거, 『존재와 시간』, 이기상 옮김, 까치글방, 1998, p. 101. 하이데거의 기초 존재론을 전통 존재론으로부터 구분해주는 '도구'의 분석은 『예술작품의 근원』에서는 단편적으로 수행되었지만, 『존재와 시간』에서는 매우 광범위하게 다루어졌다. 따라서 기초 존재론에 근거하는 하이데거의 예술작품론을 이해하기 위해서는 『존재와 시간』에서 전개된 포괄적인 도구 분석을 필히 참조해야 한다.

사물의 경우처럼 질료와 형식의 통일로 이해되지 않고, "무엇을 하기 위한 어떤 것Um-zu"이라는 능력으로 규정된다. "도구는 본질적으로 '무엇을 하기 위한 어떤 것'이다."[14] 그리고 "무엇을 하기 위한 어떤 것"으로서의 도구는 고립되어 있지 않고 항상 다른 도구들과의 "지시 연관성Bedeutsamkeit"[15]을 전제로 한다. 한 예로 못질을 위해 도구로 사용되는 망치가 망치로 존재하기 위해서는 먼저 못과의 연관성 속에 있어야 한다. 따라서 도구는 실재적 사물과는 달리 개별적인 도구로 있지 않고 도구 전체성 안에서만 주어진다. "엄밀히 말해서 **하나의** 도구는 없다. 도구의 존재에는 그때마다 각기 언제나, 그 안에서 도구가 그것이 무엇인 바로 이 도구일 수 있는 일종의 도구 전체가 속한다."[16] 그리고 하이데거는 도구 전체성을 규정하는 "무엇을 하기 위한 어떤 것"은 여러 가지 상이한 방식들, 즉 "유용성Dienlichkeit, 기여성, 사용성, 편의성"[17]으로 특징지어진다고 주장한다. 여기서 제시된 도구 분석에서 중요한 사실은 하이데거는 도구의 본질을 전통 존재론에서의 핵심 개념인 '실체성Substantialität'이 아니라 '유용성'으로 정의한다는

---

14) 같은 책, p. 101.

15) 하이데거의 도구 분석에 있어서 중요한 용어인 "Bedeutsamkeit"는 국내에서는 일반적으로 '유의미성'으로 번역되는데, 이러한 의미 외에도 이 용어는 '지시연관성Verweisungs-zusammenhang'과 관련되기 때문에 '무엇을 지시하다be-deuten'라는 뜻을 함축하고 있다.

16) 같은 책, pp. 100~101.

17) 같은 책, p. 101. 하이데거는 도구의 "무엇을 하기 위한 어떤 것"을 『존재와 시간』에서는 여러 가지 방식으로 표현하지만, 『예술작품의 근원』에서는 오로지 '유용성'만 부각시킨다. "어떤 도구, 예컨대 망치가 손쉽고 간편하게 쓰인다면, 그럴수록 그만큼 더 망치의 제작되어 있음이라는 사실은 무관심 속으로 사라져버린다. 또 그럴수록 더욱더 그 도구는 용도성〔유용성〕이라는 도구 존재 속에서만 그 자신을 드러내게 된다"(마르틴 하이데거, 『예술작품의 근원』, p. 82).

점이다. 그리고 이러한 도구의 '유용성'은 이성에 선행하는 인간 삶을 지탱할 수 있는 전주제적인 세계를 구성한다.

반 고흐의 「구두」에서 촌 아낙네의 구두는 재현되었지만, 여기서 재현된 구두는 '사물로서의 구두'가 아니라, 전주제적인 세계에서 발견되는 '도구로서의 구두'이다. 여기서 우리는 독특한 양식의 재현을 발견할 수 있다. '도구로서의 구두'는 인식에서 경험될 수 없고 '배려함'에서 만날 수 있다. 다시 말해서 도구는 정서적 차원에서만 체험할 수 있다. 따라서 「구두」에서 비사실적으로 재현된 구두는 정서적으로 재현된 것이다. 「구두」가 정서적 재현과 관계한다는 사실은 다음과 같은 하이데거의 상세한 구두 묘사에서 엿볼 수 있다. "구두라는 도구의 실팍한 무게 가운데는 거친 바람이 부는 넓게 펼쳐진 평탄한 밭고랑을 천천히 걷는 강인함이 쌓여 있고, 구두 가죽 위에는 대지의 습기와 풍요함이 깃들어 있다. 구두창 아래에는 해 저물녘 들길의 고독이 저며 들어 있고, 이 구두라는 도구 가운데는 대지의 소리 없는 부름이, 또 대지의 조용한 선물인 다 익은 곡식의 부름이, 겨울 들판의 황량한 휴한지 가운데서 일렁이는 해명할 수 없는 대지의 거부가 떨고 있다."[18] 「구두」에서 드러나는 "밭고랑을 천천히 걷는 강인함" "대지의 습기와 풍요함" "들길의 고독" 등은 오직 정서적 차원에서만 느낄 수 있는 체험들이다.

하이데거의 회화론에서 반 고흐의 「구두」는 정서적 차원에서만 체험되는 '도구로서의 구두'의 재현을 의미한다. 그런데 하이데거에게서 '도구'는 두 가지 방식으로 존재한다. 한편에서 '도구'는 도구의 지

---

18) 마르틴 하이데거, 『예술작품의 근원』, p. 37.

시연관성에 의해 이루어진 일상세계에 속해 있지만, 다른 한편에서는 도구의 지시연관성이 더 이상 유지되지 않는 비일상적인 세계에 있다. 어느 순간 — 가령 도구가 파손되어 제 기능을 하지 못할 때 — 일상세계는 무너져버리는데, 이때 도구는 더 이상 도구의 지시연관성에 의해 규정되지 않는다. 하이데거는 도구의 진정한 본질은 일상세계가 무너진 상태인 비일상적인 세계에서 비로소 드러난다고 주장한다. 그리고 그는 반 고흐의 「구두」에서 일상적인 세계에서 만나는 구두 도구가 아니라 비일상적인 세계에서 드러나는 구두 도구의 진정한 본질이 개시된다고 설명한다.

3. 비일상적 세계에서의 도구의 본질과 반 고흐의 「구두」

반 고흐의 「구두」에 대한 분석에서 하이데거가 보여주고자 하는 것은 도구의 도구성이다. "도구의 도구 존재는 밝혀졌다. 어떻게? 그것은 실제 눈앞에 있는 구두에 대한 기술과 설명을 통해서도, 구두의 제작 과정을 기술함으로써도, 또한 구두의 실제 사용에 대한 관찰에 의해서도 아니다. 단지 고흐의 그림 앞에 섬으로써 도구 존재는 밝혀졌다."[19] 다시 말해서 반 고흐의 「구두」는 도구의 본질을 드러내 보인다. "작품을 통해서 비로소erst 그리고 오직nur 작품 가운데서만 구두라는 도구의 도구 존재가 두드러지게 드러났을 뿐이다."[20] 그런데 「구두」

---

19) 같은 책, pp. 39~40.
20) 같은 책, p. 40.

에서 제시된 구두 도구는 우리가 일상적인 세계에서 만나는 "적나라한 용도성〔유용성〕die blanke Dienlichkeit"[21]에 의해 규정된 도구를 의미하지 않는다. 왜냐하면 "무엇을 하기 위한 어떤 것"으로 규정되는 도구는 일상적인 세계에서는 언제나 다른 도구들과의 연관성 속에 있지만, 한 켤레의 구두는 연관성을 배제한 채 단독으로 있기 때문이다.

하이데거에게 있어서 한 도구가 다른 도구들과의 연관성 속에 있지 않고 개별적인 도구로 남는 것은 일상성에서 비일상성으로 전환됨을 의미하는데, 이 같은 전환은 예술작품에서도 발견된다. "형태 가운데 확립된 작품이 그 자신 속에서 고독하면 할수록, 또 인간들과의 모든 피상적 관계를 떠나 순수하게 있으면 있을수록, 그만큼 더 단순하게 작품이 **존재하고 있다**는 충격이 열려진 터 가운데로 들어서고 더불어 비일상적인 어떤 엄청남〔섬뜩함〕das Ungeheure이 보다 본질적으로 다가온다. 그리고 그것은 이제까지 일상적으로 친숙하게 보였던 것das bislang geheure Scheinende umgestoßen을 허물어뜨린다."[22] 반 고흐의 「구두」가 비일상적인 세계를 드러내는 이유는, 그가 그린 한 켤레의 구두는 도구의 연관성에 더 이상 속해 있지 않은 개별적인 도구를 보여주기 때문이다. 이에 대해 하이데거는 다음과 같이 말한다. "이 한 켤레의 촌 아낙네의 구두 둘레에는 그것이 귀속될 만한 거라곤 아무것도 없이, 다만 무규정적 공간이 있을 뿐이다."[23] 도구 연관성과 모든 문맥으로부터 벗어난 한 켤레의 구두 회화는 비일상적인 세계에서 궁극적으로 드러나는 도구의 본질을 보여주고 있다.

---

21) 같은 책, p. 39.
22) 같은 책, p. 83.
23) 같은 책, p. 37.

이처럼 반 고흐의 「구두」에 초점을 맞춘 하이데거 회화론의 핵심은 비일상적인 세계에서의 도구 존재를 밝히는 데 있다. 그런데 이러한 하이데거의 회화론은 그동안 제대로 이해되지 않아왔다. 특히 이 같은 몰이해는 하이데거의 회화론을 허구라고 비판한 미술사가 메이어 샤피로Meyer Schapiro에 의해 지속되고 있다. 「개인적 사물로서의 정물화The Still Life as a Personal Object」(1968)라는 논문에서 샤피로는 반 고흐의 「구두」에 대한 하이데거의 분석을 다루는데, 그는 하이데거의 회화론은 무지한 상상력에 의해 고안된 허구라고 신랄하게 비판한다. 하이데거에 대한 그의 비판은 반 고흐가 그린 구두의 주인이 대체 누구인가 하는 문제에 초점이 맞추어져 있다. 『예술작품의 근원』에서 하이데거는 아무런 검증도 없이 반 고흐가 그린 구두를 촌 아낙네의 구두라고 단언하는데, 샤피로는 이러한 단언은 미술사적 지식의 결핍에 기인한 오류라고 비판한다. 반 고흐의 회화에 대한 역사적 배경에 정통한 그에 따르면, 반 고흐의 「구두」는 작가가 자신이 신은 구두를 모델로 삼아 1886년 파리에서 그린 그림이다. 그리고 이 시기에 반 고흐는 도회지에 살았기 때문에, 이 구두는 결코 농부의 구두가 될 수 없다고 그는 주장한다. 따라서 반 고흐의 「구두」를 분석하는 데 있어서 역사적 배경을 전혀 고려하지 않은 하이데거는 구두의 주인을 제대로 파악하지 못하는 오류를 범했으며, 이러한 오류에 기초한 그의 회화론은 결국 허구라고 샤피로는 역설한다.[24] 그에 따르면, 구두의 주인을 촌 아낙네로 착각하여 '대지'의 중요성을 강조한 하이데거의 회화론은 난센스에 불과하다. 그러나 샤피로의 비판은 언뜻 정당해 보이

---

24) 박정자, 『빈센트의 구두』, 기파랑, 2005, pp. 165~80.

나, 사실상 하이데거가 추구하는 근본적인 의도를 오해하고 있다.

벨라스케스Diego Velázquez의 그림 「시녀들」에 대한 푸코의 분석처럼, 또는 세잔의 「생트 빅투아르 산」을 자신의 철학사상에 입각해 분석한 메를로-퐁티처럼, 하이데거 또한 반 고흐의 「구두」에 대해 미술사가의 입장이 아니라 그의 기초존재론적 입장에서 접근한다. 하이데거의 회화론에 대한 오해를 피하기 위해서는 이와 같은 사실을 주지해야 한다. 기초존재론에 의하면 근원적인 사물은 도구로 규정되며, 이 도구의 본질은 반 고흐가 그린 「구두」에서도 드러난다. 이처럼 하이데거의 회화 분석은 도구 분석과 관련되기 때문에 샤피로가 생각했던 것처럼 구두의 실제 주인이 누구인가는 여기서 중요하지 않다. 왜냐하면 구두의 주인이 반 고흐 자신이건 또는 촌 아낙네이건 두 사람 모두다 일상적인 세계에서 구두 도구를 사용하기 때문이다. 그렇기 때문에 도구의 본질을 해명하는 것이 하이데거가 추구하는 것이라면, 하이데거의 회화론은 샤피로의 생각처럼 난센스가 아니다. 그런데 다른 도구들과 전혀 관계하고 있지 않은 한 켤레의 개별적인 구두 도구에서 드러나는 도구의 본질은 무엇인가?

앞에서 지적한 바와 같이, '유용성'에 의해 특징지어진 전주제적인 도구는 고정된 '실체성'이 아니라 역동적인 '기능'으로 파악된다. 도구의 '기능'은 다른 도구들과의 연관성에서 무엇을 하기 위한 가능적인 것으로 남아 있으므로, 이 '가능성'은 하나의 목적을 지시하는 '무엇을 위하여Um-zu'에 의해서 규정된다. 예를 들어 망치 도구의 '기능'은 못을 박는 것인데, 망치가 못을 박는 목적을 달성할 때 도구로서의 망치의 '기능'은 제대로 수행되었다고 볼 수 있다. 그리고 이 기능이 수행되었다는 것은 무엇을 하기 위하여 있는 망치 도구의 '가능성'이

실현되었음을 의미한다. 이렇게 볼 때, 일상세계에서 다른 도구들과
의 지시연관성에서 '무엇을 위하여' 사용되는 도구의 '유용성'은 '가
능성'에 의해 규정되며, 도구의 '가능성'은 목적론적인 성격을 띠고
있다.

그런데 인간 삶은 도구의 지시연관성으로 구성된 일상세계에 의해
서만 규정되지 않는다. 이러한 세계 외에도 인간은 비일상적인 세계
를 경험한다. 도구의 지시연관성이 무너져버린 비일상적인 세계에서
도구의 '유용성'은 더 이상 다른 도구들과의 연관성에 있지 않은데, 하
이데거는 이러한 도구의 상태를 "비非지시연관성Unbedeutsamkeit"이
라 부른다. "손 안의 것이나 눈앞의 것의 세계 내부적으로 발견된 사
용사태전체성Bewandtnisganzheit은 그 자체로 도대체 아무런 의미가 없
다. 그것은 그 자체로 무너져 내린다. 세계는 전적인 무의미성
Unbedeutsamkeit의 특징을 띠게 된다."[25] 그리고 이 '비지시연관성'에
서 우리는 일상적인 세계에서 마주하는 도구에서는 찾아볼 수 없는 새
로운 도구의 특징을 발견할 수 있다.

다른 도구들과 관계하지 않는 상태를 의미하는 '비지시연관성'에서
도구는 다른 도구들에게 열려 있는 도구가 아니라, 그 자체로 존재하
는 '닫힌 도구enclosed equipment'로 규정된다.[26] 그리고 이 '닫힌 도구'

---

25) 마르틴 하이데거, 『존재와 시간』, p. 254 참조. 하이데거의 철학에서 "Unbedeutsamkeit"
　　는 일반적으로 '무의미성'으로 번역된다. 그런데 하이데거는 이 용어를 '무엇을 지시하는
　　것'을 의미하는 "bedeutsamkeit"와 대비되는 개념으로 사용하기 때문에, 이 용어는 '무의
　　미성' 외에도 '비지시연관성'이라는 의미를 함축하고 있음을 주목해야 한다.

26) '닫힌 도구'의 개념에서 우리는 예술작품의 존재론적 규정을 논함에 있어 하이데거가 왜
　　도구의 중요성을 강조하는지를 볼 수 있다. 예술작품과 도구는 매우 유사한 존재론적 규정
　　을 가지고 있다. 왜냐하면 '닫힌 도구'와 마찬가지로 예술작품 또한 그 자체로 있는 존재자

의 가능성은 현존재(인간)에 의해 기획투사된 '지시연관성'에서의 '열린 도구'가 가지고 있는 가능성과는 다르게 정의된다. '닫힌 도구'의 가능성은 수단과 목적을 전제로 하는 무엇을 하기 위해 실현되는 목적론적인 가능성으로 특징지을 수 없다. 개별적인 도구로서의 '닫힌 도구'가 가지고 있는 가능성은 독특한 가능성을 열어 밝힌다. 이 독특한 가능성은 비목적론적인 가능성을 지칭한다. 비목적론적 가능성은 목적에 도달하면 실현되는 가능성이 아니라, 절대로 실현 또는 현실화될 수 없고 항상 가능성으로만 남아 있는 가능성을 의미한다.

　이렇듯 반 고흐의 「구두」에 대한 분석에서 하이데거가 밝히고자 하는 것은 비목적론적인 가능성으로 존재하는 구두 도구의 본질이다. 그리고 이러한 구두 도구의 가능성은 앞에서 지적한 바와 같이 "대지의 습기와 풍요함" 속에 있다. 그러나 일상세계에서 촌 아낙네의 구두를 만날 때, 우리는 구두의 이와 같은 특징을 경험할 수 없다. 촌 아낙네의 구두는 단순히 일상세계에 있는 여러 구두 중의 하나로 여겨진다. 그러나 반 고흐는 같은 구두를 지각했음에도 불구하고, 일반인과는 다른 방식으로 경험한다. 반 고흐는 자신의 창조적인 직관을 통해 일상적인 경험에서는 감추어진 구두의 특징을 끄집어내어 화폭에 재현한다. 바로 여기에 그 자체로 있는 구두 도구와 재현된 구두 도구의 차이가 있다. 후자는 전자와는 달리 예술가의 창조적인 행위에 의해 산출된다. 그리고 우리는 반 고흐가 자신의 회화작품에서 창조적으로

로 특징지을 수 있기 때문이다. 물론 예술작품 또한 방을 꾸미기 위한 또는 벽에 있는 구멍을 막기 위한 수단으로 사용될 수 있지만, 이러한 유용성은 부수적이거나 우연적인 속성이다. 다시 말해서 예술작품의 가치는 이러한 유용성에 있지 않다. 예술작품의 근원적인 속성은 어떠한 사물들과도 매개되지 않고 그 자체로 존재하는 데 있다.

재현한 촌 아낙네의 구두를 봄으로써 일상세계에서 경험할 수 없는 도구의 본질을 파악할 수 있다. 하지만 하이데거에게서 화가의 창조적인 행위는 전통 미학이 생각하듯이 독자적인 주체에 귀속되어 있는 행위를 의미하지 않는다. "그러나 근대적 주관주의는 이 같은 창작을 독자적인 주체의 어떤 천재적 행위로 오해한다."[27] 다시 말해 일상세계에서 경험할 수 없는 도구의 본질은 화가의 창조적인(자유로운) 행위에 의해 재현되지만, 이러한 창조적인 행위는 주체에 선행하는 보다 근원적인 토대 위에 있다.

예술작품은 예술가의 기획투사에 의해 정립된다. 하이데거에게 현존재(예술가)의 기획투사는 허공에 떠 있는 가능성이 아니라 역사적인 상황에 놓여 있는 가능성을 말하는데, 이 가능성은 항상 역사성에서 앞으로 선구된 미래와 전해져 내려온 과거 유산 사이에서 동요한다. 여기서 우리는 「구두」에서 드러난 반 고흐의 창의적인 예술행위가 왜 주체의 천재적 행위로 간주될 수 없는지를 볼 수 있다. 반 고흐의 예술행위는 주체 이전에 이미 역사에 침전된 과거 유산을 전제로 한다. 다시 말해 예술작품에서 드러나는 반 고흐의 창조적인 행위는 이미 자신이 몸담고 있는 **역사적인 세계에 의해 매개된** 행위를 의미한다. 주체에 앞서 역사성에 의해 매개된 예술가의 창조적인 행위는 독특한 '자유' 개념을 전제로 하는데, 이는 하이데거의 진리 개념에서 규명할 수 있다.

---

27) 마르틴 하이데거, 『예술작품의 근원』, p. 96.

4. 반 고흐의 「구두」와 자유로서의 진리 개념

상술한 바와 같이, 반 고흐의 「구두」는 일상세계에서 흔히 볼 수 있는 대상으로서의 구두의 재현을 의미하지 않는다. 반 고흐는 일상세계에서 드러나지 않는 도구의 본질을 보여주고자 한다. 예술작품은 숨겨져 있는 본질을 드러내기 때문에 하이데거는 예술작품을 미적 차원이 아니라 진리와의 관계 속에서 고찰한다. 왜냐하면 그에게서 진리 개념은 전통철학적 진리 개념으로서의 '일치함'이 아니라, "숨어 있지 않음Unverborgenheit" 또는 '비은폐성'으로 특징지어지기 때문이다. "이를테면 구두라는 존재자가 자신의 존재, 곧 **숨어 있지 않음** 가운데로 나타난 것이다. 그리스인들은 존재자의 이러한 **숨어 있지 않음**을 **알레테이아**aletheia라 불렀다. 오늘날 우리는 이것을 진리Wahrheit라고 번역해 부르고 있으나 좀체 이 말의 참뜻에 관해서는 생각하지 않는다."[28] 더 나아가 이러한 '숨어 있지 않음'으로서의 진리 개념을 그는 '자유'와 연관 지어 규정한다. "진리의 본질은 자유로서 그 모습을 드러낸다."[29] 반 고흐의 「구두」에서 이러한 진리가 드러나며, 동시에 반 고흐의 창조적인 행위는 '자유'로 규정되는 진리에 근거한다. 그런데 반 고흐의 「구두」에서 개시되는 '숨어 있지 않음'으로서의 진리 개념을 이해하기는 매우 어렵다. 왜냐하면 예술작품의 진리는 전통 진리 개념과는 구분되는 실존적인 진리를 전제로 하기 때문이다. 따라서 예술작품의 진리 개념을 이해하기 위해서는 먼저, 이미 하이데거가

---

28) 같은 책, p. 40.

29) M. Heidegger, "On the Essence of Truth"(1930), *Martin Heidegger: Basic Writings*, D. F. Krell(ed.), New York: Harper & Row Publishers, 1977, p. 128.

『존재와 시간』에서 정초한 실존적인 진리 개념이 어떻게 전통 진리 개념과 구분되는지를 살펴보아야 한다.

플라톤에서 후설까지 전해져 내려온 전통철학의 진리 개념은 다음과 같이 정의될 수 있다. "진리는 사물과 지성의 일치이다veritas est adaequatio rei et intellectus."[30] 여기서 볼 수 있듯이 전통 진리 개념의 근본적인 특징은 ─ 술어적 차원이든 전前술어적 차원이든 ─ '일치 adaequatio'에 있다. 이 '일치'에 의거한 진리 개념에 따르면, 한 사물에 대한 진리 명제는 이 사물이 지성이 가지고 있는 표상에 상응되었을 때 가능하다. 한 예로 눈앞에 있는 구두가 진실로 존재하기 위해서는 이 구두는 지성에 의해 재현된 표상에 일치되어야 한다. 만약에 눈앞에 있는 사물은 구두인데, 이 구두를 인식하는 지성이 다르게 판단했다면 진리가 성립될 수 없다. 하지만 하이데거는 '사물과 지성의 일치'에 근거한 전통 진리 개념을 거부한다. 왜냐하면 그것은 근원적 진리가 아니기 때문이다. 하이데거에 따르면 인간의 근원적인 토대는 '지성'이 아니라 '실존'인데, 전통 진리 개념은 '실존'은 망각한 채 주제적인 차원에 있는 '지성'을 매개로 삼아 사물의 진리에 도달하기 때문에 파생적인 진리이다.

주제적인 차원에서 이루어지는 전통철학적 진리 개념인 '사물과 지성의 일치'는 보다 근원적인 조건을 전제로 한다. 하이데거는 이 근원적인 조건을 "유희 공간Spielraum"이라 부른다. "유한자는 어떤 대상을 마주 서게 하면서 거기로 지향할 수 있게 하는 근본 능력을 필요로 한다. 이러한 근원적 지향을 통해 유한자 일반은 자신에게 어떤 대상

---

30) 같은 책, p. 120 참조.

이 '일치할korrespondieren' 수 있게 하는 하나의 유희 공간을 비로소 자기 앞에 가지게 된다."[31] 다시 말해서 유한자가 대상을 만나기 위해서는 보다 근원적인 진리인 존재의 개시성이 필요한데, 유희 공간은 바로 존재가 발현하는 장소이다. "즉 존재자의 숨어 있지 않음이 본질상 어떤 방식으로든 존재 자신에 속하는 것이라면(『존재와 시간』§44 참조), 존재는 자신의 본질로부터 열려 있음('거기'의 밝힘)의 유희 공간Spielraum der Offenheit을 발생케 하여 이 유희 공간을 그 안에서 각각의 존재자가 자기네 방식대로 출현하는 그러한 것으로서 내어온다."[32] 따라서 존재를 열어 밝히는 유희 공간은 하이데거에게서 근원적인 진리를 지칭한다.

하이데거는 근원적인 진리가 드러나는 토대를 '거기Da' 또는 '세계'라 부르는데, '유희 공간'은 바로 이러한 토대를 의미한다. 그런데 서양 철학사에서 유희 공간을 처음으로 고찰한 철학자는 하이데거가 아니다. 이미 칸트에서 실러에 이르는 독일 관념론 전통에 의거한 미학론에서 유희 공간은 매우 중요한 개념으로 간주되었다. 미학론에서 유희 공간은 목적을 전제로 하지 않고 실행되는 자유로운 행위(놀이)의 근원적인 토대를 의미한다. 그러나 비목적론적인 가능성의 토대인 '유희 공간'이 어떻게 근원적인 진리인 '숨어 있지 않음'으로 이해될 수 있는가?

하이데거의 실존적인 진리 개념을 이해하는 데 있어 중요한 점은,

---

31) M. Heidegger, *Kant und das Problem der Metaphysik*, Frankfurt am Main: Vittorio Klostermann, 1973, p. 67.

32) M. Heidegger, "Der Ursprung des Kunstwerkes," *Holzwege*, Frankfurt am Main: Vittorio Klostermann, 1980, p. 47.

이 진리 개념은 전통 형이상학적 진리의 경우처럼 **대상의 진리**보다는 **도구의 진리**에 관계한다는 사실이다. '대상의 진리'는 이론적인 관찰에서 밝혀질 수 있는 반면, '도구의 진리'는 직접 사용하는 행위에서 드러난다. 가령 망치 도구의 기능은 관찰이 아니라, 직접 못을 박는 망치질에서 알 수 있다. 그런데 도구의 가능성이 제대로 기능하기 위해서는, 도구는 다른 도구들과 맺고 있는 사용 사태Bewandtnis에 올바르게 기입되어야 한다. 만약 도구가 사용 사태에 제대로 기입되지 않았다면, 도구의 가능성은 제 기능을 할 수 없다. 예를 들어 집을 짓기 위해 사용되는 망치는 집을 짓는 도구들의 사용 사태에는 유용하게 쓰일 수 있지만, 다른 사용 사태에서는 무용지물이 될 수 있다. 따라서 '도구의 진리'는 도구를 도구 전체성의 사용 사태 문맥에서 볼 때 제대로 파악될 수 있다. 『존재와 시간』에서 확립된 '숨어 있지 않음'으로서의 실존적인 진리는 인간의 기획투사에 의해 구성된 사용 사태에서 이 같은 도구의 가능성의 '드러남Entdecken'을 가능케 하는 근거인데, 이러한 근거는 '유희 공간(세계)'에 기초한다.

'지성'이 아니라 '유희 공간'에 기초하는 실존적인 진리는 근원적인 진리이다. 그런데 『존재와 시간』에서 이미 정립된 이 실존적인 진리는 『예술작품의 근원』에서 전개된 예술작품의 진리 개념에서는 다른 양태를 띤다. 『존재와 시간』에서 하이데거는 근원적인 진리를 의미하는 '유희 공간' 또는 '열린 터das Offene'를 오로지 '세계'와 연관 지어 분석하지만, 예술작품으로서의 진리를 말할 때 그는 『존재와 시간』에서는 전혀 언급되지 않은 '대지die Erde'의 중요성을 부각시킨다. "이 열려진 터는 존재자들 한가운데서 일어난다. 이 터가 앞서 우리가 지적한 세계와 대지의 본질적 성향을 보여준다."[33] 더 나아가 그는 '열린

터'를 구성하는 '세계'와 '대지'는 '투쟁Streit'을 이루며, 이 투쟁이 바로 진리의 본질이라고 주장한다. "진리의 본질은 그 자체에 있어서 근원 투쟁Urstreit이다."[34] 여기서 볼 수 있듯이 예술작품에서의 진리는 '세계'뿐만 아니라 '대지'와 '투쟁'에 의해 특징지어진다.

반 고흐의 「구두」에서 드러나는 진리는 세계와 대지의 투쟁 속에서 수립된다. 진리가 세계와 대지의 투쟁에 있다는 사실은 진리를 지칭하는 용어 '숨어 있지 않음Un-verborgenheit'에서 볼 수 있다. 이 용어는 '숨어 있음'과 '들추어냄Entbergung'이라는 두 계기들로 이루어졌는데, 하이데거에게 있어서 '들추어냄'은 자유로운 공간을 열어 밝히는 '세계'에 근거하나, '숨어 있음'은 '대지' 위에 기초한다. 왜냐하면 대지는 "본질적으로 자기 폐쇄적Sich verschließende"[35]이기 때문이다. 대지는 세계에 대비되어 일단 존재자의 '숨어 있음'을 가능케 하는 토대를 의미한다. 그런데 여기서 하이데거가 말하는 '자기 폐쇄적인 대지'는 무엇을 의미하는가?

예술작품의 진리가 세계와 대지의 투쟁에서 수립된다는 명제를 이해하기 어려운 이유 중의 하나는, 하이데거가 대지의 의미를 충분히 제시하지 않았기 때문이다. 그는 일단 대지를 'physis'로 지칭되는 자연과 연관 지어 정의한다. "이러한 출현Herauskommen과 발현Aufgehen 자체 또는 그 전체를 그리스인들은 일찍이 **퓌시스**physis라 불렀다. 그리고 동시에 이 퓌시스는 인간이 자신의 거주Wohnen를 그 위에 또 그 가운데 마련하는 터를 밝혀준다. 우리는 이것을 **대지**라 부르고자 한

---

33) 마르틴 하이데거, 『예술작품의 근원』, p. 67.
34) 같은 곳.
35) 같은 책, p. 56.

다."[36] 그런데 여기서 하이데거가 말하는 '자연'은 과학적 인식의 대상으로서의 자연을 의미하지 않는다. 따라서 자연과 연관된 대지 또한 과학적 인식의 대상으로 간주되어서는 안 된다. "여기서 대지라는 말이 의미하는 바는 어떤 겹겹이 쌓여진 물질 더미로서의 지층이라든가 아니면 천체에 대한 천문학적 관념으로서의 지구와는 거리가 멀다."[37] 다시 말해서 하이데거가 말하는 대지는 지질학에서 연구되는 과학적 대상이 아니다. 그런데 이러한 부정적인 방식으로만 접근해서는 대지 개념을 올바르게 이해할 수가 없다.

이를 제대로 이해하기 위해서는 긍정적인 정의가 필요하다. 『예술작품의 근원』에서 하이데거는 단 한 번 '대지'의 긍정적인 정의를 제시한다. 대지의 본질적인 특성을 그는 '고향의 근거'로 규정한다. "이 세계를 대지 위에 되돌려 세움으로써 비로소 대지를 모든 것의 고향과도 같은 근거der heimatliche Grund로 드러낸다."[38] 대지 개념을 통해 하이데거가 보여주고자 하는 것이 다름 아니라 '고향의 근거'를 의미한다는 사실은 '대지'와 '민족'의 관계에서도 엿볼 수 있다. "대지는 각 역사적 민족에게 있어서는 각기 그들 자신의 대지이다."[39] 그리고 여기서 언급되는 "고향과도 같은 근거" 또는 "민족의 대지"는 과거로부터 전해지는 문화적 유산을 말한다.

하이데거에게서 '자연' 속에서 인간이 거주할 수 있는 장소(터)를 지칭하는 '대지'는 문화적 유산을 담지하고 있는 '고향'을 의미한다.

---

36) 같은 책, pp. 49~50.
37) 같은 책, p. 50.
38) 같은 곳.
39) 같은 책, p. 95.

그리고 이러한 문화적 유산을 통해 민족의 공속성은 유지된다. 그런데 많은 경우 문화적 유산의 가능성은 과거로부터 전해져오는 과정에서 그 본질은 역사에 침전되어(숨겨져) 있다. 여기서 우리는 왜 하이데거가 대지를 '자기 폐쇄적'으로 규정했는지를 파악할 수 있다. 만약 대지가 과거로부터 전해져오는 문화적 유산과 관계한다면, 대지 또한 역사에 침전되는 과정을 피할 수 없다.

현존재의 기획투사(자유) 위에 기초한 '숨어 있지 않음'으로서의 진리는 '자기를 열어 밝히는 세계'와 '자기 폐쇄적(역사에 침전된) 대지'와의 투쟁 속에서 성립된다. 다시 말해 역사적 상황에 기초한 현존재의 기획투사는 앞으로 선구된 미래와 전해져 내려온 과거 유산 사이에서 성립된다. 그리고 이러한 '세계'와 '대지'의 투쟁에 의해 구성되는 진리(자유) 개념은 무엇보다도 반 고흐의 「구두」에서 분명하게 파악될 수 있다.

반 고흐의 「구두」에서는 무규정적인 공간 속에 오로지 개별적인 촌 아낙네의 구두가 그려져 있는데, 이 회화에서 우리는 일상세계에서는 경험할 수 없는 도구의 본질이 이중적인 차원에서 제시되었음을 볼 수 있다. 한편에서 개별적인 촌 아낙네 구두 회화는 도구의 비목적론적인 가능성을 보여준다. 그리고 하이데거에게서 비일상적인 세계에서 발견되는 도구의 비목적론적인 가능성은 앞서서 미래로 기획투사되는 가능성을 의미하며,[40] 이러한 가능성은 '세계'에 의해 열려 밝혀진다. 그러나 다른 한편에서 닳고 무디어진 촌 아낙네 구두의 예술적 재현은 도구가 과거로부터 전해져오는 문화적 유산에 귀속되어 있음을

---

40) 마르틴 하이데거, 『존재와 시간』, p. 432.

보여준다. 그리고 이러한 문화적 유산은 '대지'에 의해 구성된다. 따라서 '세계'와 '대지'의 투쟁, 즉 '미래'와 '과거'가 동근원적으로 존재하는 하이데거의 진리 개념은 반 고흐의 「구두」에서 여실히 드러난다고 할 수 있다.

이상에서 살펴본 바와 같이 반 고흐에 의해 재현된 구두는 구두의 본질이 무엇인지를 진실하게 보여주지만, 여기에서 드러나는 진리는 주제적인 차원에 있는 대상을 사실적으로 재현한 것과는 거리가 멀다. 반 고흐의 「구두」는 전주제적인 세계에서만 경험할 수 있는 도구의 본질을 열어 밝힌다. 그리고 전주제적인 도구는 비목적론적인 '유희 공간'을 전제로 한다. 그런데 하이데거의 유희 공간은 독일 관념론의 경우처럼 세계로부터 분리된 주관성에 놓여 있지 않다. 유희 공간은 주관성으로부터 벗어나 인간 삶이 뿌리박고 있는 전통적인 문화에 근거한다. 반 고흐의 「구두」에서 세계와 대지와의 투쟁으로 이해된 진리 개념을 수립하여 하이데거가 보여주고자 하는 것은 바로 화가의 창조적 행위를 가능케 하는 '유희 공간'은 본질적으로 문화적 문맥(민족)과 함께한다는 사실이다. 따라서 세계와 대지의 투쟁을 가능케 하는 근거로서의 '유희 공간,' 즉 하이데거의 미학적 진리 개념을 통해 우리는 칸트 미학 이래로 주관성에 갇혀 있는 미학적 경험을 주관성으로부터 해방시킬 단초를 마련할 수 있다.

5. 나가며

반 고흐의 「구두」에 대한 하이데거의 분석이 독창적인 이유는 그가 진리 개념을 미학(회화)과 연관 지어 정초했기 때문이다. 그리고 하이데거에게 있어서 실존적인 진리 개념, 즉 '숨어 있지 않음'은 다름 아니라 미학적 진리를 의미한다는 사실에서 우리는 그동안 모호했던 하이데거의 기초존재론과 전통 존재론의 차이를 보다 분명하게 파악할 수 있다.

『존재와 시간』에서 하이데거는 전통 형이상학의 '해체Destruktion'를 주장하며, 해체 이후 남겨진 공백을 기초존재론으로 메우고자 시도한다. 그러나 전통 형이상학적 사유를 대치하는 기초존재론적 사유의 특징이 무엇인지는 이제까지 제대로 규명되지 않았다. 반 고흐의 회화에서 정립된 미학적 진리에서 우리는 비로소 기초존재론의 근본 의도를 발견할 수 있다. 미학적 관점에서 볼 때, 기초존재론에서 하이데거가 추구하는 것은 전통 형이상학적 체계를 전복하여 감각적인 세계의 자율성을 확보하는 것이다.

세계를 이지적인 세계와 감각적인 세계로 구분한 플라톤의 철학 사상에 그 기원을 두고 있는 전통 형이상학적 사유는 감각적인 세계를 이지적인 세계에 비해 하위에 있는 세계로 간주한다. 그 이유는 이지적인 세계와는 달리 감각적인 세계는 실제로 있는 것이 아니고 가상에 불과하기 때문이다. 이러한 형이상학적 사유에 따르면, 가상(감각)의 세계에 있는 사물을 재현하는 회화는 그 본질상 참된 사물을 묘사하는 것으로 볼 수 없다. 따라서 미학적 진리는 진정한 진리 개념이 아니다. 참된 사물을 열어 밝히는 진정한 진리는 감각적인 세계에 선행하는 이지적인 세계에서만 찾을 수 있다. 그런데 하이데거는 자신의 미학(회화)적 진리 개념에서 전통 세계관의 구도를 해체시킨다.[41] 그에게서 이지적인 세계는 전통 형이상학의 경우처럼 더 이상 근원적인 세계를 의미하지 않는다. 오히려 감각적인 세계가 보다 근원적인 세계이다. 하이데거의 기초존재론의 근본 의도는 이처럼 전통 형이상학과는 달리 감각적인 세계에 고유의 자율성을 부여하는 것인데, 이 같은 사실은『존재와 시간』이후 출간된『예술작품의 근원』에서 해명된 미학적 진리 개념에서 보다 명확해진다.

---

41) 그런데 하이데거에 따르면, 플라톤에 반해 감각적인 세계에 자율성을 부여하고자 한 시도는 이미 16세기에 인본주의자인 에라스무스와 화가인 뒤러에 의해 수행되었다. M. Heidegger, *Nietzsche I*, D. F. Krell(trans.), San Francisco: Harper Collins Publisher, 1991, pp. 186~87 참조.

2장
사르트르의
미술론

자코메티

장-폴 사르트르
Jean-Paul Sartre
1905~1980

알베르토 자코메티
Alberto Giacometti
1901~1966

사르트르와 자코메티는 철학적 탐구와 예술적 탐구가
서로 상통하고 있음을 보여준 두 거장이다. 자코메티의
조각작품들과 회화작품들을 분석하면서 사르트르는,
이 예술가가 역동적이고 분할될 수 없는 통일성 속에서
인간 실존을 재현해 보이려는 현상학적 시도를 하고 있
다고 간파한다. 사르트르는 자코메티의 작품들에서의
'탈물질화' 과정을 훌륭히 분석하고 있는데, 자코메티가
이러한 탈물질화를 통해서 '다중성의 단일성'이라는 문
제를 자기 방식대로 해결했고, '상대성'을 한꺼번에 다
수용함으로써 '절대성'에 다다르고 있다고 설명한다.

자코메티와 사르트르의 관계는 상생 관계이다. 그것
은 자코메티 작품에 관한 사르트르의 분석이 이 예술가
의 이해에 결정적인 단서를 제공해주며, 또한 이를 통해
사르트르의 상상력 이론, 사르트르의 철학적이고 미학
적인 사색이 가장 잘 드러나기 때문이다. '상상 행위'와
'지각 행위'를 엄격하게 구별하면서, 상상 행위와 지각
행위가 동시에 같이 일어날 수 없다는, 두 의식 행위 사
이의 공존 불가능성이 사르트르의 상상력 이론의 핵심
을 이루며, 이 생각을 그는 미학적 영역에서도 변함없이
유지하고 있다.

자코메티와 사르트르, 이 두 사람의 생애는 모두 '절대
에 대한 탐구'라고 이름 붙여 묶을 수 있을 것이다. 한 사
람은 문학을 통해서, 또 한 사람은 예술을 통해서.

절대에 대한 탐구

지영래

1. 사르트르와 자코메티의 만남

석양 무렵 도심 광장을 분주히 오가는 퇴근하는 현대인들의 기다란 그림자 같은 군상, 우리의 눈을 현혹하던 모든 겉치레를 걷어내 버리면 남게 될 인간의 본모습이 저런 것일까 생각하게 하는 앙상하지만 옹골진 검은 청동상, 혹은 앞에 앉은 모델의 영혼을 캔버스에 옮겨놓은 듯한 뭉그러진 검고 음울한 색채의 유령 같은 초상화들. 알베르토 자코메티의 작품들이 주는 첫인상은 대개 이런 것이리라. 화가 자신은 자기 작품으로 어떤 관념이나 사상을 표현하거나 설명하려고 한 적이 없었는데도 불구하고, "불확실하고 이해할 수 없는 우주 속의 인간의 고독을 형태적으로 묘사"한 "실존주의적 실체를 담은 예술"[1]로 간

---

1) 제임스 로드, 『자코메티: 영혼을 빚어낸 손길』, 신길수 옮김, 을유문화사, 2006, p. 353.

주되는 자코메티의 작품들은 철학자 장-폴 사르트르가 그의 전시회 카탈로그에 써준 두 편의 서문[2]을 통해 그 과묵한 세계가 지닌 많은 비밀을 우리에게 풀어놓는다.

스위스 남부 작은 마을의 한 예술가 집안에서 태어난 자코메티는 스물한 살이 되던 1922년에 프랑스 파리로 올라와서 당시 가난하고 젊은 예술가들의 새로운 아지트였던 몽파르나스 구역에 정착한다. 초창기에는 큐비즘과 초현실주의 경향의 작품들을 제작하면서 1932년에 첫 개인 전시회를 가졌고, 레몽 크노Raymond Queneau, 자크 프레베르Jacques Prévert, 앙드레 브르통André Breton 등의 초현실주의 작가들과 친분을 맺는다. 자코메티는 준수한 외모와 풍채로 주변 사람들의 시선을 많이 끌었던 모양이다. 당시 고등학교 철학교사 생활을 하던 사르트르와 보부아르는 아직 자코메티와 정식으로 인사를 나누지는 않았지만 몽파르나스 거리를 배회하는 그와 종종 마주쳤고, 그때의 인상을 보부아르는 자신의 회고록『나이의 힘』에서 다음과 같이 기록하고 있다.

우리는 특히 한 남자에게 마음이 끌렸는데, 그는 굴곡진 준수한 얼굴에 텁수룩한 머리를 하고서 무언가를 갈망하는 눈빛으로 밤새도록 거리를 혼자서, 혹은 매우 아름다운 여인과 함께 거닐곤 했다. 그는 바윗덩이처럼 단단하면서도 동시에 정령精靈보다 더 자유로워 보였다.[3]

---

2) 사르트르가 1948년 뉴욕에서 열린 자코메티의 조각작품 전시회 때 써준「절대의 추구La recherche de l'absolu」와 1954년 매그Maeght 갤러리 전시회 때 써준「자코메티의 회화Les peintures de Giacometti」라는 두 편의 글이다.

3) S. de Beauvoir, *La force de l'âge*(1960), Coll. "Folio," Paris: Gallimard, 1992, p. 321.

사르트르가 네 살 연상인 자코메티와 처음 인사를 나눈 것은 1939년 겨울이었다. 자코메티의 전기에 소개된 에피소드[4]에 의하면, 어느 날 밤 대부분의 손님들이 하나둘씩 돌아갈 무렵 플로르 카페에 있던 그에게 옆 테이블에 홀로 앉아 있던 남자가 종종 이곳에서 얼굴을 보았다며 돈이 떨어진 자기 대신 술값을 좀 내달라고 부탁했는데, 그가 바로 사르트르였다는 것이다. 두 사람은 첫 만남 때부터 대화가 통한다는 느낌을 받았고, 서로에게 자연스레 끌렸다. 이 시기는 자코메티가 초기의 초현실주의적 작품 활동(1930~34)을 벗어나서 인간 존재의 본질에 대해 깊이 고민하고 있을 때였고, 사르트르는 『구토』로 문단에 이름을 알린 후 『존재와 무』를 한창 구상하고 있던 때였다. 자코메티는 논리정연하고 체계적인 사고 대신 기이한 직관력과 예측할 수 없는 독특한 상상력, 매혹적인 말솜씨의 소유자였다. 사르트르는 인간의 고독과 번민에 남다른 관심을 가진 자코메티에게서 자신이 품고 있던 인간 실존에 대한 철학적 고민을 글이 아닌 조각과 그림으로 표현하는 데 일생을 건 예술가의 모습을 보게 된다. 이후 두 사람은 누구보다도 절친한 사이가 되었고, 비록 간간이 사소한 오해와 불화의 소문이 돌기는 했지만 1966년 화가가 죽을 때까지 그 관계는 지속되었다. 보부아르는 이들의 관계를 이렇게 요약하고 있다.

　자코메티는 남의 이야기를 들어주면서 상대에게 풍요한 영감을 주는, 그런 아주 드문 종류의 사람들 중 한 명이었다. 그와 사르트르 사이

---

4) 제임스 로드, 『자코메티: 영혼을 빚어낸 손길』, p. 248.

에는 보다 깊은 어떤 친화력이 존재했다. 즉 그들은 모든 것을 다 걸었다, 한쪽은 문학에, 다른 한쪽은 예술에. 둘 중에 어느 쪽이 더 광적으로 매달렸는지는 말하기 어렵다.[5]

사르트르는 자신이 소설이나 철학 작품 속에서 구현하려고 애쓰고 있던 기획, 즉 인간의 실존적 현실을 분해될 수 없는 역동적인 단일성 속에서 재현하려는 현상학적 시도를 자코메티의 작품 활동 속에서 발견하고는 깊은 감명을 받는다. 사르트르가 쓴 짧은 두 자코메티론, 「절대의 추구」와 「자코메티의 회화」는 이 예술가의 작품 이해에 본질적인 해석의 열쇠를 제공해주는 동시에, 사르트르의 철학과 미학적 성찰의 핵심을 잘 보여주는 글이다. 비록 사르트르가 미학에 관한 별도의 본격적인 저술을 남긴 것은 없지만, 그의 상상력 이론 속에서 예술을 사유한 글이나 여러 전시회 카탈로그의 서문, 혹은 미완성의 작가론 등의 형태로 남겨놓은 회화나 조각 작품에 대한 평론들은 그 속에 깔려 있는 아름다움에 관한 일관된 성찰을 통해 사르트르의 미학을 충분히 엿볼 수 있게 해준다.

우리는 이제 사르트르에게서 아름다움에 대한 성찰이 어떠한 철학적 사유의 바탕에서 이루어지고 있는지, 그 바탕이 된 초기의 상상력 이론이 예술론에 어떻게 접목되는지; 그리고 자코메티에 관한 구체적인 미술비평 속에서는 그것이 어떤 방식으로 적용되었는지를 살펴볼 참이다. 먼저 사르트르 전체 철학의 시원에 위치한 그의 상상력 이론부터 살펴보자. 우리가 알고 있는 사르트르 철학의 출발점에는 인간

---

5) S. de Beauvoir, *La force de l'âge*, p. 557.

에 대한 심리학적 접근과 이미지(像: image) 혹은 그 이미지를 떠올리는 기능으로서의 상상력에 대한 고찰이 먼저 있었고, 이로부터 그의 현상학적 존재론이 서서히 윤곽을 잡는다.

2. 사르트르의 이미지 이론

사르트르는 1936년과 1940년에 각각 『상상력』[6]과 『상상계』[7]라는 두 책을 출간한다. 『존재와 무』가 1943년에 출간된 점을 고려할 때, 상상력에 관한 성찰이 시기적으로 이미 사르트르 철학의 출발점에 위치해 있음을 쉽게 짐작할 수 있다. 두 권으로 나뉘어 간행된 이 책들은 사실은 사르트르의 고등사범학교 학위논문이었던 『심리 생활 속에서의 이미지: 역할과 성질 L'Image dans la vie psychologique: rôle et nature』 (1927)을 출판용으로 수정한 것이다. 그때 사르트르의 논문을 지도했던 앙리 들라크루아 Henri Delacroix 교수가 한 출판사의 철학 전집 기획을 맡게 되면서 1934년경 사르트르에게 보충 집필을 요구했고, 이에 사르트르는 자신의 논문을 바탕으로 "이미지"라는 제목의 단일 저서를 구상했다. 하지만 원고를 받아 검토한 출판사 측에서 보다 학술적이라고 판단된 전반부만을 승인하여 1936년에 "상상력"이라는 제목으로 출간했고, 훨씬 독창적이고 사르트르가 직접 환각경험을 하기 위해 약물주사까지 맞아가며 심혈을 기울였던 후반부는 다른 출판사

---

6) J.-P. Sartre, *L'Imagination*(1936), Coll. "Quadrige," Paris: PUF, 1989.

7) J.-P. Sartre, *L'Imaginaire*(1940), Coll. "Bibliothèque des idées," Paris: Gallimard, 1964.

에서 4년 뒤에야 출간된 것이다.

　이 두 저서 속에서 개진된 사르트르의 상상력 이론을 한마디로 요약하자면, 인간에게 있어서 '상상'하는 행위란 '지각'하는 행위에 비해 전혀 부차적이거나 열등하지 않은 동등한 위상의 의식 활동이고, 이때 상상하는 행위와 지각하는 행위는 본질적으로 동시에 일어날 수 없는 두 가지 상반된 의식 활동이라는 것이다. 현실 세계와 비현실 세계의 극단적 이분법 위에 기반을 두고 있는 이러한 상상력 이론은, 그의 즉자/대자의 구분이나 시/산문의 구분에서와 마찬가지로 지나치게 단호한 이분법이 단점으로 지적되기도 하지만 또한 그만큼 호소력이 강하고 명쾌한 메시지를 전달한다. 사르트르는 이렇게 단언한다. "실재하는 세계와 상상의 세계는 본질적으로 서로 공존할 수가 없다. 완전히 환원 불가능한 두 가지 유형의 대상들과 감정들, 행위들의 문제인 것이다."[8] 다시 말해서 사르트르에게는 중첩될 수 없는 두 세계가 존재한다. 한쪽에 실재 세계가 있고 다른 쪽에 상상의 세계가 있는 것이다.

　그러나 엄밀히 말하자면, 사르트르의 존재론에서 실제로 존재하는 세계란 단 하나밖에 없다. 대자對自로서의 인간의 의식에 마주한 즉자卽自로서의 사물 세계가 그것이다. 그런데 어떻게 두 세계가 있다고 말하는가? 정확히 말하자면 두 세계가 있는 것이 아니라, 하나의 유일한 세계 속에서 우리의 의식이 존재하는 방식이 두 가지라는 것이다. 한쪽에는 우리의 의식에 "도구들의 유기적 복합체complexus organisé d'ustensiles"로서 나타나서 "우리가 어떤 한정된 효과를 산출하려면 그

---

8) 같은 책, p. 189.

복합체의 한정된 구성요소들에 직접 작용을 가해야만 하는"[9] 실재하는 세계가 있고, 다른 한쪽에는 중개자 없이 큰 덩어리째로 변경이 가능한 "비도구적인 하나의 전체totalité non-ustensile"[10]로서 우리의 의식에 나타나는 비실재적이고 마술적인 세계가 있다. 이 비실재적 세계 속에서는 의식이 세계를 절대적인 방식으로 덩어리째 변경함으로써 자신이 직면한 위험에 맞서게 된다.[11] 따라서 '실재 세계'와 '상상 세계'라는 두 세계의 구분은 우리의 머릿속에서만 이루어지는 것이며, 이때 두 의식(즉 지각하는 의식과 상상하는 의식)이 마주하고 있는 대상물로서의 세계는 동일하다.

이미지들의 세계monde des images와 객체들의 세계monde des objets가 따로 있는 것이 아니다. 오히려 모든 객체는 그것이 외적 지각에 의해 현전하든지 혹은 내적 감각에 나타나든지 간에, 어떤 기준점을 선택하느냐에 따라서 현전하는 실재로서 혹은 이미지로서 기능할 수 있는 것이다. 두 세계, 즉 실재 세계와 상상 세계는 똑같은 객체들로 구성되어 있다. 다만 이 객체들을 한데 모으고 해석하는 것만이 다를 뿐이다.[12]

---

9) J.-P. Sartre, *Esquisse d'une théorie des émotions*, Paris: Hermann, 1939, p. 61.

10) 같은 책, p. 62.

11) 예를 들자면 우리가 격렬한 공포에 휩싸인 경우라든지 혹은 꿈을 꿀 때를 생각해볼 수 있다. 혼자 있는 방의 창문에서 안쪽을 들여다보는 누군가의 얼굴을 발견하고서 경악하게 되면, 그자가 여기까지 도달하기 위해 저 창문을 깨고 십여 미터를 건너와야 될 것이라는 식의 물리적이고 이성적인 사유가 불가능하게 되어 세상 전체가 노랗게 흔들리거나, 꿈속에서라면 단번에 완전히 다른 상황으로 통째로 넘어가는 '마술적' 경험을 하게 될 것이다.

12) J.-P. Sartre, *L'Imaginaire*, p. 34.

〈그림 1〉　　　　　　　　　　　〈그림 2〉

　실재 세계와 상상 세계를 극명하게 가르는 이러한 이분법은 사르트르의 초기 사상에서부터 후기 사상에 이르기까지 일관되게 유지되는 부분이다. 『상상계』의 부제가 "상상력의 현상학적 심리학"임에서 볼 수 있듯이 이러한 이분법은 현상학의 기본 개념인 지향성 개념과 밀접하게 연결된다. 후설의 현상학에서 간접적으로 영향을 받은 게슈탈트 심리학 이론을 생각해보면 이해가 쉽다. 위의 두 그림을 살펴보자.

　두 그림은 모두 우리의 의식이 바라보는 방향에 따라 양면적으로 해석된다. 〈그림 1〉은 우리의 의식을 어느 쪽에 두느냐에 따라 토끼로 보이기도 하고 오리로 보이기도 한다. 〈그림 2〉는 작은 입방체를 어떤 식으로 구성하느냐에 따라서 정육면체가 여섯 개로 보이기도 하고 일곱 개로 보이기도 한다. 하지만 그 어떤 경우에도 두 가지 인식이 동시에 가능하지는 않다. 다시 말해서 토끼와 오리가 동시에 보인다거나 정육면체가 여섯 개와 일곱 개로 동시에 보이는 경우는 없다는 이야기다. 즉 하나의 대상을 놓고 우리의 의식이 지향하는 방향에 따라서 완전히 분리된 두 가지의 해석이 가능한 것이다.

이러한 지향성의 개념에 기초한 이분법 위에서 사르트르의 모든 미학적 분석(회화나 조각 등의 조형예술 분야는 물론 음악이나 문학 분야에 이르기까지)이 이루어지고 있다. 사르트르는 우리가 지각할 수 있는 세계와 상상할 수 있는 세계를 분명하게 구분한다. 지각한다는 것과 상상한다는 것은 결코 동시에 이루어질 수 없는 완전히 상반된 태도이다. 우리는 어떤 대상을 놓고서 그것을 지각하든가 상상하든가 둘 중 하나를 택할 수밖에 없는 것이다. 그리고 아름다움이란 바로 상상하는 태도에서만 파악될 수 있는 가치라고 사르트르는 말한다. 상상력에 관한 두 저서에서 이러한 미학적 단언에 이르기까지 사르트르의 상상력 이론의 주된 논지를 간단히 따라가보도록 하자.

『상상계』의 서론에 해당하는 『상상력』에서, 사르트르는 고대의 에피쿠로스학파에서 시작하여 17~18세기 형이상학자들을 거쳐 현대심리학자들과 후설에 이르기까지의 주요 서양 철학 사상 속에서 상상력의 위상, 보다 정확히 말하자면 이미지의 존재론에 대한 철학사적 고찰을 하고 있다. 이 책에서 사르트르는 물질과 정신의 전통적인 이원론적 구분에서 이제껏 물질 쪽에 속한 것으로 간주되어왔던 '이미지'를 온전히 정신의 활동으로 편입시키는 데 주안점을 둔다. 사르트르에 의하면 이미지에 대한 이제까지의 모든 이론은 그 정도의 차이는 있지만 모두가 이미지에다가 물질적인 성질을 부여함으로써 제대로 된 이미지론을 정립하지 못했다. 데카르트, 흄, 라이프니츠 등은 물론 베르그손과 현대심리학자들에 이르기까지, 기존의 이미지에 대한 설명은 이미지를 사물화해서 하나의 응고된 덩어리로 간주하는 오류를 범하고 있다는 것이다. 하지만 이미지는 그 어떤 경우라도 사물로서 간주되어서는 안 된다고 사르트르는 주장한다. 이미지란 기존의 철학자들이 주장하는 대로 어떤 희미해진 지각이 아니며 다시 회상된 지각과 혼동되어서도 안 되는 온전한 하나의 의식 행위이다.

이미지란 의식 '속에' 있을 수 없다. 이미지는 의식의 '어떤 한 유형'이다. 이미지는 하나의 행위이지 하나의 사물이 아니다. 이미지는 무엇인가에 '대한' 의식이다.[13]

『상상력』을 마무리하고 있는 이 마지막 구절에서 우리는 사르트르가 사용하고 있는 '이미지image'라는 용어가 일반적으로 사용되는 의미와는 다소 차이가 있음을 알 수 있다. 즉 사르트르에게 있어서 '이미지'라는 용어는 우리가 통상적으로 사용하는 의미(예를 들어 그림 이미지, 영상 이미지, 브랜드 이미지 등의 용어에서 쓰이는 대로의 의미)에서 모든 물질적인 속성이 배제된 하나의 의식을 지칭한다. 이미지란, 지각하는 의식과 대등한 위치에서 존재론적 지위를 누리는 '상상(하는) 의식conscience imageante'인 것이다. 사르트르는 '이미지'라는 용어가 주는 혼동을 피하기 위해 이 '상상 의식'이라는 용어를 사용한다. 그리고 일반인이 보통 '이미지'라고 부르는 여러 물질적 이미지들은 '아날로공analogon'이라는 용어로 지칭한다. '아날로공'이란, 그의 정의에 따르자면, 어떤 상상 의식이 겨냥한 바에 직관적 내용을 채울 수 있게 도와주는 유사 물질matière analogique 혹은 유사 표상물représentant analogique[14]이다. 우리가 용을 그린 그림을 보고 있다면 '그림' 그 자

---

13) J.-P. Sartre, *L'Imagination*, p. 162.
14) J.-P. Sartre, *L'Imaginaire*, p. 34.

체는 아날로공이고 그 그림을 보면서 떠올리게 되는 '용'은 상상 의식(=이미지)인 것이다.

『상상력』의 긴 논의를 통해 얻은 이러한 결론에서부터 사르트르는 『상상계』의 논의를 시작한다. 그는 후설의 지향성 이론을 기초로 한 현상학적인 방법으로 이미지의 구조를 밝혀 기술하고자 하는데, '지각'하는 의식이 어떤 대상을 '현전하고 실재하는 것'으로서 대면하는 의식이라면, '상상'하는 의식이란 그 대상을 '부재하는 것'으로서 대면하는 비실재화 기능을 지니고 있음을 지적한다. 다시 말해서 우리의 의식이 그 대상을 현실 세계에 존재하는 것으로 놓고 대면하느냐, 아니면 그 대상을 현실 세계에는 부재하는 비실재적인 것으로 놓고 대면하느냐에 따라서 의식은 지각과 상상이라는 두 형태를 띠게 된다는 것이다. 지각 의식과 대비되는 상상 의식, 즉 이미지의 특성을 사르트르는 다음 네 가지로 요약하고 있다.[15]

첫번째 특성은 이미지가 하나의 '의식conscience'이라는 것이다. 내가 하나의 의자를 '지각할 때' 그 의자가 나의 지각 '속에' 있다고 말하지 않듯이, 내가 눈을 감고 그 의자의 '이미지'를 떠올린다 해도 그 의자는 내 의식 '속에' 들어올 수 없다. 내가 지각하거나 상상하거나 이 의자는 언제나 내 의식의 바깥에 있다. 그리고 내가 지각하거나 상상하거나 그 대상은 바로 이 현실 공간 속에 위치한 동일한 하나의 의자이다. 다만 의식이 이 똑같은 의자에 대하여 두 가지 다른 방식으로 관계 맺고 있을 뿐이다. 지각 작용의 경우, 이 의자가 나의 의식과 '만난다'면, 상상 작용의 경우에는 그렇지 못하다는 것이 다를 뿐이다. 따라

15) 같은 책, pp. 14~29 참조.

서 '이미지'라는 단어는 의식과 그것의 대상 사이의 관계를 지칭하는 말이다.

두번째 특성은 이미지로 된 대상 속에 드러나는 '준準관찰 현상 phénomène de quasi-observation'이다. 이는 우리가 검토해볼 자코메티의 작품에 관한 사르트르 평론의 기본 논거를 이해하는 데 중요한 개념이다. '준관찰 현상'이라는 개념을 설명하기 위해, 사르트르는 우선 지각perception과 지식savoir의 구분[16]부터 시작한다. 즉 지각하는 의식과 생각하는 의식을 구별 짓는다. 지각 작용 속에서 우리는 사물을 '관찰한다.' 관찰해야 한다는 말은 역으로 생각하면 지각을 통해서는 결코 사물의 전체를 한 번에 파악할 수 없다는 말이다. 우리가 주사위를 관찰한다고 할 때 한 번에 세 면 이상을 지각할 수는 없다. 그리고 주사위의 여섯 면의 각각이 정확하게 정사각형으로 보이는 경우도 없다. 정사각형의 본성과 그것으로 이루어진 정육면체의 본성은 이 지각의 외관으로부터 내가 재구성해야 하는 것이다. 하나의 대상에 대한 지각이란 수많은 관점에서 관찰된 무수한 나타남들의 종합이다. 제대로 지각하기 위해서는 가능한 많은 관점들을 확보하여 이 대상에 대하여 '알아나가야' 한다. 따라서 우리는 지각하고자 하는 사물을 한 바퀴 둘러봐야 하고, 베르그손의 표현대로 "설탕이 녹을 때까지" 기다릴 필요가 있는 것이다. 이에 반해서 내가 하나의 개념(＝지식)으로

---

16) 사르트르 자신의 명확한 개념 정의가 없어서 다소 애매한 부분이기는 하지만, 이 부분에서 사르트르는 우리가 어떤 실재하는 대상에 대하여 가질 수 있는 의식 유형을 두 가지가 아닌 세 가지로 구분하고 있는 듯하다. '지각하는 의식percevoir' '상상하는 의식imaginer' '생각하는 의식concevoir'이 그것이다. '생각하는 의식'은 '지식'과 동일한 의식 유형이고, 지각하는 의식과 상상하는 의식보다 상위에 위치한 것으로 보인다. 또한 사르트르는 지식 savoir, 개념conception, 사유pensée를 거의 동일한 의미로 구별 없이 쓰고 있다.

서 정육면체의 주사위를 생각하게 되면, 나는 그 주사위의 정사각형의 여섯 면과 여덟 개의 꼭짓점을 '단번에' 머릿속에 떠올린다. 지각과 사유(=지식)의 가장 분명한 차이점은 이것이다. 지각은 수많은 겉모습들을 종합하는 학습을 요하지만, 사유는 단번에 사물의 한가운데 들어서 있는 지식이다.

그렇다면 이미지는 지각을 통한 학습인가 아니면 단번에 파악된 지식인가? 일견 이미지도 여러 다양한 모습들로 나타나므로 학습을 요하는 지각 쪽에 속한 듯이 보인다. 그러나 이미지로 나타난 주사위에 대해서는 우리가 그 주위를 한 바퀴 둘러볼 필요가 없다. 이미지로서의 주사위는 지식처럼 단번에 나타난다. "내가 '지각하고' 있는 저 물체는 정육면체다"라는 말은 추후의 관찰을 통해 정정될 수도 있는 가정적 단언이다. 눈앞의 세 면만 보고 정육면체인 줄 알았는데, 뒤로 돌아가 보니 나머지 부분이 원뿔 형태를 취하고 있을 수도 있기 때문이다. 그러나 "내가 '상상하고' 있는 물체는 정육면체다"라는 말은 더 이상 흔들릴 수 없는 확실성을 지니고 있다. 지각에서는 지식이 서서히 형성되지만, 이미지에서는 지식이 즉각적으로 주어져 있다. 따라서 이미지는 언뜻 보기에는 마치 관찰하면서 천천히 알아나가는 사물처럼 형성되지만, 실제로는 나타난 순간부터 그 온전한 전체로서 주어져 있는 것이다.

이러한 이미지의 특성에서부터 이미지의 "본질적 빈곤성pauvreté essentielle"[17]이라는 개념이 도출된다. 예를 들어 지금 책상 위에 놓여 있는 가죽 필통 하나를 지각 의식을 통해 바라본다고 하면, 우리가 그

---

17) J.-P. Sartre, *L'Imaginaire*, p. 190.

필통을 관찰하면 할수록 새로운 세부적 특성들이 점점 더 드러날 것이다. 주의를 기울이는 방향이 바뀔 때마다 새로운 세부사항이 눈에 띄면서 그 목록은 한없이 추가될 수 있다. 그러나 이미지의 경우에는 그것을 머릿속에서 아무리 뒤집어 보고 분석해봐도 우리가 애초에 거기에 부여했던 특성밖에는 찾아볼 수 없다. 즉 우리는 우리가 아는 만큼만, 혹은 우리가 의도한 만큼만 이미지로 구성한다는 이야기다. "만일 내가 이미지 속에서 나의 적을 후려친다면, 피는 흐르지 않거나 혹은 정확히 내가 원하는 만큼만 흐를 것이다."[18]

이미지와 지각을 구분하는 중요한 차이점이 바로 이것이다. 지각의 세계에서는 그 어떤 사물도 다른 사물들과의 무한한 관계를 맺지 않은 상태로는 나타날 수가 없으며, 이 관계의 무한성이 바로 현실 세계 속에서의 사물의 본질 그 자체를 이룬다. '사물들'의 세계에서는 지각으로 다 담아낼 수 없는 넘치는 부분이 항상 있기 때문에 우리가 보지 못한 그 무엇이 매순간 무한히 더 존재한다. 따라서 내가 눈앞에 놓인 이 필통을 지각하는 경우, 현재 지각 가능한 그 모든 풍부함을 다 소진하려면 나에게는 무한의 시간이 필요할 것이다. 바로 그 때문에 하나의 사물이 존재하려면 유한하게 한정된 어떤 개체성, 예를 들어 그 사물을 바라보는 하나의 유한한 주체가 전제되어야 한다는 현상학적 인식이 생겨난다.

그런데 반대로 이미지의 경우에는 그 이미지를 구성하는 요소들의 속성이 본질적으로 빈곤하다. 한 이미지를 구성하고 있는 여러 상이한 요소들은 세계의 나머지 부분과 아무런 관계도 맺지 않고 있으며

---

18) 같은 책, p. 188.

그 요소들 사이에서도 극히 제한적인 관계만을 맺는다. 예를 들어 지각된 필통은 주변의 조명이 바뀌면 지각되는 색채도 바뀌지만, 이미지로 떠올린 필통은 주변 조명의 변화 속에서도 동일한 색채를 유지할 수 있는 것이다. 다시 말해서 지각의 대상은 지각하는 의식을 끊임없이 넘어서는 어떤 것임에 반하여, 이미지의 대상은 그것을 상상하는 의식을 결코 넘어설 수 없다. 우리가 이미 알고 있지 못하는 것에 대해서는 이미지는 아무것도 더 덧붙여 가르쳐주는 것이 없다. 우리가 이미지로 떠올린 정육면체의 주사위를 머릿속에서 아무리 돌려보고 분해해봐도 그것에 대해서 더 알아낼 수는 없으며, 이미지로 떠올린 필통을 머릿속에서 아무리 뒤집어보아도 내가 이미 알고 있는 지식 이외의 것은 더 알려주지 않는다. 이미지 세계에서의 '준관찰 현상'이란 이것이다. 이미지들의 세계는 대상과 의식 사이에 어떠한 괴리도 생기지 않는 세계이다. 따라서 어떠한 불의의 사태도 발생할 수 없는, 언제나 확실하고 안심할 수 있는 세계이다.

세번째 특성으로, 상상하는 의식은 그 대상을 하나의 무無로 상정하고 대면하기 때문에 '무화하는 의식conscience néantisante'이라고 사르트르는 지적한다. 앞서 살펴보았듯이 우리의 의식은 지각할 때와 상상할 때 똑같은 방식으로 사물을 대면하지 않는다. 지각하는 의식이 그 대상을 실제로 존재하는 것으로 놓고 대면한다면, 이미지 혹은 상상하는 의식은 그 대상을 부재하거나 아예 존재하지 않는 것으로 놓고 대면하게 된다. 작년에 외국으로 이민 간 친구의 모습을 떠올리는 경우나 유니콘, 용에 대한 이미지가 그런 경우이다. 이처럼 그 정도는 차이가 있지만 상상하는 의식은 언제나 그 자체로 '부정négation'의 범주를 담고 있다.

이미지가 내포하고 있는 이와 같은 부정의 범주는 사르트르에게서는 곧 자유의 개념과 연결된다. 1940년 출간 당시 『상상계』를 소개하는 글에서, 사르트르는 "상상계란 세계의 무화néantisation라는 배경 위에서만 있을 수 있고" "의식의 상상하는 기능은 그 근원을 정신의 무화하는 힘, 다시 말해 정신의 전적인 자유로부터 끌어내는 것"[19]이라고 쓰고 있다. 분명 사르트르는 상상하는 행위 속에서 우리 인간의 의식 구조와 자유라는 인간 현실의 구조를 가장 잘 보여줄 수 있는 전형적인 예시를 보았던 것이리라. 바로 그 때문에 고등사범학교 입학시험을 준비하던 시절부터 사르트르는 벌써 이미지에 대한 공부를 해야겠다고 서둘렀고, 말년의 한 대담에서는 "상상계로의 이행"이 "자유가 무엇인지를 깨닫게 해주었다"[20]고 회고한 것이리라.

의식이 상상을 하게 되면, 그 의식은 무엇인가 있지 않은 것을 찾기 위해 현실의 끈끈함을 벗어나게 된다. 예를 들어 우리가 어제 유학을 떠난 식구 한 명을 상상하여 그의 방에서 그의 부재함을 포착한다면, 우리는 필연적으로 그 방에 대한 우리의 현재 지각을 무화시키면서 우리 내부에서 존재와의 어떤 단절을 행하게 되는 것이다. 존재와의 이러한 단절, 실재하는 세계로부터의 이러한 이탈 과정 속에서 사르트르는 끊임없이 즉자 상태의 유혹을 벗어던지고 앞으로 투기해야 하는 인간 현실의 본질적인 구조의 한 면을 보게 되고, 그 성찰의 결과는 곧 이어 출간될 『존재와 무』에서 구체적인 결실을 맺게 된다.

끝으로 네번째 특성은, 상상하는 의식이 그 스스로의 자발성

---

19) M. Contat & M. Rybalka, *Les écrits de Sartre*, Paris: Gallimard, 1970, p. 78.
20) J.-P. Sartre, *Sartre: un film réalisé par Alexandre Astruc et Michel Contat*, texte intégral, Paris: Gallimard, 1977, p. 38.

spontanéité으로 주어진다는 점이다. 자발성이란, 반성적 의식의 출현을 요구하는 의지적인 행위volonté와는 반대로 순수한 비반성적 의식의 속성을 말하는 것이며, 따라서 대상에 대한 상상 의식은 그 자신에 대해서는 비대면적인 의식, 즉 다른 의식들과 동일한 속성을 지닌 당당한 의식으로서의 지위를 누린다는 말이다. 사르트르의 표현을 빌리면, "상상 의식은 바다 위에 떠다니는 나뭇조각으로서 주어지는 것이 아니라, 파도들 속의 하나의 파도로서 주어지는"[21] 것이다.

상상하는 의식(즉 이미지)에 대한 이상의 네 가지 특성이 사르트르가 『상상계』에서 다룬 상상력 이론의 근간을 이룬다. 이를 바탕으로 사르트르는 이어지는 후반부에서, 아날로공들을 그 물질적인 유사성이 높은 경우부터 차츰 희박해지는 단계로 이행하며 하나씩 그 특성을 기술한다. 사람의 얼굴을 상상하는 경우를 예로 삼아, 그 물질적, 심적 내용물을 인물화, 흉내 내기, 도식적 그림, 불꽃이나 벽에 묻은 얼룩, 반수면 상태에서 떠오른 영상, 정신 이미지 등의 순으로 검토하는 것이다. 또 인간의 사유 활동과 심리 생활 속에서의 이미지의 역할과 꿈 속에서나 정신분열자의 환각 속에서의 이미지의 역할을 밝히고, 마지막 결론부에 이르면 이미지와 예술작품의 관계에 대해 성찰한다. 우리가 논하고자 하는 자코메티론과 직접적으로 연결되는 부분이 바로 이 결론부이다.

사르트르의 증언에 의하면 사실 이미지와 예술작품의 관계를 논한 이 부분은 애초에 계획에 없던 것이었는데, 어떤 독일 철학자 친구가 『상상계』의 초고를 읽어보고 미학에 관련된 부분이 빠져 있다는 지적

---

21) J.-P. Sartre, *L'Imaginaire*, p. 26.

을 하자 급하게 덧붙인 부분이다. 이 결론부에서도 사르트르는 앞서 주장한 지각 의식과 상상 의식의 철저한 구분을 바탕으로 예술품 앞에서의 미적 체험을 분석하고 있다. 예를 들어 다비드Jacques Louis David가 그린 나폴레옹의 초상화를 앞에 놓고 감상한다고 할 때, 우리는 서로 공존할 수 없는 두 가지 태도 중 하나를 선택해야만 한다. 즉 상상 의식을 통해서 그 초상화 속에 그려진 인물을 보고 위풍당당했던 나폴레옹의 이미지를 떠올리거나, 아니면 지각 의식을 통해서 화려한 색채와 섬세한 선들이 나타내고 있는 어떤 인물이 그려진 유화 액자를 지각하는 것이다. 우리가 이 그림 속에서 나폴레옹의 이미지를 포착한다는 사실은 더 이상 이 그림 액자를 현실 세계에 속한 것으로 보지 않는다는 이야기다. 현실 세계의 지각 의식에 의해 관찰된 제반 사실들(이 붉은색 부분은 덧칠이 여러 번 되었다든지, 오래된 그림 표면이 전체적으로 갈라져 있다든지, 액자의 크기가 크다거나 혹은 때가 낀 액자의 한쪽이 깨져 있다든지 등등)을 넘어설 때, 다시 말해서 현실 세계를 상상 의식으로 무화시킬 때 비로소 나폴레옹이라는 이미지를 떠올릴 수 있는 것이다. 이렇게 이미지로 떠오른 나폴레옹은 더 이상 현실 세계의 변덕에 좌우되지 않는다. 현실 세계 속의 사물로서 지각된 이 액자의 그림은 조명 빛에 의해 조금 밝아지거나 어두워지기도 하고, 혹은 물감 칠이 갈라지거나 화재로 그림 자체가 불에 타버릴 수도 있지만, 우리가 액자 위에서 이미지로 포착한 나폴레옹은 주변의 환경이 바뀌어도 전혀 영향을 받지 않는다.

이는 음악을 들을 때도 마찬가지다. 연주회장에 가서도 우리는 지각적 태도와 상상적 태도로 교향곡 연주를 들을 수 있다. 지각 의식으로 포착된 연주회장은 이 아마추어 오케스트라가 곡을 너무 빨리 연주했다든지, 연주회장의 음향시설이 형편없다든지, 저 바이올린 연주자가 음을 하나 틀리게 연주했다든지 하는 세부사항으로 가득 차 있다면, 상상 의식에 의해 포착된 이 베토벤의 7번 교향곡은 "현실계의 바깥에, 존재함의 바깥에 있다."[22] 예를 들어 이 교향곡을 정명훈이라는 유명 지휘자가 일주일 후에 세종문화회관에서 다시 공연을 한다고 할 때도, 우리가 대면하게 될 것은 상상 의식에서 포착되는 그 '똑같은' 교향곡이다. 상상 의식에 포착된 베토벤의 7번 교향곡은 지휘자가 누구든 연주 장소나 시간이 어떻게 바뀌든 현실 상황의 변화에 전혀 구애받지 않는, "자신만의 고유한 시간을 지니고" "현실계의 바깥에 존재하는"[23] 7번 교향곡이다. 이 곡이 오늘은 제대로 연주가 되었고 일주일 전에는 조금 빠르거나 서툴게 연주되었다고 비교되는 것은 바로 지각 의식에 의해서일 뿐이다.

'예술작품'이라는 이름을 붙일 수 있는 것은 이와 같이 상상 의식 속에 포착된 비현실적인 것, 즉 상상적인 것이다. "심미적 대상은 현실 의식에는 주어질 수 없는 것이기 때문이다. 그것은, 의식이 세계의 무화를 전제로 하는 근본적인 개종을 행하면서 그 스스로 상상적인 것으로서 구성되는 순간에 나타날 것이다."[24] 사르트르는 『상상계』의 결론을 이렇게 마무리한다.

실재하는 것은 결코 아름다울 수 없다. 아름다움이란 오직 상상적인 것에만 적용될 수 있는 가치이고, 그 본질적 구조 속에 세계의 무화

---

22) 같은 책, p. 245.
23) 같은 책, p. 243.
24) 같은 책, p. 239.

néantisation du monde를 포함하고 있는 가치이다.[25]

예술과 관련된 이러한 논의는 그 후 줄곧 사르트르의 지속적인 관심의 대상이 되었다. 비록 미학에 관해 본격적으로 저술하지는 않지만, 대신 사르트르는 기회가 있을 때마다 자신의 생각을 다양한 예술작품 비평을 통해 발표한다. 틴토레토를 다룬 미완성 단편들,[26] 알렉산더 콜더,[27] 자코메티, 앙드레 마송,[28] 로베르 라푸자드,[29] 볼스,[30] 그리고

25) 같은 책, p. 245.

26) 사르트르는 1957년경 르네상스 시기의 대표적 화가인 틴토레토Tintoretto의 작품과 생애에 관한 글을 쓰기 시작하지만 마무리하지 못한 채 몇 년 후 집필을 포기하게 된다. 사르트르는 이 베네치아 화가의 작품과 생애 속에서, 신흥 부르주아 사회와 대립하는 천재 예술가의 투쟁이라는 테마가 역사상 최초로 표출되었다고 보았다. 이 미완성작에 포함된 단편들 중 다음 세 편의 글이 출간되었다. (1)「베니스의 유폐자Le Séquestré de Venise」(*Situations IV*, Paris: Gallimard, 1964, pp. 291~364에 수록), (2)「성 게오르기우스와 용Saint-Georges et le dragon」(*Situations IX*, Paris: Gallimard, 1972, pp. 202~26에 수록), (3)「마가 성인과 그의 분신Saint Marc et son double」(M. Sicard, *Obliques: Sartre et les arts*, no. 24~25, Paris: Borderie, 1981, pp. 170~203에 수록).

27) 「콜더의 모빌Les mobiles de Calder」(*Situations III*, Paris: Gallimard, 1949, pp. 307~11에 수록). 1946년 파리에서 열린 콜더Alexander Calder의 전시회 카탈로그를 위해 쓴 글이다. 사르트르는 괴상한 오브제들로부터 나와서 주변 환경과 임의로 어울리면서 창조되는 움직임에 주목하여, 콜더의 모빌 작품들 속에 자연의 양면성, 즉 우연과 필연이 공존함을 환기시키고 있다.

28) 「마송Masson」(*Situations IV*, pp. 387~407에 수록). 마송André Masson의 1947년 작품집 『욕망이라는 주제에 대한 스물두 개의 데생Vingt-deux dessins sur le thème du désir』의 서문으로 쓴 글이다. 사르트르는 이 글에서, 마송에 의해 그려진 선들을 단순한 형태의 윤곽으로서가 아니라 움직임의 자국으로 포착하며, 마송의 작품들에 대한 모든 상징적이거나 신학적인 해석 대신에 그것들이 작가 자신의 실존적 요소가 배어든 예술가의 비전의 산물임을 강조한다.

29) 「특권 없는 화가Le peintre sans privilèges」(*Situations IV*, pp. 364~86에 수록). 비구상 화가인 라푸자드Robert Lapoujade의 1961년 전시회를 위해 쓴 글로서, 예술작품에서 의미의 생성 과정에 대한 사르트르의 견해를 잘 들여다볼 수 있는 중요한 평론이다. 회화작

폴 르베롤³¹⁾에 이르기까지 그와 친분 있던 화가들의 작품론들 속에서 사르트르는 자신의 미학적 개념들을 그때그때의 상황에 맞춰 다채롭게 적용시켰다. 그의 미학적 고찰은 이들 시각예술가들의 작품론에서 그치지 않고, 『상상계』 속에서 피력한 내용을 존재론적으로 보다 확장시켜 글 쓰는 작가들에게까지 확대 적용하게 된다. 고뇌에 찬 현실 세계를 포기하고 자유로운 상상 세계 속에 투신하기로 마음먹은 한 인간의 실존적 선택을 분석하고 있는 사르트르 말년의 『집안의 백치 L'Idiot de la famille』라는 방대한 플로베르론 등이 그 대표적인 예다. 이와 같이 다양한 미학적 글들 중에서도 자코메티론은 특별한 자리를 차지하는데, 자코메티의 조각작품과 회화작품에 관한 두 개의 평론은 예술에 대한 초창기의 사르트르의 사색을 가장 잘 보여주는 글이다.

3. 자코메티의 예술

사르트르의 철학과 자코메티의 예술이 만나는 지점은 역시 인간 현

품 속에서 윤리(사회 참여)와 미학 간의 관계를 다룬 부분은 사르트르가 『문학이란 무엇인가』에서 피력했던 참여문학론에 대한 보충으로 읽을 수 있다.

30) 「지指와 비非지Doigts et non-doigts」(*Situations IV*, pp. 408~34에 수록). 볼스Wols(본명은 Alfred Otto Wolfgang Schulze)의 작품에 대해 1963년에 쓴 평론이다. 사르트르는 거의 형이상학적이었던 볼스의 염세주의를 상기시키면서, 물질과 무無의 관계에 대해 고민하며 동양 철학에 몰두했던 이 화가의 독창적인 작품 세계를 해석하고 있다.

31) 「공존Coexistences」(*Situations IX*, pp. 316~25에 수록). "공존"이라는 제목으로 이루어진 르베롤Paul Rebeyrolle의 연작물에 대해 쓴 평론으로 1970년에 미술잡지에 게재되었다. 이 글에서 사르트르는 이 전투적인 작가의 정치 활동과 그 작품 분석을 통해서 참여예술에 대한 잘못된 이해를 바로잡아주고 있다.

실에 대한 공통된 이해에서 찾을 수 있다. 두 사람 모두에게 인간이라는 존재는, 비록 신체를 지닌 채 물질 세계 속에서 물리적으로 존재하고는 있지만, 결코 사물처럼 구성요소들로 분해될 수 있는 기계적인 복합체가 아니다. 인간이란 결코 그의 피와 살을 이루고 있는 세포들의 총합으로 설명될 수 없으며, 언제나 전체가 하나의 유기적 관계를 유지하고 있는 단일체이다. 한 그루 나무에 대해 말할 때는 흔들리는 나뭇가지 하나를 따로 떼어내서 생각할 수 있지만, 인간을 말할 때는 그의 '들어 올려진 팔'이라든지 '쥐어진 주먹'과 같은 식으로 그의 사지를 부속품처럼 따로 떼어내서 생각할 수 없다. 인간의 동작들은 사물들의 움직임과는 달리 어렴풋한 미래를 그 속에 품고 있어서, 그 동작의 원인으로부터 이해될 수 있는 것이 아니라 그것이 겨냥하고 있는 목표들로부터 이해되어야만 하는 것이다. "인간은 분해될 수 없는 단일체unité indissoluble"[32]로서 결코 부분적 고찰의 대상이 되어서는 안 된다.

분할할 수 없는 이러한 인간의 총체성을 가장 잘 드러내주는 신체 부위로서 사르트르는 일찍부터 인간의 얼굴visage에 주목했다. 지난 세기의 심리학자들은 인간의 얼굴을 하나의 기계적인 자동인형으로 간주하여, 전기 자극을 통해서 웃게도 하고 화내게도 할 수 있다고 했다. 하지만 인간의 얼굴 인상이란 그들의 주장과는 달리 모든 부분이 하나의 단일체로서, 유기적으로 혹은 통째로 움직이는 마술적인 어떤 것이다. 사르트르에게 있어서 얼굴은 시선으로 대표되는 인간의 의식이 가시화된 부위이다.

---

32) J.-P. Sartre, "La recherche de l'absolu"(1948), *Situations III*, p. 290.

우리는 사물들 가운데에서 얼굴이라 불리는 어떤 존재들을 발견한
다. 그러나 그 얼굴들은 사물처럼 존재하지 않는다. 사물들은 미래가 없
는데, 얼굴에는 미래가 마치 토시처럼 둘러싸고 있다. 사물들은 세계 한
복판에 던져진 채 세계에 둘러싸여 짓눌리지만, 사물에게 있어서는 세
계라는 것이 전혀 존재하지 않는다. 그것은 기껏해야 가장 근접해 있는
덩어리들에 의해 떠밀린 부조리일 뿐이다. 그러나 시선은 반대로, 거리
를 두고서 인식하기 때문에 갑자기 우주를 나타나게 하고, 그로 인해서
또 우주로부터 빠져나간다. 〔……〕 정신이 지니고 있는 스스로를 넘어
서고 모든 사물을 넘어서는 이 속성을 초월성이라 한다면…… 얼굴의
의미란 바로 '눈에 보이는' 초월성이 되는 것이다.[33]

자코메티도 사르트르만큼이나 인간의 얼굴에 집착한다. 우람한 상
반신 위에 상대적으로 너무 작고 가느다란 얼굴을 지닌 검은 조각상
들, 정면에서 보면 부피도 무게도 없는 듯 느껴지지만 측면에서 보면
육중하게 공간 속에 자리 잡고 있는 청동 두상들, 엉킨 실타래처럼 어
지러운 선들의 그물망으로 나타나 화면 한가운데에서 우리를 바라보
는 인물 초상화들. 만족할 만한 작품이 나올 때까지 수없이 반복했던
자코메티의 이러한 작업들 속에서 사르트르는 그가 인간 얼굴의 의
미, 즉 "눈에 보이는 초월성"을 작품으로 구현해냄을 보았고, 그의 작
업이 수천 년 전부터 시작된 조각예술에 있어서 일종의 "코페르니쿠

---

33) J.-P. Sartre, "Visages," *Les écrits de Sartre*, p. 564. 1939년에 쓴 이 글은 사르트르의 가장
아름다운 글 중 하나로 꼽힌다.

스적 혁명"[34]을 꾀하고 있음을 본다.[35]

앞서 우리는 회화작품을 감상할 때 지각하는 의식과 상상하는 의식이 포착하는 대상이 분명히 다르다는 사실을 지적했다. 감상자로서의 나는 내 눈과 그림 속의 어떤 인물들과의 거리가 상상적인 것임을 알고 있다. 내가 한 걸음 앞으로 나간다면 걸려 있는 액자로서의 그림에 한 걸음 다가간 것이지 그림 속 인물들에게 다가간 것이 아니다. 코앞에까지 그림을 가져다 놓아도 그림 속 인물들과 나의 거리는 여전히 애초부터 화가가 상정해놓은 스무 걸음 떨어진 거리에 있음을 볼 것이다. 이미지 속의 공간은 비현실적인 것이다.[36] 화가들의 경우에는 이미 3차원의 세계를 2차원의 평면 위로 옮기는 작업 과정 속에서 자연스럽게 현실 세계의 비실재화를 경험함으로써, 현실 세계와 상상 세계를 쉽게 구분한다. 그러나 조각가의 경우는 사정이 조금 다르다. 조각가들은 3차원의 공간 속에서 진짜 대리석 조각 위에 작업을 하기 때문에 현실 세계와 상상 세계를 구분하는 것이 훨씬 더 복잡하다. 왜냐하

---

34) J.-P. Sartre, "La recherche de l'absolu," p. 301.

35) 보부아르는 이 두 사람의 공통된 관심사를 다음과 같이 기록하고 있다. "자코메티는 물질을 가능한 극한에까지 흡수하려고 했다. 그래서 그는 거의 부피가 없는 두상들을 빚어내기에 이르렀고, 살아 있는 한 시선에 보이는 대로의 인간 얼굴의 단일성이 그 두상들 속에 들어가 있다고 생각했다. 〔……〕 젊은 시절부터 현실을 그 종합적 진실 속에서 이해하고자 노력했던 사르트르는 이러한 탐구에 특히 감명을 받았다. 자코메티의 관점은 현상학의 관점과 맞닿아 있었는데, 왜냐하면 그가 상황 속의 얼굴을 조각한다고, 즉 주관적 관념주의의 오류와 거짓된 객관성의 오류들을 극복하면서 타자에게 있어서의 그 얼굴의 존재를 거리를 두고서 조각한다고 주장하고 있었기 때문이다"(S. de Beauvoir, *La force de l'âge*, p. 558).

36) 상상 의식 속에서의 공간의 비실재성에 관해서는 다음을 참조할 것. J.-P. Sartre, *L'Imaginaire*, pp. 163~65. 〔한국어판: 『사르트르의 상상계』, 윤정임 옮김, 기파랑, 2010, pp. 231~36〕.

면 그들에 의해 태어난 예술작품이 상상의 인간이라 할지라도 그들은 그것을 실제 연장성을 지닌 공간 속에서 만들어냈다고 생각하는 경향이 있기 때문이다. 그렇지만 이 두 세계를 가르는 원칙은 회화작품이나 조각작품이나 모두 동일한 것이어서 이를 혼동해서는 안 된다.

여기 좌대 위에 얹힌 가니메데스Ganymède가 있다. 만일 그것이 나에게서 얼마나 떨어진 거리에 있는지를 당신이 묻는다면, 나는 어떤 말을 해야 할지 모르겠다고 대답할 것이다. '가니메데스'라는 말로 당신은 제우스의 독수리에게 납치되었던 그 청년을 일컫는 것인가? 그 경우라면 나는, 그가 존재하지 않는 까닭에 그와 나 사이에는 거리에 대한 어떠한 '실재적인' 관계도 없다고 대답할 것이다. 반대로 당신은 조각가가 그 미소년의 이미지를 따라 쪼아낸 대리석 조각을 암시한 것인가? 그 경우라면, 진짜 사물에 대한, 존재하는 광물에 대한 문제라서 우리는 거리를 잴 수 있다.[37]

조각가가 현실의 공간과 상상의 공간을 혼동하면 그 결과는 조각예술에 있어서 기묘한 현상을 낳게 된다. 3천 년 전부터 전통을 이어온 고전적인 조각가들은 '그들이 본 것'을 조각한다고 하면서, 대리석 위에다가 모델 그 자체, 즉 '존재하고 있는 것' 자체를 빚어놓으려 한다. 예를 들어 열 걸음쯤 떨어져 포즈를 취하고 있는 모델을 조각한다고 할 때, 그들은 자신들이 본 모델의 이미지가 그대로 감상자에게 전해지도록 조각상의 형상을 만들어내면 된다고 생각한다. 그래서 조각상

---

37) J.-P. Sartre, "La recherche de l'absolu," p. 296.

을 열 걸음 거리에서 감상하게 될 관람자에게 자신이 모델 앞에서 느꼈던 인상을 제공해주면 된다고 생각하여, 모델에 해당하는 대리석 형상을 얼마나 완벽하게 만들어내는가에 사활을 건다. 그 결과 그들의 작품은 그들의 인상을 전달하지도 못하고 그렇다고 자연을 그대로 재현하지도 못한다.

열 걸음 떨어진 곳에서 포즈를 취하고 있는 누드모델을 보게 되면 그때의 어떤 이미지가 존재한다. 그런데 내가 그 모델에게 바짝 다가서면 나는 더 이상 그 이미지를 알아볼 수가 없다. 눈앞에 보이는 모공들이며 심줄, 튼 살, 체모와 기름진 윤기 등은 내가 떨어져서 감상했던 매끄럽고 신선한 피부가 아닌 것이다. 어디까지가 자연 그대로의 모습인가? 우리는 이보다 더 가까이 갈 수도 있다. 현미경으로 들여다본 피부는 더 이상 육안으로 볼 수 있는 피부가 아닐 것이다. 정말로 자연을 있는 그대로 옮기겠다면 이런 것까지 조각가가 빚어내야 하는 것 아닌가? 결과적으로 일반적으로 말하는 조각상이라는 것은 모델 그 자체의 모습도 아니고 조각가가 본 모습도 아니다.

그래서 고전적인 조각상에서는 나와 비너스(상상 의식 속의 비너스)의 관계가 내가 서 있는 실제 위치에 따라서 변하는 이상한 일이 생긴다. 내가 가까이 다가가면 멀리서는 안 보이던 세부사항까지 발견하게 되는 것이다. 이 사실은 나와 비너스의 상상적 거리를 나와 대리석 조각 사이의 현실적 거리와 혼동함으로써, 우리가 상상의 세계와 '현실적' 관련을 맺어버리게 되는 패러독스에 빠져 있음을 보여준다. 자코메티는 이러한 고전적인 조각술에 반기를 들고서 자신의 조각상에 분할될 수 없는 상상의 공간을 회복시키려고 시도한 예술가이다.

고전적인 조각상은 그것에 대해 하나씩 배워야 하거나 가까이 다가가서 살펴야 한다. 매 순간 새로운 세부사항들이 포착되고 부분들이 따로 부각되고 또 그 부분들의 부분이 보이고 하는 식이다. 결국 거기서 길을 잃고 만다. 그러나 자코메티의 조각상에는 가까이 다가가지 못한다. 당신이 한 여인의 조각상에 가까이 갈수록 그녀의 가슴이 활짝 개화하리라고는 기대하지 마라. 그 조각상은 전혀 변화가 없을 것이고 당신은 마치 제자리걸음을 하고 있는 듯한 이상한 느낌을 받을 것이다. 젖가슴의 두 젖꼭지, 우리가 그것들을 어렴풋이 느끼고 그것들을 대충 짐작하다가, 드디어 우리가 그걸 볼 수 있을 지점에 왔다. 한 걸음 더, 또 한 걸음 더. 그래도 우리는 여전히 그것들을 느낄 수만 있을 뿐이다. 또 한 걸음 더 내딛는다. 그러자 갑자기 모든 것이 연기처럼 사라져버린다. 거기에는 겹겹이 쌓아놓은 석고의 주름들만이 있다. 이 조각상들은 적당한 거리에서만 자기 모습을 보여주는 것이다.[38]

자코메티의 조각상들은 그 속에 감상자와의 거리를 이미 품고 있다. 자코메티는 석고로 만든 그의 인물상들에게, 화가가 자기 그림 속 인물들에게 부여하는 것처럼 절대적인 거리를 부여하고, 감상자가 어디서 어떻게 보든지 간에 그 자리에 그 이미지로 남아 있도록 만들었던 것이다. 그러자 현실 공간 속에서 실재하는 물질로 만들어진 이 인물상은 그 자체로 단번에 비실재적인 것이 되어버린다. 자코메티는 공간을 압축하여 우리의 손이 닿는 곳에 가져다 놓았다. 우리의 코앞

38) 같은 글, p. 299.

에 저 멀리서 보이는 한 여인을 불쑥 밀어 넣는다. 그 여인은 비록 우리가 손으로 만질 수 있어도 여전히 멀리 있다. 이 대리석 덩어리는 가까이에 있고, 그 상상의 여인은 멀리 있는 것이다. 이렇듯 자코메티는 분할할 수 없는 조각품을 만들어냈다. 그가 창조한 인물들은 내가 새로이 관찰할 것도 배워서 알아나갈 것도 남겨놓지 않는다. 보자마자 나는 벌써 그들을 알아보고, 그들은 마치 어떤 관념이 내 머릿속에 솟아나듯 내 시야에 솟아난다. 이처럼 자코메티는 "다중적인 것의 단일성의 문제,"[39] 즉 무한히 분할 가능하고 나뉠 수 있는 실재 세계 속에 분할 불가능한 의미 단일체로서의 인간의 모습을 구현하는 문제를 자기 식으로 해결하고 있다.

장 주네Jean Genet는 자코메티를 "거짓된 외양이 벗겨진 후 인간에게 남는 것을 찾아내기 위해 자기의 시선을 방해하는 것을 치워버릴 줄 알"[40]고 있는 작가로 소개한다. 사르트르는 이 작업을 "절대의 추구"라고 표현한다. 인간의 참된 모습, 인간의 절대적인 모습을 조각상에 담으려는 시도는 모든 조각가들의 공통된 작업일 것이다. 그러나 이제까지의 조각가들이 그 절대에 도달하기 위해서 존재 그 자체를 조각해내야 한다고 믿었던 것에 반해, 자코메티는 상황 속에 놓인 순간의 나타남을 조각하기로 선택함으로써 다른 사람들이 놓친 그 절대에 도달한다. 인간의 분할 불가능성과 행위의 단일성을 표현하기 위해 자코메티는 모든 다중성을 일거에 제거해버리는 길을 택한다. "상대성을 단번에 수용함으로써 그는 절대를 찾았다."[41]

---

39) 같은 글, p. 301.
40) 장 주네, 『자코메티의 아틀리에』, 윤정임 옮김, 열화당, 2007, p. 6.
41) J.-P. Sartre, "La recherche de l'absolu," p. 299.

〈사진 1〉 알베르토 자코메티, 「숲 속 빈터」(1950)

자코메티의 조각상들은 우리에게 보이는 대로의 인간을, 동시에 다른 사람들에게 보이는 대로의 인간을, 그리하여 세계 속의 인간들 사이에서 불쑥 드러나는 대로의 인간을 발견하게 해준다. 자코메티의 조각상들이 보여주는 진실은 인간이란 그 본질이 다른 사람들에 대해서 존재하는 대타존재être-pour-autrui라는 것이다. 멀리서 보이는 모습으로 조각된 석고 여인상을 바라보면서 내가 마주치는 것은 다름 아닌 "나의 차가워진 시선"[42]이다. 이 여인상은 여인을 바라보고 있는 나의 시선이 형상화된 것이다. 그런 의미에서 자코메티의 조각상들은 그것이 동생 디에고의 흉상이든 베니스의 이름 모를 여인의 전신상이든 결국 자코메티 자신의 자화상과 같은 작품들이다. 결국 열 걸음 떨어져 보이는 이 여인의 검은 실루엣은 내가 그 여인에게 느끼는 내면의 거리감이 형상화되어 시각화된 것이다. 자코메티의 조각상은 바로 작가 자신의 "내면적 감정"[43]이고, 스스로 만든 "자신의 국지적인 작은 무son petit néant local"[44]인 것이다.

사르트르는 자코메티의 회화론에서도 조각에 대한 앞의 글과 비슷한 방향으로 접근한다. 화가로서의 자코메티의 고민은 과연 '비어 있음vide'을 어떻게 그릴 것인가 하는 것이었다. 자코메티 이전의 화가들은 비어 있음을 그릴 줄 몰랐다. 그들은 자기 그림을 터질 듯이 가득 채우고, 화폭 속에 억지로 우주를 담으려고 애썼다. 그러나 자코메티는 자기 그림 속에서 세계를 축출하는 것부터 시작한다. 충만함이 제거된 허공 속에서 몇 개의 선들로 중첩되고 경계가 뚜렷하지 않은 어렴풋한

---

42) 같은 글, p. 302.
43) J.-P. Sartre, "Les peintures de Giacometti"(1954), *Situations IV*, p. 350.
44) 같은 글, p. 351.

인간의 모습이 나타난다. 자코메티는 인간의 정당화될 수 없는 존재의 의미를, 이 세계 속에 인간의 우연적인 출현을 이렇듯 닫히지 않은 가는 선들을 통해 담아내고 있다. 자코메티가 그려낸 인물이 우리들을 홀리는 것은 우선 그가 인간의 실존을 "질문을 던지는 출현apparition interrogative의 형태로"[45] 담아내고 있기 때문이다. 그의 모든 선들은 물질 세계를 "탈물질화"[46]시킨다. 그래서 자코메티의 그림을 감상하기 위해서는 모든 것을 반대로 하면 된다. 그의 그림에서 어떤 부분을 뚜렷하고 선명하게 보고자 한다면 그 부분을 나의 지각 범위의 변두리 쪽에 치워놓고 곁눈질하면 된다. 그 대상을 너무 대놓고 똑바로 쳐다볼 필요가 없다. 자코메티가 그림 속에 담아놓은 인물은, 언뜻 우리 곁에 스쳤는가 싶어서 쳐다보면 사라졌다가 다시 반대편에 어느덧 나타나는, 마치 우리 주위를 맴돌며 우리를 쫓아다니는 환영들 같다.

이 놀라운 형상들은 어찌나 탈물질화되었는지 종종 투명해져버리고, 어찌나 충만하게 현실적인지 주먹 한 대 맞은 듯이 확실하여 잊히지를 않는데, 이것들이 과연 나타남들인가 아니면 사라짐들인가?[47]

자코메티의 조각과 회화에서 사르트르가 공통분모로 뽑아낸 자코메티 예술의 본질은 바로 '비어 있음'의 구현이다. 자코메티가 파악한 인간은 언제나 타자와의 거리를 자신 속에 담고 있는 존재이며, 비어 있음이 그 주위를 감싸고 있는 존재이고, 스스로의 무néant를 만들며

---

45) 같은 글, p. 354.
46) 같은 글, p. 355.
47) 같은 글, p. 361.

짊어지고 다니는 존재이다. 우리는 그의 작품 속에서 쉽사리 사르트르의 친숙한 철학 용어들(대타존재, 실존, 결여, 무, 여분의 존재, 미래 등)을 떠올린다. 그러나 정작 자코메티 자신은 작품을 만들 때 전혀 철학적이거나 심리학적인 의도를 지니지 않았다고 말하고 있다.[48] 그는 오직 자신의 눈에 보이는 것을 충실하게 작품으로 표현하려고만 했을 뿐이고, 도대체 자신이 보고 있는 것이 무엇인지를 제대로 알고 싶어서 매일 새로운 시도를 하고 있을 뿐이라고 말하고 있다. 하지만 사르트르는 이러한 자코메티의 작품들 속에서, 자신이 문학적 수단을 통해서 그토록 천착했던 실존적 의식이 석고 반죽 속에서 혹은 캔버스 위에서 천재적인 예술가의 손으로 시각화되고 있음을 보았다.

자코메티는 사르트르의 상상력 이론과 실존철학을 조형적으로 가장 잘 표현해낸 예술가임에 틀림없다. 동시에 사르트르의 자코메티 비평은 이 예술가의 작품 세계를 가장 통찰력 있는 혜안으로 선명하게 해석해줌으로써, 두 사람은 예술가와 철학자의 흔치 않은 모범적인 만남을 보여주고 있다.

---

48) J.-M. Drot, *Un homme parmi les hommes: Alberto Giacometti*, 1963(기록영화).

3장
레비나스의
미술론

소스노

에마뉘엘 레비나스
Emmanuel Levinas
1906~1995

사카 소스노
Sacha Sosno
1937~2013

흔히 사람들은 예술은 영원하고 인생은 짧다고 이야기한다. 그렇다면 예술은 지속적인 가치를 지닌 것이고, 인생은 덧없는 것일까? 반대로 생각해야 할 것이다. 예술은 조각상이 그렇듯 순간을 지속하게 함으로써 영원히 멈추어버린 현재를 만들어낸다. 예술작품 속에는 새롭게 등장할 미래란 없으며 굳어버린 현재만이 있다. 반면 인생은 늘 예측하거나 계획할 수 없는 미래와 직면한다. 그리고 예측과 계획 불능, 우연성이 지배하는 시간인 미래는 바로 인생에 희망을 열어주는 장이다. 주체가 스스로 생산할 수 없고 전혀 예측하거나 계획할 수도 없는 시간이라는 점에서, 이 시간은 주체와 다른 것, 곧 타자성을 구현하는 시간 아닌가? 타자와의 마주침이 곧 미래를 열어주는 사건이 아닌가? 예술은 미래를 열어주는 대신 죽은 채 지속하는 현재만을 준다. 그러므로 예술작품에 집중하는 일은 생동하는 시간을 잃는 일, 영원히 현재일 뿐인 죽은 지속을 만족 속에 관조하는 일, 멈추어 있는 우상을 숭배하는 일이 되리라. 레비나스는 미술의 이 우상 숭배적인 성격을 극복하고자 한다. 그는 미술이 타자와의 관계를, 무한한 미래라는 시간을 어떻게 열어줄 수 있을지를 고심한다.

우상 또는 타인의 얼굴

서동욱

1. 유대인이 스핑크스를 만나면?

오래된 이야기로부터 시작해보자. 유대 신을 모시는 요셉이 형들의 미움을 받아 이집트로 팔려간 이야기는 잘 알 것이다. 이집트의 지평선 끝에서 그의 눈에 가장 먼저 들어온 것이 무엇이었겠는가? 하나의 예술작품, 바로 스핑크스였다. 토마스 만은 요셉의 이야기를 그린 아름다운 작품 『요셉과 그 형제들』의 3부(1936)에서 유대 신을 모시는 자, 그러니까 우상idole을 증오하는 자가 처음으로 이집트의 이 거상巨像과 마주치는 장면을 이렇게 묘사하고 있다.

눈을 부릅뜨고 시간에 갉아먹힌 코로 변함없이 황량한 눈빛으로 저 강 너머를 바라보는 스핑크스는 언약과는 무관했다. 그의 위협적인 수수께끼는 그런 성질의 것이 아니었다. **그것은 저 깊숙한 곳에 잠긴 채 미래**

를 향해 지속되었지만, 이 미래는 원시적 미래요 죽은 미래에 불과했다. 단순히 지속성일 뿐, 현실화되지 않는 거짓 영원이었던 것이다. 요셉은 여유 있게 미소 짓는 지속성의 위엄을 바라보며 자신의 마음을 시험해보았다. [……] 요셉이 누군가. 그는 자신이 누구의 정신을 물려받은 후손인지 실감하며 아버지와 한편이 되어 그 괴물을 조롱하는 눈빛으로 응시했다.[1]

여기서 요셉은 '시간'에 대한 사색에 빠져 있다. 시간을 미래로 열어주는 언약의 신을 섬기는 이 젊은 유대인은 스핑크스 속에서 "죽은 미래"를 들여다보는 중이다. "시간은 본질적으로 새로운 탄생"[2]이라는 것을 모른 채 저 거대한 사막의 괴물은 미래가 도래할 자리를 '죽은 지속'으로 채우고 있는 것이다. 그러므로 이 거상은 "추상적 영원성이요, 죽은 신이 아닐까?"(『시간과 타자』, p. 18). 이처럼 "새로운 탄생," 미래의 도래, 바로 창조가 예술작품 속에 없으므로, 사람들이 통상적으로 예술적 창조에 대해 이야기하는 바와는 다르게 다음과 같이 이야기해야 할 것이다. "예술은 창조의 영역에도 속하지 않는다. 창조의 운동은 예술과는 완전히 반대되는 방향에서 생겨난다."[3] 창조란, 언

---

1) 토마스 만, 『요셉과 그 형제들 3』, 장지연 옮김, 살림, 2001, p. 134. 이 글의 모든 인용에서 원저자의 강조는 ' '로, 인용자의 강조는 고딕체로 표기한다. 〔 〕안의 말은 뜻을 잘 통하게 하기 위해 인용자가 임의로 집어넣은 것 또는 대체 가능한 번역어다. 인용하는 저작은, 인용문 뒤 괄호 안에 약호 표시와 쪽수를 병행해 적는다.
2) 에마뉘엘 레비나스, 『시간과 타자』, 강영안 옮김, 문예출판사, 1996, p. 97(약호: 『시간과 타자』).
3) E. Levinas, "La réalité et son ombre"(1948), *Les imprévus de l'histoire*, Montpellier: Fata morgana, 1994, p. 126(약호: RS).

약을 통해 무한한 미래 시간을 유한자에게 주는 신에게나 걸맞은 말일 테니까 말이다.

괴물을 향한 저 조롱의 눈빛은 몇 천 년 후 또다시 발견된다. 요셉의 핏줄을 이어받은 한 후손이 그리스의 예술작품과 그리스의 젖줄에 입술을 붙이고서 태어난 유럽의 걸작과 마주쳤을 때, 바로 그 후손의 눈 속에도 똑같은 눈빛이 들어 있다. 토마스 만의 저 구절이 인쇄된 지 10년이 좀 지나 레비나스는 예술에 대한 그의 사상을 집약하고 있는 「실재와 그 그림자La réalité et son ombre」에서 이렇게 쓰고 있다.

라오콘은 뱀에게 영원히 휘감겨 있을 것이고, 모나리자는 영원히 미소 짓고 있을 것이다. 라오콘의 팽팽한 근육 속에 예견돼 있는 미래는 영원히 현재가 될 수 없을 것이다. 막 피어나려는 모나리자의 미소는 영원히 활짝 피어나지 못할 것이다. **일시중지된 미래는, 미래가 언제까지나 오지 않을 것처럼 조각상의 응결된 자세 주위를 영원히 표류할 것이다.** (RS, p. 138)

헬레니즘 시대 로도스 섬의 조각가 세 사람이 만들었다고 전해지는 라오콘상 속에서, 신들의 저주를 받은 트로이의 신관 라오콘은 절망과 분노와 당혹 속에 그의 아들들과 더불어 뱀에게 휘감겨 있다. 이 작품 앞에 선 사람은 생동감, 움직임을 느끼는가? 라오콘은 죽음을 향해 가지만, 그 모습 그대로 대리석 속에 영원히 정지해 있을 것이다. 생동감이 있다면 그것은 죽은 생동감, 멈춘 필름의 한 장면이다. 그것은 마치 살해당한 시신 안에 고착된 마지막 표정 같은 것이리라. 움직임 속에서 찾아오는 미래란 없고 돌 속에 차갑게 굳은 영원성이 미래의 자리를 대신한다. 모나리자 역시 마찬가지다. 그 미소는 도래하는 미래 또는 시간의 흐름을 가지지 못하고 화폭 속에 고집스럽게 굳어버렸다. 이집트의 요셉이 마주쳤던 "죽은 미래," 스핑크스의 돌 속에서 중지된 시간이 레비나스가 바티칸과 파리의 박물관에서 마주친 유럽의 걸작들 속에도 깃들어 있었던 것이다.

바로 이 시간의 '정지'가 우상을 특징짓는다. "이미지를 우상이라고 말하는 것은 결국 모든 이미지가 조형적plastique이라고 단언하는 것이며, 또 **모든 예술작품은 결국 조각상, 즉 시간의 정지, 혹은 오히려 시간 자체에 대한 시간의 지연retard이라고 단언하는 것이다**"(RS, p. 138). 예술의 본질은 '조각'이고 조각상을 특징짓는 것은 '시간의 정지,' 제논의 정지한 화살과 같은 죽은 지속, 아주 직설적으로 말하면 생명이 중단된 시체의 영원성이다. 하이데거처럼 예술의 본질은 '시詩'이며, 마치 그리스인들의 비극이 그랬듯 시의 언어는 존재자를 진리 가운데 열어 밝혀준다는, 그것도 개개인의 진리가 아니라 공동체의 진리 가운데 열어 밝혀 한 민족을 바로 그 자신으로서 출현시켜준다는 입장[4]에서 본다면, 저 '조각상으로서의 예술'이라는 관념은 얼마나 깊이 예술에 대한 증오심을 표현하고 있는가?

요컨대 이집트의 요셉과 그의 먼 후손 레비나스, 감성적 세계에서 예술작품보다 우상을 먼저 발견하는 이 유대인들은 '시간과 예술'을

---

[4] "시 짓기란 존재자의 비은폐성에 관해 말하는 것die Sage der Unverborgenheit des Seienden이다. 각각의 언어는, 그 안에서 역사적으로 한 민족에게 그들의 세계가 열어지는 동시에 '굳게 닫혀 있는 것'으로서의 대지가 그 안에서 참답게 보존되는 그런 말함이 일어나는 사건이다"(마르틴 하이데거, 「예술작품의 근원」, 『숲길』, 신상희 옮김, 나남, 2008, p. 108).

결부시키고 있으며, 바로 시간을 구현하지 못한다는 점에서 예술을 우상으로 낙인찍고 있는 것이다. 그러니 물어야 할 것은 분명하다. 예술은 시간의 부재이며, 그런 맥락에서 우상 숭배인가?

2. 우상과 지속

그런데 흥미롭게도 조각상 안에서 시간이 멈추고, 죽은 정지가 되는 것을 두려워한 레비나스는 말년에 조형예술에 관한 책 한 권을 남겼다. 조각가 사카 소스노의 작품을 두고 프랑수아즈 아르망고와 나눈 대담(1988)을 기록한 『오블리테라시옹』[5]이 그것이다. 사카 소스노는 누구인가? 그는 1937년 마르세유에서 태어나 주로 니스를 중심으로 활동한 예술가다. 젊은 시절 마티스 등으로부터 영향을 받기도 했으며, 1960년대에는 에콜 드 니스의 중심인물이 되었다. 오늘날 니스를 방문하면 곳곳에서 도서관 같은 공공시설물을 위해 만들어진 그의 거대한 조각품들을 만나볼 수 있다(〈사진 1〉 참조). 레비나스가 미술론을 쓴다면, "모든 예술은 결국 조각상이다"라는 발언의 주인답게 조각품에 관한 것이어야만 할 것이고 따라서 조각예술에 대한 그의 책이 세상에 남게 된 것은 당연할 것이다. 그런데 이 조각가 소스노와 그의 조형예술에 대한 레비나스의 긍정적인 접근, 우상에 대해 더 이상 적극적으로 이야기하지 않는 레비나스의 미술론을 어떻게 이해해

---

5) E. Levinas & F. Armengaud, *De l'oblitération*, Paris: Éd. de la différence, 1990(약호: OB).

〈사진 1〉 사카 소스노, 「평방형 머리」(2002)

야 할까? 이 글은 사실 이 단순한 질문에 답하고자 하는 시도로 요약할 수 있을 것이다.

예술에 대한 레비나스의 관심과 언급들은 그의 철학에서 여러 시기에 걸쳐 골고루 퍼져 있다. 셰익스피어에 대한 참조는 그의 주요 저작 전부를 통해 이루어지고 있다고 해도 과언이 아니며, 프루스트나 블랑쇼, 첼란 같은 중요한 현대 작가들에 대한 저작이 레비나스의 문헌 목록을 채운다. 그러나 예술과 레비나스의 관계는, 그가 줄곧 우상 숭배를 경계하는 종교에 부합하는 방향으로 철학적 사유를 전개해온 데서도 쉽게 짐작할 수 있듯 매우 복잡한 양상을 띤다. 예술에 대한 레비나스의 사유는 많은 경우 "예술이 정신적 삶과 동일시되는 우리 시대 예술의 비대증을 고발하는 일"(RS, p. 146)에 몰두하고 있다. 그러니 소스노의 조각에 대한 레비나스의 이해에 정확히 도달하기 위해서는, 먼저 예술에 대한 비판, 그것도 조각상에 대한 비판을 포함하는 레비나스 예술론 일반에 대한 이해가 전제되어야 하리라.

레비나스는 예술 또는 예술 활동을 어떻게 이해하는가? 그는 다음과 같은 정의를 내놓는다. "예술의 가장 기본적인 과정은 대상을 그 대상의 이미지로 대체하는 데 있다"(RS, p. 127). 예술의 본성은 이미지라는 것이다. 예술을 이미지로 특징짓는 일은 레비나스에 한정된 독특한 견해는 아니다. 가령 바디우는 다음과 같이 '이미지로서 시 예술의 본질'에 대해서 이야기한다. "가장 분명한 것은, 시는 경험의 직접적 독특함인 이미지의 속박에서 벗어나지 못한다는 사실이다."[6] 그러나 레비나스의 독특성은 이미지를 곧바로 '우상'과 연결 짓고 있다

6) 알랭 바디우, 『비미학』, 장태순 옮김, 이학사, 2010, p. 39.

는 점이다. 우상은 가장 완벽한 이미지다. "가장 완벽한 이미지를 보여주는〔그 이상〕능가할 수 없는 캐리커처는 우상의 어리석음에서 나타난다"(RS, p. 138). 레비나스가 예술작품을 우상으로서 이미지라고 했을 때, 과연 이런 이미지, 우상이라는 비진리로서의 이미지는 어떻게 서술될 수 있을까?

그는 직접 '조각상'을 거론하며, 이렇게 비난하기도 한다. "예술가는 조각상에 생명 없는 삶을 부여했다. 하찮은 삶은 그 자신의 주인이 아니라, 삶의 캐리커처이다.〔……〕'모든 이미지는 이미 캐리커처이다'"(RS, p. 139). '캐리커처'란 예술을 특징짓기 위해 레비나스가 사용하는 말이다. "존재는 그것 자체로 있을 뿐 아니라,〔그것 자체로부터〕도주하기도 한다"(RS, p. 133). 마치 구멍 난 주머니에서처럼 존재에서 빠져나오는 것이 있는데 그것이 바로 존재의 그림자로서 캐리커처, 이미지이다. 보통 존재가 우리의 감각에 호소할 때, 우리는 '감각이 우리를 속인다'는 통상적인 표현을 통해, 감각에 주어진 것을 비진리로 여긴다. 바로 존재가 감각 안에 들어와 형성한 비진리가 이미지이다. "비진리는 존재의 불명료한 잉여물이 아니라, 존재의 감각적 특성 자체이다. 존재의 이 감각적 특성을 통해 세계 안에는 유사성과 이미지가 존재한다"(RS, p. 135). 이 인용에서 명시되듯이 이미지는 존재에 귀속되지 못한 채 남아도는 잉여물 같은 것이 아니라 존재가 지닌 감각적 특성 자체에 속한다. "그리고 감각 속에서, 즉 아이스테시스aisthesis 속에서의 길 잃어버림égarement이 미감적 효과를 일으킨다. 감각은 대상으로 인도하는 길이 아니라 대상으로부터 멀어지게 하는 장애물이다."[7] 그러니까 이미지는 존재의 일부를 이루는 동시에 존재가 '비진리'로 있는 방식인 것이다. "사물은 그 자체로 있으며, 또 그 사물의 이미지로서 있다고 말한다. 〔……〕 존재는 있는 것, 진리 속에서 드러난se révèler〔Enthüllen〕 것이다. 동시에 존재는 〔그 자신과〕 닮은 것, 곧 그 자신 고유의 이미지이다"(RS, p. 134). 결국 이미지는 참된 존재의 "대역代役, doublure"(RS, p. 135)이라고 특징지을 수 있으며, 대역인 한에서 가짜, 비진리이다. 그런데 이러한 이미지는 어떤 방식으로 예술작품을 통해서 존립하는가?

　어떤 의미에서 〔예술작품이〕 정지이고 지연인지, 그리고 어떤 의미에서 조각상의 존재함은 존재의 존재함의 외관인지 밝히는 것이 중요하다. 〔……〕 조각상은 미래 없이 지속하는 순간이라는 역설을 실현시킨다. 〔……〕 여기서 순간은 지속을 구성하는 무한히 작은 요소, 〔예컨대〕 빛이 점멸하는 한순간 같은 것이 아니다. 순간은 그 나름으로 유사類似적인 어떤 영원한 지속durée quasi éternelle을 가진다. 여기서 우리가 염두에 두고 있는 것은 단순히 대상으로서의 작품 자체의 지속, 도서관에 쌓여 있는 기록들과 박물관에 서 있는 조각상의 영속성이 아니다. 〔우리가 사유해보고자 하는 바는〕 조각상의 삶, 혹은 오히려 조각상의 죽음 안에 깃들어 있는 무한하게 지속되는 순간이다. (RS, p. 138)

순간들의 본질은 사라짐에 있다. 순간들은 차례차례 죽는 데서만, 즉 미래를 도래하게 해주는 데서만 자신의 본성에서 기인하는 역할을 한다. 그런데 경험이 알려주듯 조각상은 순간을, 지속을 위해 있는 것

---

7) 에마뉘엘 레비나스, 『존재에서 존재자로』, 서동욱 옮김, 민음사, 2003, p. 85(약호: 『존재에서 존재자로』).

이 아니라 그 자체를 지속으로 만든다. 그러므로 작품 속의 이 순간은 "빛이 점멸하는 한순간"이 아니고, 또 그것의 지속성 역시 박물관에 보존된 물건으로서 책이나 조각상의 지속이 아니다. 작품이 파손되어 더 이상 감상자가 그것에 접근할 수 없을지라도 작품 안에서 지속을 얻은 순간은 그 순간으로서 영원하며, 설령 실현되지 못한 것일지언 정 어떤 다른 가능성도 갖지 않는다. 이는 단지 조각상에 국한된 문제 가 아니라, 예술 전반에 걸쳐 있는 문제이다.

우리는 음악, 문학, 연극, 영화 같은 비조형예술을 통해 분명히 이미 지 안에 도입된 시간은 이미지의 불변성(고정성, fixité)을 손상시키지 못 한다는 것을 이해한다. 책 속의 인물들이 똑같은 행위와 사유의 끝없는 반복을 하게끔 되어 있다는 것은, 이 인물들에 대한 외재적인 이야기 속 의 사실의 우연성을 드러내주지 못한다. 〔……〕 소설의 인물들은 갇힌 존재, 곧 죄수들〔유폐된 자들〕이다. 그들의 이야기는 결코 끝나지 않으 며, 이야기는 계속해서 진행되지만 아무런 진전이 없다. 소설은 존재들 을 그들의 자유에 거역하여 어떤 운명 속에 가두어버린다. (RS, pp. 140~41)

가령 연극의 대본은 고정되어 있고, 배우는 그 대본의 인물을 구현 한다. 악보 역시 고정되어 있으며 지휘자는 불변하는 선율을 구현한 다. 여기서 배우의 창조성과 지휘자의 독창성이 고정된 작품에 우연 성을, 새로운 시간을 끌어들인다고 얘기할 수 있을까? 예를 들어 푸르 트뱅글러Wilhelm Furtwängler는 베토벤의 음표들을 무시하고 그것들의 고정된 질서를 우연성 속에 집어넣는 듯이 보이며, 멩겔베르크Willem

Mengelberg는 「마태수난곡」에 놀라운 자유를 주어 이 걸작을 낭만주의 시대의 염세적인 작품으로 착각하게 만들기도 한다. 그러나 그것은 규정되지 않은 시간을 작품 안에 끌어들이는 것이라기보다는, 작품의 고정되어 있는 시간과 운명을 드러내는 규정되지 않은 무한한 방식 가운데 한 가지라고 해야 할 것이다. 이렇게 순간들의 고정성을 본질로 하는 작품을 앞서 레비나스는 우상이라 불렀는데, 아래 인용에서 보듯 그것은 '괴물'로까지 일컬어진다.

예술은 분명 간격 속의, 존재가 〔시간을 가로지르며〕 사는traverser 힘을 가지는 영역 속의 이 지속을 성취한다. 그러나 이 영역 속에서 존재의 그림자는 고정되어 있다. 조각상이 정지해 있는 간격의 영원한 지속은 개념의 영원성과 근본적으로 다르다. 지속은 '그 사이entretemps'이고, 결코 끝나지 않으며, 변함없이 계속된다. 이것은 인간적이지 않은 어떤 것이며, 괴물 같은 것이다. (RS, p. 143)

아마도 괴물이라는 표현은 '우상'의 성격을 더욱 분명히 하기 위한 수사이리라. 왜 이 지속하는 것은 스핑크스에나 안성맞춤인 명칭인 '괴물'과 '우상'으로 불리는가? 도대체 레비나스는 우상이라는 말을 어떤 의미로 사용하는 것일까? 아마도 『전체성과 무한』과 『존재와 다르게』 각각에서 찾아볼 수 있는 두 부분이 이 질문에 대답하기 위한 실마리를 내어줄 것이다. 『전체성과 무한』에서 레비나스는 "예술의 그 사이entre-temps〔위 인용문에서 지속으로서의 '그 사이'와 동일한 뜻〕 속에 정지해 있는 신들"[8]을 우상과 관련시킨다. 『존재와 다르게』에서는 이렇게 말하고 있다. "존재 너머로의 움직임은 존재론과 신학이 된다. 그로부터 아름다움에 대한 우상 숭배가 나온다. 〔……〕 존재 너머로의 움직임은 아름다움으로 고정된다. 신학과 예술은 기억할 수 없는 과거를 '붙잡고 있다.'"[9] 이 두 가지는 같은 것을 이야기하고 있다. 존재 너머로의 움직임, 곧 초월이 겨냥하는 바를 존재자로서 동일성(정체성)을 확인할 수 있는 것, 곧 지속하는 것으로 만들되 아름다움을 매개로 그렇게 하는 것이 바로 우상을 만드는 일이다〔참고로 동일성을 지니는 실체적인 것이 '지속'에서 성립한다는 것은 칸트가 「순수 지성의 종합적 원칙들」 초두에서 실체의 '도식'을 시간 중의 지속(고정 불변성)이라고 제시한 것만 떠올려보아도 쉽게 알 수 있다〕.

버크와 칸트의 성찰이 알려주듯 아름다움은 즐거움(쾌)과 관련되어 있다. 존재 저편으로의 초월의 운동을, 이미지의 아름다움이 주는 즐거움 속에 지속하는 정체성을 지닌 존재자 앞에서 멈추도록 하는 것이 바로 우상이다. 이런 까닭에 아테네의 시인추방론에 비견될 만한 예술에 대한 단죄가 요셉의 후손에게서, 레비나스에게서 이렇게 표현되는 것이다. "이미지들의 추방은 진정으로 유일신을 섬기는 종교의 최상의 명령이며, 운명〔작품 안에 정해져 있는 필연성 내지 지속성〕을 압도하는 교의의 최상의 명령이다. 이 창작〔예술 창작〕과 이 계시는 서로 반대이다"(RS, pp. 143~44).

이렇게 우상의 본질이 초월의 운동을 멈추게 하는 것이라면, 초월은 어디서 가능한가? 바로 '타인과의 관계'가 초월이 이루어지는 자리이다. 레비나스에게서 초월은 다양한 관점에서 기술될 수 있을 것인

---

8) E. Levinas, *Totalité et Infini*, La haye: Martinus Nijhoff, 1961, p. 197(약호: TI).

9) E. Levinas, *Autrement qu'être ou au-delà de l'essence*, La haye: Martinus Nijhoff, 1974, p. 191.

데, 초월이 무한과의 관계라면 타인은 무한과의 만남을 가능하게 할수 있어야 할 것이다. 타인은 무한자(신)가 아니다. "타인은 신의 육화 incarnation가 아니다"(TI, p. 51). 따라서 타인이 무한과의 관계를 가능하게 해준다면, 타인은 무한자와의 관계가 어떤 것인지 가리켜 보이는 무한자의 '흔적inscription'이라 해야 할 것이다.[10] 그리고 무한과의 관계는 레비나스에게서 규정되지 않은 미래와의 관계로 출현한다. 여기서 미래가 규정되지 않았다는 것은 어떤 것이든 주체의 기획이 기반을 둔 '가능성'을 전적으로 넘어선 시간이 미래라는 것이다. 이런 점에서 레비나스는 하이데거와 정반대 방향에서 미래를 사유하고 있다. "탁월한 〔존재〕 **가능성**을 견지하면서 그 안에서 자기 자신을 자신에게로 '다가오도록' 함은 '도래(미래, Zukunft)'의 근원적인 현상이다."[11] 레비나스에게서 미래는 주체의 가능성을 전적으로 넘어서 있는 것, 그런 의미에서 규정될 수 없으며, 규정(한정)지을 수 없다는 점에서 '무한한 미래'이다. 하이데거의 '유한한 미래'와 반대로 말이다〔"본래적인 도래…… 그 자체가 '유한한' 도래임이 밝혀진다"(『존재와 시간』, p. 437)〕. 그리고 이 무한한 미래가 바로 타인과의 관계이다. "어떠한 방식으로도 손아귀에 쥘 수 없는 것은 미래이다. 미래의 외재성(초월성)은, 미래가 절대적으로 예기치 않게 닥쳐온다는 사실로 인해서 공간적 외재성과는 전혀 다르다. 〔……〕 미래는 손에 거머쥘 수 없

---

10) 때로 'trace'라고 표기되기도 하는 이 '흔적,' 타인이라는 무한의 흔적이 레비나스에서 참된 종교가 성립될 수 있도록 해주는 기반이 된다. 참된 종교에 대한 레비나스의 다음과 같은 정의 속에서 우리는 이 점을 목격할 수 있다. "나에게 참된 종교란 타인의 얼굴에 **새겨진** inscrits 신의 말의 명령과 그에 대한 복종에서부터 생각된 종교이다"(OB, p. 26).
11) 마르틴 하이데거, 『존재와 시간』, 이기상 옮김, 까치글방, 1998, p. 431(약호: 『존재와 시간』).

는 것이며, 우리를 엄습하여 우리를 사로잡는 것이다. 미래, 그것은 타자이다. 미래와의 관계, 그것은 타자와의 진정한 관계이다"(『시간과 타자』, pp. 86~87). "미래와의 관계, 즉 현재 속에서의 미래의 현존은 타자와 얼굴과 얼굴을 마주한 상황에서 비로소 실현되는 것처럼 보인다."[12] 타인이 누리는 시간은 전적으로 내가 무엇인가를 할 수 있는 '가능성' 바깥에 있다. 타인과의 관계는 나에 의해 전혀 규정되지 않는 시간이라는 점에서 어떤 방식으로든 '지금-여기'의 지점을 넘어서 있으며, 그가 누릴 시간은 전적으로 나의 현재로 동화될 수 없는 '미래'라 해야 마땅하다.

타인과의 관계는 바로 이 미래와의 관계이다. 그리고 이 시간에 대한 몰두는 나의 존재함을 초월하는 일이다. 나의 존재함은 어디서 성립하는가? 바로 '자아moi가 자기soi이다'라는 데서 성립한다. 의식의 차원에서 이는 '자기의식'으로 표현될 것이고, 인간학적으로는 노동과 그에 상응하는 봉급을 통해 자아가 자기를 부양하는 경제적 관계로 나타날 것이다〔레비나스는 이를 '존재의 일반경제'라 부르는데, 존재 안에 들어서 있는 것이 경제라는 것은 이미 하이데거의 다음과 같은 말 속에서 잘 드러나는 것이다. "'삶'은 그 비용을 받아내든 받아내지 못하든 일종의 '사업'이다"(『존재와 시간』, p. 386)〕. 따라서 존재함이란 자아와 자기와의 관계에서 성립하므로, '아무개가 존재한다'가 아

---

12) 『시간과 타자』, p. 93. 다음과 같은 구절도 참조해야 한다. "미래는 절대적으로 다르고, 절대적으로 새로운 것이다. 바로 이렇게 볼 때 참된 시간의 현실을 우리는 제대로 이해할 수 있다. 다시 말해 현재 안에서는 미래의 등가물을 절대 발견할 수 없을 뿐만 아니라 미래를 거머쥘 수 있는 가능성이 전적으로 결여되어 있다는 사실을 이해할 수 있다"(『시간과 타자』, p. 96).

니라 "아무개는 '그 자신에 대해 존재한다on s'est'"라고 표현해야 한다(『존재에서 존재자로』, p. 42). 그런데 자아가 존재의 일반경제의 틀을 깨뜨리고 나와 자기를 부양하지 않고 타자에 '보다' 몰두한다면? 그렇다면, 존재자를 존재하게 했던(즉 '존재함'을 가능하게 했던) '자아가 자기이다'라는 관계는 깨어질 것이다. 따라서 이러한 타자에 대한 몰두는 앞서 인용한 『존재와 다르게』의 표현을 상기시키며 말하자면, "존재 너머로의 움직임"이라 해야 마땅할 것이다. 초월 말이다. 순간의 영원한 지속일 뿐인 예술작품은 바로 이 타자와의 만남 안에서 일어나는 초월, 미래와의 조우를 불가능하게 만든다.

3. 철학적 비평과 그 한계

그러나 예술은 우상으로 남는가? 바로 이 질문과 더불어 우리는 레비나스 예술론의 한 개념인 '철학적 비평critique philosophique'의 중요성을 이해할 수 있다. 앞서 이야기한 바대로 레비나스는 철학적 사유를 전개하면서 수많은 예술작품을 인용하며, 또 그 인용으로부터 사유를 위한 풍부한 영감을 얻는다. 그렇다면 이것은 우상 숭배에 해당하는 것인가?

레비나스는 프루스트 작품에서 타자의 문제를 분석한 「프루스트에서 타자」에서, 타자와의 관계에 대한 성찰을 가능하게 하는 조건으로 다음과 같은 구절을 내놓고 있다. "만일 시詩가 가르침enseignement을 담고 있다면……."[13] 이 조건구는 예술작품에 대한 모든 참조가 가능하기 위해 레비나스가 통과해야 하는 문이다. 그렇다면 무엇이 이 조건구를 유효한 것으로 만들어주는가? 바로 '철학적 비평'이 그것이다.

레비나스가 말하는 철학적 비평의 구체적인 내용을 살피기 전에 레비나스에서 비평의 위상에 대해 이야기해보자. 비평의 존재는 어떻게 정당화될 수 있으며, 비평은 왜 있어야만 하는가? "예술가가, 침묵 속에서 관조를 통해 [그 의미를] 헤아려볼 수만은 없는 자기 작품에 대해서, 그 작품 자체 외에는 다른 어떤 것도 [추가로] 이야기하기를 거부할 때, 대중을 위해 무엇인가 말할 것이 있으리라는 사실은 비평가 [의 존재]를 변명해준다"(RS, p. 124). 이 구절은 예술의 침묵과 그 침묵을 대신하는 비평의 말을 대비시키고 있다. 또 레비나스는 이렇게 말한다. "만약 예술이 근본적으로 언어나 인식이 아니라면, 그러므로 만약 예술이 진리와 공외연적인coextensif '세계 내 존재l'être au monde' 의 외부에 자리 잡아왔다면, 비평은 부흥할 수 있을 것이다"(RS, p. 124). 예술이 언어가 아니고 따라서 언어를 통해 현시되는 진리를 보여줄 수 없다면, 예술 대신 '말'을 해서 '존재 저편으로의 움직임'이라는 진리[14]를 드러내주는 일은 비평의 과제라는 것이다. 레비나스는

---

13) E. Levinas, "L'autre dans Proust"(1947), *Nom propres*, Montpellier: Fata morgana, 1976, p. 155.

14) 레비나스는 이를 "우리가 진리라고 명명하는 외재성"(TI, pp. 32~33) 또는 "절대적 타자와의 관계 또는 진리가 세워지는 형이상학적 초월"(TI, p. XVII)이라 표현하기도 한다. 그는 또 이렇게 말한다. "급진적인 외재성에 대한 열망, 이 형이상학적 외재성에 대한 존경은…… 진리를 구성한다"(TI, p. XVII). 여기서 '급진적인 외재성에 대한 열망'이라고 표현한 것, 보통 레비나스가 '형이상학적 욕망'이라 부르는 것은, 가령 플라톤의『국가』(6권)에 나오는 모든 내재적 존재자들의 운동을 가능케 해주는, '존재 저편의 선'을 향한 욕망에 필적한다. 타자를 통해 이루어지는 무한자와의 관계가 궁극적으로 내재적인 존재자들을 바로 그 존재자들이게끔 해주는 관계라면, 그것은 진리라 부를 수 있다. 타자를 통해 이루어지는 무한자와의 관계 때문에, 먹거리나 주거지 같은 내재적 대상의 정체성은 주체의 욕구를 충족시키기 위한 물자가 아니라 '타자를 위한 구호품과 피난처'로 발견될 수 있다.

"진리는 타자 속에서 찾아진다. 〔……〕 진리는 타자〔주체의 존재함 저편〕로부터 분리된 어떤 존재가…… 그 타자에게 말을 거는 곳에서 일어난다"(TI, p. 33)고 말하는데, 바로 타자와 말로써 관계하는 그 지점이 예술에서는 비평이 된다. 요컨대 예술이 침묵하기에 비평의 말이 필요한 것이다.

레비나스가 의식적으로 늘 대립 구도를 형성하는 하이데거 같은 이에게서 '침묵'은 매우 큰 중요성을 지닌다. 『존재와 시간』에서 한두 문장만 뽑아보아도 이는 분명히 드러난다. "서로 함께 말하는 가운데 침묵하고 있는 사람이 말을 끝없이 하는 사람보다 더 본래적으로 '이해하게끔 할' 수 있다"(『존재와 시간』, p. 226). "양심을 가지기를 원함에 속하는 분류 파악하는 말의 양태는 '침묵하고 있음'이다"(『존재와 시간』, pp. 394~95). 그러나 레비나스에게 침묵이란 예술을 존중하는 서구 문명이 지닌 한계로 인지된다. "만일 예술이 불신에 영감을 불어넣을 수 있다면, 그것은 다른 이유에서이다. 아름다운 것의 완전성은, 어떤 다른 것에 마음을 쏟기보다는 침묵을 부과한다. 그것은 침묵의 파수꾼이다. 그것은 그저 일어나도록 놓아둔다. 예술적 문명이 가지는 한계가 여기 있다"(OB, p. 8). 완벽한 예술은 침묵을 요구한다. 그것에 추가되는 말이란 완벽한 미에 덧붙여지는 사족이 될 뿐이기 때문이다. "말라르메를 해석하는 일, 그것은 곧 말라르메를 배반하는 일이 아닌가? 말라르메를 충실히 해석하는 것, 그것은 곧 그를 소멸시키는 일이 아닌가?"(RS, p. 124). 비평이 사족이 될 수 있다는 이런 우려와 함께 예술을 존중하는 문명은 침묵을 모범적인 것으로 존중하는 길로 들어서기도 한다. 그러나 이 침묵은 말이 들려와야 하는 국면, 타자의 호소가 들려와야 하는 국면을 가려버릴 수 있으며, 그렇기에 레비나스는 이렇게 말한다. "말하지 말고 반성하지 말고, 침묵과 평화 속에서 감탄하라. 이것은 아름다움 앞에서 감탄한 지혜의 충고이다. 어디서든지 악마의 편으로 인식된 마술은 불가해한 관용을 즐긴다"(RS, p. 146). 예술은 악마의 편에 선 마술이며, 이 마술은 침묵속에서 관조하는 방식으로 타자의 호소 또는 윤리와 거리를 둔다. 피카소의 「게르니카」 앞에서의 침묵의 관조가 역사 속의 진짜 게르니카에 대한 윤리적, 정치적 연루와 본성상 거리를 가지는 것처럼 말이다. 따라서 존재 너머로의 '움직임'이 아름다움과 직면해서 순간의 지속속에 멈추어버리도록 내버려두지 않기 위해선, 침묵하고 있는 예술을 대신해서 말을 해야 한다. 이것이 비평의 사명이다. **"부동의 조각상이 움직이게끔 하고 또 말을 하게끔 해야 한다"**(RS, p. 147). 어떻게 말과 더불어 조각상이 움직일 수 있을까?

이 어려운 과제는 뒤에서 다루기로 하고, 이제 레비나스가 말하는 '철학적 비평'이 무엇인지 구체적으로 살펴보자. 레비나스는 철학적 비평의 핵심을 다음과 같이 설명한다. **"쟁점이 되는 바는 타인과의 관계라는 조망이 개입하도록 하는 것이다"**(RS, p. 148). 즉 작품 안에 타인과의 관계를 도입하는 말이 철학적 비평이라는 것이다. 이러한 도입은 이중적으로 해석될 수 있다. 하나는 완성된 작품 외부로부터 비평가의 말의 개입이고, 다른 하나는 작가 자신이 자기 작품 내부에서 말을 가지고 개입하는 일이다. 전자의 모습을 프루스트 작품에 개입해 타인과의 관계, 또는 초월을 '말'하는, 「프루스트에서 타자」라는 비평의 저자 레비나스 자신에게서 발견할 수 있다면, 후자는 그가 문학에서 '지성주의intellectualism'라 이름 붙인 작가 군에게서 발견된다. 두 가지 형태의 비평 모두 미술, 그 가운데서도 레비나스가 예술의 본성으로 일컬은 조각과 관계를 맺기 어렵다는 것이 우리의 생각이다. 왜 그런가?

두번째 것, 바로 '지성주의'부터 살펴보자. "그 지성주의가 비난받는 현대문학 — 게다가 이 지성주의는 셰익스피어,『동 쥐앙*Don Juan*』의 몰리에르, 괴테, 도스토옙스키까지 거슬러 올라간다 — 은 확실히, 예술적 우상 숭배의 이 근본적 불충분함에 대한 더욱더 선명해지는 자각을 드러낸다. 이 지성주의를 통해 예술가는 예술적 존재이기를 거부할 뿐이다. 그 까닭은 그가 하나의 논제나 어떤 근거를 주장하기 때문이 아니라, **그가 자기 자신의 신화들을 스스로 해석하고 싶어 하기 때문이다**"(RS, p. 148). 여기서 신화는 실재의 시간인 역사를 조형화한 조각품이라고 할 수 있다. "신화, 그것은 역사의 조형성plasticité이다. 이른바 예술가의 선택이라는 것은…… 시간을 이미지로 변형시키는 것이다"(RS, p. 141). 이 점은 단적으로 역사 소설은 역사가 아니라는 점만 생각해보아도 쉽게 알 수 있다. 예술가의 작업이란 실재의 시간인 역사를 이미지로 변형시켜 조형물로서의 신화를 얻어내는 것이다. 실재의 이미지로서의 이 신화(비진리)에 대한 비평의 해석이 진리가 된다. "예술작품은 신화로 다루어질 수 있고 또 다루어져야만 한다. 〔……〕신화는 비진리인 동시에 철학적 진리의 원천이다"(RS, p. 147). 위 인용은 지성주의적 작가들이 바로 자기 작품 안에서, 비진리이자 멈추어진 조형물로서의 신화(이야기)를 스스로 해석해서 그 안으로 타인과의 관계라는 조망을 끌어들인다는 말을 하고 있다. 이런 식으로 비평을 도입해 예술의 우상성을 제거하는 작업은 두 가지 점에서(문학 내부에서, 그리고 미술의 관점에서) 문제를 안고 있는 것으로 보인다. 먼저 문학 내부의 관점에서 제기될 수 있는 문제는 다음과 같은 의문으로 표현될 수 있을 것이다. 예술은 이미지이고 비평은 이미지가 아닌 '말'이라면, 지성주의적 작가들의 예술작품은 그 구성요소로서 '예술 아닌 것'을 포함하고 있다는 말인가? 다시 말해 이들의 예술은 예술 아닌 것을 목발처럼 짚고서 겨우 예술이라는 이름을 지키며 서 있다는 말인가? "지성주의를 통해 예술가는 예술적 존재이기를 거부할 뿐이다"라는 위 인용의 한 구절은 이 물음에 대해 '그렇다'라고 대답하는 것 같다. 두번째로 언어 예술이 아닌 미술에서 제기되는 문제는 작품 안에 들어와 있는, 자기 작품의 조형성을 해석하는 예술가 자신의 비평 언어란 어떻게 가능한가라는 의문으로 표현된다. 그 언어가 무엇인지 명확한 분석을 제시할 수 없다면, 차라리 미술작품 안에 말(타인과의 관계에 관한 조망)이 도입될 수 있도록 해주는 '미술 내적인 예술적 요소'를 제시해야 하지 않을까?

이제 비평을 도입하는 첫번째 방식의 문제를 살펴보자. 철학적 비평을 작품 외부에서 개입하는 비평가의 언어로 이해할 경우는 어떤가? 이 경우 타인과의 관계라는 조망은 비평적 해석 속에서 성립할 것이다. 그러나 사정이 이렇다면 작품에 대한 비평적 해석은 어떻게 '자의적'이라는 혐의를 벗을 수 있는가? 타인과의 관계라는 조망을 작품 안에 들여오는 비평가의 개입이 자의적인 것이 아니라면, 비평가의 그 개입을 필연적이도록 해주는 예술작품 '내적인' 요소가 먼저 성립해야 할 것이다.

결국 철학적 비평을 둘러싼 이 두 가지 문제의 해결은 하나의 과제를 가리켜 보인다. 즉 타인과의 관계를 나타내는 말이 작품 안으로 들어설 수 있도록 해주는 '작품 내적인 요소'는 무엇인가? 어떤 요소 때문에 부동의 조각상은 움직이게 되고 말을 하게 되는가?

4. 오블리테라시옹 또는 움직이며 말하는 조각상

우리는 레비나스가 말년에 출간한 『오블리테라시옹』과 함께 이 문제에 대한 답을 구해보려고 한다. 소스노의 조각작품을 다루고 있는 이 책에서 레비나스는 조각에서 우상을 읽어내던 「실재와 그 그림자」를 쓸 때인 1948년보다 훨씬 긍정적인 태도로 작품에 접근한다. "당신은 사카 소스노의 오블리테라시옹에서 윤리적인 사안과 관련하여, 예술을 구원하는rédimer 과업을 발견하는가?"(OB, p. 8)라는, 대담자 아르망고의 질문에 그는 다음과 같이 대답한다. "당신은 예술이 죄라도 되는 듯이 '구원하다'라는 말을 쓴다. 이 점에 대해서 완전히 동의하기 어렵다. '사물에 얼굴을 주는 예술art qui donne un visage aux choses'이라는 표현에 대해 말하자면, 이 표현은 어떤 우상 숭배를 비난하는 것이어서는 안 된다. 이와 전적으로 반대로, 나는 이 말을 통해 예술에 의한 질료의 **생동**〔움직임, animation〕을 의미한 것이다. 〔……〕 나는 인간의 얼굴, 또는 예술을 통해 나타나는 이 얼굴의 윤곽들traits이 구원되어야 한다는 인상을 받지는 않는다"(OB, p. 8).

"사물에 얼굴을 주는 예술"은, 레비나스의 저작 『어려운 자유』[15]에 나오는 "아마도 예술은 사물에 얼굴을 주려고 애쓸 것이다"는 말에서 유래할 것이다. 이 말은 사물에 얼굴을 주어 우상으로 만든다는 뜻, 즉 예술에 대한 비난의 뜻을 담고 있지 않다. 그렇다면 이와 정반대로 예술은 사물에 얼굴을 주어, 그것을 무한의 흔적과 관련된 장으로 만들

---

15) E. Levinas, *Difficile liberté*, Paris: Albin Michel, 1963, p. 22.

수 있을까? 그야말로 저 인용에 표현되듯 예술이 (정지가 아닌) '생동(움직임)'을 가능하게 할 수 있을까?

먼저 예술의 문제를 떠나서, 조형성 자체와 관련하여 무한의 현시인 얼굴이 나타날 수 있는 가능성에 대해 살펴보자. 레비나스는 『타인의 인간주의』에서 다음과 같은 매우 흥미로운 말을 남기고 있다. "얼굴 속에서 그 자신을 현시하는 타인은 어떤 식으로든 **그의 고유한 조형적 본질**propre essence plastique을 꿰뚫고 나간다. 창문을 여는 한 존재자처럼 말이다. 그런데 그 창문에는 그의 형상figure이 이미 나타나se dessiner 있다."[16] 무한의 흔적인 타인의 얼굴은 조형성을 '초과' 하는 것이지만, 그럼에도 불구하고 감성 상관적인 조형적 본질과 전혀 무관할 수는 없다는 말이다. 조형적 본질과 얼굴의 관계는 창문과 그 안에 있는 사람의 얼굴의 관계와도 같다. 그런데 중요한 것은 창문을 열고 얼굴을 내밀기 이전에 창문에 얼굴이 나타나듯(보이듯), 이미 조형적 본질 안에 얼굴이 들어가 있다는 것이다. 요컨대 얼굴은 조형성과 뗄 수 없는 관계인 동시에 조형성을 초과하는 한에서만, 즉 조형성을 "꿰뚫고" 나가는 한에서만 얼굴이다. 마리옹이 '아이콘'을 기술한 방식을 빌려 말하자면, 얼굴의 조형적 형태는 보는 이의 시선을 무한으로 인도해준다고 할 수 있다. "아이콘은 가시적인 것을 비가시적인 것 자체가 되게끔 한다. 이렇게 해서 가시적인 것이 그 자신 외의 다른 것〔비가시적인 것〕을 계속 지시하게끔 한다."[17] 아이콘에 있어서 가시적인 것과 비가시적인 것의 관계는, 얼굴에 있어서 조형성

16) E. Levinas, *Humanisme de l'autre homme*, Montpellier: Fata morgana, 1972, p. 48. 이 문장은 『오블리테라시옹』에서도 중요하게 취급되고 있다.

17) J.-L. Marion, *Dieu sans l'être*, Paris: Fayard, 1982; 2ᵉ éd., Paris: PUF, p. 29.

과 그 조형성을 초과하는 무한의 관계에 대응한다고 할 수 있다. 얼굴의 조형성은 무한을 유한한 형태 속에 고착시키는 것이 아니라, 반대로 무한을 지시한다. 결국 조형성은 얼굴의 출현을 배제하는 것이 아니며, 조형성에 의존하는 예술 역시 얼굴을 배제하는 우상이 아닐 수 있다는 것이다.

예술작품을 마주하는 일이 우상 숭배가 아닐 수 있다는 것을 조형성, 즉 대상의 차원에서 보였다면 주관의 차원에서도 보여야만 하리라. 감상자는 어떻게 우상 숭배자가 되지 않을 수 있는가? 칸트가 말했던 예술적 관조의 무관심성과 관련하여 레비나스는 이렇게 말한다. "〔예술의〕 관조는 '무관심dés-intér-esse-ment'이다. 내게 이 관조는 고결함, 타자에 대한 선물, 존재 안에 들어가려는, 존재 안에 지속하려는 노력을 중단하는interrompre 호의가 아닌가? 〔……〕 존재 사이에 들지 않음Se dés-intér-esser. 존재하려고 무리하지 않는다Ne pas se tuer-à-être. 〔……〕 이것은 늘 긍정적으로 타인에 대한 관계이다. 타인이 나의 존재보다 나에게 중요한 한에서 말이다"(OB, p. 10). 무관심의 어원적 뜻은 '존재esse 사이에 들지intér 않음dés'이다. 관심을 특징짓는 것은 무엇인가? 바로 관심이란 늘 '실존'과 관계한다는 점이다.[18] 따라서 칸트가 취미판단을 무관심으로 특징지을 때 관건이 되는 것도, 이 판단이 대상의 실존 여부와 무관하다는 점이다.[19] 한마디로 예술적 체험

---

18) "관심이란 우리가 대상의 **실존** 표상과 결합하는 흡족을 이른다"(임마누엘 칸트, 『판단력비판』, 백종현 옮김, 아카넷, 2009, p. 193: §2, V 204).

19) "대상이 '아름답다'고 말하고, 내가 취미를 가지고 있다는 것을 증명하기 위해 관건이 되는 것은, 내가 이 표상을 가지고 내 안에서 스스로 만드는 것이지, 그것에서 **내가 대상의 실존에 의존해 있는 그 어떤 것이 아니다.** 〔……〕 취미의 사안에 있어 심판자 역할을 하기 위해서는 조금이라도 사상事象의 **실존에 마음이 이끌려서는 안 되고,** 이 점에 있어서는 전적으로

은 '존재'와 단절하고 있다. 그러므로 레비나스의 관점에서 보자면, 예술적 체험의 무관심성은 존재를 기술하는 범주들로부터 벗어나는 것, 존재 안에 들어가지 않는 것, 즉 '존재와 다르게'라는 초월의 가능성을 마련하고 있다고 할 수 있다. 이렇게 볼 때 역설적이게도 앞서의 부정적인 면모와는 다른, 이미지의 긍정적 모습이 나타난다. "**이미지는 무관심성의 교습**leçon de désintéressement이다. 성숙한 인간성은 존재와 다른 것을 생각할 수 있어야만 한다. 존재하는 것에 의한 현혹으로부터 빠져나올 수 있어야만 한다"(OB, p. 28).

이렇게 우리는 객관적 측면과 주관적 측면 양자에서, 예술 안에서 '존재의 타자와의 관계,' 존재를 넘어서는 것과의 관계가 도입될 수 있도록 해주는 '예술 내적인 요소'를 발견했다. 단적으로 표현해 그것은 '얼굴과 관계하는 조형적 본질' 및 '무관심'이다. 이러한 배경을 가지고『오블리테라시옹』에서 진행되는 이야기들을 살펴보도록 하자.

소스노의 '오블리테라시옹oblitération'이란 무엇인가? 오블리테라시옹은 희미해짐, 판독 불능, 마멸 등의 사전적 뜻을 지닌다. 이러한 뜻은 '문자lettre에 대해 맞선다(ob-)' 또는 '판독할 수 없도록 장애물을 설정한다'라는 이 단어의 어원에 이미 잘 담겨져 있다. 소스노는 이 개념을 자신의 조각 기법 또는 조각품을 가리키는 말로 사용한다. 그는 자신의 작품을 만드는 데 사진이나 고전적인 조각상을 이용한다. 조각품이 될 금속 판 위에 사진 속 인물의 윤곽을 그리고 그것을 뚫어 인물의 그림자와 같은 형태를 창조하기도 하고(〈사진 2〉 참조), 그리스 조각을 연상시키는 고전적 조각상의 일정 부분(가령 얼굴)을 가공

무(관)심하지 않으면 안 된다"(같은 책, p. 194: § 2, V 205).

〈사진 2〉사카 소스노, 「아르망을 기념하여」(1987)

〈사진 3〉 사카 소스노, 「그는 자신의 재질을 숨긴 채로 있다」(1985)

되지 않은 재질로 처리함으로써 그 얼굴이 말 그대로 '판독 불능'의 상태가 되도록 하기도 한다(〈사진 1〉과 〈사진 3〉 참조). 그야말로 "텅 빔을 통한 오블리테라시옹과 충만한 오블리테라시옹"을 구현하는 것이다.[20]

『오블리테라시옹』은 어떤 책인가? 그것은 일차적으로 이러한 소스노의 예술에 대해 다루고 있다. 그러나 이 책에서 레비나스는 오블리테라시옹의 함의를 보다 넓게 확대해 고골Nikolai Gogol 등의 작품에 대해서도 적용한다. 또한 레비나스의 예술론이 대개 그렇지만, 소스노의 작품에 대한 아주 자세하고 구체적인 비평적 작업을 펼치고 있지는 않다는 점도 이 책의 특성이다. 이런 성격을 미리 전제하고서 두 가지 점에 초점을 두고 논의를 이어가려고 한다. 하나는 미술론이라는 이 글의 성격상 오블리테라시옹을 소스노의 작품에 한정해서 다룰 것이라는 점이며, 다른 하나는 레비나스의 언급들로부터 가능한 한, 오블리테라시옹에 대한 구체적인 분석을 끌어내볼 것이라는 점이다.

대담자인 아르망고는 다음과 같이 단도직입적으로 묻는다. "당신은 사람들이 오블리테라시옹에서 윤리적 차원을 발견할 수 있다고 생각하는가?"(OB, p. 10). 레비나스의 대답 역시 최단거리로 물음에 응한다. "오블리테라시옹의 예술 속에서, 그렇다. 그것은 아름다운 것의 쉽고 편안한 간소함이고 또 **존재의 마멸**usures de l'être을 환기한다"(OB, p. 12). 존재의 마멸, 혹은 존재의 소모, 쇠퇴는 '무無'가 아니다. 그것은 존재가 약화되는 것이다. 이러한 존재의 약화는 존재와 다

---

20) F. Armengaud, "Faire ou ne pas faire d'images: Emmanuel Levinas et l'art de l'oblitération," *Noesis*, vol. 3, 2000, p. 10.

른 것의 영역을 열어놓을 수 있지 않은가? 존재가 약화되는 사건은
'존재와 다르게'를 준비할 수 있지 않은가?

이러한 존재의 약화는 미술적 기법 차원의 오블리테라시옹에서 유
래하는 필연적 결과로 보인다. 앞서 이야기했듯 오블리테라시옹은 가
공되지 않은 질료를 노출시키거나 빈 구멍을 만드는 식으로 조형적 형
상의 '완결성을 중단'시킨다. 이 기법을 레비나스는 이렇게 표현하고
있다. "예술에서의 오블리테라시옹에 대해서 말하자면, 소스노가 기
하학적 형태들을 사용하는 것은 의미심장하다. 미완성 역시 중요하
다. 작품은 결코 마무리되지 않는다. 작품은 결코 끝나지 않는데, 실재
그 자체는 항상 망쳐지기 때문이고 이런 의미에서 마멸되기obliterée
때문이다"(OB, p. 18). 오블리테라시옹(마멸)을 통해 작품을 마무리
하지 않는 것은, 존재론의 차원에서 '실재를 망치는 일'이고 '존재의
마멸'인 것이다.

조형물은 마멸을 통해 '중단'된다. 앞서 이야기했듯 가장 완벽한 이
미지가 우상이라면, 오블리테라시옹은 그 완벽성을 마멸시켜 이미지
를 중단시킨다. 완결된 조형을 통해 우상의 '지속'이 가능했다면, 중
단된 조형물은 지속의 중단이 아닌가? 그리고 중단된 조형물은 그 중
단 너머에서 말을 시작할 수 있지 않은가? 레비나스는 다음과 같은 말
을 통해 이 물음에 대한 긍정의 답을 준다. "오블리테라시옹은 말parler
을 만들어낸다. 그것은 말함으로 이끈다. 당신은 오블리테라시옹이
이미지의 침묵을 중단시킨다고 말한다. 그렇다. 여기엔 말로부터 사
회성에 대한, 타자를 향한 존재l'être pour l'autre에 대한 호소가 있다. 이
런 의미에서 명백히 오블리테라시옹은 타인으로 이끈다"(OB, p. 28).
우상으로서의 이미지의 침묵을 중단시키고 타인과의 관계에 관한 말

을 만들어내는 것이 오블리테라시옹이다. 이미지의 지속성이 중단됨으로써 '순간의 지속' 이상의 차원이 열린다면, 이는 '현재화'하는 시간과는 다른 시간의 차원이 열리는 것이다.

참으로 어떻게 홀로 있는 주체 속에서 시간이 출현하는가? 〔……〕 만일 시간이 (움직이지 않고) 제자리걸음을 하고 있는 것의 환상이 아니라면, 다른 순간의 절대적 이타성〔異他性〕은, 결정적으로 '그 자신'인 주체 안에 있을 수 없다. 이 이타성은 오로지 타인으로부터만 나에게 올 수 있다. 사회성〔타인과의 관계〕은 시간에 대한 우리의 표상의 원천보다 나은 것이 아니겠는가? 사회성이 시간 자체가 아니겠는가? (『존재에서 존재자로』, p. 158)

미래가 현재적 의식의 한 활동 양식(예기)이 아니라, 현재적 의식이 규정할 수 없는, 따라서 현재적 의식의 계획 속에 들어서지 않는 시간이라면, 이 시간은 주체의 의식과는 다른 것의 이타성으로부터만 출현할 것이다. 오블리테라시옹은 조각상 안으로 존재의 마멸을 들여오고, 존재의 마멸은 '존재와 다름'을, '타자와의 관계'를 도입하는 일을 준비한다면, 그것은 조각을 현재의 지속과는 다른 시간(미래)이 출현할 수 있도록 해주는 이타성과 관계 맺도록 이끄는 일이 된다.[21]

---

21) 참고로 레비나스는 소스노 외에 화가 장 아틀랑과 관련해서도 긍정적 견해를 내놓는다. 1986년 낭트 미술관에서 열린 아틀랑 전시회 카탈로그에 쓴 짧은 글은 아쉽게도 그의 작품에 대한 어떤 구체적 분석도 제시하고 있지 못하지만, '정숙한 에로티즘' '상냥함' '연민' '긍휼'을 포함하는 예술은 우리에게 '성서적 주제들'을 생각하게끔 한다고 말하고 있다(E. Levinas, "Jean Atlan et la tension de l'art," *Emmanuel Levinas*, Paris: Éd. de l'Herne, 1991, p. 510 참조).

5. 나가며

아테네와 예루살렘의 유산을 상속한 문명 속에서 예술이라는 이름의 '이미지'가 부여받은 운명이란 이중적이다. 그리스의 교육, 나아가 유럽의 교육에 관여했던 호메로스의 서사시가 알려주듯 이미지는 '가르침enseignement'을 포함한다. 반면 아브라함의 종교가 알려주듯 이미지에 대한 몰입은 무한과의 관계 속에서 생겨난 책임을 저버리게 한다. 이 대립의 양상은 보다 복잡한데, 그것은 아테네와 예루살렘에 각각 내재하는 대립이기도 하기 때문이다. 예술에 대한 그리스인의 존중 뒤에는 늘 이미지에 대한 플라톤의 단죄가 도사리고 있다. 로마, 그리고 이후 유럽과 중동의 역사를 거치면서 산산이 깨어진 아브라함의 종교는 우상을 단죄하거나(유대교, 이슬람교, 프로테스탄트), 성상을 존중하거나(가톨릭, 동방교회) 하는 방식으로 이미지에 대한 태도를 이중화한다.

유대인이자 기독교화한 유럽의 일원인 레비나스의 미술론에서 이미지는 침묵의 우상으로, 죽은 미래 외에는 갖지 못하는 지속으로 나타난다. 또한 반대로 그것은 존재 저편의 무한으로, 무한한 미래로, 타자와의 관계로 이끈다. 과연 이 모순은 해결되어야만 하는 것인가?

우리 문명 속에서 예술은 교육자와 성직자, 애호가와 전문가, 취미 생활자 모두에게 사악한 것으로 단죄되기도 하며, 또 구원을 희구하는 자들이 모여들기도 하는 곳이다. 오히려 저 모순은 이미지 자체의 본성에서 기인하는 것이며, 이미지를 가지고 있는 문화들 자체 역시 저 모순을 숨김없이 반영하고, 나아가 저 모순 위에 축조되어 있다고 말해야 할 것이다. 그리고 저 모순이 바로 비평을 포함하여 우리가 예술을 체험하는 모든 방식 자체의 추동력이자 한계를 이룬다. 비평가들 사이에 논쟁이 있다면, 가까운 원인은 늘 그들의 취향 또는 판단의 차이로 보이겠지만, 그것의 근본적 원인은 바로 이미지에 내재하는 저 본질적인 모순일 것이다. 요컨대 저 모순이 있고서만, 우리의 문화 안에 이른바 예술작품이라는 것이 증오와 숭배 속에 찾아오는 일이, 그러니까 그것이 고유한 운명을 가지는 일이 가능했다.

4장
메를로-퐁티의
미술론

세잔

모리스 메를로-퐁티
Maurice Merleau-Ponty
1908~1961

폴 세잔
Paul Cézanne
1839~1906

메를로-퐁티의 현상학은 예술을 사유에까지 이를 수 있는 의미를 지닌 '표현'이나 '언어'로 해석한다. 예술작품이 표상을 넘어서는 한, 예술이 질료성으로 남아 있는 한, 예술이 종래의 언어가 아닌 한, 작품 자체의 '내재적' 의미는 분명 살아 있다는 것이다. 그런데 예술이 진화함에 따라 이러한 '의미의 내재성'은 의문시되고 있는 실정이다. 특별히 메를로-퐁티와 하이데거를 비롯한 현상학적 반경 내의 철학자들이 집착하는, 예술에 이를 수 있는 진리의 위상 역시 의혹을 사고 있다. 예술철학의 사정이 이러함에도 불구하고, 끊임없이 엑상프로방스의 산 '생트 빅투아르'라는 모티브를 되새김질하는 폴 세잔에 대한 메를로-퐁티의 현상학적 분석을 예술 일반에도 적용해야 할 것인가? 예술이 은밀하고도 뿌리 깊은 지각의지 내지 지각에 대한 심층탐구의 의지를 통해 어떻게 스스로를 규정하는지를 가늠해보는 것이 이 글의 목적이다.

세잔의 번뇌와 메를로-퐁티의 현상학

신인섭

1. 들어가며

플라톤주의가 감성에 대한 지성의 우위를 정초하면서 예술을 단죄했던 반면, 어떤 의미에서 현상학은 예술과 철학을 제대로 화해시킨다. 이런 맥락으로 앙리 말디네Henri Maldiney의 현상학적 미학뿐만 아니라, 특히 하이데거와 메를로-퐁티의 현상학은 최상의 철학적 위상을 예술에 부여하고 있다. 이제 예술이란 인간과 세계의 관계를 표명하는, 감성과 지성 사이의 확고한 통일성으로서의 진리 모델로 들어서는 것이다. 기실 이러한 주제의식이란 예술에 대한 질문들을 가로지르며 자연스럽게 드러나는 현상학의 핵심 문제라 보아도 무방하다. 사태 자체로 가기 위해 현상학은 감각적인 진리 모델에 특권을 부여하려 애쓴다. 여기서의 진리란 과학적이 아닌 체험의 진리, 곧 '의미'를 말하고 있으나 여전히 그 정체성의 검토를 요구받고 있다. 이러한 차원에서 우리는 메를로-퐁티의 지각의 현상학이 과연 세잔의 화폭 속 의미를 예술 지평에서 보편화시킬 수 있는지를 판가름해보고자 한다.

2. 미술계의 후설, 세잔: 현상학적으로 환원된 생트 빅투아르 산

화가는, 비록 그 자신은 모르고 있을지라도, 현상학자가 추구하는 바와 동일한 사태를 지향하고 있다고 볼 수 있다. 그 이유는 화가가 지성entendement이나 이성raison이 만든 이론적 분리 이전의 원초적 경험을 활성화하기 때문인데, 이런 경험은 현상의 발생이라는 심층 차원이요, 이 차원의 형용할 수 없이 풍부한 상태이다. 이를테면 이는 "의미의 무한성 자체"이자 "자기-표현적 잠재성"[1]이라 할 수 있겠는데, 이런 맥락에서 메를로-퐁티는 세잔을 미술에서의 후설Edmund Husserl로 만들고자 시도하고 있다. 현상학자로서 후설은 모든 경험을 그것의 원천에서 탐색하는 동시에 종래의 이분법들을 아예 무시해버리는 원본성을 추구하고 있는데, 이것은 곧 세잔의 특성이기도 한 것이다.

그들이 화가이든, 시인이든, 예언자이든, 양자택일과 같은 배타적 선택에 앞서 자신들의 과업을 수행한다. 말하자면 그들은 원초적 본래성에 스며드는 기술을 지니고 있다는 것인데, 자신들이 비인칭적 기원이라는 능산적 차원dimension naturante에 내재한다는 것, 이것이 바로 이

---

1) A. Delco, *Merleau-Ponty et l'expérience de la création, Du paradigme au schème*, Paris: PUF, 2005, p. 138(약호: DEC).

거장들을 만족시키는 비밀이 된다. 〔……〕 그들은 이러한 존재 그루터기 자체가 자신들을 풍요롭게 하도록 내버려두면서 무한정 그것을 체험할 뿐만 아니라, 급기야 저 야생적 바탕을 명료한 차원으로 이끄는 기회까지 놓치지 않는다. 요컨대 천연의 존재론적 토대는 경험 외재적인 미세한 진동을 느끼도록 주어지고 있으며 이 전율로써 세계가 열리는 것이다.[2]

그림이란 말하자면 나와 타인 그리고 세계를 연속적으로 구성하는 공통의 원질인 **살로 집적된 몸**[3]으로서의 인체corps humain의 특별한 연장이며, 이 몸의 본래적 능력들 중 특별히 지각 능력이 확장된 것이다. 살아 있는 신체주체[4]는 공간적으로 의미를 연결시키고 난 후, 무한한

---

2) M. Merleau-Ponty, "Le philosophe et son ombre," *Signes*, Paris: Gallimard, 2001, pp. 293~95.

3) 메를로-퐁티의 '살로 집적된' 몸corps de chair은 애초부터 세계와 질료-역동적으로 소통하는 실질적 애매성이요, 그래서 언제나 이미 '세계로 열린 존재'이다. 말하자면 종래의 고전형이상학이 말하는 연장실체res extensa이기는커녕 후설이 고깃덩어리 육체Körper로부터 구별한 살아 있는 신체Leib조차도 아닌, 생명 에너지énergie vitale로서의 모나드monade 집적체이다. 그러므로 살은 모든 존재의 원질이요, 몸은 세계와의 구별을 표현하는 '살의 분절'이다. 4대 원질(흙, 물, 불, 숨)로 이루어진 신체와 세계는 근원적으로는 동질의 존재자들로서 나의 몸과 세계의 몸 사이의 상호신체적 순환성을 보장하고 있는데, 이런 의미에서 보자면 미시적 세계에서 신체들과 세계 사이에는 엄밀한 경계가 없게 된다. 순환성이나 가역성은 정신과 물질 사이의 실체적 구별 이전의 이러한 연속성을 담보로 해서만 가능하다. 이러한 맥락에서 세계 내 존재l'être-au-monde는 세계로 열린 존재l'être ouvert sur le monde로 이해되어야 할 것이다.

4) 자신의 고유한 신체son propre corps인 신체주체corps propre는 자기신체로 번역할 수도 있겠지만 우리는 신체 본연으로서의 고유신체로 번역함이 타당하다고 본다. 물론 그 의미는 신체객관corps-objet과는 변별적인 신체주관corps-sujet이다. 문제는 이 표현의 이율배반성이다. 얼핏 보면 '고유한propre'이라는 말 때문에 주체에 본래적인 그래서 자기-소유적이고 자기-발원적인 신체라고 여겨질 수 있으나 그 실상은 이 신체가 자기-귀속적이 아니라

〈그림 1〉폴 세잔, 「생트 빅투아르 산」(1885)

〈그림 2〉폴 세잔, 「생트 빅투아르 산」(1898~1902)

〈그림 3〉폴 세잔, 「생트 빅투아르 산」(1902~1904)

〈그림 4〉폴 세잔, 「생트 빅투아르 산」(1902~1906)

세계와 또 이 세계를 넘어선 여러 세계들을 떠오르게 하는 원초적 잠재력을 보유하고 있다. 이제 감각성은 그 자체가 미학성을 예고하고 있는 한에서 이 미학성의 토대가 되는 것이다. 그런 의미에서 이미 지각은 판별 능력을 구비하고 있다고 할 수 있다. 예컨대 지각은 세계를 구조화하고 있으며 또 그것을 공간 차원에서 배경과 전경으로 분절하는데, 이는 결국 비고 찬 공간, 곧고 휜 공간, 수평적이고 수직적인 공간의 분배를 일컫는다. 메를로-퐁티는 이러한 유기적 분절들이 이미 예술이 창조하는 구성들과 동일한 성격이기를 바라고 있다. 만약 "그림이 시정詩情이 결핍된, 평범하고 산문적인 공간을 뒤흔들어 균형을 깨뜨린다면" 그것은 "사물들의 무미건조한 조화를 무너뜨려 무기력과 안일함에서 빠져나오도록 강권한 뒤 바로 거기서 그들의 의미를 발현하도록 몰아가는 지각을 본떠서 한 것"(DEC, p. 140)이리라. 화가의 독특함이란 능산적能産的 자연과 최초의 시각 현장 그리고 순진무구한 시선 및 원본과의 접촉을 떠나지 않았다는 데 있다. 이런 의미에서 우리는 폴 세잔을 회화에서의 후설이라 할 수 있을 것이다.

세잔의 작품은 그림 속을 헤집고 들어 끊임없이 그 "심층부를 파면서, 사물들의 흥분되고 불가해한 발생"[5]을 회복시키려 한다. 이 근원적인 발생은 세계라는 농밀한 두께 속에서 진행되고 있는 것이다. 메를로-퐁티는 두께, 깊이, 발생, 발효, 발아, 그리고 대대로 내려오는 원초적 선행성과 같은 세계 탐색의 운동을 또 다른 화가인 파울 클레[6]

오히려 세계 및 타자들과 더불어 상호-귀속적이라는 것이다. 즉 상호성l'inter이 우선적인 고유성le propre을 지닌 본연지체本然之體, 그것이다.

5) M. Merleau-Ponty, *L'œil et l'esprit*, Paris: Gallimard, 1960, p. 30(약호: OE).

6) 파울 클레Paul Klee는 벤야민Walter Benjamin도 깊은 영향을 받은 작은 그림 「새로운 천사」

에게서도 발견한다. 클레는 마치 객관적인 시점인 양 위에서 내려다보는 모든 입장에 반대하여 야생성le brut과 국지성le local, 편협성 etroitesse[7]을 선호한다. 세잔과 클레, 두 화가는 회화의 영역에서 철학의 근원반성surreflexion적인 태도를 취하고 있다. 즉 사물들이 구성되기 이전, 다시 말해 우리가 근접할 수 없는 이 사물들의 은밀한 발생 가운데서 그 생생한 매트릭스를 보게 해준다는 것이다.[8]

따라서 그림에서의 선線이란 당연히 '가시적인 것의 고고학'을 지향하는 미술 작업의 종합적 활동에 속한다. 말하자면 그것은 물리학자나 기하학자의 물체를 옮기거나 베낀 설계도면의 객관적 선이 아니라, 다양한 가능성을 잉태하는 신비한 잎맥 및 곤충의 시맥과 같은 숨겨진 생성의 선인 사행serpentement들이다.[9] 여기서는 운동의 발생성이 관건이 된다. 창작을 위한 지침과 생성을 위한 흔적이 새겨진 길로서의 선은 어떤 변화를 위한 생식력으로서, 이미 작품 전체라고 해도 과언이 아니다. 클레를 사로잡고 있는 테마는 가장 원초적인 '구조화 리듬'에 의거한 형태 이론의 추구이다(DEC, p. 162). 여기서 선은 현상학자들의 목표와 유사한 위상을 지닌다. 말하자면 선이란 "세계의 불확정적이면서 살아 있는 체현적Leibhaft 측면으로부터 연원하는 반면, 이 세계의 영속적 본질의eidétique 측면과는 무관하다"(DEC, p. 162)는 것이다. 요컨대, 작품은 객관적이고 정태적이 아니라 과정적

___

를 그린 화가다. 그는 미술, 공예, 건축을 가르치는 독일 바우하우스Bauhaus에서 칸딘스키와 함께 교수생활을 했다.

7) M. Merleau-Ponty, *La prose du monde*, Paris: Gallimard, 1969, p. 205.

8) 사물들의 잉태 현장을 포착하는 이것이야말로 다름 아닌 '현상학적 환원'의 결과이다.

9) OE, pp. 72~73 참조. 메를로-퐁티는 『사유와 운동*La pensée et le mouvant*』에 나온 베르그손Henri Bergson의 이념을 차용하고 있다.

이고 이행적이며 따라서 진화와 긴장이 함축된 '절박한 표현'의 방식으로 이해되는 것이다. 클레에게 그림이란 "일종의 철학"[10]인데, 그발생 현장들의 되찾기를 추구하는 철학이다.

물론 이러한 특징들은 현대예술에 고유한 것이기도 하지만 메를로-퐁티는 레오나르도 다빈치Leonardo da Vinci가 자연의 가장 지각하기 힘든 변양들을 설명하려고 애썼다는 점을 주목한다. 이 15세기 이탈리아 화가는 선명하나 단순한 종결처리법인 피니토finito가 아니라소위 안개마감법이라는 스푸마토sfumato의 창안자이다. 말하자면 명암 처리와 미완성은 "절대적 표상 기법에 대한 저항"[11]에 해당하는데, 이러한 현상은 우리가 '누보 전통'[12]이라 부르는 오늘날의 경향에 이르기까지 예술에 영향을 미쳐왔으며, 최근의 첨단예술로 하여금 의문, 의혹 그리고 금욕과 더불어 리듬이 이어지는 비단절적인'즉흥공연'의 특징을 띠게 하고 있다. 그 때문에 메를로-퐁티도 이러한 예술의 전형이 되고 있는 자코메티의 작품에 상당한 관심을 두고탐구했던 것이다.

현대예술가들에게 작품이란 더 이상 처리 기법faire의 숙달과는 연결되지 않거늘 하물며 전문지식savoir-faire과는 더더욱 일체를 이룰 수 없는 것이다. 그들은 예술작품에 최종적인 성격을 부여하고 마는 규정성le

---

10) M. Merleau-Ponty, *Notes de cours 1959~1961*, Paris: Gallimard, 1996, p. 58.

11) DEC, p. 163. 여기서 절대적 표상 기법régime représentatif plein이란 최고조의 표상 체계로서의 미술 기법을 지칭한다.

12) 미학적 전통tradition esthétique이란 더 이상 존재할 수 없다는 의미에서 '전통 없는 전통'을 추구하는 '누보 전통tradition du nouveau'과 더불어 종래의 전통 개념은 스스로 소멸하고 있다.

fini, 곧 세부묘사가 복구된 걸작perfection을 찾는 대신, 사물들을 여전히 작업 현장의 진행형으로 방치한다. 의문의 상태로 말이다. 그것은 계획된 프로그램이 아니라 열린 지평을 말하고 있다. 그래서 끝없이 진통을 겪고 있는 미결의 작품들이 완벽한 경지의 결정판보다 현대 작가들의 관심을 더 끌고 있는 것이다. (DEC, pp. 165~66)

이러한 작품 유형이야말로 메를로-퐁티의 관심을 끄는 바이며, 그것은 오래전에 이미 다빈치가 그를 위해 던져놓은 미끼다. 메를로-퐁티가 추구하는 이러한 미술의 특성을 좀더 구체적으로 정리하자면 다음과 같다.

1) 선명한 뉘앙스nuance
2) 흐리고 불투명한 윤곽선contour[13]
3) 신비로운 후광aura
4) 상상계로 이끄는 "약동bougé"[14]

3. 연속되는 지각 속에서 사고하는 그림

이제 문제는 그림이 지각적 연속성의 장 안에 존재할 것인가라는 예술의 특수성으로 수렴된다. 말하자면 우리는 예술적 표현을 "근원적

---

13) 스푸마토 기법으로 처리된 명암clair-obscur.
14) M. Merleau-Ponty, *Le visible et l'invisible*, Paris: Gallimard, 1964, p. 313(약호: VI).

자기도취"(VI, p. 183)에 빠져 있는 '창조적 자발성'의 어떤 화신으로 축소시킬 가능성이 있지는 않을까 하는 의문에 봉착하게 된다. 이것은 메를로-퐁티가 언어의 위상이라는 주제에서 이미 부딪힌 것과 동일한 문제의식이다. 그에게는 파롤parole을 신체적 제스처인 몸짓으로 환원하려는 경향과, 언어langage의 언어학적 구조 및 용법에 고유한 합리성을 무시하는 경향이 있다. 즉 이처럼 모든 것을 연속되는 지각의 자율적 발달 속에 구축하면서 그와는 상반된, 파롤의 질서를 약화시킨다는 것은, 언어의 발명 속에 내재하는 규칙의 중량감을 평가 절하할 뿐만 아니라 신체의 무정부 상태적인 측면을 은폐시키고 마는 결과를 낳을 수도 있다. 이처럼 메를로-퐁티의 미술 분석은 자신의 언어 이론이 야기한 바와 유사한 비판의 대상으로 떨어질 위험을 무릅쓰고 있다. 요컨대 그의 이론은 자연적 표현성과의 단절에서 성립하는 이론적, 추상적 차원을 무시한다는 것이다.

어쩌면 화가는 신체적 표현인 몸짓을 확장시키기만 하는 것은 아니며 따라서 화가의 재능이란 오직 자연적인 기질적 경향의 소관만은 아닐 수도 있을 것이다. 다시 말해 추상회화는 지성적 노고가 필요할 수도 있다는 말이다. 하지만 이와 반대로 정작 메를로-퐁티 자신은 추상적이고 이성적인 측면보다 정신분열증과 같은 기질-심인성 장애 perturbation organico-psychique나 선천적 정신이상 장애가 얼마나 인간의 창조성을 보좌하고 촉진할 수 있는지를 꿰뚫어보고 있다. 요컨대 의식과 무의식이 지각적 연속 내에 있다고 본 메를로-퐁티는 예술의 "표현적 가치들"[15]을 미결 상태로 보류함으로써, 분열 증세가 있는 폴

---

15) M. Merleau-Ponty, *Sens et non-sens*, Paris: Gallimard, 1996, pp. 18, 35.

세잔과 엘 그레코El Greco의 심리 구조가 오히려 화가의 창조적 독창성과 그 심층적 비전에 일조할 수 있다고 간파한다.

1) 예술을 통해 구성적 의식을 버리는 메를로-퐁티

현상학적 기획 일반의 가장 본질적인 문제는, 오랫동안 후설의 사유를 곤란하게 해온 이념들을 누구보다 집요히 추적해온 메를로-퐁티에게서 특히 잘 나타나고 있다. 바로 현상학적 구성과 의식의 선차성이 그것들이다. 논문집 『기호Signes』에 수록된 「철학자와 그의 그림자Le philosophe et son ombre」에서 메를로-퐁티는 이러한 개념들을 아예 폐기처분하고 있다. 이제 모든 문제의식은 진정성을 통해 존재론적 기원을 찾도록 유도하는 사태 자체로의 귀환에서 발생하며, 이와는 반대로 만지고-만져지며, 느끼고-느껴지며, 지각하고-지각되는 '순환'에 대한 고려에서도 발생한다. 나아가 이것은 지각의 두 항목 사이entre-deux에서 형성되는 현상들의 서로-얽힘entrelacement 상태에 우선권을 부여할 뿐만 아니라, 인간 주체들과 그들의 상호관계에 주도권을 주면서 필경 상호신체성intercorporéité을 선결 조건으로 하는 상호주관성을 전면에 내세운다.

메를로-퐁티의 『지각의 현상학』과 논문 「지각의 선차성」은 세계와 타아를 지각하고 구성하는 '순수의식'이라는 개념을 거부하고 있다. 곧 우리에게는 자신의 신체와 타인의 신체 그리고 상호주관적 관계 속에 언제나 '구체적'으로 참여하고 있는 질료적matérielle 차원의 상호신체성만이 있는 것이다. 세계를 지각한다는 것, 그것은 질료적 다양태를 지각함이요, 이 지각의 원천에서부터 상호주관적 관계 안으로 들어섬이다. 그래서 주체와 세계 및 주체와 주체가 질료적으로 상관하면서 얽혀 있는 공통의 살chair commune 한가운데서 발생하는 '세계관계'에 견주어볼 때, '주체'나 '의식'은 이차적인 것이 되고 만다. 메를로-퐁티가 즐겨 쓰는 전문용어 "표현expression"이란 이러한 전도된 관계, 상호-반성적 관계를 지시하기 위해 선별된 용어이다. 결국 우리는 세계 구성의 차원들, 선험적 질료로서 원질들éléments, 그리고 존재의 감각적 양식들styles을 지각하는 것이다. 그래서 주체 바깥의 단지 객관적이기만 한 대상에 관여하는 듯한 태도인 '이것을 보다voir ceci'가 아니라, 포괄적인 차원에서 '~을 따라 보다voir selon'가 오히려 진실을 이해하는 데 유리하다. 즉 다중-상관적인 세계관계를 위한 차원과 양식 그리고 유형을 따라 우리는 지각하고 있는 것이다.

그런데 이러한 존재 양식들을 묘사하고 표현할 뿐만 아니라 세계의 살이 주도하는 끝없는 탐색을 실행하는 것은 객관주의적인 과학자가 아니라 예술가이다. 예술가는 바로 이 세계의 살 속에서 자신의 고유한 예술적 입장을 가지며 또 예술적 결정을 내린다. 과학자의 진리는 객관성과 실재성에 놓여 있지만, 현상학자와 예술가의 진리란 세계지향과 의미 창출이라는 이중적 차원에서의 '의미sens'를 가진 것이다. 그래서 어떤 '관계'는 부분들로 환원할 수 없는 '전체'의 우선성과 두 항목 '사이' 그리고 '순환'적 상호작용에서 형성되는 연루를 함축한다. 요컨대 전체란 단절된 원자들의 집합이 아니라 부분들 사이에서 이루어지는 온전한 결합이요, 이는 곧 서로 화합하는 '원융圓融'의 상태이다. 불확정과 미완성의 차원에서 다양하게 생성되는 '의미'는 상인상대相因相待하는 존재들 사이의 연루로부터 그리고 이 연루 안에서 가능하다. 보이는 것들의 출현, 곧 '현상'이 지닌 일차적 의미란 지각주체가 그 자신보다 '항상' 먼저 있는 '환경' 속에서 스스로를 체험한다는 것이다.

이러한 맥락에서 예술 특히 미술이야말로 존재 및 진리와의 관계에 있어 하나의 참된 모델이 될 수 있는데, 현상학자가 찾는 진리란 화가가 진척시킨 진리와 같은 차원에 놓인다. 그러므로 진리 이념은 존재와 사유 사이의 확고한 통일성인 '의미 원천'으로의 복귀이자 인간과 세계 사이의 밀도 높은 유대를 보증하는 '살의 심층'[16]으로의 상승에 해당하게 된다. 이러한 진리는 반反데카르트주의적이고 반反실증주의적이며 비非객관주의적인 위상을 지닌다. 화가, 특히 표상과 현실 규범의 영향권을 벗어난 탈고전주의 화가는 예술가로서 '체험한' 세계의 표현성을 회복하고 재생하고자 애쓴다. 만일 감상자가 화가의 이러한 자각과 정서를 외면한다면, 그는 '예술가의 작품' 속을 흐르는 감성적 분위기를 결코 이해할 수 없을 것이다. 달리 말하면 감상자는 화폭에 대해 아무것도 '체험'할 수 없다는 뜻이다. 하지만 우리는 세계라는 '표현성'을 통해서 예술가의 작품성을 만날 수 있으며 이 작품이 파급되고 증폭하며 복잡해지는 것을 발견할 수 있다. 세계로부터 유출되고 있으나 그렇다고 화가의 신체성을 떠나서는 존재하지 않을, 예술의 '발생 원천'으로의 복귀를 우리는 바로 여기서 발견하는데, 한마디로 화가란 캔버스를 위하여 자신의 신체를 동반하고 있다는 것이다. 그래서 화가의 활동은 세계가 주도하는 표현을 세공하는 것으로,

---

16) 인간과 세계 사이에서 실질적인 소통, 곧 선험-질료적transcendantale-matérielle 연속성으로 조직되는 세계의 살의 근원적이고 본질적인 따라서 존재론적인 유대를 의미한다. 의미 원천이란 정신성만도 물질성만도 아닌 제3의 존재 장르, 곧 '세계의 살'이라는 '심층'과 동일한 뜻이다.

'질료'의 차원에서 '의미를 가공'하는 것이다. 세잔의 번뇌란 결국 의미의 다원결정surdétermination, 곧 세계가 표현되는 '맥락에 따른' 의미 규정을 뜻하게 된다.

그러나 '현상 근저'의 발생 또는 '사태 자체'에 대한 추적인 '심층 존재'로의 복귀란 궁극적으로 '본래적 현상'에 도달하는 것인데, 현상학의 목표인 이러한 복귀는 '관념적'인 것이 아니다. 경험 현장인 생활 세계 안에 들어서는 일, 다시 말해 체험적 진리를 찾기 위해 존재와의 관계를 이렇듯 종합적으로 만드는 이 프로젝트도 후설의 현상학에서는 '의식의 선차성'이 주도권을 쥐고 수행했었으나 메를로-퐁티에 이르러서는 한층 더 밀도 높은 진리 관계인 '지각과 그 관계망이 구축한 토대'를 바탕으로 수행된다. 게다가 이 후자의 진리는 신체-세계, 자기-타인, 가시적인 것-비가시적인 것, 느끼는 것-느껴지는 것이라는 켤레들 사이의 상호-선택적인 친화력이 빚어낸 '지각적 연루'를 벗어나지 않는다. 즉 메를로-퐁티의 지각적 진리는 역동적으로 교차-배열된en chiasme 존재론적 상관성과 그 표층적 감각현상을 떠나지 않은 채 추구된다는 것이다.

2) 메를로-퐁티의 현상학적 예술 해석이 지닌 난관

그 이름 자체가 보여주듯 예술이 문화와 상황 그리고 흔적의 역사에 밀접하게 연결된 세공이자 구성인 반면, 심층진리에 대한 추구로서 철학은 예술 개념의 모호성과는 다른 일반적 경향을 가지는데, 그것은 철학이 의미를 구체화하고 영속화하는 형태를 가진다는 것이다. 그런데 메를로-퐁티가 선호한 지각적 진리의 모델, 즉 세잔이 묘사한 창작의 고뇌와 그 그림이야말로 이러한 영구화 모델을 포함한다고 하겠다. 하지만 미셸 아르Michel Haar와 알랭 봉팡Alain Bonfand과 같은 주석가들은 "예술 창조의 역사적 구도를 사고하는 데 어려움을 겪는다"는 이유로 메를로-퐁티를 비판하고 있다. 게다가 "어떤 철학자들은 바로 이 역사성의 결핍을 근거로 메를로-퐁티를 현상학 범주에서조차 추방하고 마는데, 그 결과 '세계의 살'이라는 어휘의 사용 자체가 더 이상 그들(아르, 봉팡)에게는 메를로-퐁티와 동일한 철학적 지평에 속하는 것으로 보이지 않는"[17] 것이다. 이러한 주제로 돌아갈 것이지만, 그전에 메를로-퐁티가 자신을 돋보이게 하기 위한 도구처럼 이용한 앙드레 말로André Malraux의 시각을 비판함으로써 메를로-퐁티의 고유한 통찰력을 정리해보도록 하자.

3) 세계 위를 활상하지 않는 예술

주석가들의 비판과는 다르게 메를로-퐁티는 감성론적 지각이라는 실재뿐 아니라, 작품의 역사성이라는 현실 역시 결코 무시하지 않았다. 그래서 그는 마치 주어진 의미들이 수 세기 동안 도무지 바뀌지 않았다는 듯 취급하는 상공비행적 입장을 고수한 앙드레 말로를 비판하고 있다.

하나의 화폭이란 세계에 대한 어떤 문화적 관계를 드러내는 명백한

---

17) A. Bonfand, *L'expérience esthétique à l'épreuve de la phénoménologie*, Paris: PUF, 1995, p. 50, n. 3.

혼적이다. 그림을 지각하는 사람은 그와 동시에 문명의 한 유형을 지각하는 것이다. 르네상스 시기의 이탈리아 그림들이 그랬듯, 예술이 가능한 한 주관적이지 않으려 애썼던 경우에도, 이 의지 자체로 예술은 인간성의 어떤 양식에 대한 표현이 된다. 이러한 목적으로 고안된 평면 측량적인 관점은…… 세계를 객관화하는 모종의 태도를 설명하는 것이다. 〔……〕 이런 퍼스펙티브란 자연적인 것이 아니라 하나의 선입관이다. 그리스 미술이 구석진 모퉁이 관점을 사용한 것을 필두로 해서 그처럼 다양한 체계가 가능하다고 하겠다. 한 번 획득될 경우, 세계에 대한 이러한 이미지는 자연스러운 듯 나타날 것이며 이윽고 우리는 이 시스템을 따라 지각하고 만다. 최초로 이 관점을 사용한 화가들은 그것을 고안하는 것이 아니라 본래적 사태 속에서 발견한다고 믿었다.[18]

보낭Ronald Bonan에 따르자면, 우리가 메를로-퐁티의 유작『보이는 것과 보이지 않는 것Le visible et l'invisible』의 연구노트를 참고할 경우 "역동적 기질氣質로서의 살의 본래적 역사성 이념에 메아리치는"[19] 철학, 소위 "문화-지각적 철학"을 메를로-퐁티가 구상하고 있었다는 사실을 알아차릴 수 있다. 왜냐하면, 만약 메를로-퐁티가 모방mimésis이 아닌 표현으로서의 예술작품에 관한 앙드레 말로의 개념에 모종의 섬세한 수정을 가했다면 그것은 말로가 예술작품을 과도하게 데미우르고스의 상공비행적 창조로 해석하고 조물주가 외부로부터 감각 재

---

18) M. Merleau-Ponty, *Merleau-Ponty à la Sorbonne: Résumés de cours 1949~1952*, Grenoble: Cynara, 1988, pp. 544~47.

19) R. Bonan, *Premières leçons sur l'esthétique de Merleau-Ponty*, Paris: PUF, 1997, p. 120.

료를 지배한 결과로 이해하기 때문이다. 메를로-퐁티는 말로가 예술과 자연 사이의 왜곡된 이율배반 곧 관념론적 이원론 속에 갇힌 채 소위 이상주의자로 남는다고 본다. 그는 모든 예술, 그중에 특별히 미술이 표현적인 것인 동시에 하나의 언어이며 "어떤 양식 속에서"[20] 일관성 있게 "긴밀히 결합된 변형"(S, p. 88)이라는 말로의 이념을 차용하지만, 그럼에도 "지각, 역사, 표현"(S, p. 122)이라는 세 개념을 연결시킴으로써 말로 이론의 '교정'을 제안한다.

예컨대 말로는 '그림의 영靈'에 사로잡힌 데미우르고스인 예술가를 세계로부터 지나치게 분리시키고 있다는 것이다. 그는 세계와의 긴장 관계에서 형성된 예술가적 "양식의 작동 자체 내에 정착하지 않고"(S, p. 86) 자신의 재능으로서 이 양식의 작동을 세계 외부로의 돌출로 소개한다. 말로는 이 작동을 결국 "공적인 것"으로 만들어 독자의 몫으로 돌리고 "외부로부터 그것을 관망하고"(S, p. 86) 있는 것이다. 또 그는 "이따금씩 마치 주어진 의미들이 수 세기를 지나도록 결코 변하지 않는 것처럼 말하고 있으며 또 그림이 이 주어진 의미들에 조회되는 한 고전적 관점은 인정받는다고 언급한다. 그럼에도 말로는 이러한 관점이 지각된 세계의 복사본이 아니라 지각된 세계 자체를 자신 앞에 기획투사하는, 인간이 고안한 방식들 중 하나라는 점을 확신하고 있다"(S, p. 78). 말로는 이처럼 작품들이 계시하는 예술의 창조적 가능성과 미완성적 세계의 무정형성이라는 대립 구도 속에 스스로 갇히고 만다. 이럴 경우, 미학적 창조는 인간적인 것 너머의 차원 또는 조물주에 고유한 불가사의로서 신성의 영역이 된다. 마치 '어떤 운명'

---

20) M. Merleau-Ponty, *Signes*, Paris: Gallimard, 2001, pp. 86~87(약호: S).

이 역사에서 가장 동떨어진 창조들을 지배하듯이, 또 마치 이 창조들이 시간-초월적이기라도 한 것처럼 말이다. 하지만 이와 반대로 메를로-퐁티는 "화가를 화가 자신의 세계에 접속하는 관계로 되돌리기"(S, p. 93)를 바란다.

『의미와 무의미Sens et non-sens』의 「세잔의 회의Le doute de Cézanne」에서부터 이미 메를로-퐁티는 존재하는 것들의 '표현'이라는 말과 더불어 어떤 끝나지 않을 지각적 프로그램을 감지하고 있다. 말하자면 그는 여러 차원으로 펼쳐진 세계의 방사상을 계시하는 예술작품의 조명 너머로 이 작품의 끝없는 불투명성이 왜 존재하는가를 보고 있다. 예술가의 자유는 탈세계적이지 않고 상황 내재적이다. 이는 예술가의 삶의 정황이 그의 작품에 외재적이지 않다는 말인데, 세잔에 대한 탁월한 해명에서 메를로-퐁티는 한술 더 떠 예술작품이란 아예 예술가의 삶을 '요구'하고 있다고까지 말한다. 그는 "예술 모티브"[21]를 위해 세잔이 보낸 사색의 시간들을, 프로이트가 말하는 인간 세잔의 특이 체질로서의 심리학적 인과율이 아니라, 예술가 세잔이 파악될 수 있으면서 그 자신의 사명도 다했어야 할 어떤 '의미 내재성'을 통해 이해하고 있는 것이다. 세잔의 작품은 그것에 의해 그 자신이 탈취되고 붙잡힌 의미, 다시 말해 자신의 삶에 영향을 미치는 '내재적 의미'를 번역해야만 했다.

예술가를 관통하는 '실질적 의미'의 침투력은 지각 능력과 다른 차원의 것이 아니다. 즉 체현된 존재자요, 신체성이며 또 세계의 온전한

---

21) M. Merleau-Ponty, *Phénoménologie de la perception*, Paris: Gallimard, 1945, p. 154, n. 2; S, p. 104; *Sens et non-sens*, pp. 22~23 참조.

부분으로서 모든 주체는 지각을 통해 대상 속으로 침투되며 자기 자신을 대상의 구조와 동일시할 수 있다. 세잔은 이러한 지각의 능력으로써 자기 예술의 핵, 본질적으로 상호주관적이고 상호신체적인 골조를 만든다. 그래서 예술작품이란, 사물처럼 즉자적으로 존재하기는커녕 오히려 "그의 관객에게 다가가 작품을 창조한 몸짓을 인수하도록 관객을 초대하는"(S, p. 83) 하나의 '유형'이 된다. 세잔의 번뇌는 그의 고유한 예술적 요구가 자신이 이용한 수단을 초월해 있다는 사태에서 출발하고 있다. 이러한 초월 사태는 그 자신의 고유한 인성에 우연적으로 주어진 모든 것으로서 당대 예술의 사회적 영향과 미학적 성향을 가리킬 수 있다. 화가의 자유는, 말로가 생각하듯 역사 위를 활공하면서 이런저런 계기에 강생하는 예술의 신神에 대한 절대 신념으로 말미암아 역사와의 참된 연결을 상실한 채, 괴물처럼 세계의 속박으로부터 완전히 벗어나버린 '재능의 효과'로 해석될 수 없다. 게다가 이 자유는 프로이트의 정신분석학에서처럼 예술을 본능이나 콤플렉스의 승화로 여기는 심리학적 인과율의 효과로 해석될 수도 없다. 예술의 창조성이란 심리적이거나 사회적인 조건들로 환원될 수 없으며, 오히려 원천적 의미를 산출하는 모종의 조건들로부터 발동하기 시작한다. 체현된 주체로서 예술가의 심리학은 다만 자신의 작품이 표출해낼 이 '내재적 의미'의 일부를 이루게 된다. 그리고 어떤 의미에서 모든 체현된 주체는 작품으로부터 영감을 받은 신체적 수용을 통해 자신들의 창작에 참여하게 된다. 또한 창작 활동은 신체 및 지각과의 연속성 속에서, 모두에게 공통되는 '살'의 세계를 통해 체현된 '지각주체들의 만남'으로까지 이어진다. 이처럼 예술작품의 생생한 '질료적 영향력'을 통해 실현되는 주체들 사이의 상호잠식, 즉 주체들이 서로의 안으로 침투하면서 상당 부분 겹치는 현상이 빚어지는 것이다. 요컨대 융합도 일치도 아니며 그렇다고 인접이나 외재도 아닌 우리 주체들은 한마디로 **상호**귀속존재In-ein-ander-Sein들이라 하겠다.

4) 메를로-퐁티의 미학 논리: 지각을 증폭시키는 예술

미셸 아르는 이와 같은 메를로-퐁티의 예술 테제를 지각적 '자발주의'로 규정한다. 이것은 "생기 넘치는 자발성과 예술 사이의 경계를 적어도 극단적으로 축소시키지만은 않는" 경향이 있으며, 그래서 "화가들은 지각 차원의 흔적과 여백 및 충만과 성김을 그들 자신의 코드이자 체계인 예술 양식에 종속시키면서 수거함으로써 이 자발적 차원의 농도를 높이게 될 것이다."[22]

그러므로 미학적 경험은, 비록 예술이 개성적이고 독창적인 표현에서 촉발된 완전성으로 그 특징을 이룸에도 불구하고, 개별 인격들의 독특한 고립적 양식보다는 느끼는 것과 느껴질 수 있는 것 사이의 '보편 공동체'를 한층 더 드러내는 것으로 보인다. 메를로-퐁티는 세잔을 비롯한 예술가 일반을 독특하며 고조된 감수성을 지닌 존재들로 소개하며, 감각성과 공명할 수 있는 특별한 능력을 지닌 존재들로 드러낸다. 예술가 각자의 세계-감수성이란 특이할 뿐만 아니라 그 자신이 대답으로 내놓을 수 있는 유일한 표현이다. 그러나 좀더 정확히 말하자면, 만약 예술가가 자신의 개성을 표명하는 이 재능을 가지고 자

---

22) M. Haar, "Peinture, perception, affectivité," *Merleau-Ponty, phénoménologie et expériences*, M. Richir & E. Tassin(eds.), Grenoble: Jérome Millon, 1992, pp. 101~102, 106~107.

신의 작품에 반응하는 사람들과 더불어 특권적 방식으로 소통하고 있다면, 이것은 예술가 자신도 세계와 더불어 감각-공동체를 유지하는 한에서 가능한 일이다. 즉 예술가가 자기 예술의 관객들과 공통된 세계관계를 보여주는 한에서이다. 메를로-퐁티는 대략 1959년까지 예술가와 그 관객 사이의 이 존재론적 소통을 '공통의' 신체성, 다시 말해 "상호신체성"(VI, p. 185)을 통해 설명한다. 사후 출간된 저작에서 '보이지 않는 것'의 계시자로서 예술의 가치가 명시화되는 것도 바로 이러한 상호신체적 존재론의 틀 속에서다.

이제 모든 것은 중추적이면서도 애매한 위상을 지닌 '표현' 또는 '표현성'의 개념에 근거한다고 볼 수 있는데, 이는 우선적으로 공동의 지각경험이 예술 이전에 표현으로서 포착된다는 것이다. 그러나 결국 이 경험도 자신을 확장하고 해명해주는 활동인 예술 작업에 근거하여 표현으로 파악된다. "모든 지각, 모든 행위…… 신체에 대한 모든 인간적 활용이 이미 원초적인 표현"(S, p. 108)이라는 사태에 기초하여 마치 그림 그 스스로가 현상학적 환원을 집행하듯, 이제 그림은 메를로-퐁티의 사유 과정에 개입한다. 도대체 이것이 무슨 말인가? 그림의 이러한 자기집행은 곧바로 보이는 것에 대한 참된 폭로이자 이 보이는 것의 심층인 보이지 않는 것으로의 '존재론적 접근'을 의미하는 것이다. 요컨대 "의미가 존재하지 않는 곳에 의미를 이식하는 것"(S, p. 108)이라 하겠다. 메를로-퐁티가 말하는 표현이란,

무엇보다 기호들 안에 기호들을 형성시키며, 오로지 기호들의 정돈과 배치를 설득함으로써 [기호들에 대해] 설명된 바를 기호들 내부에 살도록 하고, 의미를 지니지 않은 것 안에 의미를 착상케 한다. 따라서

〔표현〕 자신이 발생하는 찰나에 고갈되기는커녕 어떤 질서를 개시하거나 전통과 제도를 구축하는 최초의 작용이 된다. (S, p. 108)

이 작용은 마치 그것이 지각작용과 지각생명에 내재한 '표현적 잠재력'을 부단히 늘리는 듯이 묘사된다. 이 가능성을 확대시키면서 예술적 표현은 자신의 심층의 보이는 것을 지각이 할 수 있는 것보다 더 잘 드러내고 있는 것이다. 그러나 그렇다고 해서 우리가 전혀 다른 차원으로 옮겨가는 것은 아니다. 그림은 단지 지각을 "증폭시키고 있는 것"(S, p. 108)이다. 예술의 창조적 표현은 이미 지각의 원초적 표현의 순간부터 예고되고 있었으며, 인간의 몸이란 바로 이 원초적 표현의 매개자vecteur인 것이다. 마치 예술이 실행하는 창조적 표현이 신체성의 의미를 해명하며, 이 신체성과 상관하는 세계에 내재하고 있는 의미를 해방시키고 있듯 말이다. 따라서 지각에 대한 현상학적 탐구가 드러내는 감성론적 미학의 통일성, 즉 예술과 지각의 통일성은 변함없이 존속될 것이다.

4. 예술 이념에 대한 철학자와 예술사가의 입장 차이

1) 메를로-퐁티와 하이데거: 선술어적 차원의 예술 이해

이제 우리는 예술을 통한 진리의 계시, 다시 말해 예술로써 '은폐-탈은폐'의 진리를 표현하는 메를로-퐁티와 하이데거의 테제를 언급해야 할 시점에 이르렀다. 전언적傳言的 질서와 가언적可言的 질서에서 비롯하는 그 어떠한 '언어학적' 술어 차원과도 상관없이, 예술을 통해서 드러나는 두 철학자의 '선술어적' 진리를 논의해보기로 하자.

에스쿠바스Eliane Escoubas는 메를로-퐁티가 신체와 감각성 속에 예술을 뿌리내리게 하면서 하이데거와는 반대 방향에서 예술에 접근한다는 점을 보여주었다.[23] 즉 메를로-퐁티는 예술을 작품과 분리한다는 것이다. 예술을 신체와 감각성에 뿌리내리게 하면서 그는 일종의 '예술 무위désoeuvrement'를 연출하고 있다. "예술은 더 이상 작품 안에 있지 않으며"[24] 따라서 작품은 목적을 위해 수단을 사용한 결과인 인위구조물이 아니게 된다. 오히려 그것은 언제나 미완성적인, 그래서 개방적인 '표현' 작업의 결과가 된다. 메를로-퐁티의 미학은 "탐미주의가 없는 대신, 언표하고 고통을 느끼는, 생기발랄한 신체와 관계를 맺게 된다." 그는 세잔이 자기 자신도 포함된 "감각작용을 떠나지 않은 채 실재를 되찾으려 한다"[25]고 해석한다.

이와 달리 하이데거는 『예술작품의 근원』(1936)과 『기술과 전향』(1953)에서 예술을 그리스어 테크네technē와 같은 의미에서의 '기술소산' 곧 "현재로 오도록 내버려둠"이라고 그 성격을 규정하고 있다. 여기서 테크네란 목적을 위한 수단의 사용인 제조나 모방이 아니라, 존재자 피안의 존재신비에 대한 승인의 양식과 탈은폐 양식에서 진리와 관계하는 '포이에시스poiēsis'이다. 하이데거는 미학을 존재의 신비가

---

23) E. Escoubas, "La question de l'œuvre d'art : Merleau-Ponty et Heidegger," M. Richir & E. Tassin(eds.), *Merleau-Ponty, phénoménologie et expériences*, Grenoble : Jérome Millon, 1992, pp. 123 이하 참조.
24) 같은 책, p. 138.
25) 같은 책, p. 135.

아니라 대상의 객관성에 몰두해 있는 근대적 의미의 기술과 동일한 차원에 위치시킨 뒤 그것의 모든 철학적 위상을 거부한다. 그에게 예술이란 감각이 아닌 사유를 통해 보아야만 하는 '작품'이다. 다시 말해 그것은 "사유의 또 다른 출발"인 것이다. 이렇게 볼 때, 궁극적으로 하이데거는 예술을 "탈감각화하고"[26] 있으며 그래서 결국 탈미학화하고 있다. 오직 사유와 관계된 작품만이 예술의 의미를 지니게 되는데 그 이유는 예술이 무엇보다 예술가 및 감각물과 연관된 것이 아니기 때문이다.

따라서 하이데거는 예술작품을 독자적인 물질적 특수성, 즉 감각적 성격을 가진 것으로 파악하지 않는다. 이러한 물질적 특수성이란 본래 예술사 속의 매우 독특한 자리를 작품에 마련해줌으로써 그 작품을 다른 작품과 구별하게 하는 것이다. 마침내 하이데거는 예술사가의 관심을 끄는 바와는 상관이 없게 된다. 그는 철학적 문제 삼기로서의 작품이라는 측면에서, 곧 존재의 신비가 드러나게 하기 위한 존재자에 대한 검토라는 측면에서만 작품에 관심을 가질 뿐이다. 인간은 계시된 존재의 진리를 어렴풋이 느끼기 위해 예술작품을 이용한다고 보는 것이다.[27]

한편, 메를로-퐁티에게 감각과 예술은 존재와의 간극이라 할 수 있는 모종의 차원에 함께 속하는데, 이러한 간극은 다름 아니라 단절과 재개를 함축하고 있는 인간의 차원, 바로 그것이다. 그에게 작품이란 인위적 구조물이 아니라 '표현'이며, 모든 탐미주의를 추방하고 표상

---

26) 같은 책, p. 138.

27) M. Heidegger, "L'origine de l'œuvre d'art," *Chemins qui ne mènent nulle part*, W. Brokmeier(trans.), Paris : Gallimard, 1962, p. 13.

을 위한 그 어떤 간청도 배제하는 것이다. 따라서 하나의 그림이란 무엇보다 "자기-구상적auto-figuratif"이라 하겠다. 이처럼 두 철학자 모두가 은폐-탈은폐의 진리 게임을 수행함에도 불구하고, 하이데거가 사물 쪽에서 예술작품을 해석하고자 하는 반면, 메를로-퐁티는 감각세계와의 연속성 가운데 있는 신체 쪽에서 작품을 이해하려 애쓰고 있음을 우리는 알 수 있다.

그러나 하이데거의 사유에서와 같이 예술작품이 스스로의 사물현전에 근거하여 신문을 받든, 메를로-퐁티의 경우처럼 신체 및 감각계와의 연속성을 통해 작품 그 자체의 표현성에 기초해서 조사되든, 두 상황 모두 감성론을 횡단한 '의미 추적'이 문제의 핵심이요, 그래서 결국 존재론과 현상학 및 예술철학이 관건이 된다 하겠다. 그런데 이러한 철학자들의 주제는 미 또는 예술에 대한 상당히 포괄적인 전망들이며, 작품의 가치평가나 의미판단에 대한 정확한 기준을 제공하지 못하는 통찰이 되고 만다. 만약 메를로-퐁티에게 예술이 감각체들로부터 창발하는 의미라 할 경우, 그것은 당연히 작품의 침묵을 전제하는 것이다.

그런데 간접적 언어의 정적 속에서 이루어지는, 화가의 몸짓(메를로-퐁티)이나 작품이 말하는 바(하이데거)를 이해시키기 위해서 철학자는 반드시 언어 작업을 필요로 한다. 예컨대 하이데거의 미학적 노선대로, 만약 예술이 존재를 드러내는 것이라면 우리는 마침내 이미지 자체를 와해시키고 '절대'의 숭배와 만날지도 모른다. 화가 칸딘스키는 자신의 예술을 이러한 '절대' 지상주의 방향으로 밀고 나갔다. 하지만 여기서 우리는 모든 우연성을 걷어내면서 창작의 물질성을 질식시키는 존재신비의 철학자 하이데거의 과도한 지적 능력을 목격하게 된다.

2) 작품의 심층의미를 찾는 철학자를 비판하는 예술사가

예술에서 언어성을 발견하는 두 철학자와는 달리 예술을 언어가 아닌 물질로 여기는 예술사가들에게는 음악이 좋은 예가 될 수 있다. 재료가 완연히 자율적인 음악은 사실상 모든 언어적 담론을 허용하지 않는데, 그렇지 않을 경우 이 재료는 음악가의 자서전과 같이 우연적이며 부차적으로 되고 만다. 말하자면 질료의 측면이 강조되는 음악은 근본적으로 자기-충족적이며, 연주와 감상이 진행되는 내내 예민한 물리적 감수성을 유지한다. 동일한 맥락에서 사람들은 그림을 '읽을' 수 없고, '문법'으로써 그것을 번역할 수 없으며, 해석적 담론의 차원에서 그림을 깎아내릴 수 없다. 한마디로 예술작품은 표상을 넘어서고 있다는 말이다. 바로 이런 이유에서, 작품과 그 역사적 상황과의 관계 그리고 형태들의 진화를 염두에 두는 예술사가들인 프랑카스텔Pierre Francastel과 파노프스키Erwin Panofsky는 소위 작품의 심층의미를 찾지 않는다. 그들은 역사의 어떤 시점에서 작품이 출현했고 그 작품이 특정 사실과 어떻게 연관되는지 살펴봄으로써, 예술작품을 기발하게 드러내려고 애쓰는 철학자들보다는 오히려 사학자들 사이에서 그 예술작품들이 더 풍부하게 취급될 수 있음을 보여준다. 한마디로 그들은 지나치게 지성적이고 보편주의적인 철학적 해석으로부터 예술작품을 보호하려는 듯하다.

한편, 로슐리츠Rainer Rochlitz도 "현상학자가 자신이 선택한 오브제 앞에 우리를 불러 세우고 거기서 세계의 의미를 해독하는 것은 존재론적 교조주의를 통해서"라고 역설한다. 그에 따르면 "예술에 대한 유사-존재론적 강독의 결함," 그것도 특별히 세계의 살과 신체의 철학이 지닌 흠이란 "상징화를 넘어서는 '의미효력'의 이념을 통해 미학적 기준들에 대한 질문"을 제기하는 것이다. 또한 그 흠은 "예컨대 사람들이 원시종교의 오브제나 고대 무덤 앞에서 겪는 바와는 변별되는 '의미효력'이 과연 어디서 특별히 미학적인지를 구체화할 수 없는 가운데서도, 그 이름에 걸맞은 예술에게 이미 결정된 상징적 효력을 생산하도록 요구하는 규범"[28]을 세우는 것이다. 로슐리츠의 이 같은 문제의식이 예술가의 콤플렉스와 철학자의 지적 자신감 사이에서 우리를 어디로 인도할지 자못 궁금해진다. 그리고 현상학은 이러한 비판 앞에 과연 어떤 대답을 내놓을 수 있을까?

5. 나가며

현대예술이 진화하는 양상은, 세계에 뿌리를 내리고 있는 신체성의 이념과 의미의 원천에 대한 상호신체적 탐색의 이념으로만 예술과 철학을 묶을 수 없는 상황을 보여준다. 말하자면 예술의 현재 상황이란 자연적 경향을 벗어나 점점 인위적 방향으로 나아간다는 것이다. 이와 관련해 볼 때, 아마도 메를로-퐁티는 예술이 지각의 체험적 명증들을 지속적으로 해체하면서 이 지각을 신문한다고까지 생각할 것이다. 따라서 세잔이 그린 「생트 빅투아르 산」의 이념적 계승자인 메를

---

28) R. Rochlitz, *Art contemporain et argumentation esthétique*, Paris: Gallimard, 1994, pp. 143~46.

로-퐁티는 가시성과 감각성에 대한 생생한 모티브와 연결된 끝없는 질문들을 결코 포기하지 않을 것으로 보인다.

게다가 메를로-퐁티의 사유는 감성적 지각과의 연속성 내에서 예술 및 미학적 표현으로 더욱 다가서는 방향으로 진화하고 있다. 그 결과 그는 자신의 전기 사상의 지각구조에 대해서는 서서히 덜 언급하게 되며, 후설에게 남아 있는 의식의 능동적 현실태 곧 객관화 확신croyance objectivante으로부터 더 멀어지기 위해 지각적 신뢰foi perceptive를 보다 많이 기술하게 된다. 메를로-퐁티는 "현상학적 환원을 통해 중화될 수 없는, 보다 수동적인 점착"[29]으로서 세계 관여participation au monde를 외연상 드러내기 위해 이 지각적 신뢰를 언표하게 된다. "『보이는 것과 보이지 않는 것』에서 메를로-퐁티는 의식의 현동, 의식의 상태, 이미지 개념은 물론 심지어 지각 개념에 대해서조차 사용을 포기할 정도다. 왜냐하면 이러한 개념들이란 우리의 모든 수동성을 능동성으로 또 우리의 모든 지각을 구성 작용으로 재등록하기를 요구하고, 실제 상황 이전에 마치 우리가 사물들의 중심이라도 된 듯 사물들과 거리를 두면서 우리를 재배치하기를 주장하는 반성철학에서 발원하기 때문이다."[30]

지각적 신뢰란 세계 안으로 맞물려 들어감, 다시 말해 생생한 앙가주망engagement이자 생래적 착종intrication originaire을 가리키기에 인식이나 지식을 의미할 수가 없는 것이다. 세계는 개별 오브제들의 총합이 아니라 늘 항상 달아나면서 숨겨지기에 "초월적[31]으로 머무르는

---

29) F. Dastur, *Philosophie et différence*, Chatou : Les Éditions de la Transparence, 2004, p. 100.
30) 같은 곳.

존재의 암시적 현전"이다. 따라서 이러한 존재의 의미란 비가시적이며 여기서부터 모든 것이 어울려 예술의 신비들을 마련하고 있는 것이다. 소위 "부재로 짜인 현전"[32]으로서 감각성le sensible은 이와 같이 그 모습을 드러낸다. 이 감각성은 스스로에게 결코 온전하게 현전하지 않으며 그래서 우리는 예술적 표현으로서 어떤 '양식'이 태어날 토양인 이 불일치를 신중하게 다루는 것이다.

메를로-퐁티는 '지각적 신뢰'의 위상을 사유와 존재의 구별 이전의 차원, 곧 "본원적 접촉의 원형"(VI, p. 101)이라고 밝히고 있다. 이것은 망령처럼 예술적 창조를 따라다닐 지각의 풍요로움 바로 그것이다. 상태가 이렇다면, 보이는 것과 보이지 않는 것 사이의 선명한 대립이라는 그 어떤 이원론적 의미도 불가능하다. 즉 메를로-퐁티는 두 세계 사이의 반정립을 원하는 것이 아니라 "그들 사이의 분리 불가능성과 더불어, 가시성과 비가시성의 '서로-얽힘' 및 감각과 의미 사이의 '상호잠식'에 대한 해명"[33]을 요구하는 것이다. 미학적 표현과 감성론적 지각을 위한 이상적 태반은 바로 이런 것들이 된다. 이렇게 두고 볼 때 적어도 메를로-퐁티의 철학은 예술이 세계와의 내재적 관계 속에서 추구하는, 현상원본에 대한 미련과 내재적 진리의 추적으로 이해될 수 있다는 차원에서 틀림없이 미학적 문제의식을 위한 최상의 수용구조가 될 것이다.

---

31) 여기서 초월적transcendant이라 함은 후설이 입방체cube 지각perception을 설명할 때와 같이 항상 달아남으로 숨겨진다는inconnu 뜻과 흡사하다.

32) 같은 책, p. 102.

33) F. Dastur, *Philosophie et différence*, p. 98.

5장
리쾨르의
미술론

렘브란트

폴 리쾨르
Paul Ricoeur
1913~2005

렘브란트 판 레인
Rembrandt H. van Rijn
1606~1669

해석학자 리쾨르의 회화론은 어떤 것인가? 우선 리쾨르가 전문적 의미의 미학자도 화가도 아니며, 따라서 그의 회화론은 다분히 단편적이면서도 탐색적 성격을 갖는다는 점을 분명히 해야 할 것 같다. 리쾨르에게서 회화론이 처음 등장한 것은 『프로이트 해석에 대하여』(1965)인데, 이때 회화는 '증후이자 동시에 치료'의 의미를 가지며, 애착 대상의 상실을 통제하는 것이자 일정한 시간적 질서의 흔적으로 이해된다. 회화론이 두번째로 등장한 것은 「렘브란트의 자화상에 대하여」(1994)인데 리쾨르는 자화상의 인물이 렘브란트 자신인지를 물은 뒤 그것을 실물의 자화상이라기보다는 화가 자신의 자기 이해와 자기 검토의 결과를 담은 산물로 이해한다.

이후 리쾨르는 『시간과 이야기』에서 회화적 재현을 포함한 재현 일반에 대한 새로운 해석을 제시하기도 하고, 『비판과 확신』(1994)에서는 전통적인 대응적 진리 개념을 비판하면서 회화의 진리가 '발견과 창안'의 진리 개념이라고 주장하기도 한다. 화가 바젠과의 대화를 담은 『장 바젠: 색채와 말』(1997)에서는 화가의 생명력의 원천은 어떤 결핍인데, 이는 "다다를 수 없는 것" "해소할 수 없는 것"의 성격을 가진다고 본다. 결국 화가 일반이 그리는 세계나 실재는 무궁무진하다는 것이다. 이처럼 문학 일반, 언어 일반(상징, 은유, 텍스트)에 대한 리쾨르의 해석학적 사유의 핵심적 주장들이 회화론에서도 다시 한 번 긍정되고 확인되고 있다.

실재에 대한 또 다른 탐구

윤성우

1. 그림, 실재에 이르는 또 하나의 길

철학자들은 어떤 자격으로 미술 또는 예술을 논하고 있는 것일까? 마치 프로이트가 창안한 정신분석학에 대해 거의 대부분의 현대철학자들이 반대하건 찬성하건 그 분야의 이론 체계들과 실천적 작업들을 언급하는 것과 마찬가지로, 철학하는 사람들치고 '그림'에 대해 이야기하지 않고 지나가는 사람을 찾기란 매우 어려운 일이다. 자신의 철학적 입장과 논점을 확증하거나 추인하는 사례들을 미술에서 발견하는 것일까? 아니면 감상자는 물론이고 제작자인 화가들조차 읽어내지 못하는 측면을 발견하고 해석해주기 위해서일까? 아니면 철학자 자신이 개념적 언어를 통해 제기해나가는 독특한 체험과 그에 따른 물음 제기와 근본적으로 유사한 구조와 형식을 미술가들에게서 발견하고, 이에 공명共鳴하는 일환으로서 '그림'을 거명하는 것일까?[1] 당장

답을 찾지 말고 철학과 회화, 철학자와 화가 사이에 대해 우리가 제대로 묻고 있는지만 자문해보자.

필자가 틀리지 않다면, 여기서 다루려고 하는 철학자 리쾨르는 자신의 회화론이나 예술론 일반을 그 어디에서도 체계적인 방식으로 일관되게 구체적인 작품의 예를 들어가며 기술하거나 정리한 적이 없다. 그것은 특정 문제나 주제, 상황에 대한 총체적이고 확정적인 해석이나 평가를 내리지 않으면서 그것들을 둘러싼 다양한 학적 담론들 간의 대화와 논쟁을 통해 수렴점을 찾아 나서는 리쾨르 특유의 접근 방식과 태도에서 기인할지도 모른다. 그는 자신의 주된 철학적 개념 및 담론인 '주체 물음question du sujet'과 '자기 해석학herméneutique du soi'에 대해서도 "단편적이고fragmentaire" "탐색적인exploratoire"[2] 스타일을 유지하겠다고 명시한 바 있을 정도다. 자신의 핵심적인 철학적 문제들에 대해 비非총체적, 비확정적 태도를 취하는 이상, 그가 다른 문제 영역에 대해 그런 태도를 취한다는 것은 그다지 놀랄 만한 일

---

1) 필자는 『들뢰즈: 재현의 문제와 다른 철학자들』(철학과현실사, 2004)에서 하이데거, 푸코, 들뢰즈의 회화론을 아주 간략하게 비교하며 다음과 같이 언급한 바 있다. "우리가 하이데거의 예술철학이라고 불릴 만한 것을 찾으려 할 때, 늘 그것은 자신의 존재론, 존재물음의 연장선상이거나 그것의 확장된 변형임을 감지하게 되는 것은 결코 우연이 아니다. 존재진리의 발생사건으로서 예술과 존재자의 존재나 존재자의 진리의 담지자로서의 예술작품이라는 해석의 틀을 가지고 작품 외부에서 작품을 관통하는 것이 하이데거라면, 작품들을 구성하는 내재적 원리들(유사성과 상사성)의 발견과 구별을 통해 작품을 해석하는 것이 푸코일 것이다"(pp. 31~32); "하이데거에게는 예술철학이 그의 존재론의 외투 같아 보이지만, 푸코의 그것은 자신의 존재론의 속옷 같아 보인다"(p. 49); "예술을 존재론과 연관시킨다고 해서 들뢰즈가 하이데거의 방식을 따르는 것은 아니다. 들뢰즈의 차이의 존재론은 존재론에 복무하는 예술의 방향이기보다는, 오히려 예술적인 것과 예술작품론이 차이의 존재론과 쌍생아처럼 움직이는 철학이라 부를 수 있을 것이다"(p. 51).

2) P. Ricoeur, *Soi-même comme un autre*, Paris: Seuil, 1990. p. 32.

이 아니다. 리쾨르 스스로가 체계적이고 일관된 방식으로 회화론을 전개한 적이 없는 만큼 그에 대한 우리의 접근도 다소 산발적이고 암중모색과 같다는 한계가 있을지도 모른다. 우선 우리는 리쾨르가 자신의 주요 저서들에서 언급하고 있는 회화론을 역사적 순서에 따라 검토해보고자 한다. 이런 과정을 거치면서 그의 회화론에 등장하는 공통된 입장과 태도가 있다면 그것이 무엇인지를 밝히고, 결국에 가서는 언어와 마찬가지로 회화도 실재에 이르는 여러 길들 중 하나라는 사실을 드러내보고자 한다.

2. 증상과 치료, 자기 이해로서의 그림

1) 프로이트와 미술

『해석에 대하여: 프로이트에 관한 시론』[3]은 리쾨르가 프로이트의 모든 저작을 연구 대상으로 삼아 해석학자로서의 능력과 자질을 단번에 입증해 보인 저작이다. 물론 그 이전에 펴낸『악의 상징』[4]에서 아담 신화를 중심으로 악에 대한 거대한 신화들을 재조직하고 재조명해내는 탁월한 성과를 보인 바 있지만, 저작의 규모와 연구 주제에 대한 천착의 정도와 깊이로 볼 때『해석에 대하여』는 특히 주목을 끌기에 충분하다. 하지만 우리가 이 저서를 언급한다고 해서 리쾨르의 본격

---

3) P. Ricoeur, *De l'interprétation: Essai sur Freud*, Paris: Seuil, 1965 (약호: DIF).

4) P. Ricoeur, *La symbolique du mal*, Paris: Aubier, 1960.

적인 회화론이 그곳에서 전개되었다고 보기는 어렵다. 리쾨르의 의도
는 프로이트의 방법론적 틀(지형학, 역학, 경제학)[5]을 예술 일반에 적
용할 때 있을 수 있는 성과와 문제점, 그리고 그 의미를 다루는 것이었
지, 리쾨르 본인의 회화론을 명시적으로 전개하는 것이 아니었기 때
문이다. 더구나 프로이트는 문학을 포함한 예술 일반을 다루고 있는
데, 리쾨르가 그중에서 회화론을 따로 떼어내어 철학적으로 해석하거
나 주제화시키지도 않았기 때문이다. 따라서 우리가 세운 작업 가설
은 프로이트의 예술론을 리쾨르가 다룰 때 리쾨르 자신의 회화론[6]이
어느 정도 오버랩되어 있다고 간주하고 그것을 추적해보는 것이다.

　기본적으로 프로이트가 꿈에 대한 해석을 "정신분석으로 가는 왕도
王道"라고 말한 사실은 널리 알려져 있다. 프로이트는 더 나아가 우리
가 밤에 꾸는 꿈의 낮의 등가물을 예술작품이라고 본다. 리쾨르는 여
기서 꿈과 예술작품의 중요한 공통점과 차이점을 발견한다. 공통점이
란 인간은 자신의 욕망을 직설적으로 드러내기보다는 위장된 방식으
로, 즉 일종의 형상화의 방식으로 실현시킬 줄 안다는 것이다(DIF, p.
164). 인간이란 자신의 욕망을 그 자체로 곧장 실현할 수도 없으며, 그
렇다고 포기하지도 못하면서 그 충족과 만족의 방식을 변형시키며 살
아간다는 것이다. 반면 꿈과 예술작품 사이에는 무시할 수 없는 중요
한 차이점이 존재한다. 꿈이나 신경증은 여전히 "억압된 것의 회귀
retour du refoulé"의 모습을 가지고 있지만, 예술작품의 경우 위장된 만
족이 없지는 않아도 그 방식은 강박적이지도 신경증적이지도 않다는

---

5) 이 세 가지 개념에 대해서는 장 라플랑슈·장 베르트랑 퐁탈리스, 『정신분석 사전』, 임진수
　옮김, 열린책들, 2005 참조.
6) 좁게 말해 '회화론'이지, 지금의 문맥에서는 리쾨르의 '예술론'이라고 해도 무방할 것이다.

것이다(DIF, p. 167). 따라서 예술작품이 단순히 무의식적 표상들의 외적 표현이나 과거 외상外傷, trauma의 증후는 아닌 것이다. 무엇이 결정적으로 밤의 꿈과 낮의 꿈인 예술작품을 나누게 하는 것일까? 리쾨르는 아주 명료하게 다음의 두 가지 차이점을 밝혀낸다. 첫째, 예술작품에서는 "부재(결핍)에 대한 통제maîtrise de l'absence"를 발견할 수 있다. 둘째, 연대기적 시간의 순서와 질서를 무시하며 등장하는 무의식적 징후들과 달리 예술작품에서는 "시간적 각인estampille temporelle"을 발견할 수 있다(DIF, p. 167).

미켈란젤로의 조각상 「모세」에 대한 프로이트의 언급은 제쳐두고 불후의 명작인 레오나르도 다빈치의 「모나리자」에 대한 이야기로 가보자. 프로이트는 어머니의 부재를 겪는 아이에게서 관찰되는 포르트-다fort-da[7) 놀이에서 어느 정도 그 결핍에 대해 능동적으로 반응하는 아이의 예를 제시한 바 있다. 프로이트는 다빈치의 유년 시절에 대한 전기傳記 조사를 통해 그가 어릴 때 어머니가 집을 떠나게 되면서 긴 포옹과 입맞춤을 남겼으며, 그 기억 때문에 이후 다빈치가 모나리자의 미소 속에 생모의 미소를 재현하기에 이르렀다고 분석한다. 그런데 리쾨르에 따르면 문제는 「모나리자」에 등장하는 지오콘다 부인의 미소의 정체를 까발려서 그 배후에 어머니의 미소가 숨어 있다는 것을 드러내는 데 있지 않다. 다시 말해 다빈치의 붓 끝에서 어머니에 대한 어렴풋한 추억이 재창조됐다는 것이 중요한 게 아니다. 오히려 역사적으로 그 존재가 불투명한 어머니의 미소는 즉물적인 현실적 차원에

---

7) 프로이트가 자신의 한 살배기 손자가 실을 묶은 패(실패)를 멀리 던졌다가 다시 가져오는 놀이를 보고 만든 용어이다. 'fort'는 '없다'라는 뜻이고, 'da'는 '여기에 있다'라는 뜻으로 엄마의 부재(결별)-현존(돌아옴)을 상징화한 놀이를 지칭한다.

서 그 마땅한 자리를 차지할 수 없기에 회화적 형상화의 차원에서만 상징적 방식으로 존재할 수 있게 된다는 것이 중요하다. 다시 말해 어머니의 미소는 지오콘다 부인의 미소의 방식을 빌려서만 발현되는 "상징화 가능한 부재absence symbolisable"(DIF, p. 174)로서 기능하고 존재한다는 것이다. 뿐만 아니라 단지 색과 구도를 통해서만 현존하게 된 지오콘다 부인의 미소 또한 "비실재적iréel"인 기호이기는 마찬가지다. 이를 가리켜 리쾨르는 하나의 부재가 또 다른 부재를 가리키는 "기호들 간의 지시 놀이"[8]라고 말한다. 그렇다면 어머니의 부재가 단지 상처나 트라우마로만 기능한다고 말할 수 있을까? 그 결핍이나 부재는 신경증적 발병 요인으로 작동하는 것이 아니라 회화적 형상화를 통해 극복된다고 말할 수 있지 않을까?

프로이트와 리쾨르가 공히 주목하는 예술작품의 "시간적 각인"의 요소는 다음과 같다. 예술작품 안에는 탈시간적인 무의식적 표상의 반복이 드러나는 것이 아니라 "시시각각의 인상이 주는 현재, 유년의 과거 그리고 기획의 실현이 가져다주는 미래가 서로 통합"(DIF, p. 168)될 수 있다는 것이다. 다시 말해 신경증과 꿈에서 퇴행régression의 징후만이 드러난다면 예술작품에서는 전진과 승화의 모티브가 발견된다는 것이다. 이 점에 대해 리쾨르의 말을 직접 들어보자.

이런 예술작품들이 새로운 창작품인 것은 그것들이 예술가들의 내면적 갈등을 단순하게 투사했기 때문이 아니라 그 갈등의 해결책을 모색

---

8) DIF, p. 177. 어머니의 부재를 겪는 어린아이들의 놀이가 비교적 단선적이고 직접적인 반면 어른인 예술가들이 보여주는 놀이는 이중 또는 다중적이고 간접적인 특징을 보인다.

〈그림 1〉 레오나르도 다빈치, 「모나리자」(1503~1506)

하고 있기 때문이다. 꿈이 뒤쪽을 바라보고, 유년 시절과 과거를 바라본다면, 예술작품은 예술가 자신보다 더 앞질러 나아간다. 다시 말해 예술작품은 예술가의 해결되지 못한 갈등의 퇴행적 증상이라기보다는 그 사람의 인격을 통합시키고 미래를 전망하게 하는 하나의 상징symble인 것이다. (DIF, p. 176)

지금까지 우리는 『해석에 대하여』에 등장한 리쾨르의 프로이트 예술론(회화론)에 대한 해석을 아주 대략적으로 살펴보았다. 여기서 너무 성급하게 리쾨르의 회화론의 단초나 씨앗을 발견했다고 말해서는 안 될 것 같다. 다만 앞으로 이어질 논의를 위한 몇 가지 논점들을 예감해보는 것으로 만족하자. 그것은 바로 작품과 작가 사이의 관계,[9] 작가의 자기 정체성의 문제, 예술작품의 "특이한singulier" 존재론적 지위의 문제 등이다.

2) 렘브란트 자화상과 자기 정체성[10]의 문제

리쾨르는 『해석에 대하여』 이후에 펴낸 『해석의 갈등』[11]이라는 저

---

9) 이는 조금만 확장해 생각해보면 '언어(표현물)와 인간' 사이의 관계를 묻는 물음의 축소판임을 짐작할 수 있다.

10) 필자는 그동안 identité 개념을 사물의 그것과 이야기하는 존재인 인간 현존재의 그것을 동시에 포괄하는 용어인 '동일성'으로 좀 고집스럽게 사용해왔다. 하지만 지금의 문맥에서는 '정체성'이라는 용어로 화가 자신의 정체성과 그 감상자의 정체성 문제를 다루는 것이 명백하므로 굳이 고집할 필요가 없을 것 같다. 보다 자세한 것은 필자의 『폴 리쾨르의 철학』(철학과현실사, 2004)에 실린 제9장 「리쾨르의 자기동일성 이론, 그 의의와 한계」를 참조할 것.

11) P. Ricoeur, *Le conflit des interprétations, essai d'herméneutique*, Paris: Seuil, 1969.

작에서 「예술과 정신분석」이라는 글을 싣고 그 관계를 재론하지만, 기존의 관점을 벗어나거나 넘어서는 것은 없어 보인다. 「렘브란트 자화상에 관하여Sur un autoportrait de Rembrandt」[12]를 쓴 1987년은 리쾨르가 『시간과 이야기 1·2·3』[13]을 마친 지 얼마 되지 않았을 때였다. 3쪽 남짓한 압축적이면서 난해한 이 글은 자화상autoportrait이라는 회화 양식이 전제하는 하나의 관념을 문제 삼는다. 즉, 자화상은 본성상 그림을 그린 이와 그 그림에 재현된 인물이 동일인이라는 관념을 전제한다. 하지만 리쾨르는 그것이 그다지 자명하지 않아 보인다는 것을 렘브란트의 「자화상」을 가지고 언급한다. 다시 말해 "그 그림에 등장한 얼굴과 화가의 얼굴이 동일하다고 말할 수 있는 근거는 무엇인가"라고 묻는다. 물론 일상적으로는 자화상의 외부에 나타나는 다양한 지표와 정보, 즉 그림에 관한 문헌상의 설명들, 심지어는 화폭 내부에 새겨진 화가의 서명과 그 연월일 등이 자화상을 알아보는 데 중요한 정보가 되어준다. 하지만 이것은 자화상을 그린 화가의 이름과 서명만을 말할 뿐이지 재현된 인물의 이름을 말하는 것은 아닐 것이다. 왜냐하면 "자화상에 재현된 인물의 이마에 그의 이름이 쓰여 있지 않기"[14] 때문이다. 따라서 화가의 전기나 미술관의 관계자들, 화랑이나 갤러리의 수집가들과 책임자들이 주는 정보도 여전히 쓸모 있을 것이다.

그런데 문학에서는 물론이고 예술의 영역에서 작가가 자신의 작품에 의미를 부여하는 최종 심급의 자리를 독자나 감상자에게 내어준

---

12) P. Ricoeur, *Lectures III*, Paris: Seuil, 1994, pp. 13~15.

13) P. Ricoeur, *Temps et récit I*, Paris: Seuil, 1983; *Temps et récit II*, Paris: Seuil, 1984; *Temps et récit III*, Paris: Seuil, 1985.

14) P. Ricoeur, *Lectures III*, p. 13.

〈그림 2〉 렘브란트 판 레인, 「자화상」(1660)

이래로, 작품 자체가 자신의 의미를 독자와 함께 찾는 것이 대세인 요즘에도 여전히 자화상은 작가와 그려진 인물이 같은 사람임을 확인하고 증명해내기를 요구한다. 하지만 리쾨르가 보기에 두 인물의 동일성은 그다지 자명한 것이 아니며, 오히려 "구성해내야construire"[15] 하는 것이다. 그 이유는 렘브란트라는 화가가 실존한 인물이 맞지만 지금은 죽어 부재하기 때문이고, 캔버스의 저 깊숙이 자리 잡도록 겨냥된 인물 역시 비실재적이기는 마찬가지이기 때문이다. 두 명의 부재하는 인물끼리 동일성을 요구하는 진풍경이 자화상에서 벌어지는 것이다. 이런 부재하는 두 인물의 동일성을 보증하기 위해 리쾨르는 1660년 자화상 작업 당시 54세의 나이로 늙어가면서 가세家費가 기울어져간 렘브란트의 전기적 요소가 필요할 뿐만 아니라, 길고 불우한 인생의 한 단면적 이야기가 어떻게 초상화라는 부동의 공간에 응집되는지를 당대의 화풍과 양식에 의거하여 설명하는 것이 동시에 필요하다는 것을 기꺼이 인정한다.

두 개의 부재를 이어줄 방법으로 리쾨르가 제시하는 길은 리쾨르 스스로 "상상 속에서 [렘브란트라는] 화가가 그 자신을 그려내는 [자화상] 작업을 다시 해보는 일"[16]이라고 말한다. 이미 늙어가고 있으며 대중의 인기도 식어가던 렘브란트는 거울이라는 도구를 이용하여 처음에는 자신에 대한 시각적 이미지를 그려내려고 했다는 것이다. 그 뒤 그는 거울을 치워버리는데 그 이유는 실상 그가 거울을 그리는 것이 아니기 때문이다. 리쾨르에 따르면, 렘브란트는 이미 거울을 통해

---

15) 같은 책, p. 14.
16) 같은 곳.

얻은 자신의 이미지가 자신의 것이라고 여기면서도 이 이미지의 인물에게 도대체 어떤 인간이냐고 묻는다는 것이다. 다시 말해 늙고 불우한 자신의 처지를 걱정하는 화가이기에 앞서 자신이 그려내는 인물을 통해 "자기 자신을 알고자curieux de se connaître" 했다는 것이다. 바로 여기서 작품과 작가 사이의 관계, 작가의 자기 정체성을 찾는 물음의 문제에 대한 리쾨르 고유의 답변이 제시되기 시작한다.

리쾨르에 따르면 나르시스가 물속에 비친 자신의 이미지를 에로틱한 사랑으로 여과 없이 사랑했다면 오히려 렘브란트는 자신의 이미지에 대해 거리를 두고 애증 없이 "자기 점검(자기 반성s'examiner)"[17]을 시도했다고 본다. 그리고 자기 자신에 대해 제기된 여러 물음들에 유일한 답변으로서 그 자화상을 내놓았다는 것이다. 자신을 점검해본다는 것이 렘브란트에게는 스스로를 화폭에 그려보는 일이었다. 다시 말해 렘브란트는 거울 속의 자신의 이미지를 화폭 속에서 재창조하면서 해석하고 있다. 거울 속에 즉자적으로 현존하는 이미지는 "자아moi"라는 이름을 가지는 반면 화폭 속에 재현된 인물은 "자기soi"라는 이름을 가지는데, 이 둘이 서로 다른 운명으로 따로따로 가지 않고 연결되어 동일성을 확보하게 되는 근거적 활동이 바로 자화상을 그리는 활동이자 그림 그리는 일인 미술이라는 것이다.[18] 영멸永滅하는 것은 실제의 거울 속에 등장했던 화가의 이미지이지만, 영속永續하는 것은 렘브란트가 죽어 없어져도 우리 곁에 남아 오히려 우리를 쳐다보는 그 자화상이 아닌지?

---

17) 같은 책, p. 15.
18) 같은 곳.

해석학자 리쾨르가 오래전부터 지녀왔고 줄곧 변하지 않고 유지해왔던 중요한 철학적 입장이 있다면 다음과 같은 것이다. 즉 인간은 자기 자신의 이해와 파악을 위해 더 이상 의식의 직접적이고도 직관적인 명증성에 의존해서는 안 되며, 오히려 인간의 진정한 자기 파악이나 자기 이해는 "그 자신을 대상화해주는 표현물, 행위들, 작품들, 제도들, 기념물들을 통해 매개"(DIF, p. 51)되고 해석되어야만 그 진정성에 이를 수 있다. 이런 그의 입장은 인간의 의식을 축소하거나 부정하는 태도라기보다는 인간의 진정한 자기 자각이 저절로 주어지는 것이거나 자연의 소산이 아니라는 것을, 즉 그것을 위해서는 고되고 긴 해석의 여정을 거쳐야 한다는 뜻으로 이해해야 한다. 사실 그의 학문적 여정을 살펴볼 때 그가 주로 집중해온 인간 의식의 '매개물'들은 언어와 관련된 것이 대부분이었다. 상징, 신화, 은유, 이야기, 텍스트 등이 그렇다. 여기서 문제는 그의 해석학적 입장의 일반적인 원칙을 회화작품에 적용하여, 인간에 대한 구체적인 해석을 이끌어내고 보다 나은 인간의 자기 이해에 도달할 수 있느냐이다. 상징, 신화, 은유, 이야기, 텍스트 등은 언어적 표현물이고 회화는 비언어적 표현물이라는 일반적인 반론이 제기될 수 있기 때문이다. 사실 이런 반론은 해석의 적용 가능 영역을 확장할 때 당연히 제기될 수밖에 없을 것이다. 여기서 우리의 논점을 너무 확대해나가지 말고 리쾨르의 회화론 안으로 좀 더 들어가보자.

리쾨르는 『해석에 대하여』에서 "예술작품이 증상이자 동시에 치료 (요법)"(DIF, p. 175)라고 말한다. 이것은 예술가나 화가의 작품이 그 개인의 과거사적 외상을 형상적 방식으로 담고 있으면서도 그 외상이 남긴 지극히 개인적일 수 있는 문제들에 대한 현재적인 또는 미래지향적인 대답이나 해법으로서 기능하고 있다는 뜻이다. 다시 말해 화가들의 붓은 어머니의 키스에 대한 추억, 자신의 불행과 불운에 대한 회한悔恨 등을 그대로 담아내는 것이 아니라 특정한 관점과 방식으로 창조하는 것이다. 인간이면 누구나 자신에게 고유한 문제와 물음을 가지게 마련이다. 그것이 출생에 관한 것이든, 유년기에 관한 것이든, 사랑에 관한 것이든, 불운한 가정사에 관한 것이든 그 문제를 풀어갈 운명을 지니고 있는 존재가 바로 인간이다. 결국 작품이란 한 인간의 고뇌와 물음을 표현한 것이자, 그 고뇌와 스스로 대결한 결과물을 표현한 것이다.

3. '미적 체험'에 관한 대담

리쾨르는 1994년 『비판과 확신』[19]이라는 책을 출간한다. 프랑수아 아주비François Azouvi와 마르크 드 로네Marc de Launay와 나눈 대담집이다. 여기서 그는 긴 대담의 마지막 주제로 '미적 체험l'expérience esthétique'을 택한다. 왜 마지막에 그림과 조각, 음악 등의 주제를 논한 것일까? 형이상학이나 존재론이 뿌리이고, 사회철학이나 정치철학이 줄기이고, 가장 화려하고도 빛나는 잎사귀 부분이 예술철학이나 미학쯤으로 생각하는 전통적인 철학관이 반영된 순서일까? 혹시 자신의 현상학적 또는 해석학적 입장의 예술적 함의나 추인을 논하는

---

19) P. Ricoeur, *La critique et la conviction: Entretien avec François Azouvi et Marc de Launay*, Paris: Calmann-Lévy, 1994(약호: CC).

자리여서 맨 마지막에 놓인 게 아닐까? 대담을 자세히 들여다보면 이전의 주요 저서에서 나왔던 개념들을 원용함으로써 자신의 회화론이나 예술관을 피력하는 부분이 나오기도 한다. 이 대담에는 중요한 주제가 많이 언급되지만, 그의 회화론에 관련된 입장들을 중심으로 이야기해보자.

현대에 들어서 더 이상 그림을 "자연의 거울"[20]로 보는 이는 없을 것이다. 자연의 풍경을 두고 '한 폭의 그림 같다'는 사람들의 평가나 인상은 그동안 그림이 얼마나 자연을 담아내는 중요한 통로이자 표현이었는지를 잘 보여준다. 하지만 우리가 더 이상 그림이 자연의 거울이 아니라는 점을 십분 인정한다 해도, 여전히 그림이 무엇인지 그리고 그것이 무엇을 말하고 무엇에 관한 것인지에 대해서는 아직 정답이 없는 상태이다. 하지만 오히려 리쾨르는 더 이상 그림이 구상적figuratif이지 않게 된 20세기 들어서야 그동안 아주 평면적 차원에서만 수용되어온 "미메시스mimesis"에 대한 진정한 이해의 지평을 넓힐 수 있다고 말한다(CC, p. 260). 그는 이미 『시간과 이야기 3』에서 미메시스 I, II, III이라는 개념을 동원해서 이야기 출현의 선先조건, 그 생성의 내적 조건과 그 사후적 파급을 심도 있게 다룬 바 있다. 하지만 이 방대한 저서에서 내놓은 분석틀이 회화 일반에까지 확장될 수 있는지 여부에 대한 언급이나 시사를 하지 않은 게 사실이다.

그런데 『비판과 확신』의 대담에서 리쾨르는 한 걸음 나아가 언어 기호와 회화적 표현 사이에 일정한 유비가 있음을 지적하고 있다. 예를

---

20) E. H. 곰브리치, 『서양미술사』, 백승길·이종숭 옮김, 예경, 2002, p. 413. 이 명작의 20장 제목이 바로 "자연의 거울"이다.

들어, 소설 속에서 언어들은 자신만의 고유한 기법을 통해 일상적인 사물을 지시하는 기능으로부터 후퇴해서 스스로의 공간 안에 머물며 상상의 세계를 만들어냄과 동시에, 독자와의 만남을 통해 독자들의 현실적인 기대 지평을 "뒤흔들고, 부인하고, 리모델링하면서 독자들의 세계를 재구조화"(CC, p. 260)한다는 것이다. 이와 마찬가지로 그림의 기능이 더 이상 우리에게 익숙한 사물들을 알아보는 데 있지 않다면, 그림 역시 철저하게 일상적인 현실의 공간으로부터 후퇴해서 자신만의 독특한 색감과 구도를 통해 그 작은 캔버스 안에서 일상의 현실이 아닌 다른 세계를 만들어내는 역할을 수행한다고 볼 수 있다. 그런 독자적인 회화의 공간을 통해 그림은 우리에게 무엇을 전하려는 걸까? "현실에 대한 새로운 암시"(CC, p. 261), "우리의 체험 속에서 아직 드러나지 않은 미지의 측면을 발견"(CC, p. 260)하게 하는 힘을 지닌 것이 회화가 아닌가 하고 리쾨르는 묻고 있다. 여기서 한 가지 흥미로운 점은 리쾨르가 이런 언어관 또는 회화론을 언급하면서 "실재와의 일치adéquation au réel"로서의 고전적인 진리관이 재론될 수밖에 없다는 점을 지적한다는 것이다. 소설의 언어나 회화적 표현과 어울리는 진리관은 과연 어떤 것일까? 대응이나 일치의 진리관이 아니라 '발견'의 진리관이 아닐까? 이미 이런 진리관은 1975년 그의 저서 『살아 있는 은유』에서 새롭게 제기된 "창조와 발견"[21]으로서의 진리관을 닮아 있는 것은 아닐까? 그는 은유가 사태나 사물의 새로운 측면과 양상을 발견하게 할 뿐만 아니라 오직 그런 표현을 통해서만이 새로운 세계의 모습이 드러난다는 점에서 발견과 창조의 진리관을 말한 바 있

---

21) P. Ricoeur, *La métaphore vive*, Paris: Seuil, 1975. p. 310.

기 때문이다. 하지만 사실 리쾨르가 시적 및 유적 표현과 회화적 표현 사이에 공유될 수 있는 진리관을 말하는 것 같지만, 언어적 표현과 비언어적 표현의 차이가 엄연히 존재하는 상황에서 어떻게 유사한 진리관이 공유될 수 있는지는 말하고 있지 않는 것 같다.

대담 중간에 대담자는 앙드레 말로의 유명한 말 ― "위대한 예술가는 세계를 그대로 옮겨 적는 사람이 아니라 그런 세계에 대적하고 경쟁하는 사람이다" ― 을 인용하고 있다(CC, p. 262). 리쾨르는 긴 답변을 하며 좀 역설적인 문제를 던지기 시작한다. 예술이 단순히 현실의 걱정이나 회피의 수준에 머물러버리고 우리 현실에 깊숙이 침범하지도 않고 "우리의 현실 세계로 다시 쳐들어오는faire retour au monde"(CC, p. 263) 일을 하지 않는다면 별 의미 없는 예술이 될 것이라고 말하면서, 그런 진정한 예술성이 가장 두드러지는 때는 작품이 일상적 현실을 재현하고 그것과 가지는 지시적인 관계성을 가장 멀리할 때라는 것이다. 특히 비구상회화와 음악의 경우가 그러한데, 그림이 더 이상 (현실)기술적이지 않고 그것과의 거리가 심화될수록 "우리의 체험 세계를 물어뜯는 힘"(CC, p. 264)이 강화된다는 것이다. 이런 리쾨르의 입장을 좀 단순화해서 말해본다면, 일상적 현실 속의 그 무엇을 그리는지 우리가 알 수 없으면 없을수록 그 그림의 현실 파괴력이 증가한다는 뜻으로 받아들여도 될까?

리쾨르는 생트 빅투아르 산을 계속해서 그렸던 세잔을 언급한다. 그가 세잔의 그림들에 대해 묻고 있는 핵심은 "왜 같은 각도에서 그 산을 다시 그리느냐"이다. 그것은 세잔이 일반적으로 그 산에 대해서 말하거나 갖는 느낌과는 다른 것, 다시 말해 그 산이 그때 그 시간에, 그 빛 아래에서 그 산이 가지는 "독특성singularité"(CC, p. 267)을 그리고

자 했기 때문이다. 만약 사정이 그렇다면 화가인 세잔의 눈에는 같은 생트 빅투아르 산은 없는 것이다. 그래서 화가들이란 특정한 상황과 기회에 노정路程되는 특정한 양상을 특정한 방식으로 포착하는 사람이다. 하지만 바로 그 시간에, 바로 그런 조도照度 아래에 노출되어 그런 독특한 상황에 직면하게 되는 사람은 예술가를 제외하고도 많다. 따라서 예술가들의 천재성이란 그런 특이한 경우와 특이한 문제 상황에 대해 "긴박한 부채감"과 "믿기 어려울 정도의 의무감"(CC, p. 268)을 가지고 예술적으로 부응하고 응답하는 능력에서 나온다.

더 흥미로운 점은 화가들이 자신의 작품을 통해 이룩하는 그런 독특성 안에 "보편성universalité"의 요소가 들어 있다고 리쾨르가 주장한다는 사실이다. 작가들이 대상 세계 속에서 가지는 원초적 체험은 그 자체로서 소통 불가능하고 오직 그 예술가만을 개입시키고 참여시키는 체험일 수 있다. 아직 거기에는 소통의 여지가 적다. 하지만 그 생경한 체험이 작품화될 경우, 다시 말해 "가시적인 작품 안에 비가시적인 것, 즉 그 유일하고 당황스런 작가의 체험을 물질화하는matérialise"(CC, p. 269) 경우, 바로 그때 보편적 소통의 가능성이 획득된다는 것이다. 그래서 리쾨르는 다음과 같은 미적 패러독스를 내놓는다. "독특성의 요구를 끝까지 따라가보는 것이야말로 가장 큰 보편성을 지닌 가장 큰 행운을 가져다줄 것이다"(CC, p. 270).

이미 프로이트 예술작품론에 대한 리쾨르의 해석에서 우리는 어느 정도 그의 회화론의 가장 기초적인 윤곽을 짐작할 수 있었다. 회화는 개인적인 트라우마와 문제를 형상적 방식으로 표현한 것이자 이에 대해 마찬가지 방식으로 내놓은 답변이라는 것이다. 리쾨르 회화론의 이런 특징은 그가 렘브란트나 세잔 등을 해석할 때도 크게 달라지지 않았다는 점을 우리는 확인할 수 있었다.

4. 화가 장 바젠과의 대화

1997년 화가 장 바젠[22]을 중심으로 리쾨르와 미학자 앙리 말디네 Henri Maldiney 등이 참여한 화보집 대담[23]이 꾸며진 바 있다. 여기서 리쾨르는 다른 몇몇 참여자와 더불어 바젠과 대화를 나누었는데 그것이 이 화보집에 "해결될 수 없는 것l'insoluble"이라는 제목으로 실려 있다. 바젠은 자신이 그린 그림들의 원동력을 설명하면서, "부재" "모든 생각으로부터 자유로워져서 불가능을 추구하는 열정" "해답될 수 없는 것을 명확하게 받아들이는 자각 속에서 끝없는 기대를 품는 열정" 등을 언급하고 있다(CM, p. 67). 리쾨르는 바젠의 말을 되받으면서 부재나 불가능 같은 것이 화가의 중요한 모티브이기는 하지만 화가는 "화가로서 실재적인 어떤 것un réel을 생산한다"(CM, p. 68)고 말한다. 리쾨르의 긴 설명을 한번 따라가보자.

당신[바젠]은 볼만한 어떤 것을 그려내는 사람입니다. 그러나 아마도 사람들은 그림을 볼 때 자신들이 무엇이 실재le réel인지를 모르고 있다는 것을 자각하게 될 겁니다. 또한 감상하는 사람들이 실재를 모방하고

---

22) 장 바젠Jean René Bazaine은 일명 "파리유파École de Paris"의 중요한 대표 화가 중의 한 사람으로 샤갈Marc Chagall과 미로Joan Miró의 친구이기도 했다. 구상과 추상 사이의 절묘한 지점을 찾았다는 평가를 받고 있다.

23) J. Bazaine, *Couleurs et mots*, Paris: Le cherche midi éditeur, 1997(약호: CM)..

복사하는지 또는 그것으로부터 멀어지거나 그것을 추상抽象해내야 하는지 모르고 있다는 것을 자각하게 될 겁니다. 하지만 과연 무엇을 우리가 추상해내야만 하는 것일까요? 당신은 앞에서 라캉의 말 — '실재, 그것은 불가능한 것이다' — 을 인용했습니다. 이 말은 제게 아주 충격적이었습니다. 들판campagne을 한번 예로 들어보겠니다. 농부와 달리 도시인에게 그 전원의 풍경은 결코 경작지로서의 들판이 아닙니다. 아마도 자신이 일하는 공간에 대한 성찰을 시도하는 드문 기회가 아니라면, 농부에게는 전원의 풍경이란 존재조차 하지 않을 것입니다. 그가 들판에서 늘 묻는 물음은 '내가 여기서 뭘 해야 되지?'일 겁니다. 반면 과학자에게 실재란 계산될 수 있는 모든 것입니다. 인상주의자들은 자연의 순간적인 인상을 간직하고 있다고 강하게 생각합니다. 그렇다면 실재란 다소 거칠고 교육받지 못한 인상들의 소산인가요, 아니면 화가에 의해 이미 형성되고 있는 하나의 시선 같은 것인가요? 우리에게 전원의 풍경이라는 것이 있게 된 것은 우리가 라위스달Jacob van Ruysdael, 코로Jean Baptiste Camille Corot, 푸생Nicolas Poussin 같은 화가들의 풍경(그림)을 보았기 때문일 겁니다. 그래서 지금의 우리는 자연 그 자체 안에서 그림을 보게 되는 것이지요. 그러나 다음과 같은 세 가지 용어의 대립을 다시 이야기해보지요. 즉, 실재, 추상, 구상(또는 비구상). 사람들은 흔히 우리가 어떤 점에서 이 세 용어들을 둘씩 대립 — 구상 대 추상, 추상 대 실재 — 시켜보는지를 안다고 상정합니다. 그런데 이런 용어상의 대립을 중지해봅시다. 화가 우첼로Paolo Uccello를 한번 봅시다. 그가 그린 말馬 그림은 힘이나 능력같이 일종의 거의 절대적인 대상에 도달하려는 투쟁을 증언하고 있습니다. 그러나 바로 그런 점에서 그는 추상적이지요. 그 그림은 결코 (현실의) 복사가 아닙니다. 그는 말들을 창조해낸 것이지요. 이런 관점에서 대상의 현시, 즉 대상들의 직접적인 현시가 아니라 그림이 존재하게 되는 이상 진정한 혁명과도 같은 것은 없습니다. (대상들이) 그림으로 이행한다는 것은 이미 탈−실재un hors-réel인 것이자 동시에 우리가 실재라 부르는 것을 쇄신하는un renouvellement 것이지요. 라스코 동굴에서 이미 일상적 현실과 진부함에 대해 거리 두기를 한다는 점을 사람들이 관찰할 수 있다고 말씀하셨지요…… (CM, p. 68)

우리는 이 긴 리쾨르의 언급에서 무엇을 얻어낼 수 있을까? 바젠은 계속되는 대화에서 "집요한 불만족" "결핍감" "도달 불가능한 것 l'inaccessible" 등이 예술적 추구의 진정한 모티프라고 말하며 다음과 같이 지적한다. "창작이란 '바로 그것'이라는 것으로 향하는 사이사이의 공간에서 일어나는 것이지요. '바로 그것'이란, 아주 다행스럽게도, 도대체 적중할 수 없는 것입니다."[24] 사실 리쾨르나 바젠이 서로 다른 용어들로 말하고 있다 해도 그들이 말하고자 하는 바는 같은 것을 지향점으로 삼는 게 아닐까? 사물을 언어로 바꾸어 말하고 언어를 통해 사물의 새로운 양상들을 발견해내는 인간, 그냥 주어지는 사물들의 인상에 만족하지 않고, 그 너머에서 회화의 방식이 아니라면 현재화될 수 없는 것을 그려나가는 인간들이 말하는 실재란 무엇일까? 우리가 진정한 세계의 모습을 찾아나가고 추구해간다고 한다면, 그것은 실재가 날것인 상태로 그냥 주어지는 대상들의 집적이 아니기 때문일 것이다. 부정적으로 말하자면 실재란 우리의 손아귀에서 빠져나와 늘

---

24) CM, p. 73. 원문은 "La création, c'est ce qui se passe dans l'espace intervalle du vers cela: le *cela* étant, fort heureusement, hors d'atteinte"이다.

도망 다니는 것이기 때문이고, 긍정적으로 말하자면 실재란 "무궁무진한 것un inépuisable"(CM, p. 73)이기 때문일 것이다.

5. 나가며

계속되는 대화에서 리쾨르는 "인간이 된다는 것은 우리가 죽을 수밖에 없는 존재임을 아는 것뿐 아니라 결여manque 속에 살아간다는 것"(CM, p. 69)이라고 말한다. 완전한 충만함 속에 인생을 마칠 수 없는 근본적 한계와 조건을 극명하게 언표한 것이다. 하지만 결여나 결핍은 우리를 무한히 상상적으로 자극하기 마련이다. 구체적인 대상과 사물을 획득함으로써 채워지는 결여는 일차적인 의미의 결여일 것이며 또한 그 대상의 부재라는 수동적 상황에 대한 반응일 것이다. 이런 차원을 넘어서서 일상적 대상의 현존이 만족시켜주지 못하는 결여가 있다면 그것은 근본적 차원의 결여이다. 근본적으로 결여적인 존재인 인간을 포함하는 세계와 실재는 근본적으로 '완결적인achevé' 상태에 이르지 못한다. 어떻게 보면 기표와 기의 사이가 서로 잘 안착해서 오해나 혼선이 없는 소통 가능성을 소망하는 것이 늘 성공적이지 못한 까닭은, 기표와 기의 자체의 내재적이고 태생적인 운명 때문만은 아닐 것이다. 기표와 기의로 이루어진 언어적 기호가 과녁으로 하고 있는 것이 바로 실재이다. 화살은 시위를 떠나 과녁을 향해 가지만 과녁은 때로는 조금씩 미동하기도 하고 때로는 크게 요동치기도 한다. 그때, 그 순간, 그곳에서 그것을 포착하려고 떠난 화살이 언어적 기호들만은 아닐 것이다. 음악, 그림, 조각 등 인간의 모든 예술적 표현물들이 다 그러할 것이다. 그렇다면 모든 종류의 인간적 기호들의 불완전함과 그 극단적인 다양성을 탓해야 할까?

만약 모든 인간적 기호의 각각의 목록이 한편에 존재하고 그것들이 대응하거나 담당하는 실재나 세계의 모든 다양한 양상과 측면이 다른 편에 마주 서게 된다면, 그 화살들이 과녁을 정확히 맞히는 일들이 생기게 될까? 어떤 특정하고도 유일한 음악 — 또는 그런 장르의 음악 — 만이 불현듯 우리에게 가져다주는 감동과 정서, 또는 무드mood와 맥락이 있다는 점을 부인하기는 어렵다. 그런 사정은 특정한 그림, 특정한 언어적 표현에서도 마찬가지일 것이다. 따라서 인간적 기호들의 모든 목록을 선험적으로 만든다는 것은 완전한 언어를 선험적으로 꿈꾸어보는 일만큼이나 허황된 일이다. 사실 모든 인간적 기호들의 불완전성만이 그런 작업을 맹목적이게 하는 것은 아닐 것이다. 더 근본적으로는 실재나 세계가 그런 것을 허용하거나 가능하게 하지 않을 것이기 때문이다. 다시 말해 실재나 세계는 그 본성상 "무궁무진하기"[25]때문이다.

음악이나 회화는 그 무한함의 특정한 한 양상을 포착할 뿐만 아니라 그것을 각자의 방식으로 변형한다. 그 변형은 실재 또는 세계의 질적 변화를 가져다준다. 예컨대 마르셀 뒤샹Marcel Duchamp이 남자 변기를 「샘Fountain」이라고 이름 붙여 전시한 후, 앤디 워홀Andy Warhol이 가정용 세제 박스를 「브릴로 박스Brillo Box」라고 전시한 후, 사람들은 더 이상 변기와 세제 박스를 일상적 눈으로만 쳐다볼 수 없게 되었다. 미술 개념 자체에 대한 형이상학적 반성을 불러일으킨 팝아트 계열의

---

25) P. Ricoeur, *Philosophie de la volonté I*, Paris: Aubier, 1950. p. 147.

〈그림 3〉 빈센트 반 고흐, 「오베르쉬르우아즈의 교회」(1890)

작품들만이 실재 또는 세계의 증가나 '쇄신'을 가져다준 것은 아니다. 반 고흐의 작품 「오베르쉬르우아즈의 교회L'Eglise d'Auvers-sur-oise」의 소재가 되었던 오베르쉬르우아즈 마을의 교회와 들판을 떠올려보자. 우리는 반 고흐의 작품과 따로 떨어져서 그 풍경과 교회를 볼 수 없게 되었다. 우리의 눈은 반 고흐 작품의 전과 후로 나뉘게 된 것이다. 밀레Jean-François Millet가 「만종」을 그리며 평생을 살았고, 지금도 그의 기념관이 있는 파리 남쪽의 바르비종 역시 마찬가지가 아닐까?

사실 우리는 리쾨르의 회화론을 다루면서 몇 가지 중요한 논점의 결론을 내지 않았다. 바로 그의 미메시스론의 문제와 해석학적 틀을 비언어적 표현까지 확대하는 문제이다. 이 두 문제는 분리된 것이 아니다. 미메시스 개념의 출발점이던 플라톤적인 용법은 그 자체가 예술적이었지만 리쾨르에게서는 철저하게 이야기récit라고 하는 상상적 공간의 전후를 다룰 때 나왔던 개념으로서 직접적으로 예술 자체를 적용 대상으로 삼지 않았다. 리쾨르는 몇 군데에서 그 개념의 예술적 적용을 시사하고는 있지만 그 이상을 넘어서지는 않는 게 사실이다. 다양한 담론들의 경계를 함부로 섞어버리지 않으려고 하는 지적 금욕주의라고 할까?

마찬가지로 상징, 은유, 이야기 또는 단어, 문장, 텍스트라고 하는 언어(학) 단위를 철저하게 해석학적으로 고려하던 리쾨르로서는 비언어적 표현인 회화에 자신의 해석학적 틀을 곧바로 적용하기가 쉽지 않았을 수도 있다. 그림도 텍스트와 마찬가지로 읽기와 독해의 대상이 된다면, 리쾨르가 그림을 말하기 위해 해석학 이론을 확장할 장치 마련의 필요성을 느꼈을 것임에 틀림없다. 하지만 그런 시도의 흔적을 발견하기란 쉽지 않다. 그런 사실 때문에 그를 비난할 만한지는 분명하지 않다. 혹시 하이데거와 반 고흐(또는 클레), 푸코와 마그리트, 들뢰즈와 베이컨을 강하게 묶어놓고, 그것을 이론과 적용의 사례라고 보려는 사람에게는 그럴지도 모른다.

6장
미셸 앙리의
미술론

칸딘스키

미셸 앙리
Michel Henry
1922~2002

바실리 칸딘스키
Wassily Kandinsky
1866~1944

미셸 앙리는 칸딘스키의 추상회화에서 자기 고유의 '비가시적인 것의 현상학'을 발견하고 칸딘스키에 대한 현상학적 이해를 새롭게 제공한다. 앙리는 고전적 현상학에서 지향성과 동일시된 현상 개념을 비판하고, 비지향적이고 비가시적이며 비대상적인 현상, 즉 살아 있는 신체의 자기−감응으로 느껴지는 삶의 나타남을 근원적인 현상으로 제시한다. 칸딘스키는 회화의 내용과 형식 모두를 내면의 정신적 실재에 근거한 정서적 울림의 표현으로 간주했다. 앙리는 칸딘스키의 정신적 실재를 자신의 비가시적인 실재로 이해하고, 칸딘스키의 추상화 작업에서 비가시적인 실재를 탈은폐하는 현상학적 환원의 탁월한 범례를 발견한다.

앙리의 현상학과 칸딘스키의 추상론은 '파토스적인 자기−현상으로 비가시적인 삶을 표현하는 미학적 감성'에서 공명하며, 바로 거기서 회화를 비롯한 예술 일반의 본질뿐 아니라 삶과 우주의 존재론적 본질을 해명하는 열쇠를 찾을 수 있다.

추상, 비가시적인 삶의 파토스

김재희

1. 보이지 않는 것을 볼 수 있게 하는 것

철학과 회화가 마주칠 수 있는 근본적인 문제 중 하나는 '어떻게 보이지 않는 것을 보게 할 수 있을까' 하는 것이다. 보이지 않는 것, 봐야 하는데 보지 못하는 것이란 무엇인가? 어떻게 하면 그 보이지 않는 것을 볼 수 있는가? 도대체 그 '본다'는 것은 무엇인가?

철학사를 이 문제들에 대한 해답의 역사로 재구성해본다 해도 큰 무리는 없을 것이다. 그런데 보이는 것이 전부는 아니라는, 어쩌면 너무나 자명하게 철학이 받아들이고 있는 이 전제는, 회화에게는 그 자신의 생존을 걸고 자신의 존재 방식을 정당화하며 증명해야 하는 본질적인 문제이기도 하다. 회화는 색과 형태의 가시적인 요소들을 가지고 작업하는 대표적인 시각예술이다. 극단적으로 말하자면 회화는 보이는 것이 전부인 예술이다. 그럼에도 불구하고 우리는 회화 속에서 보이는 것 이상을 본다고 생각한다. 그림을 보면서 우리는 무엇을 보는 것일까? 그 울긋불긋한 색과 다양한 형태에서 정작 우리가 보는 것은 무엇인가? 화가는 단지 우리 눈에 보이는, 우리가 감각할 수 있는 그 색과 형태를 보여주고자 한 것일까? 일상적인 사물들에서도 볼 수 있는 색과 형태를 굳이 '그림'의 방식으로 보여주는 것, 또는 '그림'이라는 형식으로 본다는 것은 과연 어떤 의미가 있는 것일까? 그림을 보면서, 보여지는 그것을 우리가 뭔가 다른 것으로 보거나 또는 다른 방식으로 보고 있다면, 그것은 도대체 무엇인가?

미셸 앙리는 회화가 제기하는 이러한 미학적이고 존재론적인 문제에 주목한 철학자다. 그는 가시적인 것이면서 동시에 그 가시성을 통해 비가시적인 것에 도달하는 회화의 기묘한 독특성을 알아보았다. 그는 특히 칸딘스키의 추상회화에서 자신의 현상학적 통찰을 발견한다. 아니, 칸딘스키가 아니었다면 회화와 예술의 본질에 관한 앙리의 이해는 완성되지 않았을지도 모른다. 앙리와 칸딘스키는 기본적으로 이원적인 존재 이해에서 만난다. 앙리는 가시적인 것과 비가시적인 것의 이원성을, 칸딘스키는 물질적인 것과 정신적인 것의 이원성을 존재의 양상으로 여긴다. 그리고 둘 다 존재의 근원적인 실재성을 각각 후자에서 찾는다. 앙리는 칸딘스키가 회화와 예술에서 본질적인 것으로 제시한 '정신적인 것'을, 자신의 '비가시적인 것'으로 해석한다. 칸딘스키의 '정신적인 것'과 앙리의 '비가시적인 것'은 궁극적으로 '파토스pathos적인 삶의 실재'에서 만난다. 앙리와 칸딘스키는 회화 및 예술을 가시적인 것의 비가시화 작업으로, 따라서 비가시적인 것의 가시화 역량으로 이해한다는 점에서 공명한다.

철학에서든 회화에서든 '추상抽象'은 기본적으로 뺄셈이다. 추상이라는 것은 구체적이고 복잡한 실체의 부분들을 하나둘씩 빼면서 그 실체가 투명해지도록, 그래서 하늘 높이 올라갈 수 있도록 단순한 관념만을 남기는 것이다. 그러나 앙리가 주목하는 칸딘스키의 추상은 바닥에 깔려 은폐되어 있던 것이 드러날 수 있도록 두껍게 덮여 있던 것들을 걷어내면서 오히려 아래로 깊숙이 내려가게 하며 그 바닥에 놓여 있던 풍요로운 삶을 느끼게 한다. 칸딘스키의 추상회화는 일반적인 근대 회화의 계열에도 속하지 않고, 넓은 의미에서 같은 추상 계열이라고 볼 수 있는 비구상회화의 계열에도 속하지 않는다. 앙리는 칸딘스키의 작품과 특히 그의 이론적인 텍스트들에서 회화와 예술의 본질, 나아가 삶과 존재의 근원적인 차원이 탁월하게 표현되고 있음을 본다. 칸딘스키가 제시한 추상의 원리가 모든 회화와 예술 활동의 가능 조건뿐만 아니라 삶과 우주의 존재론적 구조를 해명하는 열쇠를 제공한다는 것이다. 비가시적인 것으로서의 삶이 본질적인 실재임을 주장하는 앙리의 현상학은 칸딘스키의 작품과 이론에서 훌륭한 범례를 발견한다.[1] 앙리는 칸딘스키를 통해 자신의 철학을 구체적으로 예화하고, 칸딘스키는 앙리를 통해서 새롭게 부활한다.

이들의 만남이, 철학과 회화의 공통적인 문제, 즉 어떻게 **가시적인 것의 비가시화를 통해서 비가시적인 것의 가시화에 이르는 길**을 개방하게 되는지 그 내막을 살펴보는 것이 이 글의 목적이다.

---

[1] "나는 늘 회화를 사랑했다. 그러던 어느 날 칸딘스키의 경탄스러운 글들을 발견했고, 나는 거기서 삶의 현상학에 대한 예증을 보았다. 회화에 대한 그의 분석은, 비가시적인 것이 가장 본질적인 것임을 주장하는, 가시적인 것과 비가시적인 것의 현상학을 확증해주는 것으로 보였다"(M. Henry, *Entretiens*, Cabris: Sulliver, 2005, p. 110).

2. 앙리의 현상학: 비가시적인 삶의 파토스

후설에 의하면, '현상Phänomen'이라는 것은 '현상하는 대상＝노에마Noema'와 '현상 작용＝노에시스Noesis'를 한 쌍으로 지니고 있는 본래적으로 이중적인 의미의 개념이다. 우리에게 현상으로 주어지는 모든 것, 사유되거나 경험되는 모든 대상은 이런 지향적 구조, 즉 '노에시스-노에마 상관관계'를 본질적인 구조로 지닌다. 그런데 우리는 통상 현상의 이러한 지향적 구조를 제대로 인식하지 못한다. 이 은폐된 현상의 본질을 인식하기 위한 '환원'의 방법을 통해서, 현상학은 다양한 대상 영역들에서 지향적 구조가 어떻게 각기 다르게 형성되고 있는지를 분석하고, 지향성 자체의 본질적인 구성 작용인 초월 작용을 탐구한다.

앙리는 현상학의 이러한 고전적 정의를 비판한다. 지금까지의 현상학은 근본적으로 '한 종류의 현상'만을 다뤄왔을 뿐이며, 지향성과 동일시된 현상 개념은 단지 현상 자체의 한 측면에 불과하다는 것이다. 앙리는 '지향성의 이중 구조'가 아니라 '현상 자체의 이중 구조'를 발견하고, 지금까지 은폐되어왔던 현상의 다른 의미를 밝혀내고자 한다. 대상을 구성하는 지향적 의식의 초월적 구조를 분석하는 대신에, 앙리는 비非-지향적이고 비-가시적이며 비-자기 초월적인 현상, 요컨대 살아 있는 신체가 느끼는 삶의 내재적인 나타남manifestation을 분석한다. 현상학의 임무가 궁극적으로 현상학적 대상들을 기술하는 데 있기보다는 그러한 현상들의 가능 조건을 밝혀내는 데 있다는 점에서 보자면, 앙리의 사유는 여전히 현상학을 계승하고 있다고 할 수 있다.

지향적 현상의 배후에서 그러한 현상의 가능 조건으로 작동하고 있었으나 은폐되어 있던 것을 드러냈다는 점에서 말이다. 그러나 모든 현상이 오로지 지향성으로만 환원되고 자기 초월적 본성을 지닌 것으로만 간주된다면, 앙리의 사유는 현상학 자체의 경계를 넘어서는 것이라고 할 수 있다. 앙리는 자기 초월적인 지향성이 현상의 전부라고 생각하지 않기 때문이다.

후설은 현상학을 엄밀한 학으로 정초하면서, 모든 대상에 대해 자연과학적 태도로 접근하는 물리주의, 실증주의, 객관주의를 '자연주의'라는 이름으로 비판했다. 그러한 자연주의로는 설명할 수 없는 사태의 근원적인 지향적 구조라는 것이 있다고. 그러나 앙리는 오히려 후설 본인조차 이러한 자연주의에서 벗어나지 못했다고 비판한다. 앙리에 따르면, 후설은 갈릴레오-데카르트 노선의 기술과학적 객관주의를 비판하면서도 여전히 현상을 객관화와 대상화의 맥락에서만 포착했다. 후설의 지향성은 가시성의 세계에 사로잡혀 있으며 그의 현상학은 표상의 철학에서 벗어나지 못한다. 발생적 현상학의 관점에서 아무리 본능적 지향성을 포함하고 있는 초월적 주관을 내세운다 할지라도, 후설의 초월적 주관은 여전히 지향적 구조를 지니고 있으며, 지향적 구조를 지니고 있는 한, 이 주관은 '대상화와 객관화가 가능한 주관'이다.[2) 앙리는 대상화될 수 없고 객관화될 수 없는 현상, 비가시적

---

2) 이남인에 따르면, 후설의 초월적 현상학은 정적 현상학과 발생적 현상학이라는 두 얼굴을 지닌다. '정적 현상학'은 지향성의 초월 작용이 지닌 초시간적인 논리적 타당성, 즉 인식의 가능 근거를 탐구하는 것으로서 정초해주는 것과 정초받는 것 사이의 객관적 타당성과 초월적 주관의 객관화 작용을 검토한다. '발생적 현상학'은 초월 작용을 시간적 발생의 맥락에서 탐구하는 것으로, 여기서 초월적 주관은 단지 인식 주체에 불과한 것이 아니라 "완전한 구체성 속에서 파악된 자아"이자 "현실적이며 가능적인 총체적인 의식의 삶(*Husserliana I*, p.

인 현상, 오로지 감성적으로 느낄 수밖에 없는, 파토스적인 체험으로서만 인식되는 현상이 있다고 주장한다. 그리고 이것이야말로 근원적인 현상이고 심지어 지향적 현상의 가능 조건이라고 말한다. 앙리는 자기 초월적이고 자기 분열적인 이중 구조를 지닌 지향성의 현상학을 비판하면서, 후설이 전혀 이해하지 못했던 새로운 종류의 현상학, **비가시적인 것의 현상학**을 창설한다.

『나타남의 본질L'Essence de la manifestation』에서 앙리는 사물들이 현상하는 두 가지 방식을 구분한다. 사물들은 한편으로는 빛의 영역 속에서 '가시적인 것le visible'으로 나타나며, 다른 한편으로는 어둠 속에서 '비가시적인 것l'invisible'으로 나타난다. 전자는 모든 것이 외면적으로 가시화되는 '세계' 속에서의 나타남이다. 후자는 세계 안에서는 보이지 않으며 세계의 방식으로는 결코 보이지 않는, 오로지 자기 자신을 자기가 직접 느끼는se sentir soi-même 내면적 체험의 방식으로 드러날 수밖에 없는 '삶'의 나타남이다. 그런데 지금까지 현상은 오로지

---

102) "으로서 부단히 살아 움직이는 실천적 행위의 주체에 해당한다. 자기 보존을 위한 다양한 실천 행위를 통해 늘 타자와 교섭하는 주관으로서 이론 이성에 국한되지 않고 모든 대상적 의미의 보편적 지평인 생활세계의 구성 근거로 작동하는 이 초월적 주관은 본능적 지향성과 자기의식적 지향성을 모두 다 지닌 총체적인 의미에서의 주관성이다. 후설은 이 발생적 현상학과 초월적 주관을 통해서, 정적 현상학에 집중되었던 인식론적 유아론이라는 비판을 극복한다. 그러나 앙리가 지적하듯이 이 초월적 주관 역시 대상화될 수 없는 주관은 아니다. 후설의 "초월론적 주관은······ '객관화가 안 되는 그 무엇' '객관화가 되지 않는 동일한 자아'가 아니다. 물론 초월론적 주관의 전체 구조에서 객관화되지 않는 계기가 있음은 틀림없다. 〔······〕 그러나 우리는 객관화되지 않는 계기가 있다는 사실로부터 곧바로 초월론적 주관 전체가 객관화될 수 없으리라는 결론을 내려서는 안 된다. 만일 그렇다면 초월론적 주관에 관한 학으로서의 초월론적 현상학은 성립할 수 없을 것이다. 〔······〕 주관에 대한 초월론적 경험을 가능하게 해주는 것이 바로 초월론적 현상학적 환원이다"(이남인, 『현상학과 해석학』, 서울대학교출판부, 2004, p. 347).

가시적이고 외면적인 현상으로만, 세계 속에 대상으로 주어지는 현상으로만 이해되어왔다. 앙리는 이를 "존재론적 일원론의 오류"[3]라고 부른다. 현상Phänomen이라는 말의 어원 자체가 빛 아래 나타나는 것으로서 가시성을 함축하며, 가시성은 보여지는 것과 보는 것 사이의 어떤 간격과 거리를 전제한다. 보여지는 것과 보는 것 사이에 간격을 두고 묶이는 이 구조가 바로 지향성의 근본 구조이다. 따라서 모든 현상은 가시성과 지향성의 자기 분열적인 또는 자기 초월적인 이중 구조를 본질적으로 지닐 수밖에 없는 것이다. 물론 앙리는 이를 부정하는 것이 아니다. 앙리의 근본적인 통찰은 이러한 현상만이 현상의 전부가 아니라는 데 있다. 앙리에 따르면, 현상이란 근본적으로 이중적이다. 즉 가시적인 현상과 비가시적인 현상, 또는 세계 속에서 외재적으로 나타나는 현상과 삶 속에서 내재적으로 나타나는 현상. 그러나 현상의 더 근본적인 방식, 지금까지 은폐되어왔던 현상의 다른 방식은 바로 대상화될 수 없는 비가시적이고 내면적인 현상이다. 앙리는 가시적인 세계 속에서의 '보임'보다는 비가시적인 삶의 '드러남révélation'이 더 근원적이고 일차적인 현상이라고 주장한다.

앙리의 독창성을 보여주는 이러한 '현상의 이중성'은 신체의 존재 방식을 통해 설명된다. 나의 신체는 한편으로는 가시적이고 외재적으로 나에게 현상한다. 나는 다른 사물들을 표상하는 것과 마찬가지로 나의 신체를 내 앞에−놓인pro-pose 어떤 대상objet의 방식으로 보거나 만질 수 있다. 그런데 다른 한편으로 동일한 이 나의 신체는 비가시적이면서 내면적으로 나에게 체험된다. 나는 보고 듣고 느끼면서, 그 보

---

3) M. Henry, *L'Essence de la manifestation*, Paris: PUF, 1963, p. 44(약호: EM).

기, 듣기, 느끼기와 분리되지 않는, 그렇게 볼 수 있고 들을 수 있고 느낄 수 있는 신체적 역량으로서의 신체 자체와 일치하는 나를 직접 살고 있다. 중요한 것은, 내가 우선 나의 신체로서 나 자신을 살면서 느끼지 않는다면, 대상으로서의 나의 신체도 존재하지 않는다는 데 있다.

　표상되는 신체가 아니라 느껴지는 신체는 앙리 현상학의 특징이 '감성적인 물질성'과 '신체적 주관성'에 기초하고 있음을 보여준다. 앙리는 모든 경험의 본질이 살아 있는 신체가 느끼는 정감affectivité으로서의 감성sensibilité에 있다고 본다. 이 감성은 외부 세계로부터 감각 재료들을 수용하는 텅 빈 형식에 불과한 것이 아니라, 감각될 수 있는 것sensible으로 주어지는 물질을 느끼는sentir 능력이다. 감각 인상들의 다양성과 차이를 통일하는 근거는 바로 우리의 몸이다. 우리의 몸은 보고 듣고 만지는 모든 능력들의 통일체이자 다양한 감각들의 통일체로서 각자의 주관성을 형성한다. 앙리에게 "감각은 느껴지는 한에서 실재적이다"(EM, p. 626). 모든 경험의 기초에 놓여 있는 신체의 감각 능력은 내적 자아의 느낌sentiment과 감정affection을 함축한다. 내가 외부 대상을 감각한다는 것은 이미 내적으로 체험한 것을 다시 느끼기ressentir, 자기-느끼기auto-sentir를 전제한다. 나는 감각하는 나를 느끼지 않고서는 어떠한 대상도 느낄 수 없다. 느끼는 그 자아, 자기 자신을 체험하는 그 자아는 자기 존재의 내재성 안에서 자기-감응auto-affection의 방식으로 자기 자신을 직접적으로 파악한다. 나는 일어나서 걸으며, 창문 앞으로 다가가서, 지나가는 사람들을 본다. 나의 신체는 내가 한 행위들과 그 행위들을 수행한 능력과 다른 것이 아니다. 내가 수행한 그 모든 행위들 속에서, 나의 신체는 나에게 나타난다. 나 자신과 동일한 것으로서, '나=신체'로서. 살아 있는 신체와 분리되지 않는 나의 이 나 자신에 대한 내적 느낌은 나에게 나타나는 모든 대상의 현상에 우선하는 근원적인 현상이다. "봄이나 인식함의 대상으로서 현상하는 신체 ── **객관적인 신체** ── 는 인식하고 보는 자, 자기 자신에게 스스로를 나타내는 자 ── **주관적인 신체** ── 를 상정한다."[4] 앙리가 근원적인 현상을 발견한 이 "주관적인 신체는 불가분하게 묶여 있는 신체-의-영혼 l'âme-du-corps이고 이것의 자기-감응이다."[5]

자기-감응은 '내'가 '나 자신'에 대해 갖는 근본적으로 전前-반성적인 경험이다. 앙리 현상학의 핵심 주제는 이러한 주관 자신의 자기 관계에 대한 것이다. 말하자면, 자기 자신을 자기가 자각하는 것, 자기 자신이 자기에게 나타나는 것은, 대상이 나에게 나타나는 방식과는 다르다는 것이다. 앙리가 주목하는 자기-현상은 고전적인 현상학에서 다루어왔던 것처럼 자기 자신을 대상화하는 자기의식적이고 반성적이고 내성적인 작업을 의미하는 것이 아니다. 앙리는 지향적 대상으로서만 현상할 수 있는 초월적 주관이 아니라, 대상화되기 이전에 자기 자신을 느끼고 체험하는 주관의 나타남을 해명하고 싶어 한다. 내면적 현상이란 내성적으로 파악되는 지향적 대상이 아니며, 먼저 주어져 있던 바깥dehors을 안dedans으로 복사한 것도 아니다. "주관성의 자기-현상은 **직접적이고**, **비-대상화하기**이고, **수동적인** 출현이며, 따라서 **자기-감응**으로 가장 잘 기술될 수 있는 것"[6]이다. 예컨대 고통

---

4) G. Dufour-Kowalska, *L'art et la sensibilité: De Kant à Michel Henry*, Paris: J.Vrin, 1996, p. 165.
5) 같은 책, p. 167.

이나 행복에 대한 경험은 지향적인 행위나 반성적 작업을 통해서 겪는 것이 아니다. 고통이나 행복은 그 자체로 느껴진다. 마찬가지로 모든 의식적인 경험은 본질적으로 그 경험에 대한 주관적인 어떤 '느낌'을 전제한다. 자기-감응적인 현상은 영향을 주는 것과 받는 것 사이에 어떠한 간격이나 거리도 두지 않으며, 따라서 시간적으로 지연된다거나 기억으로 매개되지도 않는다는 점에서 직접적인 체험이다. 대상과 주관 사이의 관계가 아니라 주관의 자기 자신에 대한 관계, 즉 자기-감응으로서의 자기-현상은 비-지평적이고 비-탈자적인 사건이다.[7] "이 근원적인 나타남의 내적 구조에는 어떠한 바깥도, 어떠한 간격도, 어떠한 탈-자도 속하지 않는다. 그것의 현상학적 실체성은 가시성이 아니다. 그리스 이래로 철학이 사용한 어떠한 범주도 그것에 적합하지 않다."[8] 이 근원적인 나타남은 본질적으로 외재적 세계의 가시성 안에서 드러날 수 없기 때문에 어둠 속에 잠겨 있으며 비가시적인 것이

---

6) D. Zahavi, "Michel Henry and the phenomenology of the invisible," *Continental Philosophy Review*, no. 32, 1999, p. 227.

7) 하이데거는 『칸트와 형이상학의 문제』에서 시간의 본질을 순수한 자기-감응self-affection 으로 다루었다. 이때의 자기-감응은 외부의 무언가가 자기에게 영향을 미치는 과정이나 이미 존재하는 자기에 의해 수행되는 과정이 아니라, 그 과정 속에서 또한 그 과정을 통해서 비로소 자기성과 주관성이 확립되는 그런 과정을 의미한다. 하이데거에게 주관성의 본질을 드러내는 자기-감응, 즉 자기의 자기에 대한 관계는 시간의 탈자적인 자기-시간화self-temporalisation와 분리되지 않는다. 그런데 앙리는 이러한 시간적 해석이 절대적으로 직접적인 체험이어야 할 자기-감응을 분열적인 구조로 이해하게 한다고 비판한다. 후설에 대해서도 앙리는 진정한 주관성의 내면성을 충분히 해명하지 않았다고(외재성을 간과했다는 일반적인 비판과 달리), 탈자적인 시간 지평으로부터 벗어난 순수 현전에 대해서는 주목하지 않았다고 비판한다. 앙리의 자기-감응 개념은 다른 현상학자들과 달리 비시간적이고 비탈자적이며 어떠한 간격도 허용하지 않는 직접성을 특징으로 갖는다(D. Zahavi, "Michel Henry and the phenomenology of the invisible," pp. 228~29 참조).

8) M. Henry, *Phénoménologie matérielle*, Paris: PUF, 1990, p. 7.

다. 모든 대상-현상은 어떤 주체에 대한 대상-현상이다. 그런데 이 주체는 또한 자기-현상하는 주체이다. 따라서 이 자기-감응적인 경험을 전제하지 않고서는 어떠한 대상 경험도 존재하지 않는다는 것이 바로 앙리의 핵심 주장이다. 즉 "자기의 나타남이 나타남의 본질이다"(EM, p. 173). 지향성이 대상-현상만을 의미한다면, 자기-현상은 이 지향성의 차원을 넘어서는 오히려 이 지향성의 가능 조건이 되는 더 근원적인 현상이라는 것이다.

앙리가 말하는 비가시적인 내면적 현상은 무엇보다 삶의 현상 방식이다. 내면적으로 현상한다는 것은, 삶이 그 자신을 사는 방식으로, 타자-감응hétéro-affection이 아닌 자신이 자기 자신을 직접 느끼는 자기-감응의 방식으로 체험한다는 것이다. 삶은 그 자신을 직접적으로 느끼고 경험하는 방식으로만 나타난다. "삶 자체인 어떤 파토스적인 차원이 있다. 그것은 자기 자신을 자기가 체험한다는 사실 속에 있다. 〔……〕 **삶의 파토스적인 드러남은**…… 정감의 살 속에서만 유일하게 이루어진다. 〔……〕 이러한 삶의 차원은 근본적으로 비가시적이다."[9] 이 삶은 베르그손적 의미에서 개체 초월적인 지속으로서의 자연적 생명을 말하는 게 아니다. 각자의 신체를 통해서 각자가 체험할 수밖에 없는 주관적이고 실존적인 삶이다. "근원적인 삶은 개별적인 삶이다. 그러나 정확히 말해 이 삶은 감각될 수 있는 삶, 신체의 삶이다."[10] 생물학적 의미에서의 신체가 아닌 육화된 신체, 자기 자신을 느끼는 자아와 일치하는 살아 있는 신체 속에서, 그 감성적 신체의 개별화된 각

---

9) M. Henry, *Phénoménologie de la vie III: De l'art et du politique*, Paris: PUF, 2004, pp. 287~89(약호: PV III).

10) M. Henry, *Philosophie et phénoménologie du corps*, Paris: PUF, 1965, p. 147.

자성과 주관성 속에서, 앙리는 비가시적으로 나타나는 삶의 실재를 본다. 이 비가시적인 실재는 세계와 세계의 빛이 부재하며, 그러한 외면성의 지평이 융기하기 이전에, 그 자신을 직접 겪고 느끼는 방식으로 나타날 수밖에 없는 내면적 파토스의 차원에 있다. 삶은 자기 존재의 각 지점에서 자기 자신과 일치하며, 자기에 대한 자신의 느낌 안에서 어떤 파토스로서 자신을 현실화한다. 실존적인 자기 체험으로서 나타나는 이 삶은 하이데거에서처럼 시간적 지평을 갖지 않는다. 미래와 과거를 향해 끊임없이 자신을 투사하는 탈-자적인 시간은 세계 속에서 나타나며 세계 안으로 자신을 던지는 삶의 경우일 뿐이고, 그 자체로서의 삶, 자기 자신을 직접 접촉하는 삶은 자기와 분리되지 않으면서 자기를 변형시키는 파토스적인 시간성, 비-탈자적인 정감적 생성devenir affectif 속에 있다.[11]

앙리는 데카르트가 『정념론Les passions de l'âme』에서 논증하기를, 꿈속에서 내가 '보는' 모든 것은, 즉 감각적인 봄le voir이든 지성적인 봄(2+2=4를 직관하는 봄)이든 모두 거짓일 수 있지만, 꿈속에서 내가

---

11) "후설과 하이데거가 연구했던 현상학적 시간은 여전히 탈-자적ek-statique인 시간이고, 균열된 시간이다. 〔……〕 그러나 삶의 시간성은 전혀 다르다. 〔……〕 삶의 시간성은 탈자적이지 않다. 물론, 삶은 자신의 미래와 과거를 향하여 끊임없이 자신을 투사한다. 그러나 그것은 세계에 속하는 삶, 세계 속에서 나타나는 삶, 세계 안으로 자신을 던지는 삶이다. 그러나 그 자체로서의 삶, 자기가 자기 자신을 접촉하는 권리를 지닌 삶은 탈-자적 시간 속에 있지 않다. 살아 있는 것은 자기를 접촉하는 무언가이다. 그것은 어떠한 간격이나 거리 없이, 어떠한 방식으로도 자기와 달라지지 않으면서, 근본적으로 자기 자신을 자기가 체험한다. 우리의 살아 있는 자아, 우리의 초월적인 자기는 결코 자기와 단절하지 않는다. 따라서 파토스적인 시간성, 즉 자기와 분리되지 않으면서 자기를 변형시키는 시간성을 생각해야만 한다. 내가 하고자 했던 것이 바로 이것이다. 지향성 없는 시간성, 단순한 정감적 생성을 기술해야만 한다. 삶은 끊임없이 체험된다, 비록 이 체험의 양상들이 끊임없이 변화한다 할지라도"(PV III, p. 307).

'느끼는' 것은 확실하게 참이라고 주장했다고 말한다. "데카르트는 내가 꿈속에서 두려움을 느낀다면, 이 두려움은 참이라고 말한다. 심지어 그것은 유일하게 확실한 것이다. 이 두려움은 내가 그것을 체험하는 만큼 정확하게, 즉 그것이 나에게 체험되는 그 정도만큼 정확하게 참이다. 따라서 결코 보여지지 않는, 두려움 그 자체의 나타남이 있다. (두려움을 느끼는 자에게 나타나는) 두려움 자신의 드러남auto-révélation이 바로 파토스라는 것이고, 봄으로부터 완전히 독립적인 초월적 정감이라는 것이며, 이것이 바로 삶이다. 따라서 삶은 거리 없이, 직접적으로, 어떠한 봄도 없이, 자기 자신에게 스스로를 드러낸다. 이 직접성은 개념이 아니다. 이것은 삶이 자기 자신에 대해 끊임없이 갖는 느낌이다."[12] 삶의 모든 양상들은, 심지어 삶에 대한 인식조차도, 비가시적이고 파토스적인 차원에 있다.

앙리의 철학은 한마디로 **삶의 철학**이고, **비가시적인 것의 현상학**이다. 앙리에게 삶의 근원적인 양상은 거리나 간격의 부재, 가시성의 부재, 시간성의 부재, 타자성의 부재 속에 있다. 삶은 보여지거나 볼 수 있는 것이 아니라 느껴야 하는 것으로서, 사는 자의 자기-감응 속에서 체험되는 방식으로, 스스로를 나타낼 뿐이다. 앙리는 이 보이지 않는 것이 나타나는 장소, 이 근원적인 삶이 느껴지는 곳, 거기가 바로 칸딘스키의 추상회화라고 생각한다.

---

12) M. Henry, *Entretiens*, pp. 107~108.

3. 칸딘스키의 추상: 내면적 삶의 파토스

어떤 현상Erscheinung이든지 두 가지 방식으로 체험될 수 있다. 이 두 방식은 자의적으로 현상에 관련되는 것이 아니다. 이들은 현상의 본질 Natur, 즉 동일한 현상의 두 가지 고유성인 외면Exterieur과 내면Interieur 으로부터 비롯되는 것이다.[13]

앙리를 사로잡은 것은 칸딘스키의 이 진술이다. 모든 현상이 두 가지 방식으로, 즉 외면적으로 또 내면적으로 체험될 수 있다는 것은, 가시적인 것과 비가시적인 것의 이중 구조로 현상의 본질을 직관했던 앙리의 통찰과 일치한다. 특히 "전-반성적인 자기-경험으로서의 자기-감응은 칸딘스키가 '안으로부터의' 경험이라고 말했던 것의 탁월한 예다."[14]

앙리에 따르면, 이제껏 회화는 '외면적 현상' 개념에 의해 지배되어 왔다. 그림을 그린다는 것은 세계의 빛 아래서 화가가 자신이 보는 것을 그리고 묘사하는 것, 자기 시선 앞에 가시적인 세계를 재현하는 것이었다. 소위 비-대상과 비-구상의 회화라는 것도 여기서 벗어나지 않는다. 통상 '추상'은 구체적인 실재 전체로부터 부분들을 떼어내어 개념화하는 사유 과정을 의미한다. 이러한 분리나 분해는 사물 자체

---

13) 바실리 칸딘스키, 『점·선·면: 회화적인 요소의 분석을 위하여』, 차봉희 옮김, 열화당, 2000, p. 11. 번역은 원문을 참조하여 필자가 수정한 것이다.

14) J. H. Smith, "Michel Henry's Phenomenology of aesthetic experience and Husserlian intentionality," *International Journal of Philosophical Studies*, vol. 14, no. 2, 2006, p. 192.

에서 일어나는 것이라기보다는 정신 안에서의 작업이기에 추상은 항상 비실재성과 관념성을 함축한다. 감각적인 세계의 질적 특성들을 사상捨象하고 논리적이고 가지적인 질서에 의해 화면을 구축해가는 소위 '기하학적인 추상' 또는 '차가운 추상'이 그 대표적인 경우이다. 그러나 이러한 추상회화는 여전히 가시적인 세계의 표현 양식으로서 눈과 가시적인 것 사이의 협정을 굳건히 지키고 있을 뿐이라는 것이 앙리의 주장이다. 자연적인 물체의 해체와 재구성을 거친 큐비즘의 기하학적 형상들, 심지어 대상 자체가 완전히 사라져버린 것처럼 보이는 몬드리안Pieter C. Mondrian이나 말레비치Kazimir S. Malevich의 작업조차도, 가시적인 세계에 뿌리를 두고 있을 뿐만 아니라 오히려 이 세계를 본질적으로 형상화한다고 자부하는 추상이다. 기하학적 추상에서 대상의 사라짐은 오히려 모든 대상이 대-상ob-jet으로 우리 앞에 놓이도록 하는 빛의 공간으로서의 세계를, 초월적인 바깥을, 가시적인 것의 그 가시성을 보여주는 것에 지나지 않는다.[15] 감각적인 빛이건 가지적인 빛이건, 가시적인 것과의 관계 속에서 그 가시성 자체를 파악하고자 한 여러 시도들 — 인상주의, 큐비즘, 미래파, 초현실주의, 기하학적 추상, 개념주의 등 — 은 결국 근대 사유를 특징짓는 기하학적 자연주의(구체적인 사물의 질을 기하학적 연장으로 환원시킨 갈릴레오-데카르트적 기획)의 연장선에 있을 뿐이다.[16]

---

15) M. Henry, *Voir l'invisible sur Kandinsky*, Paris: PUF, 2005, p. 30(약호: VK).

16) 앙리에 따르면, 기하학적 자연주의는 "우리의 감성, 우리의 온전한 주관성, 우리의 인상들, 우리의 정서들, 우리의 욕망들, 우리의 삶, 우리 자신이자 우리를 이루고 있는 모든 것을 사물들 간의 차이로 환원시켜버렸다. [……] 과학적 객관주의의 미학적 등가물은 바로 구상figuration이다. 그것은 19세기에 절정에 달했고, 리얼리즘과 자연주의 등, 실재를 인간의 외부에, 바깥 세계에 두는 모든 이론들에서 표현되었다"(PV III, p. 233).

그러나 칸딘스키의 추상은 이와 전혀 다르다는 것이 앙리의 주장이다. 칸딘스키의 추상은 대개 기하학적 추상과 비교하여 색채와 형태의 구성을 작가의 내면적인 감정 표출에 맡긴다 하여 '서정적인 추상' 또는 '뜨거운 추상'이라 불린다. 그러나 앙리가 칸딘스키를 이해하는 정도는 이보다 훨씬 더 깊고 근본적이다. 물론 칸딘스키 자신도 추상회화라는 이름이 갖는 오해의 소지를 간파하고 있었고 기하학적 추상과 같은 수준에서 자신의 추상 작업이 이해되기를 원치 않았다. 칸딘스키는 자신이 말하고자 하는 추상이 오로지 예술을 통해서만 표현될 수 있는 '정신적인 실재'에 근거하고 있음을 강조하기 위하여 추상예술을 '실재예술'이라 부르고자 했다. "최선의 이름은 '실재예술'이다. 왜냐하면 이 예술은 외부 세계 외에도 정신적 성격의 새로운 예술 세계를 세우기 때문이다. 이 세계는 바로 예술을 통해서만 생성될 수 있는 하나의 세계, 하나의 실재적인 세계이다."[17] 앙리는 이 '실재예술'을 기하학적 추상의 순수 관념성도 아니고 사실주의의 순수 객관성도 아닌, 비가시적인 것의 실재성을 표현하는 예술을 위한 이름이라고 보았다.

앙리에 따르면, 회화는 칸딘스키에 와서야 더 이상 가시적인 세계인 외부 실재를 재현하지 않게 되었다. 칸딘스키의 추상은 세계 속의 대상이 아니라 우리 존재의 바닥fond, 어두운 심연 속에 있던 우리의 충동들과 정념들, 끊임없이 자기 자신으로 도래하는 비가시적인 삶을 내용으로 한다. 칸딘스키가 추상을 통해 표현하고자 한, 결코 외면적 현상이 아닌 내면적 현상, 즉 살아 있는 영혼의 파토스, 그 긴장과 떨

---

17) 바실리 칸딘스키, 『예술과 느낌』, 막스 빌 엮음, 조정옥 옮김, 서광사, 1994, p. 187.

림, 그것은 바로 앙리가 탈은폐하고자 한 비가시적인 실재, 자기-감응적으로 나타나는 삶 그 자체이다. 칸딘스키의 회화는 삶의 가장 강렬한 양식으로서 삶의 파토스를 내용으로 하며 삶의 감동émotion을 전달한다. 칸딘스키가 예술에서 '정신적인 것'이라 불렀던 것은 바로 앙리의 '비가시적인 삶'이다. 우리 존재의 바탕에 있으나 볼 수 없었던 '비가시적인 실재＝정신적인 것＝삶'을, 삶 자신의 방식으로, 결코 가시적인 세계의 방식으로 대상화하지 않으면서 직접적으로 느끼고 체험할 수 있도록 하는 것, 객관화될 수 없는 근본적인 주관성 안에서 내면적 방식으로 나타나게 하는 것, 이것이 바로 앙리가 동감하는 칸딘스키적 '추상'의 진정한 의미이다.

그런데 앙리가 생각하는 칸딘스키적 혁명의 의미는 외부 세계의 재현으로부터 회화를 해방시키고 회화의 내용을 '추상적인 것(비가시적인 내면의 삶)'에 두었다는 데 그치지 않는다. 칸딘스키는 내용뿐 아니라 수단조차도, 즉 회화의 형식(색과 형태)조차도 '비가시적인 것＝내면적인 것'으로 이해해야 한다고 주장한다. 회화의 내용이 비가시적이고 내면적인 현상을 표현하는 것이라면, 회화의 형식은 이 내용의 '내적 필연성'에 따라 결정되는 것으로서 이 형식을 구성하는 요소들 또한 그 자체로는 비가시적인 것이어야 한다는 것이다.[18] 요컨대 칸딘스키의 추상은 내용과 형식 모두에서 '내면적인 현상＝비가시적인 삶의 파토스'를 표현할 것을 요구한다. 앙리의 정식화에 따르면, "내면＝절대적인 주관성의 내면성＝비가시적인 것＝삶＝파토스＝추상

---

18) "작품은 내적 요소와 외적 요소 즉 내용과 형식의 불가분리적 융합체이다. 〔……〕 형식의 선택은 본질적으로 예술의 유일한 불변 법칙인 내적 필연성에 의해 규정된다"(바실리 칸딘스키, 『예술과 느낌』, p. 69).

=추상적인 내용=추상적인 형식"(VK, p. 51)인 것이다.

그런데 회화의 수단인 형식이란 무엇인가? 추상적인 내용을 물질 화하는 것, 비가시적인 것을 감각적으로 접근 가능하게 가시화하는 것, 한마디로 보이지 않는 것을 보게 하는 것faire-voir이다(VK, p. 24). **허나 그 자체로 비가시적인 내용이 어떻게 가시적인 형식으로 표현될 수 있 는가? 어떻게 보여질 수 없는 것을 보게 할 수 있는가? 뿐만 아니라 가시적 인 것을 어떻게 비가시적인 것으로 이해할 수 있는가?** 앙리가 주목하는 칸 딘스키의 진정한 천재성은 바로 여기에 있다. 칸딘스키는 회화의 가 시적인 요소들이 어떻게 그 자체로 비가시적인 것이 될 수 있는지, 따 라서 어떻게 비가시적인 것을 가시화할 수 있는지, 전형적인 "현상학 적 분석"[19]을 통해 해명한다는 것이다.

우리는 일상적인 지각에서 색이나 형태를 그 자체로 지각하지 않는 다. 내가 지각하는 것은 열어야 할 문이지 문의 파란색이 아니다. 신호 등의 빨간색과 녹색은 그 자체로 지각되는 것이 아니라 멈추거나 건너 게 하는 신호로서 기능할 뿐이다. 원리상 실천적 유용성에 근거하는 우리의 습관적 지각 안에서는, 선으로 그려진 형태나 색은 대상을 지 시하는 수단과 도구로서 대상을 향해 그 자신을 초월하여 자신의 존재 이유를 실천적 이유에서 찾는다. 그러나 회화는 본질적으로 반反-지 각이다. 회화에서 색과 형태는 일상세계의 지시적 의미의 사슬을 끊

---

19) VK, p. 50. 앙리에 따르면, 칸딘스키의 회화적 요소에 대한 분석(『점·선·면』)은 현상학적 인 것이면서 동시에 과학적인 것이다. 현상학적이라 함은 그 분석이 순수한 회화적 요소의 본질(비가시적인 삶을 표현하는 추상적인 내용)로 우리를 인도하기 때문이고, 과학적이라 함은 삶의 내면성 안에서 펼쳐지는 주관성에 대한 경험을 실험적으로 보여주면서 삶에 대 한 앎을 정초하기 때문이다(VK, p. 61 참조).

고 대상의 구상화를 그치면서 그 자체로 지각되는 순수한 회화적 형식이 된다. 예컨대 언어적 의미를 전달하는 문자의 기능을 제거하고 순수하게 그려진 선의 형태로 문자를 바라보면, 문자는 더 이상 문자가 아니라 하나의 회화적 형식이 된다. 바로 이때 미학적 경험이 발생한다. 마치 해독 불가능한 글로 뒤덮인 이집트 사원의 커다란 벽면 앞에서 의미를 전달하는 텍스트가 아니라 어떤 종교적이고 미학적인 감동을 느끼듯이, 문자가 아닌 낯선 형태 앞에서 어떤 정서적인 느낌이 경험된다. 언어적인 의미를 제거하여 순수하게 감각적인 요소로 환원된 그 형식이 오히려 비가시적이고 정서적인 추상적 내용과 내적 필연성으로 연결된다. 말하자면 색과 형태는 가시적인 객관 세계에 대한 모든 참조를 제거하고 비가시적인 내면의 파토스로 체험될 때, 인지적이거나 실용적인 모든 의미에서 벗어난 '추상적인 형식'이 될 수 있는 것이다.

따라서 칸딘스키의 분석은 **이중 환원**을 거친다. 첫번째 단계는 회화적 요소들을 실천적 의미들의 전달체로부터 순수하게 감각적인 나타남apparition으로 환원시킨다. 두번째 단계는 이 나타남을 그것의 내면적 조건인 비가시적인 삶의 정서적 인상으로 환원시킨다(VK, p. 80). 물론 두번째 단계에서 탈은폐된 것이 첫번째 단계에서 나타난 것의 근원적인 토대이고, 회화적 요소들의 진정한 본질을 이룬다. 전자가 일상적인 지각 세계와 단절하고 외부 세계에 대한 모든 재현을 제거하는 일차적인 에포케epoche를 의미한다면, 후자는 다시 그 순수한 감각질의 가시적 형식성을 에포케하고 그 속에 함축되어 있던 고유한 정서적 본질, 그 파토스적 울림sonorité이 드러나도록 하는 것을 의미한다.

외부 세계와 대상으로부터 벗어나서 '순수한' 회화적 형식으로 나타난 형태와 색이란 무엇인가? 칸딘스키에 따르면, 요컨대 형태는 하나의 힘이고 색은 하나의 감각 인상이다. 그 형태와 색의 정서적 울림이 영혼에 파토스적인 떨림을 산출한다. 회화를 통해서 순수한 형태와 색을 본다는 것, "그 바라봄은 결코 단순한 봄이 아니다. 그것은 정확하게 느끼기, 사물들을 느끼는 것이다. 바로 그 때문에 우리를 사물들에게로 개방하는 그 봄은, 우선적으로 그리고 필연적으로, 보는 그 자신을 스스로 느끼는 봄, 세계에 의해 감응되기 이전에 그 자신을 감응하고 체험하는 봄이다. 이 근원적인 자기-감응의 고유한 현상성이 바로 정감 그 자체이다"(PV III, p. 208).

예컨대, '선'이란 운동하는 힘이다. 칸딘스키에게 선의 운동과 긴장은 주관적인 삶이 갖는 힘의 등가물이다. 점 위에서 다양한 선들을 산출할 수 있는 그 힘은 바로 우리 삶의 힘과 충동을 나타낸다. 우리 안에서 우리가 경험하는 하나의 살아 있는 힘, 선은 이 비가시적인 삶의 긴장을 '나타나게' 하는 것이지 '재현하는' 것이 아니다. 선의 형태로 삶이 재현되는 것이 아니라 오히려 삶 자체를 분출하고 그 삶 안으로 다시 밀려들어가는 삶의 미친 듯한 에너지를 해방시키는 것이다. "**삶의 힘들과 일치하는 선형적 형태들의 우주**"(VK, p. 92)가 진정한 삶의 힘들을 표현한다. 칸딘스키는 순수한 회화적 요소로 나타난 선들의 유희를 통해서 비가시적이었던 삶의 모든 역량들이 현실화될 수 있다고 본다. 구상회화에서 선은 가시적인 세계의 대상들을 윤곽 짓고 모방하는 가시적인 흔적에 불과했으나, 추상회화에서 순수 회화적 요소로 자신의 본질을 회복한 선은 절대적인 주관성의 잠재적인 파토스를, 즉 추상적 내용을 표현하는 추상적 형식이 된다. 칸딘스키에게는 선을 규제하는 데생의 규칙이란 없다. 추상적 형식으로서의 선은 추상적 내용의 내적 필연성에 따라, 오직 내적 삶의 파토스적인 힘에 따라 표현될 수 있을 뿐이다. 칸딘스키가 분석한 다양한 선의 유형들은 바꿔 말하자면 그러한 선들을 산출한 삶의 힘들의 파토스적인 내적 울림이 얼마나 다양할 수 있는지를 보여주는 것이다. 자유롭게 발명된 선들의 조직화는 새로운 느낌의 경험들과 삶의 풍부함을 개방한다.

'면'은 서로 다른 내적 울림들을 지닌 기본 선들에 의해 절단되며 창조된다.[20] 칸딘스키에 따르면, 작품의 내용이 담길 화면畵面으로서 백지 상태로 주어지는 '근원적인 면PO'[21]은 단순히 텅 빈 공간이 아니다. PO의 정서적 함량 역시 인간의 삶을 '재현하는' 것이 아니다. PO는 크기나 높이 같은 물리적인 조건으로 환원될 수 없는 내적 울림과 자기 고유의 호흡으로 살아 있다. PO는 비밀스런 힘들이 거주하는 침묵의 삶, 파토스의 직접성으로 체험할 수밖에 없는 비가시적인 힘으로서의 삶, 이 삶의 잠재적인 역동성을 지닌다. 회화적 요소들의 내적 울림들은 면의 영역들의 역동적이고 파토스적인 구조에 따라 변화하며 (예컨대 형태는 하강할 때 무거워지고 상승할 때 가벼워진다), 면의 영역 안에 존재하는 무게, 밀도, 구속(이런 것들은 물리적인 차원의 것이 아니라 삶의 힘이자 내적 긴장의 표현이고, 비가시적이지만 사실상 경험하

---

20) 예컨대 수평선은 "차가운 운동들의 무한한 가능성들이 가장 압축된 형태"이고, 수직선은 "더운 운동들의 무한한 가능성들이 가장 압축된 형태"이며, 대각선은 "차가움과 더움의 통합체로서 점진적인 변화의 모든 가능성을 나타내는 형태"다(바실리 칸딘스키, 『점·선·면』, p. 49).

21) Le Plan Originel의 약어로서 독일어 원어는 Grundfläche이고 우리말로는 '기초평면'으로 번역되고 있다. 여기서는 앙리의 철학적 해석을 고려하여, 다양한 구성요소들이 파토스적인 차원에서 나타나 상호작용하는 '근원적이고 본래적인 장,' 다양한 형태와 색으로 현실화될 '잠재적인 삶의 장'이라는 의미로 이해해야 할 것이다.

고 있는 주관적인 삶의 양상들이다) 등이 요소들의 정서적 울림을 변화시킨다. PO 위에서 한 요소의 변형은 고유한 색조와 내적 울림 속에서 PO의 것이면서 동시에 우리의 것이기도 한 삶 자체의 변화 양상이다. PO 위에 그려지는 회화적 요소들은 항상 이 면의 울림에 입각해서 중층 결정되며, 면과 요소들 사이의 구성적 통일성은 가시적인 공간성에서가 아니라 비가시적이고 파토스적인 내면적 삶의 차원에서 이루어지는 것이다.

그러면 '색'은 어떻게 '추상적인 형식'이 될 수 있는가? 칸딘스키는 형태를 채우며 대상을 구상화하기 이전에 팔레트 위로 짜여 나오는 색에서 순수한 색의 나타남을 본다. 형태에 의한 구속과 한계에서 벗어나 오로지 자기 자신만의 힘으로 퍼져나가는 색, 외부 실재로부터 해방되어 자기 자신으로 돌아간, 순수한 회화적 형식이 된 색, 그건 바로 하나의 삶이고, 하나의 정서적 울림이며, 새로운 삶의 파토스이다. 칸딘스키는 가시적인 빛 아래서 은폐되어 있던 색들의 고유한 정서적 색조tonalité와 내적 울림을 분석해낸다. 예컨대 노란색은 보는 자를 향해 가까이 다가오는 뜨거움의 느낌이고, 파란색은 보는 자로부터 멀어져가는 차가움의 느낌이다. 노랑이 전형적인 지상의 색으로서 눈을 찌르듯이 공격하며 흥분시킨다면, 파랑은 전형적인 하늘의 색으로서 차분하게 가라앉히는 진정 효과를 산출한다.[22]

---

22) 바실리 칸딘스키, 『예술에서의 정신적인 것에 대하여』, 권영필 옮김, 열화당, 2000, pp. 85~90. 또한 색의 파토스에 대해 칸딘스키는 다음과 같이 기술한다. "흰색은 죽은 것이 아닌, 가능성으로 차 있는 침묵이다. [……] 젊음을 가진 무이며, 시작하기 전의 무요, 태어나기 전의 무이다. [……] 가능성이 없는 무, 해가 진 후의 죽은 무, 미래와 희망이 없는 영원한 침묵과 같은 것이 바로 검은색의 내적인 울림인 것이다. [……] 밝고 따뜻한 빨강은…… 힘, 에너지, 지향성, 결단성, 기쁨, 승리 등의 감정을 일깨운다"(같은 책, pp.

〈그림 1〉 바실리 칸딘스키, 「흔들림」(1925)

앙리는 칸딘스키가 말한 색의 파토스를 자신의 자기-감응 개념을 통해 설명한다. 예컨대 한낮의 태양에 노출되어 있던 벽에 손을 대볼 경우, 나는 '벽이 뜨겁다'고 생각한다. 그러나 이것은 참이 아니다. 벽은 열을 느끼지 못한다. 뜨거운 것은 사실 열을 체험하는 자기 자신이다. 자기 자신을 체험할 수 있는 것만이 열을 체험하며 열을 인식할 수 있다. 나는 '바늘에 찔린 내 팔이 고통스럽다'고 생각한다. 그러나 팔 자체는 데카르트처럼 물질적 연장의 일부로서만 고려될 때는 전혀 고통을 알지 못한다. 오로지 살아 있는 신체로서 자기 자신의 삶을 체험할 수 있는 주체만이 고통을 느끼고 알 수 있다. 자기 자신을 느끼고 체험할 수 없는 것은 아무것도 체험할 수 없다. 색의 경우도 마찬가지다. 벽은 뜨겁거나 고통스럽지 않은 것처럼 붉지도 않다. 붉은 벽돌은 그 붉음이 느껴질 때만, 그 붉음 자체를 느낄 수 있는 삶 안에서만 붉을 수 있다. 그림의 표면에서 대상으로 지각된 색, 후설의 노에마로 객관화된 색은 근본적인 것이 아니다. 색은 시각적 대상이기 이전에 먼저 자기-감응을 통해 느껴지고 체험되는 것이다. 색은 하나의 감각이지만 이 감각은 오로지 느껴짐으로써만 존재하는 하나의 정서적 인상이고, 이 정서적 인상은 살아 있는 신체 자신이 느끼는 자기 존재son être-senti-par-soi의 느낌이기도 하다. 순수 회화적 요소로서의 색, 추상적 형식으로서의 색, 비가시적인 것으로서의 색은, 하나의 감각적 인상으로서 색 자신이자 우리 자신의 비가시적인 삶의 파토스, 즉 고통, 권태, 착란, 기쁨 등이다. 앙리에 따르면, 칸딘스키가 제시하는 미학적 경험의 본질은 대상에 대한 경험, 대상에 의미를 부여하는 경험이

94~96).

아니다. 빨간색에 대한 경험은 빨간 대상이나 빨간색을 지각하는 데 있는 것이 아니라, 우리 안에서 그 빨강의 힘과 정서적 인상을 체험하는 데 있다. 즉 대상의 매개, 문화와 언어의 매개, 재현의 구조 자체를 모두 지우고, 각자의 삶 안에서 직접적으로 색의 정서적 인상과 내적 울림을 체험하고 느끼며 색의 표현력을 긍정하는 것이다.[23]

따라서 칸딘스키의 현상학적 분석에 따르면, 회화의 모든 요소는 외면과 내면을 갖는다. 즉 한편으로는 가시적인 흔적으로 존재하면서, 동시에 다른 한편으로는 비가시적인 정서적 인상으로 존재한다는 것이다. 명백하게 가시적인 세계에 속하는 것으로 보이는 PO의 '물질적 토대' ─ 천, 나무, 금속, 회반죽, 유리, 상아 등 ─ 조차도 내면적으로는 색이나 형태 등 다른 요소들의 정서적 울림과 함께 구성되는 고유한 파토스를 지닌다. 칸딘스키적 추상의 차원에서는, 순수한 회화적 요소로 취급되는 한, '물질' 또한 비가시적인 것이 된다. 마찬가지로 추상회화가 추방시킨 듯이 보이는 '대상' 역시 순수 회화적 요소로 간주될 수 있다. 칸딘스키는 내적 울림이 은폐된 가시적 세계 속의 '소문자 대상(하나의 집, 하나의 책상 등)'과 자기 자신으로 복귀하여 자신의 순수한 울림을 듣게 할 수 있는 '대문자 대상'을 구분한다. 전자의 대상이 답답한 도구성에 머물러 있는 19세기 사실주의에 해당한다면, 후자의 대상은 순수한 자신의 울림을 회복한 것으로서 '위대한 리얼리즘'에 속한다. 칸딘스키가 순수한 회화적 요소로 불러들인 대

---

23) "색은 영혼에 직접적인 영향을 미치는 수단이다. 색은 피아노의 건반이요, 눈은 줄을 때리는 망치요, 영혼은 여러 개의 선율을 가진 피아노인 것이다. 예술가들은 인간의 영혼에 진동을 일으키는 목적에 적합하도록 이렇게, 저렇게 건반을 두드리는 손과 같다"(같은 책, pp. 61~62).

〈그림 2〉 바실리 칸딘스키, 「노랑, 빨강, 파랑」(1925)

〈그림 3〉 바실리 칸딘스키, 「구성 8」(1923)

상은 당연히 후자의 대상이다. 칸딘스키는 앙리 루소Henri Rousseau의 작품을 예로 들면서, '위대한 리얼리즘'은 '위대한 추상주의'와 같다고 주장한다. 추상이 삶을 그 자신의 충만한 파토스로 되돌리기 위해서 객관적 대상을 소멸시켰던 것과 마찬가지로, 위대한 리얼리즘적 작품에서 사유된 것도 대상의 겉껍질이 아니라 대상의 내적 울림이자 대상의 삶이라는 것이다. 이런 의미에서 대상 역시 그 자신의 고유한 내적 울림을 통해 이해되는 한, 칸딘스키적 추상예술의 구성요소가 될 수 있다.

칸딘스키의 회화에서 결국 '구성composition'이란 순수 회화적 요소들 — 형태(점·선·면), 색, 물질적 토대, 대상 등 — 을 "순수하게 정신적인 토대 위에서 구축하기"(VK, p. 164)라고 할 수 있다. 이는 요소들의 선택과 그 요소들 간의 복잡한 관계망을, 더 이상 가시적인 세계의 재현 원리가 아니라 요소들의 내적 긴장과 비가시적인 삶의 법칙에 전적으로 의존한다는 것을 의미한다. 구성을 이루는 형식의 통일성은 내적 필연성의 파토스에 의해 결정된다. 내적 필연성이 요구하는 것은, 작품의 주제에 대한 요소들의 복종과 일치 속에서 요소들의 파토스적인 공가능성compossibilité이다. 예컨대 노란색과 삼각형은 '뾰족한' '날카로운' '까다로운' 등으로 표현될 수 있는 동일한 인상과 느낌을 준다. 뾰족한 각과 노랑의 통일을 가능하게 하는 것은 바로 우리 안에서 체험되는 그것들의 정서적 울림이, 우리의 주관적인 삶의 양상이 동일하기 때문이다. 회화의 상이한 형식적 요소들이 외면적인 차이에도 불구하고 내면적인 동질성을 지니며 조화와 통일이 가능한 것은, 결국 우리의 근원적인 신체와 영혼의 일치를 보장하는 파토스적인 주관성, 직접적으로 자기 자신을 느끼고 체험하는 자기-감응으로서의 감성, 즉 정감의 역량 때문인 것이다.

앙리는 회화적 요소들에 대한 칸딘스키의 현상학적 분석이 추상회화만이 아니라 모든 회화가 비가시적인 것에 정초하고 있음을, 아니 회화나 예술의 존재 자체가 비가시적인 것의 실재성을 논증하는 것임을 보여주었다고 생각한다. 앙리-칸딘스키에 따르면, **"예술은 자연의 미메시스mimesis도 아니고 삶의 미메시스도 아니다"**(VK, p. 206). 삶은 그 자체로 결코 하나의 대상이 될 수 없기 때문에, 그러나 바로 그렇기 때문에 **"삶은 회화와 예술의 유일한 내용을 형성할 수 있고 또 그래야만 한다—물론 이 내용은 추상적이고 비가시적인 것이다"**(VK, p. 207). 삶은 예술 안에서, 예술적 형식들의 내적 울림과 정서적 인상들이 우리 안에서 직접 느껴지도록 함으로써 일상적인 실존 방식에서 은폐되어 있던 자신의 고유한 본질을 드러낸다. 아니, 예술 그 자체가 삶의 한 양상이다. 예술은 자기 자신을 체험하고 느끼며 자기 자신의 성장을 향유하는 삶의 자기-감응이 드러나는 장소이다. 작품의 형식이 그 자체로 추상적이고 또한 추상적인 자신의 내용에 일치할 때, 그것은 삶 자체의 내적 필연성에 따른 것이다. 이 내적 필연성은 자기 고유의 파토스에 의해 자기 자신에게 배달되는 힘을 증명한다. 이 힘은 벗어버릴 수 없이 나에게 주어져 있는 삶에 대한 나의 근본적인 수동성, 즉 자기 자신이기를 그만두거나, 자기와 분리되거나, 자기와 거리를 두고 자기를 벗어나는 것의 불가능성을 의미하는 것이기도 하다. 삶에 대해 근본적으로 수동적인 우리의 파토스적 주관성이, 삶 자신의 자기 체험이 드러나는 곳이 바로 예술작품인 것이다. 예술적 상상은 단순히 실재의 가상을 산출하는 것이 아니라 그 자체로 삶의 운동이자 삶의 내적 생성이며, 자기 안으로 도래하여sa venue en soi 자기 자신을 느끼

는 삶의 역량이다.[24]

　따라서 "본다는 것은 무엇을 의미하며, 보이는 것est vu은 정확히 무엇인가? [······] 어떻게 비가시적인 것인, 그 삶을 볼 수 있는가? 추상의 원리들에 따르자면, 본다는 것은 보이는 색의 파토스를, 이 파토스의 실재인 삶을 체험하는 것이다"(VK, p. 226). 추상회화로서의 회화는 무엇보다 **가시적인 것의 비가시화** ── 보이는 것을 보게 하는 것이 아니라 느끼게 하는 것 ── 을 통해서 비가시적인 삶의 본질을 탈은폐한다. "그림을 그린다는 것, 색을 사용한다는 것, 화폭 위에 어떤 방식으로 색들을 칠한다는 것은, 시각적으로 색들을 배열한다든가 객관적인 어떤 배치를 재생하는 것이 아니다. 그것은 색들의 역동적이고 파토스적인 역량들을 선택하는 것이고, 그 역량들을 그리는 것이다. 그리고 바로 그러한 그리는 행위는 우리 삶의 역사와 일치한다. 그 때문에 모든 회화는 사실상 비가시적인 것의 회화이고, 칸딘스키적 의미에서 '추상'회화인 것이다"(PV III, pp. 236~37). 비가시적인 삶을 우리 안

---

24) 예술작품이 근원적인 현상을 탈은폐한다는 점에서는 앙리와 하이데거가 일치하지만, 그 근원적인 현상이 '삶'과 '세계'라는 점에서 결정적인 차이가 있다. "하이데거에게 예술작품은 근본적인 세계, 그가 세 차원을 지닌 시간의 탈-자적 차원이라 부른 것, 즉 지평(우리는 그 안에서 모든 사물들에 접근한다)을 정립하는 것이다. [······] 사물들을 볼 수 있도록 하는 것이 바로 그 지평이다. 바로 이 점이 내가 동의하지 않는 첫번째 테제이다. [······] 제화공은 걷는 데 사용하는 구두를 제작하지만, 반 고흐의 '구두'는 아무짝에도 쓸모가 없다. 예술가는 별개의 어떤 세계 ── 사용하는 구두가 아닌 구두를 창조한다. 이것은 근대 사유의 아주 평범한 테제이고 교정될 필요가 있다. [······] 그의 가장 근본적인 테제, 즉 예술작품이 우리를 근원적인 현상으로 보낸다는 그 테제에 대한 나의 입장은 이렇다. 즉 근원적인 현상이란 하이데거가 사유했던 그것이 아니다. 그것은 (하이데거가 생각했던 것처럼) 세계가 아니다. 또는 그리스인들의 자연도 아니다. [······] 근원적인 현상은 다른 차원에 속한다. 그것은 우리를 바깥으로 던지는 탈-자적인 현상이 아니며 지평도 아니다. 그것은 내가 삶이라 부르는 것의 드러남révélation, 즉 우리를 외부로 개방하는 것이 아니라 삶 그 자신에게로 개방하는 드러남이다"(PV III, pp. 285~86).

에서 느끼도록 한다는 점에서 보면, 모든 회화는 추상회화이다. 나아가 모든 진정한 예술 또한 본질적으로 추상예술이다. 예술이 실현하는 것은 삶의 특수한 양상, 더 분화되고 더 세련되고 더 민감하게 체험되는, 바로 칸딘스키가 '영혼의 떨림'이라 부른 것을 체험하게 하는 것이다. "여러 진동의 특정한 복합체 — 그것이 한 작품의 목표이다."[25] 예술은 비가시적인 삶의 이 떨림들을 느끼게 하는 것 외에 아무것도 겨냥하지 않는다. 예술은 창작자와 관람자 사이에 삶의 파토스에 대한 동시간적인 공감을 가능하게 함으로써 '사는 자'를 '삶 자체'에 연결시킬 뿐이다.[26]

앙리는 칸딘스키의 '추상'이야말로 회화와 예술 일반의 원리에 그치는 것이 아니라, 자연과 우주 전체의 은폐된 본질(즉 비가시적인 삶)

---

25) 바실리 칸딘스키, 『예술과 느낌』, p. 55.

26) 칸딘스키는 창작자와 감상자 사이에 영혼의 감정이 예술작품에 대한 느낌을 통해 전달된다고 보았다. "예술작품은 두 가지 요소 즉 내적 요소와 외적 요소로 구성된다. 내적 요소는 개별적으로 보면 예술가의 영혼의 감정이다. 이 감정은 감상자의 영혼 안에 근본적으로 동일한 감정을 불러일으킬 수 있는 능력을 가지고 있다. 영혼이 육체와 결부되어 있는 한 영혼은 대부분 오로지 느낌만을 매개로 진동을 받아들일 수 있다. 그러므로 느낌은 비물질적인 것에서 물질적인 것으로 옮겨 가는, 그리고 물질적인 것에서 비물질적인 것으로 옮겨 가는 다리이다. 감정 – 느낌 – 작품 – 느낌 – 감정"(같은 책, pp. 68~69). 앙리는 이를 파토스의 내적 반복과 재현실화, 파토스의 동시간성과 상호주관성으로 재설명하고 있다. "회화의 요소들은 객관적일 뿐만 아니라 또한 주관적이다. 따라서 어떤 형태를 바라보는 자는 그것을 인식했던 자와 동일한 파토스를 체험한다. 단 그 형태가 창작자나 관람자의 살아 있는 신체의 것과 동일한 힘들을 파토스적인 공존 안에서 재활성화할 수 있는 한에서. 〔……〕 상호주관성은 그림이, 형태들이 아닌 힘들의, 그리고 초월적인 외재적 색들이 아닌 인상들과 정서들의 총합일 때 달성되며, 바로 그 순간에 동시간성이 존재한다. 〔……〕 동시간적이라는 것은, 내적인 반복 안에서 즉 예전에 현실화되었던 것의 재현실화 안에서 반복하는 것을 말한다. 회화의 경우, 동시간성은 그림이 표현하는 내적인 힘들과 정서들이 통일적으로 짜일 때…… 창작자의 것이면서 동시에 관람자의 것일 수도 있는 주관성 안에서 재현실화될 때 존재한다"(PV III, pp. 293~94).

〈그림 4〉 바실리 칸딘스키, 「구성 5」(1911)

을 드러내는 탁월한 현상학적 방법이라고 본다. 칸딘스키에게서 추상과 자연은 대립하지 않는다. 사소한 일상적 대상과 순수 회화적 요소들 사이의 차이, 또는 구상회화와 추상회화의 차이는, 결국 객관적인 목적성에 의해 가려진 울림들이냐 아니면 본래적인 자기 고유의 울림들이냐의 차이이다. 칸딘스키가 비판했던 자연은, 감각될 수 있는 질들과 더불어 주관성과 삶에 관련된 모든 것을 배제한, 따라서 파토스적 실체성이 비어 있고 내면성의 차원이 무시된 갈릴레오-데카르트적 자연일 뿐이다. 추상회화와 더불어 예술이 다시 발견하는 자연은, 비가시적인 삶의 양상들이자 내면의 파토스인 인상들, 울림들, 색조들이다. **"근원적이고, 주관적이고, 역동적이고, 인상적이고, 파토스적인 이 자연, 그 본질이 삶인 진정한 이 자연, 이것이 바로 우주다"**(VK, p. 236). 칸딘스키에게 예술과 우주는 삶이라는 동일한 근원을 지닌다. "모든 요소들을 각자의 순수 회화성으로 환원시킨 추상의 작동은 우주를 그 자신의 진정한 실재로 환원시킴을 의미한다"(VK, p. 237). 회화의 요소들인 색과 형태는 우주의 요소들이기도 하다. 회화의 경우와 마찬가지로 우주를 구성하는 요소들도 감각될 수 있는 것들로서 우리의 감성 안에 나타나는 것들이다. 우주는 살아 있는 신체의 영혼 안에 그려지는 정서적인 울림들로 가득 차 있다. 칸딘스키의 "세계는 내적 반향들résonances로 가득 차 있다. 그것은 정신적인 작용을 수행하는 존재자들의 우주를 구성한다. 죽은 물질은 살아 있는 정신이다"(VK, p. 236). '추상'으로서의 예술은 결국 자연의 진정한 본질을 밝혀내고, 자연의 내면적 울림을 듣게 하는 것인데, 이는 또한 삶 자신의 고유한 의지에 따라서 삶의 자기 드러냄을 완수하는 것이기도 하다. 삶은 자신을 느끼고 자신의 역량들을 확장하고 싶어 한다. 삶은 더 많은 힘을 원한다. 회화의 탄생과 더불어 삶은 다른 선들, 다른 흔적들, 다른 형태들을 통해 삶의 증가한 역량들을 유감없이 발휘한다. 추상의 관점에서 본 "예술은 영원한 삶의 부활"(VK, p. 244)이다.

4. 나가며

앙리와 칸딘스키는 철학과 회화, 두 상이한 영역에서 발생하여 동일한 직관에서 마주친 하나의 사유를 표현하는 것처럼 보인다. 이들의 만남이 어떤 내적 필연성에 의해 이루어진 것이라면, 그것은 과연 무엇일까? 실증적 합리성과 과학적 객관주의가 시대의 표면을 장악하고 있을 때 칸딘스키의 등장과 그를 재현실화하는 앙리의 반복은, 아마도 시대의 심층에 억압되어 있던 정신적 주관주의와 감성적 삶의 실재가 스스로를 증명하기 위해 자신을 드러낸 어떤 '현상révélation'을 의미하지 않을까.

우리 자신의 가장 근본적인 존재론적 상황은 우리가 살고 있다는 것이다. 그러나 살면서 우리는 대부분 그 삶을 느끼지 못한다. 우리는 삶을 언제나 타인의 것으로, 실험실의 대상으로 바라볼 줄만 알았지 자기 안에서 느끼고 체험할 줄 모른다. 삶은 객관적으로 볼 수 없고 주관적으로 느낄 수밖에 없다는 언명은 차라리 너무나 분명해서 간과되어 왔다고 할 수 있다. 삶이 무엇인지를 깨닫는 순간은 타인의 삶을 봄으로써가 아니라 바로 나 자신의 삶을 느낄 때, 나 자신이 살아 있음을 느낄 때, 바로 그때이다. 나는 언제 살아 있음을 느끼는가? 가슴이 파랗게 저려오는 고통의 순간에, 온 세상이 장밋빛으로 물들어 보이는 환희의 순간에, 어떠한 언어로도 표현할 수 없지만, 분명히 온 몸으로 느끼고 있는 그 고통과 기쁨의 순간에 나는 나의 살아 있음을 자각한다. 나의 고통과 나의 기쁨은 다스려져야 할 것이기 이전에 내가 어쩔 수 없이 겪을 수밖에 없는 내 삶의 징표이다. 그런데 나의 이 주관적인 고통과 기쁨은 과연 타인에게 전달되고 소통되며 공유될 수 있을까?

앙리와 칸딘스키가 이구동성으로 주장하는 주관적 감성은 결코 소통 불가능한 인식론적 유아론으로 귀결되지 않는다. 언어적 매개는 불필요하다. 다만, 슬픔이 슬픔에게, 기쁨이 기쁨에게, 삶이 삶에게 직접 느껴질 뿐이다. 울림은 울림으로 공명한다. 그 공명의 가능성이 바로 **가시적인 것을 비가시화하면서 동시에 비가시적인 것을 가시화하는 예술의 역량**에 있다.

> 한 슬픔이 다른 슬픔에게 손을 주고
> 한 그리움이 다른 그리움의
> 그윽한 눈을 들여다볼 때[27)]

동감動感, 그리하여 동감同感.

회화, 음악, 시. 이들의 존재 이유는 바로 삶을 표현하는 정감의 소통, 그 감동感動에서 찾아야 하지 않을까.

---

27) 정희성, 「한 그리움이 다른 그리움에게」, 『한 그리움이 다른 그리움에게』, 창작과비평사, 1991, p. 6.

7장
마리옹의
미술론

로스코

장-뤽 마리옹
Jean-Luc Marion
1946~

마크 로스코
Mark Rothko
1903~1970

우리는 회화의 현상과 어떻게 대면하는가? 그것은 다름 아닌 시선을 통해서다. 그림의 현상이 그림 자신을 내보여줄 때, 우리는 그 그림 속의 색, 면, 형태 들을 음미하게 된다. 그런데 이 미술에 관한 체험이 단지 보는 것으로 그치고 마는가? 마리옹에게 그림은 단지 감상을 위해 존재하는 것이 아니라, 우리의 시선을 보이는 것에서 보이지 않는 것으로 전환시켜주는 특이한 현상이다. 이런 독특한 사건은 다른 어떤 작용들, 이를테면 무의식, 작품의 배경, 이론 등에서 비롯되는 것이 아니라 철저히 현상의 힘을 따라 일어난다. 그는 이처럼 보이는 것을 가로질러 보이지 않는 데로 나아가게 하는 회화의 현상의 효과를 마크 로스코의 작품 세계를 통해 설명한다. 로스코의 이른바 색면추상예술은 보는 이를 작품 너머의 신비의 영역으로 인도하는 통로가 된다.

마리옹과 로스코를 통해 우리는 회화의 현상이 단지 보이는 것의 아름다움에 대한 만족을 넘어, 종교적 체험에 비견될 만한 신비를 일으킨다는 점을 이해하게 될 것이다.

시선의 역설과 신비
김동규

1. 주어짐과 보여짐

"절대적인 주어짐은 궁극적인 것이다"[1]라는 현상학의 창시자 후설의 말처럼, 궁극적인 것에 관한 학으로서 현상학은 주어짐이라는 작용과 그 결과로서 주어진 것의 운동을 탐구한다.[2] 이것은 미술의 영역에도 그대로 적용될 수 있다. 현상학은 '미술이란 무엇인가'라는 존재

---

1) E. Husserl, *Die Idee der Phänomenologie: Fünf Vorlesungen*, W. Wiemel(ed.), Den Haag: Martinus Nijhoff, 1973, p. 61. 〔한국어판: 「현상학의 이념」, 『현상학의 이념: 엄밀한 학으로서의 철학』, 이영호·이종훈 옮김, 서광사, 1988, p. 115〕.

2) 미셸 앙리는 이 점을 다음과 같이 표현한다. "소여, 절대적인 소여는 두 가지 의미로 이해된다. 한편으로 주어진 것, 다른 한편으로 주어진 것의 성질, 즉 그 자체로 고려된 주어진 것의 사실, 더 정확히 증여, 주는 것을 의미한다"(M. Henry, *Phénoménologie matérielle*, Paris: PUF, 1990; 3e ed., 2008, p. 64. 〔한국어판: 『물질 현상학』, 박영옥 옮김, 자음과모음, 2012, p. 95〕).

론적 물음보다 미술의 영역에서 주어짐의 작용과 그 효과를 묻는 물음을 더 궁극적이고 근원적인 것으로 간주한다. 이러한 현상학적 사유를 미술작품의 세계라는 한정된 틀 안에 적용해보자. 이를테면 작품으로서의 그림이라는 현상이 주어진다는 것은 무엇을 말하는가? 작품을 창작하는 예술가에게는 그 작품에 관한 영감 또는 이런저런 이미지들이 주어졌을 것이다. 감상자에게는 작품의 외형을 통해 의미가 주어진다. 이른바 선, 면, 색, 명암 등을 통해 한 편의 작품의 내용과 의미가 감상자에게 주어진다는 말이다.

이러한 작품의 주어짐에는 필연적으로 그 주어짐에 상관적인 지점이 있다. 그것은 곧 시선이다. 작품은 시선 안에서 우리에게 나타나고, 보여진다. 마르틴 하이데거가 현상을 **"자신을 그 자체로 내보여주는 것**Sich-an-ihm-selbst-zeigende"[3]이라고 규정했을 때, 현상은 자신을 주는 가운데 그 스스로를 그대로 내보여주는 것으로 정의된다. 그런데 보여준다는 것은 언제나 '어떤 누군가'가 본다는 사실을 전제한다. 다시 말해 현상이 그 자신을 내보인다는 것은 말 그대로 '누군가'의 시선을 동반함으로써만 이루어진다. 이 경우 현상이 그 현상을 바라보는 누군가에게 주어지는 가운데 스스로를 내보여주는 **작용**을 동반한다면, 그것을 바라보는 누군가의 **시선의 작용** 또한 촉발시키게 될 것이다.

프랑스의 현상학자 장-뤽 마리옹은 바로 이 시선의 문제를 중심으로 미술작품의 심연을 이해하려고 시도한다. 그에게 미술작품은 기본적으로 시선의 역설 및 교차를 일으키는 것이다. 이 점에서 작품은 일

---

3) M. Heidegger, *Sein und Zeit*(1927), Tübingen: Max Niemeyer Verlag, 2006, p. 28. 〔한국어판:『존재와 시간』, 이기상 옮김, 까치글방, 1998, p. 49〕.

반적인 사물들처럼 고정된 형식을 가진 대상이 아닌 다른 어떤 것으로 이해되어야 했다. '대상'이라는 개념에 이미 철학사적으로 무수한 주름이 새겨져 있지만, 적어도 "수아레즈, 데카르트, 칸트에 이르기까지 전개되는"[4] 근대철학의 계보에서 대상이란, "정신의 표상" 내지는 "그 자체로 자립하는 독립적 실재가 아닌" 어떤 것으로 간주된다.[5] 마리옹은 현상에 이러한 등급을 매기는 것을 원하지 않았다. 현상 자체의 고유성과 탁월성, 근원성을 보존하기 위해서는 현상을 정신의 표상 따위로 국한하여, 정신의 작용을 통해 규정되는 것으로 격하되지 않아야 했던 것이다. 이것은 미술작품의 영역에도 그대로 적용된다. 미술작품이 표상적인 대상이라면, 그것은 우리의 시선에 고정되어 정신의 작용을 통해 그 의미를 부여받게 되는 사물과 같은 것으로 전락하고 말 것이다. 마리옹은 이런 문제의식 아래, 근대적·형이상학적 대상성으로 포섭되지 않는 현상 특유의 현상성이 미술 영역에서 어떤 식으로 나타나는지를 고찰한다.

2. 시선과 역설

이제 우리는 마리옹의 미술론이 지닌 문제의식을 어느 정도 이해할 수 있다. 미술작품이 대상이 아니라 순수한 주어짐으로서의 현상이라

---

4) O. Boulnois, "OBJET," *Vocabulaire européen des philosophies*, B. Cassin(ed.), Paris: Seuil/Le Robert, 2004, p. 869.
5) A. Laland, "OBJECTIF," *Vocabulaire technique et critique de la philosophie*, Paris: Librairie Félix Alcan, 1926; Paris: PUF, 2006, p. 695.

면, 그것은 우리의 시선 아래 고정된 대상을 넘어서는 어떤 것이어야 한다. 여기서 주어짐이란, 현상학자들이 현상을 규정하는 가장 고유한 설명 중 하나다. 현상은 내가 산출해내거나 구성한 개념이나 사물이 아니다. 그것은 그 스스로 자유롭게 이 세상 가운데 나타나는 것들이다. 개념은 우리 인간의 지성적 판단에 부합하게끔, 인간의 이해를 돕기 위해 형성된 것이다. 개념을 뜻하는 독일어 표현 begriff는 명사 붙잡음(Griff)에 강조형 접두어(be-)가 합성된 것이다. 그러니까 개념이란 어떤 것을 움켜쥐거나 잡아채서 포착한 것이다. 그러나 현상학에서 현상은 이런 식으로 규정되지 않는다. 현상은 그 자체로 자유롭다. 이 자유로움을 가장 잘 표현한 말이 바로 '주어짐'이고, 이 주어짐의 결과가 바로 '주어진 것'이다. 여기에는 현상이 지닌 또 하나의 중요한 특징이 새겨져 있다. 어떤 것이건 주어진다는 말은 그것을 수용하는 자를 전제한다는 사실이 바로 그것이다. 따라서 현상 자체는 자유롭지만, 그것은 언제나 도착 지점을 가진다. 그 도착 지점은 다름 아닌 현상이라는 주어진 것을 받아들이는 수용자로서의 인간이다.

그런데 근원적 체험으로서 수용은 일차적으로 시선의 봄 아래서 이루어진다. 주어지는 것은 이미 자신을 보여준다는 사실을 전제하는데, 그럴 경우 보는 일을 담당하는 시선에 대해서 현상이 나타난다는 것은 자명한 사실이다. 만약 현상이 실재적으로 눈에 보이는 것이 아니라 수numbers나 도형의 이념처럼 정신적 이념의 형태로 주어진다고 해도, 우리는 그것을 마치 실제로 눈에 보이는 것처럼 기호화시켜 나타낼 수 있다. 이 경우 봄은 신체적 기관인 눈의 봄은 아니더라도 의식의 영역에서의 봄으로 간주될 수 있다. 바로 이러한 현상이 지닌 (우리 인간에게) 내보여줌이라는 성격 때문에, 후설은 감각적인 봄을 넘어

의식의 봄으로서의 직관을 인정하지 않을 수 없었던 것이다. 그런데 미술작품의 현상성은 분명 우리의 감각적이고 지각적인 시선 안에서의 보여줌이다. 마리옹은 이러한 현상성을 시선의 역설이라는 이름으로 설명하고자 한다.

이것을 이해하기 위해 우리는 먼저 역설이라는 말의 의미를 되새겨야 한다. 마리옹에 의하면, 서양 철학의 근원지인 고대 그리스만이 아니라 유대-히브리 전통의 분명한 성서적 기원을 갖는 이 말은 무엇에 반하여 일어나는 일 따위를 일컫는다. "역설Paradoxe이란 분명 억견(δόξα)이 지닌 명백한 두 가지 의미를 따라 받아들여진 의견, 곧 나타남에 반하여(παρά-) 일어나는 일을 의미한다."[6] 이 역설을 회화를 바라보는 시선의 문제와 결부하여 생각해보자. 이 경우 역설은 그림에서 나타나는 내 시선에 보이는 것이, 이상하게도 내 기대에 반하는 것, 즉 지금 여기에 보이는 것과는 다른 것으로 인도하는 사건을 의미할 수 있다. 마리옹은 이 점을 다음과 같이 말한다. "역설이란, 그것이 가능할 수 있는 그 어떤 것이건 간에, 보이는 것에 보이지 않는 것이 개입하는 데서 탄생한다."[7] 이러한 역설의 정의를 기반으로 삼아 생각해보면, 회화의 현상을 보는 일에도 역시 그 봄에 반하여 일어나는 것으로서의 보이지 않음이 수반된다.

보여지는 것이 나의 시선 아래 완전히 파악된다면, 그것은 개념적 대상으로 굳어진다. 하지만 회화의 효과는 그런 개념적 대상의 대상

---

6) J.-L. Marion, *Étant donné: Essai d'une phénoménologie de la donation*, Paris: PUF, 1997; 3ᵉ éd., 2005, p. 315(약호: ED).

7) J.-L. Marion, *La croisée du visible*, Paris: Éd. de la Différence, 1991; 3ᵉ éd., Paris: PUF, 2007, p. 12(약호: CV).

성을 넘어서 순수한 현상의 현상성을 드러낸다. 이것이 바로 보이는 것 안에 내포되어 있는 보이지 않는 것의 효과, 즉 시선의 역설이다. 마리옹은 이러한 시선의 역설을 더 구체적으로 관점perspective이라는 말로 설명해낸다. 그는 작품을 보는 차원에서 일어나는 원초적 관점을 다룬다. 그는 왜 이 관점의 문제를 부각시키는가? 이는 미술의 영역을 이론으로 고정시키는 행위가 관점의 고착화나 대상화를 이루어 낸다는 문제의식에서 비롯된 것이다. 많은 경우 관점이라는 말은 이론을 근거로 삼는다는 뜻으로 활용된다. 미술 이론에서 많이 언급되는 '표현예술적 관점' '미술사회학적 관점' '설치미술의 관점' 등의 말들은 모두 작품을 대할 때 원초적 시선이 아니라 특정 이론의 주장에 입각한다는 뜻을 내포한다. 마리옹은 이런 식의 관점적 접근을 거부한다. 마리옹은 "고전 라틴어 perspicuus는 시선에 자신을 숨김없이 제시하는 것"을 뜻한다고 하면서 본래 "관점이란 곧 역사적으로 설정된 이론이 아니라(물론 그것도 있긴 하지만), 우선 시선의 근본적인 직무로 이해되어야 한다. 그것이 없으면 우리는 결코 세계를 볼 수 없다"고 말한다(CV, pp. 12, 15). 여기서 우리는 그가 관점을 이해함에 있어 시선의 바라봄 자체의 근원성을 생생하게 살려내려고 한다는 점을 이해할 수 있다.

그렇다면 시선의 관점이 그림을 마주할 때 근본적으로 어떤 일이 일어나는가? 마리옹은 "그 역사적, 미학적 수용을 넘어 현상의 현상성을 가공한다. 관점을 통해, 시선에 대해 보이지 않는 것이 조화로운 현상으로서의 보이는 것의 혼돈을 배열하고, 현시하며, 팽창시킨다"(CV, p. 17)고 주장한다. 관점은 보이는 것과 보이지 않는 것이 교차하는 시선의 역설적 상황 가운데 현상의 현상성을 창출해내는 역할을 한다. 마리옹은 이러한 시선상의 관점에서 일어나는 역설의 효과를 '부조relief'라는 미술 기법을 통해 설명한다. 미술에서 부조는 솟아오르게 하는 작용을 활용하는 기법을 의미하는 것이다. 이를테면 특정 부위를 돌출시킴으로써 일종의 강조 효과와 입체감을 노리는 것이 부조라는 기법이다. 이것을 관점의 차원에서 표현하면 원근법이 될 것이다. 그런데 이 부조는 분명 역설적 상황을 떠오르게 한다. 원근법에 의해 보이는 것이 솟아오르면 오를수록 우리의 시야에 보이지 않는 것이 늘어나게 된다. "이로부터 관점의 첫째가는 역설이 모든 회화에 앞서 고려되어야 한다. 보이는 것은 보이지 않는 것의 직접적 비례 안에서 증가한다. 보이지 않는 것이 증가하면, 보이는 것은 더욱 심연에 빠진다"(CV, p. 17).

관점에 대한 이러한 마리옹의 견해는 구체적으로 어떻게 입증될 수 있을까? 그는 두 편의 작품을 예로 들어 설명하는데, 저 유명한 얀 반 에이크Jan van Eyck의 「아르놀피니 부부의 결혼식」이 그 한 예다. 그는 이 그림에 등장하는 '거울'에 주목한다. "여기서 거울은…… 우선 그림이 정면에서 제시하는 두 인물의 숨겨진 면〔배후, dos〕을 드러낸다"(CV, p. 21). 이 그림에서 남녀가 맞잡은 손 너머에 있는 볼록거울을 살펴보자. 자세히 들여다보면 "거울에는 인물의 배후 저편에, 원래 그림에 직접적으로 나타나지 않으면서 남녀를 바라보는 세 증인의 얼굴이 드러난다"(CV, p. 21). 세 증인이란 거울에 비치는 결혼서약 증인과 작가 자신, 촛대의 촛불을 뜻한다. 혹자들은 이 촛불이 신을 상징한다고 보는데, 마리옹도 이러한 해석을 따르고 있다. 말하자면 신이 이 결혼의 증인 중 하나로 도래한 것이다. 이런 점에서 거울 속의 촛불은 거울의 테두리와 함께 이해되어야 한다. 왜냐하면 거울의 테두리

〈그림 1〉얀 반 에이크, 「아르놀피니 부부의 결혼식」(1434)

는 십자가에 달린 예수의 수난을 상징하기 때문이다.[8]

여기서 우리는 이 회화의 현상이 지닌 부조 효과와 조우한다. 보이지 않는 것이 배후에서 보이는 것을 뒷받침하고 있는 사태가 이 그림에 잘 나타나 있다. 이것이 부조 효과에서 보이는 것과 보이지 않는 것의 비례적 관계다. 우리의 시선은 보이는 것에서 보이는 것 너머로 나아가야 하고, 그 보이는 것 너머의 보이지 않는 것을 통해 보이는 것으로서의 작품 전체를 **온전히 볼 수** 있다. "따라서 보이지 않는 것이 엄밀하게 보이는 것을 구성하고 구별해낸다"(CV, p. 21).

마리옹은 이와 유사한 효과를 나타내는 작품으로 알브레히트 뒤러 Albrecht Dürer의 「그리스도를 위한 애도」를 들고 있다. 그는 이 그림에 여러 차원의 시선이 겹쳐져 있다고 본다. "제1선으로, 죽은 그리스도의 몸, 그의 회색빛 복부 옆구리 근육과 살이, 쓰러져 있는 그의 처진 어깨를 받치고 있는 제자를 축으로 삼아 길게 늘어져 있다. 제2선으로, 세 여성이 그리스도에게로 고정되어 대각선으로 무릎을 꿇고 있다. 제3선으로, 고개를 곧게 세우고 있는[기도하듯 손을 모으고 있는] 성 요한을 정점으로 해서 세 명의 인물이 동일한 대각선 방향으로 나란히 서 있다. 이렇게 동일한 대각선이 반복되어, 피라미드 모형의 꼭짓점을 표시하고 있다"(CV, p. 22). 이러한 유사-피라미드 형태를 통해 그림은 무엇을 나타내고 있는가? 마리옹은 이 또한 보이지 않는 것으로 우리를 — 의식적으로건, 무의식적으로건 — 이끌어가고 있다고 본다. 이렇게 피라미드 형태로 사람들이 늘어서 있는 것은 곧바로 보

---

8) 여기서 마리옹은 다음 문헌을 참조해서 이 작품을 해석했다. D. Coutagne, "Le miroir d'un mariage : Le réalisme religeux dans 'Les époux Arnolfinit' de Jan van Eyck," *Communio: Revue catholique internationale*, vol. 4, no. 5, Septembre-Octobre 1979, pp. 57~65.

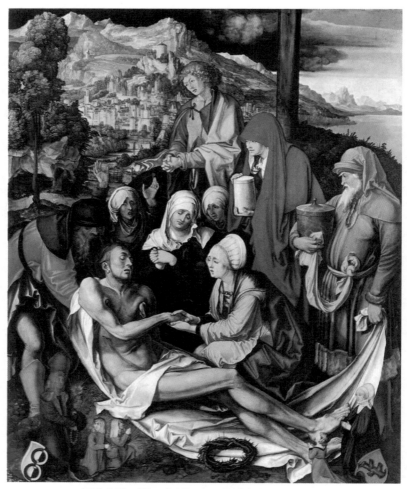

〈그림 2〉알브레히트 뒤러, 「그리스도를 위한 애도」(1500~1503)

이지 않지만 지형을 암시한다. 그것이 다름 아닌 골고다 언덕이다. "골고다 언덕, (회피할 수 없는) 언덕 위의 도시가 있고, 그보다 큰 산봉우리가 최종 지평에 이르러 여전히 급경사면의 산맥을 따라 규정된다"(CV, p. 22). 이 그림에 보이는 죽은 그리스도의 몸, 여인들, 제자들은 모두 보이지 않는 지평으로서의 지형을 배경으로 등장한다. 이처럼 인물들을 떠받치는 보이지 않는 층층의 요소들이 "완전히 비실재적이고 총체적으로 현상학적인 보충적 차원을 따라 보이는 면을 눈에 띄게 하고 조합해낸다"(CV, p. 22)는 것이다. 이러한 예는 그림의 현상이 주어질 때, 우리의 시선이 (하이데거의 표현을 빌려) **우선 대개** zunächst und zumeist 직면해야 하는 사태다. 말하자면 보이는 것과 보이지 않는 것의 교차를 통해 시선이 갖는 관점의 역설이 벌어지는 것이다.

3. 아이콘과 우상: 역설의 구체화

마리옹은 회화에서 현상의 주어짐을 통해 일어나는 이러한 시선의 역설을 아이콘icone이라는 용어를 통해 더 구체적으로 표현해낸다. 마리옹은 이 용어가 분명한 그리스도교적 기원을 갖는다고 본다. "성 바울이 그리스도에게 적용하는 규정, eikôn tou theou tou aoratou, 〔번역하면〕 보이지 않는 하나님의 아이콘(「골로새서」, 1장 15절)을, 우리는 규범으로 받아들여야 한다."[9] 아이콘은 통상 종교적으로, 동방정

---

9) J.-L. Marion, *Dieu sans l'être*, Paris: Fayard, 1982; 2ᵉ éd., Paris: PUF, 2002, p. 28.

교회의 성상과 같은 미술작품을 가리키는 말로 사용된다.[10] 하지만 위에서 보듯, 마리옹은 아이콘을 규범으로 간주한다. 이는 그가 아이콘의 의미를 특정 종교 영역에 가두지 않는다는 것을 뜻한다. 오히려 아이콘은 시선의 역설을 불러오는 일련의 현상의 규범으로, 특수한 나타남 전반을 지시한다. "아이콘은 보이는 것으로 절대 굳어지지 않음으로써, 그 자체를 넘어서게끔 시선을 불러온다. 보이는 것은 보이지 않는 것의 관점으로만 자신을 나타내기 때문이다."[11] 이러한 아이콘을 통해 우리는 "비−대상의 현전"(CV, p. 43)을 체험한다. 대상으로 나타나는 것이 아니라 대상의 대상성이라는 전통적, 근대적 형이상학의 규정을 넘어서 나타나는, 우리의 시선을 당혹스럽게 하는 사태가 바로 아이콘인 것이다.

분명 이것은 미술작품으로 환원되는 사안이 아니다(나중에 보겠지만, 마리옹은 타인의 얼굴visage을 아이콘의 가장 탁월한 예로 간주한다). 하지만 그것은 여전히 미술작품의 성격을 규정하는 말로 사용될 수 있

---

10) 종교적 이미지로서의 아이콘에 관한 설명으로는 이덕형의 다음과 같은 언급을 참조할 수 있다(이덕형은 icone을 이콘으로 번역했고, 나는 아이콘으로 번역했다. 마리옹의 icone이 단지 성상 같은 작품이나 이미지에만 국한되는 것이 아니므로 우리가 통상 폭넓게 사용하는 아이콘이라는 말로 표기했음을 밝힌다). "초기 그리스 교부들은 그리스도의 이미지를 부르기 위해 그리스 로마 시대의 신상들과 같은 이교도의 우상을 말할 때 사용하던 이 이콘이라는 용어를 차용하지 않을 수 없었지만 이들은 이콘을 이교의 우상인 '에이돌론 eidōlon'과 명확하게 구분하여 사용하기 시작했다. 카파도키아 출신의 그리스 교부인 대大 바실리우스는 로마의 카타콤에서와 같은 이콘의 성스러운 이미지를 옹호하면서 이콘을 공경하는 것을 이콘 자체의 이미지가 아니라 그것의 원형으로 향하는 것이라고 말했던 반면 카이사레이아의 주교 에우세비우스나 시프러스 출신의 에피파니오스와 같은 그리스 교부들은 '보이지 않는 신의 이미지'로 간주되는 이콘에 대해 부정적인 입장을 취하고 있었다"(이덕형, 『이콘과 아방가르드』, 생각의나무, 2008, p. 23).

11) J.-L. Marion, *Dieu sans l'être*, p. 29.

다. 마리옹은 한 대상이 아닌 탁월한 현상으로서의 아이콘보다는 그와 대립하는 것처럼 보이는 우상이라는 용어를 가지고 그림을 규정한다. 우선 아이콘 혹은 우상으로서의 미술작품이 무엇을 가리키는지 더 명료하게 이해하기 위하여, 마리옹의 정의를 들여다보자. 마리옹은 "우상이란 그 장엄함이 맨 먼저 지향성을 중지시키기 때문에 이론의 여지 없이 일차적으로 가시적인 것으로 규정된다"(ED, p. 320)고 설명한다. 그는 우상으로서의 그림을, 보이는 것을 가지고 시선을 충족시키는 어떤 것으로 이해한다. 다분히 성서적 전통을 가지는 것처럼 보이는 우상이라는 용어를 미술의 문제와 결부시켜 이해하기 위해 우리는 그의 다음과 같은 발언에 주목해야 한다.

　　우상은 신을 인격화하지 않으며, 결과적으로 우상 안에서 신을 생생하게 보지 못하는 숭배자를 기만하지 않는다. 이와 정반대로, 신을 하나의 얼굴로 포착하는 일을 허용하기 위해서, 숭배자는 신을 하나의 형상image으로 보이게끔 제시하기에 이르러서 금속, 나무 또는 돌을 가지고 작업하는 예술가로 자신을 인식한다.[12]

이 인용구에서 마리옹은 "신을 하나의 얼굴로 포착하는 일"이라는 말을 하고 있다. 이것은 신이 확실한 형상으로 나타나고 보이도록 하는 작업을 뜻한다. 이에 예술가는 신을 형상화하는 작가가 되고, 그 작가의 창작물이 곧 우상으로서의 예술작품이다. 말하자면 예술가의 시선이 어떤 형상을 포착해내는 것을 뜻한다. 그렇기 때문에 우상에 입

---

12) J.-L. Marion, *L'Idole et la distance*, Paris: Grasset, 1977, p. 22.

각한 그림은 나의 시선과 욕망을 나타내는 장champ이 된다. 마리옹은 이 점에 착안하여 우상과 아이콘을 대조한다.

우상과 아이콘 사이의 거리가 여기서 정의될 수 있다. 우상은 어떻게든 여전히 욕망의 기대attente du désir에 비례하는 것에 지나지 않는다. 따라서 그것은 선취prévision를 (때로는 기대했던 것 이상의 수준에서) 충족시킨다. 아이콘은 욕망을 어지럽히고, 선취를 무색케 하며, 기대의 영역을 분명하게 초과한다. (CV, p. 62)

선취란 대상에 관해 내가 앞서 포착하는 작용을 뜻한다. 내가 미리 포착했던 것을 반영한다는 차원에서, 우상은 시선을 통해 고정되어버린 것이다. 하지만 위 인용구에서 말하고 있는 것처럼 아이콘은 나의 기대를 초과하는 것이기 때문에, 창작자나 감상자를 당혹스럽게 만들수 있다. 이것은 앞서 언급했던 역설의 효과, 즉 시선이 고정되지 않고 다른 것, 보이지 않은 것을 향해 전환되는 사태로 인해 발생하는 필연적 결과다.

마리옹이 제안한 우상과 아이콘의 이런 차이를 긍정할 때, 우리는 다음과 같은 물음을 던질 수 있다. 그렇다면 과연 어떤 그림이 우상이 되고, 또 어떤 그림이 아이콘이 되는 것일까? 우상은 시선의 문제와 관련해서 아이콘보다 열등한 효과를 일으키는 현상인가? 문제는 그렇게 단순하지 않다. 마리옹은 초기에 우상과 아이콘을 조금은 극단적으로 보일 정도로 대립시켰지만 미술작품의 현상과 관련해서는 우상에 호의적인 태도를 취한다. 그는 우상과 아이콘을 공통적으로 포화된 현상phénomène saturé이라는 탁월한 현상으로 간주하는데, 이것은 "의미작용상에서의 직관에 관한 초과"[13]를 일으키는 현상, 곧 "주어짐의 초과를 받아들이는 현상"(ED, p. 279)을 뜻한다. 다시 말해 여러 등급의 현상 중에서도 직관을 통해 그 본질이 포착되지 않는, 그래서 개념에 이르지 못하고 단지 직관에서 초과를 일으킴으로써, 현상을 받아들이는 자를 압도해버리는 주어짐/주어진 것이 바로 포화된 현상이다. 이런 점에서 마리옹은 우상에 대해 이중적 태도를 취하는 것처럼 보인다.[14]

이를 그림에 적용하면 매우 흥미로운 입장이 정립될 수 있다. 그림은 우리가 포착할 수 있는 어떤 것이 아니라, 우리를 압도하고 직관에 대해 초과를 일으키는 현상이 된다. 그렇다면 문제는 특별히 그림과 관련해서, 우상으로서의 포화된 현상과 아이콘으로서의 포화된 현상에 어떤 차이가 있는가 하는 점이다. 마리옹은 칸트가 제시한 순수지성 개념을 통한 "판단에서의 사고 기능의 네 가지 항,"[15] 곧 양, 질, 관계, 양상이라는 범주의 항들을 도입해서 각각의 포화된 현상의 차이를 설명한다. 여기서 우상은 질에서 포화를 일으키는 현상이다. 그런

---

13) R. Kearney, "Jean-Luc Marion: The Hermeneutics of Revelation," *Debates in Continental Philosophy: Conversations with Contemporary Thinkers*, New York: Fordham University Press, 2004, p. 24.

14) 벨튼이 잘 말한 것처럼, "엄밀하게 말해서 포화된 현상으로서의 우상은, 『존재 없는 신』에서 그랬던 것처럼, 더 이상 아이콘과 직접적으로 대조되지 않는다"[R. Welten, "The paradox of God's Appearance: On Jean-Luc Marion," P. Jonkers & R. Welten(eds.), *God in France*, Leuven: Peeters, 2005, p. 203]. 이런 점에서 우상은 마리옹에게 부정적으로만 논의되는 현상이 아니다. 여기서 자세히 다룰 수는 없지만, 마리옹에게 우상은 철학적 신론의 맥락에서는 극단적으로 부정적인 표현으로 나타나지만, 현상학적 맥락에서는 포화된 현상의 한 양상으로 간주된다.

15) I. Kant, *Kritik der reinen Vernunft*(1787), Hamburg: Felix Meiner, 1998, A70/B95. [한국어판: 『순수이성비판 1』, 백종현 옮김, 아카넷, 2006, p. 290].

데 칸트에게 판단의 사고 기능의 항들은 다시금 이러한 "범주들을 객관적으로 사용하는 규칙들"로서의 "원칙들"에 종속된다.[16] 여기서 질의 원칙에 해당하는 것을 칸트는 지각의 예취Antizipationen der Wahrnehmung라고 부른다. 그 원리는 다음과 같다. "**모든 현상들에서 실재적인 것, 즉 감각의 대상인 것은 밀도적 크기**, 다시 말해 정도를 갖는다."[17] 이 원칙대로라면 우상은 감각적 대상이 가져야 할 밀도적 크기를 가져야 한다. 이것은 다른 말로 하면 모든 직관이 감각에서의 영향의 정도를 가지게 된다는 말이다. 그런데 포화된 현상으로서의 우상은 이러한 영향의 정도, 다른 말로 감각에 미치는 강도에 있어 초과를 일으키는 것이다. 다시 말해 그 정도를 측정할 수 없는 현상에 대한 체험이 일어난다. 마리옹은 이 경우 우리가 감각적으로 체험하는 것은 현상에 대한 포착이 아니라 경탄éblouissement이라고 본다. 즉 감각적 밀도로 측정했을 때, 그 측정 정도를 초과해서 일어나는 포화의 체험에 대한 경탄이다. "시선은 경탄을 일으키며 불타오르게 하는 빛을 더 이상 견딜 수 없다"(ED, p. 285). 마리옹은 더 구체적으로 다음과 같이 말한다.

시선이 보는 것을 견딜 수 없을 때, 그것은 경탄을 겪는다. 왜냐하면 견디지 못함이란 그저 보지 못함과 같은 것이 아니기 때문이다. 만일 분명하게 보지 못하면, 우리가 견딜 수 없는 것을 겪기 위해서 우선 지각해야만 한다. 그것은 우리의 시선이 견뎌낼 수 없는 보이는 것과 관련한

---

16) I. Kant, *Kritik der reinen Vernunft*, A161/B200. 〔한국어판: 『순수이성비판 1』, p. 395〕.
17) I. Kant, *Kritik der reinen Vernunft*, A166/B207. 〔한국어판: 『순수이성비판 1』, p. 401〕.

다. 이 보이는 것은 시선으로는 견뎌낼 수 없는 것을 겪게 한다. 왜냐하면 그것은 제한 없이sans mesure 우상을 따라 채워지기 때문이다. 시선은 더 이상 자유로운 봄으로부터는 어떤 여지도 남겨두지 않으며, 보이는 것은 그 지향의 모든 각도에서 몰려오며, 시선을 가득 채워주는 충전adaequatio을 성취한다. (ED, p. 285)

마리옹은 여기서 분명하게 우상을 통해 시선이 충만하게 만족되는 경험을 하게 된다고 말한다. 그런데 중요한 것은 이런 시선의 충족이 나의 주도권 아래 이루어지는 것이 아니라는 점이다. 여기서 우리는 우상에 관한 마리옹의 입장 변화를 본다. 앞서 마리옹은 우상을 아이콘과 대조하면서, 우상이란 "욕망의 기대에 비례하는 것"이라고 했다. 하지만 이런 식의 정의는, 마리옹이 우상을 포화된 현상의 한 양상으로 간주할 때 미세한 변화를 겪을 수밖에 없다. 포화된 현상으로서의 우상은 분명 시선을 만족시킨다. 하지만 그것은 비단 나의 욕망을 충족시키기 위해 무엇인가를 제작함으로써 일어나는 사건에 그치는 것이 아니다. 오히려 그것은 전 방위적으로 나의 시선에 들이닥치는 우상으로서의 작품으로 인해 경탄의 정서를 촉발시키는 사건이다. 즉 우상은 나의 시선이 형성해낸 만족의 대상이 아니라 내 바깥의 현상이 도래함을 통해 내 직관을 초과하며 충족시키는 충전이다.

일단 우상에 관한 마리옹의 입장이 비일관적이라는 사실을 비판하는 것은 논외로 하고, 여기서는 미술론에 초점을 맞춰 논의를 이어가자. 그림으로서의 우상이라는 포화된 현상은 결국 우리의 시선에 포화를 일으킨다. 이는 우상으로서의 그림이 시선에 관해 또 다른 역설을 불러온다는 것을 뜻한다. 우상은 나의 욕망을 만족시키기 위해 만들어지거나 감상되는 그림이 시선 아래 포착되는 것이 아니라 시선을 유지하지 못하게끔, 역설적으로 시선이 견뎌낼 수 없을 만큼의 힘을 일으킨다. 이 경우 시선은 역설적으로 불만 아래서의 만족감을 느낀다.[18] 나의 시선의 기대를 통해 작품에서 만족감을 느끼는 것이 아니라 시선의 기대를 초과함으로써, 나의 시선이 견뎌낼 수 없을 정도의 불쾌감을 이끌어냄으로써 역설적 만족 내지 충족이 일어난다는 것이다. 다시 말해 그림을 향한 나의 선취적 기대감으로서의 시선이 예기치 못한 현상의 보여짐을 겪음으로써 역설적 충족에 이르게 된다. 이제 우상은 더 이상 욕망의 기대에 비례하는 것이 아니라 나의 시선이 견딜 수 없을 정도로 가시성의 충만을 일으키는 것이 된다. 이것이 바로 우상으로서의 그림과 마주했을 때 감상자에게 일어나는 시선의 역설이다.

4. 마크 로스코와 아이콘의 현상성: 외관과 얼굴

그런데 여전히 한 가지 문제가 남는다. 포화된 현상 중 하나인 우상이 그림으로 특권화된다면, 아이콘은 어떻게 되는 것인가? 아이콘은 더 이상 그림으로만 국한되지 않는다. 마리옹은 아이콘의 탁월한 예로 얼굴을 언급하는데, 이것이 미술의 영역으로 적용되면 우상과 아

---

18) 이와 관련해서 프리츠는 마리옹의 우상이라는 "포화된 현상과 숭고가 일치한다"고 주장한다. 칸트의 숭고 역시 부정적 쾌의 감정이라는 역설적 반응이기 때문이다. P. J. Fritz, "Black Holes and Revelations: Michel Henry and Jean-Luc Marion on the Aesthetics of the Invisible," *Modern Theology*, vol. 25, no. 3, July 2009, p. 423.

이콘 간의 차이를 나타내줄 수 있는 계기가 된다.

　이 점을 알아보기 위해서는 마리옹이 여러 예술가들 중에서도 상대적으로 많은 관심을 기울인 마크 로스코에 대한 해석에 주목해야 한다. 1903년 라트비아에서 태어난 로스코는 전쟁의 혼란을 피해 1923년 미국으로 건너와 본격적인 작품 활동을 한 미술가로, 공식적인 정규 과정상의 미술 공부를 거의 거치지 않았다. 신화와 심리분석에 관한 책을 탐독했고, 렘브란트, 모차르트, 니체 등의 영향을 많이 받았다고 알려진 로스코는 1920~30년대에는 누드, 자화상, 풍경 등을 통해 인간의 삭막한 감정을 표현해냈으나, 이후에는 재현적 표현보다는 색감을 통한 추상적 표현에 몰두했다. 이러한 변화 속에서도 그가 집중한 일관된 주제는 '인간'이었다.

　로스코를 저명한 예술가로 만들어준 것은 색면추상예술Color-Field Abstract이라는 독특한 작품 세계다. 마리옹도 여기에 주목해서 미술 영역에서 우상과 아이콘의 간극과 차이를 보여준다. 색면추상예술이란 추상표현주의의 한 갈래로 지목되기도 하는데, 이는 눈에 보이는 사물들을 화폭에 재현하는 대신 색채를 통해서 인간의 정서를 드러내는 것이다. 같은 추상표현주의라고 하더라도 몬드리안처럼 기하학 도형들을 활용하거나 잭슨 폴록Jackson Pollock처럼 이른바 액션 페인팅 action painting, 즉 결과물보다 그리는 행위 자체에 집중하는 이들이 있는 반면, 로스코는 오로지 색감을 통해 정서를 전달하려고 했다. 그는 인간이나 사물의 외형을 재현하는 것은 중요하게 여기지 않는다. 마리옹이 주목하는 것도 로스코의 바로 이런 면모에 기인하는 바가 크다. 그가 주의 깊게 살펴보는 로스코의 말 가운데 다음과 같은 언급이 있다.

나는 인체figure humain에 관심을 두고 그것을 연구했던 세대에 속한다. 단지 나는 본의 아니게 인체가 나의 필요에 반응하지 않는다는 점을 지각했을 뿐이다. 그것을 사용하는 이가 누구이건, 그것은 훼손을 일으킨다. 그 누구도 세계를 표현하는 어떤 것을 산출하는 느낌을 가짐으로써, 있는 그대로 인간의 상을 그려낼 수는 없다. 나는 훼손하기를 거부하고 또 다른 표현 방식을 찾아냈다. 〔……〕 나의 현재 그림들은 내가 표현할 수 있는 한에서 감정의 **규모**scale, 인간의 드라마와 관련한다.[19]

로스코는 기존의 미술 기법이 인간 자체를 상으로 표현해내려다가 본래의 인간 자체를 훼손할 가능성이 있다고 보았다. 이에 마리옹은 다음과 같이 말한다. "그림은 인체를 볼 수 있게끔 주어질 수 없다. 하물며 인간의 얼굴에 대해서는 더더욱 그럴 수 없다."[20]

우상에 관해 되짚어보자면, 그것은 가시성을 충만케 함으로써 역설적 만족을 일으키는 것이다. 보이는 것이 전면적으로 시선에 주어짐으로써, 어떤 것을 바라보는 시선을 가시성의 충만 아래 어지럽게 만들면서 경탄을 이끌어내는 것이 바로 우상의 효과였다. 그런데 로스코나 마리옹은 이처럼 우상에서 비롯되는 경탄이 우리에게 일어나는 충만한 경험이라고 하더라도, 적어도 인간과 관련해서 훼손을 일으킬 수 있다는 이해를 공유한다. 이런 인식 때문이었을까? 로스코의 1930년

---

19) J. E. B. Breslin, *Mark Rothko: A Biography*, Chicago: The University of Chicago Press, 1993, pp. 394~95.

20) J.-L. Marion, *De surcroît: Études sur les phénomènes saturés*, Paris: PUF, 2001, p. 91 (약호: DS).

대 작품을 보면 그가 인간 형상을 크게 부각시키지는 않았지만, 자신의 작품 속 ― 이를테면 「지하철 입구」 ― 에서 인간을 묘사했다는 점을 확인할 수 있다(〈그림 3〉 참조). 이 그림과 관련해서 마리옹은 다음과 같은 해설을 덧붙인다. "여기서 자주색 장밋빛이라는 총체의 조성이 실루엣들 사이의 텅 빈 공간을 삼켜버렸다. 〔……〕 시선은 여전히 관점으로 자신을 끼워 넣고, 유사-'텅 빈' 공간에서 '충만한' 가시적인 것들의 작용을 꿈꿀 수 있다"(DS, p. 87). 이 그림 자체에서는 인간의 외관이 구체적으로 묘사되고 있지 않다. 그렇기 때문에 인간을 왜곡하는 요소는 없는 것처럼 보인다. 하지만 마리옹은 이 그림이 여러 사물의 형태와 색 배치를 조화시키는 가운데, 지하철 입구를 분명하게 묘사함으로써 등장하는 인간 군상 역시 특정 초점으로 환원된다고 보는 것 같다. 마리옹의 이러한 지적이 얼마나 적절한 것인지는 차치하고서라도, 실제로 로스코는 1940년대를 지나면서 더 이상 대상들의 외관에 집착하지 않는 방향으로 점점 더 나아간다. 그는 이 시기를 지나 후기로 갈수록 '색면추상예술'이라는 독특한 양식으로 인간이나 사물의 외형보다는 평면상에서의 색상의 깊이를 통해 인간의 감수성의 심연을 드러내고자 했다.

마리옹은 로스코의 「수중 드라마」 내지 멀티폼Multiform 회화라고 하는 연작들이 외관 묘사를 넘어 색감에 치중하려고 한 그의 생각이 반영된 **과도기적** 작품이라고 본다(〈그림 4〉 참조). 이 작품들에서는 더 이상 어떤 외관도 명확한 형태로 드러나지 않는다. 이런 작품들에는 어떤 대상을 재현해내는 형상이 나타나 있지 않으므로 "형태가 색들과 모순을 일으키지 않을" 것이며, "이런 점에서 각각의 색은 밀접한 팽창력, 잠식하지 않는 친밀한 접촉력을 따라, 또는 색들 간의 경쟁성

〈그림 3〉마크 로스코, 「지하철 입구」(1938)

을 따라 그 각각의 영역의 한계를 자발적으로 정하는 것처럼, 각기 고유한 형상을 자유롭게 지지한다"(DS, p. 88). 이러한 로스코의 작품에 관한 마리옹의 해석을 다른 말로 이해해보면 이렇게 설명할 수 있다. 로스코의 색면추상예술은 다름 아닌 **어떤 외관이나 대상에 얽매이지 않는 색들의 자유로운 연합**을 통해 형성된 다층적 형상으로 인간의 정서를 표현한다. 어느 색도 한 대상으로 수렴되어 색의 독특성을 망각하게 하지 않는다. 따라서 이 그림을 보는 사람은 이 작품 자체를 어떤 인물이나 대상에 맞추어 재구성하려고 노력할 필요가 없게 된다. "캔버스는 스스로를 확증하고s'auto-affirme 스스로를 정립해낸다 s'autopositionne. 왜냐하면 바깥에서 그것을 형성시킬 수 있는 그 모든 강제적 요소들과 개입들을 무효화하기 때문이다"(DS, p. 89).

화가의 지위와 역할에 대한 로스코의 생각도 마리옹이 이해한 그의 작품의 성격, 즉 캔버스를 통해 드러나는 작품의 현상이 자신의 현상성을 스스로 드러낸다는 것을 뒷받침해주는 것처럼 보인다. "액션 페인팅은 나의 작품의 시선과 정신 자체에 반정립적이다. 작품이 최종 결정권자여야만 한다."[21] 앞서 말했듯이 액션 페인팅이란 미국의 미술비평가 해럴드 로젠버그Harold Rogenberg가 잭슨 폴록 같은 추상화가들을 설명하기 위해 내놓은 용어다. 그들은 작품만큼이나 그림을 그리는 행위 자체의 중요성을 강조한다. 이런 점에서 액션 페인팅은 그리는 행위를 통해서 추상화가들의 직관적 천재성이 나타난다는 점을 암시한다. 이것은 역설적으로 다음과 같은 효과를 나타낼 수도 있

---

21) J. B. Breslin, *Mark Rothko*, p. 389. 이 언급은 "Editor's Letters," *Art News*, vol. 56, no. 8, December 1957, p. 8에서 재인용.

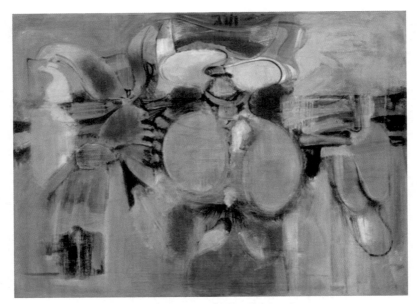

〈그림 4〉 마크 로스코, 「수중 드라마」(1946)

다. 설령 화가들이 비합리적인 직관에 의존한다고 하더라도, 화가들의 의도나 정신이 현상의 나타남과 주어짐을 통제하는 효과 말이다. 하지만 로스코에게 화가의 활동은 작가의 천재적 정신의 구현이 아니었다. 오히려 그것은 현상의 자유로운 나타남에 대한 반응 내지 응답이었다. 마리옹은 이러한 로스코의 태도가 잘 반영된 그의 다음과 같은 발언에 주목한다. "작품에 대한 느낌으로 방이 **포화함으로써**by saturating, 벽walls은 극복된 채 단일한 작품의 신랄함이 나에게 더욱 가시적인 것이 되어 다가옵니다."[22] 여기서 우리는 마리옹이 벼린 우상으로서의 **포화된 현상**이라는 독특한 현상 이해의 전조가 로스코에게서 나타나는 것을 볼 수 있다. 적어도 로스코에게 미술작품은 화가의 구성을 통해 나타나는 것이 아니었다. 어떤 현상이 느껴짐으로써 직관을 포화하는 일이 일어나면, 단적인 경탄 이외에는 작품에 대한 적절한 응답이 나오지 않는다. 이런 반응은 마리옹이 "시선은 경탄을 일으키며 불타오르게 하는 빛을 더 이상 견딜 수 없다"(ED, p. 285)고 한 말과 일치한다. 다시 말해 우상으로서의 포화된 현상의 현상성이 체험되는 바를 그의 말에서 읽을 수 있다. 색들이 전면적으로 다가옴으로써 보이는 것들이 보는 자의 시선을 압도하고, 감상자와 작품이 함께 있는 공간을 포화함으로써 마리옹이 말한 가시성의 충만이라는 우상의 현상성이 입증될 수 있다.

그런데 흥미로운 것은 로스코가 단지 우상의 현상성에만 머무르지 않는 것 같다는 점이다. 색감을 통해 현상의 현상성이 스스로를 드러

---

22) M. Rothko, "Letter to Katharine Kuh"(September 25, 1954), M. López-Remiro(ed.), *Writings on Art: Mark Rothko*, New Haven: Yale University Press, 2006, p. 99, 강조는 필자.

내고 우리의 직관을 포화하는 우상의 현상성을 보여주던 그의 작품 세계에, 이러한 우상의 현상성과 아이콘의 현상성을 가로지르는 교차 또는 이행이 나타나게 된다. 마리옹의 입장에서 로스코는 외관에 대한 집착을 점차적으로 벗어나려고 한 탁월한 화가다. 이미 언급한 대로, 이러한 외관의 종결은 바로 그가 오로지 색감 자체에 집중하는 가운데 이루어진다. 그런데 실상 로스코의 1940년대 그림들만 해도 외관에 대한 직접적 묘사는 없지만 여전히 건축술적인 색을 통한 다층적 형태 묘사를 완전하게 배제하지 않는다. 이러한 로스코의 작품들이 바로 멀티폼이다. 이런 점에서 1940년대 초중반의 과도기에 그린 그림들이 외관에 대한 집착을 완벽하게 저버렸다고 볼 수는 없다. 로스코는 이렇게 말한다. "나는 사람들이 형성해낼 수 없는 몸짓을 그려내기 위해 형태론적인 형식을 사용하기 시작했다. 하지만 이는 불만족스러운 것이었다."[23] 마리옹은 이 불만족이 "분명 기술적 난점"에서 비롯된 것은 "아니"라고 이해한다(DS, p. 92). 그것은 인간적인 것을 평면상의 외관이라는 형태에 밀어 넣는 "밋밋한plate 가시성을 강요함으로써"(DS, p. 92) 일어난 필연적 불만족이다. 마리옹의 용어로 표현하자면, 로스코의 불만은 보이는 것에만 집중하게 만드는 우상에 대한 불만이다.

이에 로스코는 과도기를 넘어 1940년대 후반에서 1950년대로 넘어가는 시기에, 외관에 대한 집착을 완전하게 끝냄과 동시에 형태가 아닌 오로지 색 자체를 통해서만 인간의 드라마를 나타내는 일로 자신의 작업 방향을 바꾸게 된다. 마리옹은 이러한 로스코의 외관에 대한 거

---

23) J. B. Breslin, *Mark Rothko*, p. 395.

부를 얼굴에 대한 사유에 접붙인다. 가시성의 충만이라고 할 수 있는 우상으로서의 그림은, 우리에게 경탄을 불러일으키는 것이기는 하지만 얼굴을 외관의 묘사로 격하시키는 효과를 일으킬 수 있다.

> 만일 미술peinture이, 그 자신을 주는 것을 그 자신을 보여주는 것으로 환원시키고, 잠재적인 것을 순수하게 보여지는 것으로 환원시키는 현상학적 기능을 실행한다면, 또한 보이는 모든 것을 평면의 순수하고 단순한 평면성으로 복원해냄으로써 환원이 일어나게 한다면, 미술은 불가피하게 외관façade을 종결시켜야만 한다. (DS, p. 92)

마리옹은 이런 점에서 외관의 묘사를 거부하는 방향으로 나아가는 로스코가 레비나스의 철학과 맞닿을 수 있다고 본다. "레비나스는 외관과 얼굴의 절대적 양립 불가능성을 수립하기 때문이다"(DS, p. 93). 레비나스는 일견 외관을 긍정하는 것처럼 보인다. "사물에다 **외관** 같은 것을 부여해주는 것이 예술이다. 외관을 통해 대상들은 보여질 뿐만 아니라 전시된다. 질료의 어두움은 분명히 외관을 가지지 않는 존재의 상태를 표시한다. 건물 개념에서 빌려온 외관이라는 개념은 우리에게 아마도 건축물이 최초의 예술임을 암시한다. [……] 외관을 통해서, 비밀을 간직하고 있는 사물은 그 기념비적 본질 안에서…… 그 신화 안에서 유폐된 것을 스스로 노출시킨다."[24] 여기서 레비나스는 분명 외관이 사물을 예술로 드러나게 해준다고 말한다. 이런 점에서 사물을 예술로 승화시키는 것이 외관인 것처럼 보인다. 하지만 조

---

24) E. Levinas, *Totalite et Infini*, La haye : Martinus Nijhoff, 1961 ; 1965, p. 167.

금 더 살펴보면 레비나스가 외관을 통한 예술적 표현을 반드시 긍정적으로만 평가하는 것은 아니라는 사실을 알 수 있다. 외관이 설사 사물을 예술로 승화시키는 역할을 담당한다고 하더라도 "외관은 모든 심원함을 무효화한다"(DS, p. 93). 왜냐하면 외관 안에서 "보여지는 것은 필연적으로 밋밋함으로 환원된, 평면에서 보여져야만 하고, 그러므로 외관은 내밀한 것으로의 접근을 차단해버린다"(DS, p. 93). 이것은 마리옹만이 아니라 레비나스에게도 마찬가지다. 그는 다음과 같이 반문한다. "예술은 얼굴을 사물에게 제공하는 활동이 아닌가? 집의 외관이 우리가 바라보는 그 집이 아닌가?"[25] 외관이 사물을 예술화한다고 해서 얼굴을 해치지 않는다는 것은 아니다. 예술작품으로의 고정성은 얼굴을 마치 가시성 안에서 충만한 것으로 여겨지게 함으로써 그것을 우상화해버린다. 얼굴을 통해 나타날 수 있는 책임의 요구와 부름 같은 것은 가시성 안에서 완전히 용해되어버릴 위험에 처한다. 레비나스는 바로 그것을 지적한 것이고, 마리옹이 주목한 것도 이 점이다. 다음과 같은 레비나스의 발언은 매우 결정적이다. "얼굴이야말로…… 건물과 사물의 외관이 모방해내지 못하는 **마주함**l'en-face의 예외적 사건이 근원적으로 일어나게 하는 바로 그것이다."[26]

이 맥락에서 마리옹은 레비나스가 제시하는 '타인의 얼굴'이 자신

---

25) E. Levinas, "L'ontologie est-elle fondamentale?" (1951), *Entre nous: Essai sur le penser-à-l'autre*, Paris: Grasset, 1991, p. 23.

26) E. Levinas, "Un Dieu Homme" (1968), *Entre nous*, p. 73. 이상하게도 마리옹은 façade와 visage가 가장 극명하게 대립하는 이 구절을 인용하지 않는다. 해당 인용구는 마리옹의 논지를 더 강화해줄 수 있다. 레비나스의 예술철학에 관해서는 다음 문헌들을 참고. M. Sharpe, "On Levinas' shadow," *Colloquy: Text Theory Critique*, no. 9, May 2005, pp. 29~47; 서동욱, 『차이와 타자』, 문학과지성사, 2000. 특별히 이 책의 10장을 보라.

이 설명하는 아이콘에 부합한다고 본다. 왜냐하면 얼굴은 단지 외형적인 어떤 것의 다가옴에서 끝나는 것이 아니라 시선으로 주어지는 것을 통해 일종의 목소리로 나아가게 만들기 때문이다. 그 목소리는 도움과 책임에 대한 부름 내지 호소다. "나를 선임하고, 나에게 명령하며, 나를 부르는 얼굴에서 비롯되는 나의 책임은 바로 이 부름 속에 있다."[27] 이처럼 타인의 얼굴은 단지 시선 안에서 모두 포착되는 것이 아니라 그 얼굴만으로는 보이지 않는 다른 어떤 것, 즉 윤리적 책임으로까지 전환된다. **보이는 것에서 보이지 않는 것으로의 이행**이 얼굴이 감추고 있는 윤리적 요청으로 이루어진 것이다. 이것이 다름 아닌 아이콘적 효과다.

하지만 이러한 타인의 얼굴이 함축하는 아이콘의 효과가 반드시 윤리적인 것 — 책임 — 으로만 귀결될 필요는 없지 않을까? 왜냐하면 미술 안에서도 타인이 대상화되지 않은 채로 나타날 가능성은 얼마든지 있기 때문이다. 하지만 확실한 것은 예술이 윤리적인 것과 무관하게 추구되지 않아야 한다는 점이다. 여기서 윤리적인 것이란 규범을 뜻하는 것이 아니다. 그것은 레비나스적인 의미에서 타인의 얼굴을 대상화시키지 않는 인간적 감수성과 관련한다. 로스코는 외관의 묘사를 통해 타인의 얼굴을 직접적이고 구체적으로 묘사함으로써 생길 수 있는 윤리적 얼굴의 훼손을 크게 염려했다. 이와 더불어 로스코는 "감수성sensuality" "긴장," 그리고 인간의 "죽음" "농담과 놀이" 같은 "인간적 요소human element"와 "희망" 등의 "구성요소들을, 그림을 그릴 때 아주 세심하게 측정한다"고 밝힌 바 있다.[28] 얼굴을 훼손하지 않으면

---

27) E. Levinas, *De Dieu qui vient à l'idée*, Paris: J. Vrin, 1982; 2004, p. 245.

서 인간적인 가치를 나타내려고 한 로스코의 고뇌가 바로 이 대목에서 나타난다. 다시 말해 그는 작품이 타인을 대상화하지 않는다는 윤리적 가치, 또는 외관과 같이 왜곡을 동반하는 재현을 통해서는 나타나지 않는 인간적인 가치를 드러내고 싶어 했다.

　나는 이러한 그의 태도가 점점 더 부각되는 가운데, 로스코의 그림이 우상의 현상성에서 아이콘의 현상성으로의 이행을 보여준다고 이해한다. 물론 로스코의 작품 세계가 순전히 아이콘이기만 한 것은 아니다. **우상이 가시성, 즉 보이는 것의 충만을 통해 경탄을 이끌어내는 것이라면, 아이콘은 보이는 것에서 보이지 않는 것으로 우리의 시선을 전환시키는 효과를 이끌어내는 것이다.** 로스코의 색면추상예술의 특징은 평면성에 있다. 그는 그림이 평면을 벗어날 수 없다는 한계를 인정하고, 색으로 그 평면을 가득 채운다. 이 경우 로스코는 색채를 통해 평면성의 효과를 극대화한 화가로 여겨질 수 있다. 보이는 색채로 뒤덮인 평면상에서의 색채의 효과에 치중했다는 점에서, 로스코의 그림은 '색감을 봄' 안에서의 가시성의 충만이라는 우상의 현상성에만 충실한 것처럼 보인다. 이 때문에 마리옹은 로스코가 우상의 한계에 머무른다고 보지만, 나는 로스코에게서 아이콘에 대한 지향을 본다. 왜냐하면 로스코의 작품은 단지 색의 아름다움을 보여주는 데 그치지 않고, 보이는 색감과는 다른 것으로 이행시키는 힘을 가지고 있기 때문이다. 그것은 다름 아닌 인간이다. 보이는 색을 통해 보이지 않는 인간적 가치가 드러나는 것, 그것이 바로 로스코가 보여준 아이콘의 효과이다.

　로스코가 추구한 것은 단순히 색의 아름다움만을 보여주는 게 아니

---

28) J. B. Breslin, *Mark Rothko*, p. 390.

라 인간의 드라마를 보여주는 것이었다. 특별히 이 인간의 드라마를 나타냄에 있어 인간의 외관을 포기한 것은 아이콘의 현상성을 보여줄 수 있는 탁월한 태도가 된다. 외관은 인간을 평면상에 머무르는 어떤 것으로 규정할 수 있기 때문에, 얼굴을 왜곡하거나 심지어 파괴까지 감행할 수 있다. 하지만 이미 보았듯이 로스코는 초창기인 1920～30년대 인간의 외관을 직접적으로 나타내거나 도시의 풍경을 묘사하는 구상회화적 작업에서 벗어나 얼굴을 훼손하기를 거부하고, 외관이 아닌 색을 통해서만 인간을 나타내려고 했다. 비록 1940년대 로스코의 작품들은 멀티폼을 통해 다소간 형태적 외관의 특성을 남겨두는 것처럼 보이지만, 후기로 가면 그마저도 나타나지 않는다. 평면이라는 한계 속에서 인간 내지 인간적인 어떤 것을 묘사함으로써, 결국에는 인간을 왜곡시킬 수도 있는 일말의 가능성조차 남기기를 거부한 것이다. 이런 점에서 로스코가 우리의 시선을 외관의 가시성이 아닌, 보이는 것과는 다른 보이지 않는 것 — 윤리적인 것 내지 신비적인 것 — 으로 나아가게 하려 했다는 것은, 그가 우상의 현상성에만 머무르지 않고 아이콘의 현상성으로 다가갔다는 점을 납득할 수 있게 해주는 중대한 근거가 된다.

마리옹은 로스코의 색면추상예술이 가장 극대화된 곳이 바로 그가 말년에 벽화 작업을 수행한 휴스턴의 「로스코 채플」이라고 본다. 이 예배당은 로스코가 제작한 것으로, 사방이 어두운 색채로 조성된 벽화로 채워져 있다. "그 **예배당**Chapelle은…… 긴장을 예화하고 외관과 얼굴 사이, 우상과 아이콘 사이에서 자유롭게 가정된 모순을 보이게 하고자 갈색, 보라색, 그리고 검정색의 압도적이면서 위엄 있는 조화 symphonie만을 배치한다. 예배당은 건축 공간이 단번에 역설적으로,

〈사진 1〉마크 로스코, 「로스코 채플」(1971)

또는 희망을 담보로, 심원함profondeur을 그림들에게 수여해주는지의 여부에 따라 그림을 확대시킴으로써 저항할 수 없는 내적 파열 implosion을 지연시킨다"(DS, p. 97). 여기서 마리옹이 로스코를 통해 다시금 강조하는 것은 심원함이다. 심원함을 부정의 방식으로 표현하자면, 그것은 파악 불가능성 곧 신비에 다름 아니다. 작품을 단번에 파악할 수 있다면, 그것은 심원함을 남기지 않는다. 우리의 시선으로 포착이 불가능하게끔 우리의 시선을 보이지 않는 것으로 이행시키는 것, 그것이 바로 아이콘의 역설이다. 이러한 불가능성으로의 길, 외관에 대한 거부를 통해 비로소 드러나는 보이지 않는 것으로의 길, 이 길을 내기 위해 로스코는 일체의 외관과 재현을 거부했다. 더 나아가 1950년대 이후로 가면, 색면추상 기법에 입각한 로스코의 작품들은 이름을 거부한, 즉 제목이 없는 ── 흔히 "무제"라고 불리는 ── 작품이 주를 이룬다. 이것은 우리의 시선을 어떤 개념이나 표상에 묶어두지 않는 효과를 지닌다. 휴스턴의 「로스코 채플」 내부 벽면 곳곳에 걸려 있는 로스코의 작품들도, 로스코가 만들었다는 일반적 사실 이외의 그 어떤 다른 정보도 지시하지 않은 채 그저 "명칭이 없는 것으로 오늘날 남겨져 있다"(DS, p. 97)는 점 역시 그러한 효과를 입증해주는 것처럼 보인다. 이와 관련해서 마리옹은 **"시선을 열어주며 아이콘을 나타나게 할 수 있는 이름의 결여"**[29]를 강조한다.

마리옹은 그림이 아닌, 타인의 얼굴을 명확한 아이콘으로 간주하지만, 분명 로스코는 고유한 색면추상예술을 펼쳐가면서 이름과 외관이 없는 작품을 통해 우리의 시선을 보이는 것에서 보이지 않는 것으로

---

29) DS, p. 98, 강조는 필자.

이행시킨다. 작품을 통해 나타나는 인간의 드라마를 어떻게 하나의 이름으로 담아낼 수 있겠는가? 더 나아가 로스코는 작품에 어떤 설명도 달지 말라고 했다. 작품과 관객은 오로지 시선을 가로지르는 가운데 어우러질 뿐이다. 아울러 그는 자신의 작품을 전시할 때, 해당 작품을 보호하기 위해 작품과 감상자 사이를 갈라놓는 장애물도 설치하지 말라고 요구했다. 그런 주변적인 장치는 관객들이 그의 작품을 통해 신비의 세계로 들어가는 것을 방해하는 훼방꾼일 뿐이다. 그렇다면 우리는 작품 앞에서 무엇을 해야 하는가? 그것은 바로 침묵이다. 침묵이야말로 보이는 것에서 보이지 않는 심연으로 넘어가게 만드는 최고의 행위다. "침묵이야말로 가장 정확한 것이다Silence is so accurate."[30] 침묵만큼 대상화 및 개념화를 적극적으로 거부하는 무규정적 행위가 또 어디 있겠는가? 그리고 그 침묵 안에서 우리는 헤아릴 수 없는 어떤 신비와 마주하는 게 아닐까?

5. '철저한' 현상학적 미술론을 향하여

지금까지 해명된 장-뤽 마리옹의 미술론의 의미를 분명하게 파헤치고 그 의의를 짚어보도록 하자. 마리옹의 주요 철학적 기획은 주어짐의 현상학이다. 그는 우리에게 가장 궁극적이고 절대적으로 나타나는 것이 다름 아닌 주어짐/주어진 것이라는 데서 사유를 시작한다. 주어짐/주어진 것으로서의 현상은 그것이 나타나는 가운데 우리에게 자

---

30) J. B. Breslin, *Mark Rothko*, p. 392.

신을 내보여준다. 이러한 현상의 나타남/보여짐의 특징이 그의 미술론에도 핵심으로 부각되어 있다.

현상이 나타나는 것이라면, 그것은 그 현상을 받아들이는 자에게 나타나고, 나타남은 반드시 어떤 형식으로건 보는 자에게 보여진다는 사실을 함축한다. 이러한 현상학적 미술론의 특징은 현상의 주어짐과 보여짐을 특권화하는 데 있다. 여기서 주어짐의 근본성 내지 급진성, 철저성radicality이 드러난다. 현상학을 통해 미술작품을 이해할 때 그 이해의 핵심에는 현상의 주어짐과 봄이 있다. 미술의 이해에 있어, 마리옹의 철저한 주어짐의 현상학에는 다른 것이 끼어들 여지가 없다. 그는 어떤 이론적 관점이나 상식, 역사적 배경을 전제로 하지 않는다. 이런 것들은 하나의 견해opinion로서의 관점이 될 수는 있지만 시선 자체의 원초적 관점이 되지는 못한다. 이런 점에서 마리옹의 미술론은 회화의 현상을 직접적으로 체험하는 경우 우리가 겪게 되는 시선의 역설적 반응을 고찰한다.

이러한 반응은 그림을 대상화하는 일로 수렴되지 않고 시선의 역전 및 역설적 태도를 일으킨다. 마리옹은 회화를 시선을 전도시키는 포화된 현상으로 설명한다. 우상은 보이는 것의 충만함이 시선을 사로잡아 경탄으로 이끌어가는 것을 뜻하며, 아이콘은 보이는 것에서 보이지 않는 것으로 나아가게 하는 것을 뜻한다. 우상으로서의 포화된 현상은 직관의 초과를 일으킴으로써 개념화 작업으로 이행하지 못하게 만든 채 감상자에게 경탄을 일으키는 탁월한 현상이다. 이 현상을 접하면서 우리는 그저 경탄하고, 그 그림을 완전히 포착해내지 못한 채로 지속적으로 반응하고, 이해하려는 시도를 할 수 있을 뿐이다. 하지만 마리옹에 의하면 우상으로서의 그림은 한계를 지닌다. 우상은 오로지 가시성의 충만을 의도하기 때문에 보이지 않는 것으로의 이행으로까지 나아가지 않는다. 이를테면, 우상은 인간을 보이는 것으로 형상화할 수는 있지만 보이는 인간 안에 담겨진 보이지 않는 것, 즉 윤리적 책임이나 호소 같은 목소리까지 표현해내지는 못한다. 마리옹은 이러한 우상의 현상성이 지닌 한계를 인지한다. 보이지 않음이라는, 파악할 수 없음으로서의 심원함이라는 신비의 세계로까지 나아가지 못하는 한계 말이다. 단, 이것은 어떤 우열 관계를 설정하는 한계가 아니다. 그것은 그저 차이점을 나타내는 한계다. 그 차이점은 특별히 우리의 반응상의 차이로 나타난다.

우리는 무엇이 아이콘이고 무엇이 우상인지를 감별할 수 있는 능력을 가지고 있지 않다. 그 능력이 우리에게 있다면, 현상은 결국 주체의 능력에 따라 좌지우지되는 것으로 전락할 것이다. 각기 다른 방식으로 시선을 혼란스럽게 만드는 힘이란 각각의 회화가 지닌 현상성에 종속된다. 그렇기 때문에 우상과 아이콘의 구별은 가능성의 차원에 남겨져야 한다. 우리의 시선과 관련해서 '어떤 일을 일어나게 할 수 있는가'라는 그 반응적 가능성 말이다. 한편으로 특정 작품이 일으키는 효과라는 것이, 결국 우리의 시선을 사로잡아 작품의 매혹 속에 빨려 들어가게 만들어 경탄을 일으키는 것이라면, 그것은 우상에 대한 반응이 된다. 다른 한편으로, 특정 작품이 작품 안에서 보여지는 내용적 측면이나 색, 형태 묘사, 기법 등을 넘어 보이지 않는 것으로 시선을 완전히 전환시켜버림으로써 나를 심연의 세계로 인도한다면, 그것은 아이콘에 대한 반응이 된다. 이런 반응의 효과는 우리가 선취할 수 없고 단지 가능성의 차원에 머무는 것이기 때문에, 마리옹도 "우상과 아이콘 사이의 자유롭게 가정된 모순"(DS, p. 97)이라는 표현을 썼던 것이 아닐까? 회화는 우상과 아이콘을 오가면서 자유롭게 자신을 보여줄 수 있다. 감상자는 바로 이 우상과 아이콘의 효과를 오가는 반응 안에 놓여 있다. 우상에 대한 탁월한 수동적 응답이 경탄이라면, 아이콘에 대한 탁월한 수동적 응답 —— 로스코가 말한 '침묵'과 같은 —— 은 그림의 보이지 않는 신비에 침묵의 성찰로 반응하는 것이 아닐까?

또 한 가지 중요한 함의를 생각해보자. 이러한 마리옹의 미술론은 일종의 신비를 지향하고 있는 것이 아닐까? 물론 여기서 신비의 지향은 작품 감상자의 의도에서 비롯되는 것이 아니라 작품이 감상자를 보이지 않는 것으로 인도하는 데서 일어나는 일이다. 보이는 것이 보이지 않는 것으로 넘어가게 만든다는 것은 분명 우리의 이해와 인식의 틀과 어긋나는 일이다. 이 어긋남 속에서 우리는 신비 아래 휩싸일 수 있다. 아이콘이 동방정교회의 종교적 성화 등과 같은 종교예술에서 유래한 말이라는 사실도, 그것이 애초부터 이러한 신비성을 지향하고 있음을 암시하는 것이 아닐까? 다시 말해 보이는 형상에 만족하는 것이 아니라 보이지 않는 신에게로 향하게 만드는 것이 아이콘의 효과라면 우리는 그것을 접하는 순간 이미 신비의 길로 접어들게 된다.[31] 중요한 것은 이 신비가 그런 종교적 예술에만 국한되는 것이 아니라는 점이 로스코의 예술 세계를 통해 밝혀졌다는 점이다. 마리옹이 말하는 아이콘의 현상성은 눈에 보이는 것만이 아닌 보이지 않는 것까지 함축하는 심연의 길이다. 이런 점에서 마리옹의 철저한 주어짐의 현상학은,

---

31) 마리옹의 철학을 종교예술에 적용시킨 연구 결과로는 다음 문헌을 참조하라. R. Welten, "Toward a Phenomenology of the Icon," *Aesthetics as a Religious Factor in Eastern and Western Christianity*, W. P. van den Bercken & J. Sutton(eds.), Leuven: Peeters, 2005, pp. 395~404.

회화를 통해 신비로 나아가는 길에 들어서게 하는 독특한 예술 체험의 길을 열어줄 수 있는 가능성을 함축한다. 끝으로, 로스코 예술의 신비를 칭송하는 예술품 수집가 도미니크 드 메닐Dominique de Menil의 「로스코 채플」 봉헌사와 미술사가 바바라 로즈Barbara Rose의 「로스코 채플」에 대한 찬사를 인용하는 가운데 논의를 마무리하고 싶다.

도미니크 드 메닐의 봉헌사를 자세히 인용할 필요가 있다. '그림은 스스로 자신에 대해 말한다고 생각합니다. 우리가 그럴 기회만 준다면 말입니다. 〔……〕 하지만 저는 그림들과 함께 지내는 시간이 길어질수록 더욱 깊은 감명을 받고 있습니다. 로스코는 될 수 있는 한 자신의 작품이 가슴에 사무치는 것으로 만들고 싶어 했습니다. 그는 그것들이 아늑하고 초시간적인 것이 되기를 원했습니다. 실제로 그의 작품은 아늑하고 초시간적입니다. 우리를 포위하는 것이 아니라 감싸 안습니다. 어두운 표면은 시선을 멈추게 하지 않습니다. 밝은 표면은 역동적입니다. 그것은 눈길을 머무르게 하지만 우리는 보랏빛이 도는 갈색을 뚫고 **무한을 응시**gaze into infinite합니다.' 〔……〕 미술사가 바바라 로즈는 로스코 예배당을…… '그림들이 내부로부터 **신비스럽게** 빛을 발하고 있는 듯 보인다'라고 했다.[32]

---

32) J. Baal-Teshuva, *Mark Rothko, 1903~1970: Pictures as Drama*, Köln/London: Taschen, 2003, p. 75, 강조는 필자. 〔한국어판: 『마크 로스코』, 윤채영 옮김, 마로니에북스, 2006, pp. 74~75〕.

제2부

미술의　　　포스트모던적　　　모험

8장
라캉의
미술론

홀바인

자크 라캉
Jacques Lacan
1901~1981

한스 홀바인
Hans Holbein
1497~1543

회화에 대한 라캉의 논의는 눈이라는 시각기관이 리비도적인 장이라는 데서 출발한다. 인간의 눈은 단순히 세상을 보는 창이 아니라 세계에 리비도를 투자하는 구멍이다. 인간이 세계와 만나는 육체의 구멍, 세계가 인간 안으로 들어오고 나가는 구멍이다. 그 구멍을 통해 세계는 리비도적인 대상으로 재탄생한다. 그 세계는 타자와 더불어 사는 곳이라는 점에서 세계의 한복판에는 인간이 직면해야 할 타자의 욕망이 자리 잡고 있다. 타자의 욕망이 빗발치는 욕망의 전장에서, 그림이란 인간이 그러한 타자의 욕망에 직면하기 위해 고안해낸 주체적 장치이다. 타자의 욕망이 자신을 겨냥하는 곳에서 인간은 그림을 통해 그 스스로 주체가 된다. 라캉의 회화론은 바로 이 지점을 겨냥하고 있다.

새들의 사유와 제욱시스의 욕망

맹정현

1. 미혹과 눈속임

기원전 4세기 초 당대를 대표하는 화가였던 파라시오스Parrhasios와 제욱시스Zeuxis가 자신들 중 누가 더 뛰어난 화가인지 내기를 벌였다. 결전의 날이 되었을 때 제욱시스가 파라시오스에게 보여준 그림은 포도송이가 그려진 매우 정교한 벽화였다. 얼마나 치밀하게 그렸던지 새들이 날아와 포도를 쪼아 먹으려고 할 지경이었다. 이에 제욱시스가 승리를 확신하며 의기양양해하자 파라시오스가 그에게 보여준 것은 다름 아닌 베일이 그려진 벽화였다. 하지만 제욱시스는 그 베일이 그림이라는 사실을 눈치채지 못하고 이렇게 말했다. "자 이제 그 베일을 걷고 자네가 무엇을 그렸는지 보여주게." 제욱시스가 새를 속였다면 파라시오스는 제욱시스의 눈을 속임으로써 파라시오스가 내기에서 승리를 거두었다.[1]

이 우화의 핵심은 누가 더 대상을 정확하게 그렸는가가 아니다. 중요한 것은 두 화가가 그린 그림이 대상과 서로 다른 형태의 관계를 정초시킴으로써 관람자로 하여금 서로 다른 방식으로 덫에 걸려들게 했다는 점이다. 우선 첫번째 그림에는 포도의 이미지를 포도 자체와 혼동해 벽화에 머리를 찧은 새들이 있다. 이들은 대상과 표상적 관계를 맺고 있다. 표상관계는 어떤 하나의 물리적 대상, 즉 포도송이의 소비를 갈구하는 욕구의 관계에 근거한다. 즉 새들은 욕구의 덫, 소위 "미혹leurre"에 걸려들었다고 말할 수 있다.

$$\text{표상적 관계: } S \quad \Diamond \quad \text{대상}$$
$$\text{욕망의 관계: } \$ \quad \Diamond \quad a$$

반면 제욱시스는 표상된 대상 '저편'을 겨냥한다는 점에서 욕구의 관계를 넘어 욕망의 관계로 들어가고 있다. 파라시오스가 그린 베일은 사실 그 뒤에 아무것도 숨기지 않았음에도 불구하고(다시 말해 단지 그림일 뿐인데도) 그 자체로 제욱시스의 욕망을 자극하기에 충분했다. 욕구가 물리적 대상에 의한 만족을 추구한다면, 욕망은 이렇듯 표상으로 환원되지 않는 잔유물에 대한 갈망으로부터 비롯된다. 제욱시스가 베일을 걷기 위해 손을 뻗었다면, 이는 그가 라캉이 "눈속임trompe-l'œil"이라 부른 욕망의 덫에 걸려들었기 때문이다.

---

1) 이 우화에 대해서는 자크 라캉, 『자크 라캉 세미나 11: 정신분석의 네 가지 근본 개념』, 맹정현·이수련 옮김, 새물결, 2008, 제8장 3절 참조.

2. 진리와 몰인식

　욕구의 덫과 욕망의 덫——'미혹'과 '눈속임'——, 이 두 개의 덫은 두 관람자를 속임수에 빠뜨렸다는 점에서 동일한 효과를 만들어냈다고 할 수 있을지도 모른다. 하지만 우리는 이 두 개의 덫이 시각의 위상과 관련해 서로 다른 전제를 함축하고 있음을 유념해야 한다. 욕구의 덫에 빠진 '새들의 사유'는 바로 앞에 그려진 포도송이의 정확성('그럴듯함vraisemblance')에 현혹된 사유이다. 이는 시각의 자명성에 현혹되어 있는, '보이는 것이 다'임을 전제하는 전통적 인식론을 대변한다. 여기서 시각은 자명하고 투명한 도구로서 '보이는 것이 다'임을 전제한다. 반면 제욱시스가 빠진 욕망의 덫은 '보이는 게 다는 아니'라는 독특한 사유 방식을 대변한다. 이는 단순한 믿음의 부재가 아니라 '무언가'가 다른 곳에 존재한다는 더 강력한 믿음을 함축한다고 할 수 있다. 즉 보이는 것 너머에 무언가가 있다는 것인데, 바로 이러한 '너머'에 대한 믿음이 끊임없이 욕망을 부추기는 원동력이 된다.

　따라서 이러한 우화가 우리에게 뭔가를 말해준다면 그것은 바로 새들의 인식론적 시각에 대해 리비도적 장으로서의 시각 장, 소위 "시관적 장champ scopique"[2]이 우선하며 시각의 투명성은 시관적 장의 망각에 기초한다는 점이다. 시관적 장이 대상 a에 의해 결정되어 있는 주

---

2) scopique는 '관찰하다' '주시하다' 등을 뜻하는 scope에서 파생된 형용사이다. visuel이 시각이라는 감각과 관련되어 가시성의 영역을 가리킨다면, scopique는 좀더 한정해서 욕망과 충동의 장으로서의 시각적 특성을 의미하는 것으로, 대상의 차원에서 눈(시선)과 응시의 분열에 해당하는 시각적 속성의 분열을 지칭하기 위해 라캉이 특별히 선택한 용어다.

체의 불투명성을 전제한다면, 새들의 사유는 시각을 투명한 도구로 축소시킴으로써 주체의 자율성을 확신케 한다. 하지만 이렇게 주체가 '투명한' 시야를 보장받게 되는 것은 리비도적 장의 대상, 즉 a가 0으로 축소되는 한에서이며, 결국 여기서는 욕망의 장이 물러나는 대신 자아와 대상, 즉 자아와 소타자(이미지) 간의 상상적 관계[m $\diamond$ i(a)]가 전면에 강조된다. 물론 이러한 테제는 시관적 장에 대한 망각 역시 시관적 장에서의 주체의 한 가지 태도에 지나지 않는다는 사실을 전제한다.

$$\frac{\mathrm{m} \;\diamond\; i(a)}{\$ \;\diamond\; (a \to 0)}$$

상상적 관계 속에서 구성된 것일 뿐인 주체의 자명함이 세계를 보는 중심에 놓임으로써 주체는 자신의 기원을 망각한다. 바로 이것이 라캉이 시관적 장을 탐사하는 데 있어 무엇보다 그림에 호소하는 이유이다. 그림은 시각 장이 담고 있는 진리를 보여주는 좋은 길잡이다. 라캉이 세미나에서 그림에 많은 부분을 할애하고 있는 것[3]은 시각이 쉽사리 투명성의 환영 속에 빠져들 수 있는 반면, 그림은 시각에 담긴 몰인식의 함정 속에서도 시각의 진리를 일깨워줄 수 있는 훌륭한 안내자가

---

3) 라캉은 1964~65년에 시행된 세미나(『자크 라캉 세미나 11: 정신분석의 네 가지 근본 개념』)의 두번째 학기를 그림에 할애한 바 있다. 그는 여기서 시관적 장에서의 주체의 분열과 대상 a라는 개념을 제시했다. 또 이후 1966~67년에 시행된 세미나(『자크 라캉 세미나 13: 정신분석의 대상』)에서는 대상 a의 위상학적 개념을 데자르그Gérard Desargues의 투사광학이라는 맥락에서 예증하는 데 몇 차례의 강의를 할애한 바 있다. 후자에 대해서는 J. Lacan, *Le séminaire livre XIII: L'objet de la psychanalyse*(미출간), 5월 강의 참조.

되기 때문이다.

3. 두 가지 장면

시각의 투명성의 신화 속에 감춰져온 시각의 진리, 그러한 진리에
의해 일깨워진 주체와 대상의 새로운 관계로 접근하는 데 제욱시스와
파라시오스의 우화는 더없이 좋은 출발점이 될 수 있다. 하지만 라캉
이 그러한 출발점보다 더 관심을 기울이는 것은 바로 그 진리가 스스
로를 계시하는 지점이다. 그는 인간의 역사, 특히 회화의 역사 속에서
탄생한, 새들의 사유에 가까운 시각론이 파열되면서 어떻게 시각의
진리가 드러나는지에 주목한다.

이를 위해 라캉이 주시하는 것은 회화사의 두 가지 장면이다. 한편
으로 그는 회화사에서 새들의 사유에 상응하는 그림이 출현하는 지점
에 주목한다. 즉 '기하광학적 원근법'이 출현하는 지점, 비트루비우스
Vitruvius, 비뇰라Giacomo Barozzi da Vignola, 알베르티Leon Battista
Alberti, 뒤러Albrecht Dürer 등으로 이어지는 원근법의 발명이 이루어지
는 지점에 주목한다. 다른 한편, 회화사에는 그러한 몰입식에도 불구
하고 진리가 스스로를 드러내는 순간이 있는데, 그것은 바로 '왜상
anamorphosis'을 통해 원근법이 전도되는 순간이다.

『회화론De la pintura』(1435)에서 알베르티는 이미지를 원근법적으
로 구성하기 위한 최상의 방법을 정립했다. 이는 인간이 명석 판명한
정신의 원리, 기하학의 원리를 시각에 적용함으로써 시각 장의 자명
성을 확보하는 데 이르렀던 중대한 사건이다. 하지만 곧이어 홀바인

〈그림 1〉한스 홀바인, 「대사들」(1533)

의 「대사들」과 같이 원근법의 전도된 활용, 즉 왜상이 출현했는데, 라캉의 관점에서 볼 때 왜상은 기하학적 광학에 의해 봉합되어 투명한 수단으로 축소된 시각 장이 파열되어 터져 나온 증상적 실밥과 같은 것이다. '억압된 것의 회귀'처럼 그림 속의 평면, 기하학적 격자들 속에 감금된 시선이 팽창하면서 그림 속의 얼룩으로서 회귀한다는 것이다. 이러한 과정은 단순히 기법의 진화가 아니라 인간이 감각으로서의 시각과 맺는 관계의 진화를 의미하며, 근본적으로는 다른 양상의 주체로 이행하는 과정이다. 그렇다면 이 다른 양상의 주체란 어떤 것일까?

4. 시각의 봉합

먼저 봉합되기 이전의 시각, 왜상이 터져 나오기 직전의 시각이 어떤 모습인지부터 살펴보자. 알베르티에 의해 공표된 원근법적 주체는 데카르트가 곧이어 주창하게 될 이성의 원리를 시각 장 속에서 예고하는 주체, 즉 세계를 자신 앞에 펼쳐진 표상들로 환원하고 대상들을 그 표상들의 격자 속에 자리매김하는 주체이다.

이러한 주체의 양상을 보여주는 알베르티의 원근법적 구성을 따라가보자. 우선 그림과 그림이 위치한 바닥이 교차하는 지점에 경계선을 그어 동일한 크기로 분할한다. 그리고 그림 속에서 관찰자의 눈과 동일한 높이의 지점에 수평선을 긋고(지평선), 바닥의 분할된 각 지점에서 출발한 직선들이 수평선의 한 점으로 수렴하도록 그린다(소실점). 이러한 구성은 이미지를 눈에서 출발한 광선들의 피라미드가 횡단하는 하나의 면으로 간주하는 것이다.

원근법의 발명은 **신**의 시선을 경유해 사물을 바라보는 중세적 세계관에서 벗어나 인간 자신의 시각이 정립되는 과정에 상응한다. 여기서 중요한 것은 세계를 하나의 평면 속에 담아 펼쳐놓는 것, 즉 균등하지 않은 대상들을 교환 가능한 점들로 표기하는 것이다. 이는 대상을 원근법적 장에 위치시키기 위해 만든 '뒤러의 창틀portillon'[4]을 보면 쉽게 이해할 수 있다. 뒤러의 창틀 속으로 들어온 세계는 몇 개의 점들, 등가적 단위들로 환산된다. 세계를 등가적 단위들로 환산하는 것은 곧 세계를 시니피앙signifiant의 질서로 바꾸는 것을 의미한다. 신적인 의미로 충만한, **신**에 의해 창조된 사물, 상징으로서의 사물을 계산 가능한 숫자 1로 바꾸는 것이다.

그렇다면 여기서 주체는 어디에 위치하는가? 언뜻 보면 주체는 신을 대신한 자리에 위치하는 듯 보인다. 즉 그는 신으로부터 세계를 탈취해 세계의 주인으로 자리 잡는 것처럼 보인다. 하지만 이러한 지각 변동에서 새로운 것이 있다면, 그것은 주체 역시 세계에 속해 있는 한 그 또한 시니피앙으로 환원되는 것을 피할 수 없다는 사실이다. 주체 또한 하나의 '점'으로 환원되지 않을 수 없다는 것인데, 이러한 '점'으로서의 주체는 그림 속에서 전지적 시점의 상관항인 소실점을 통해 드러난다.

물론 캔버스 속에 표기되는 점과 세계를 그러한 점으로 환산하는

---

4) 이는 원근법을 작성하기 위해 알브레히트 뒤러가 고안한 장치를 말한다. 여닫을 수 있는 창문이 달린 창틀처럼 생겼다. 창문을 통과시킨 실을 가지고 테이블 위의 피사체의 여러 지점을 찍으면 그 지점들과 그 실이 출발한 지점 간의 거리에 의해 창문, 더 정확히 말해 창문에 덧댄 종이에 피사체의 원근법적 구도가 그대로 남게 된다.

점, 즉 조망점은 동일한 것이 아니다. 전자가 주체에 의해 '무화되는' 점이라면, 후자는 세계의 실체를 비워내는 점, 세계를 '무화시키는' 점이기 때문이다. "세계 속에서의 나의 현존 양태, 그것은 자신이 주체임을 확신하게 하는 유일한 증거로 자기 자신을 내세움으로써 결국 능동적인 무화의 과정 자체가 되어버린 한에서의 주체이다."[5] 이러한 조망점은 자신조차도 비워내는 끊임없는 "무화의 과정"에 다름 아니다.

결국 하나의 점 속에 '무한'이 자리 잡는다. 이러한 무화의 과정이 세계를 산술화하는 출발점인 이상 주체는 모든 계산이 정초되는 '공집합'이라 할 수 있다. 또 바로 이런 의미에서 우리는 알베르티의 원근법적 주체가 데카르트보다 먼저 정신분석의 주체를 예고한다고도 말할 수 있다. 세계를 시니피앙으로 환산하는 과정 속에서 자신의 실질성까지도 무화시키는 주체, 그 주체에게서 장차 라캉이 '분열된 주체'라고 부르게 될 무의식의 주체를 알아보는 것은 그리 어려운 일이 아니다.

물론 라캉의 지적은 원근법의 발명이 무화의 과정으로서의 주체, 회의의 주체를 탄생시켰다는 것으로 그치지 않는다. 그는 애초의 의의와는 달리 그러한 주체가 곧이어 '이상화의 원리'로 퇴행해버렸다는 점을 강조한다. 즉 자신까지도 비워버렸지만 그 빈자리에는 또 다른 실질성이 들어앉게 되었다는 것이다. 이름 하여 '형식적 실질성,' '나는 생각한다'의 초월적 실질성으로 보다 강력한 실질성이 탄생한 것이다. 데카르트에게서와 마찬가지로 알베르티의 원근법에서도 '나'

5) J. Lacan, *Le séminaire livre XI: Les quatre concepts fondamentaux de la psychanalyse*, Paris: Seuil, 1973, p. 77.

의 확실성이 온전히 보존되며 그것이 세계를 재구성하는 출발점으로 정립된다는 것이다.

따라서 알베르티의 원근법적 주체에 대한 라캉의 평가는 이중적이다. 한편으로 알베르티의 주체에 대한 관념은 세계에 대한 새로운 정산을 통해 정신분석의 탄생을 위한 기틀을 마련했다. 하지만 그럼에도 그것은 확실성의 주체로 이상화됨으로써 진리에 대한 몰인식에 빠져버렸다. 실제로 원근법적 시점은 '보다'와 '생각하다'의 등가성을 전제한다. 이는 사유에 대한 시각의 종속을 함축하는 것이다. 이런 맥락에서 라캉은 "기하광학적 원근법에서 관건은 시각이 아니라 공간의 좌표화일 뿐"[6]이라고 말하는데, 왜냐하면 이러한 원근법에서는 굳이 눈이 없어도 줄과 자만 있으면 어디서든 시각을 구성해낼 수 있기 때문이다. 보지 않아도 볼 수 있고 가보지 않아도 그릴 수 있는 화가, 자연을 그리기 위해 굳이 야외로 나가지 않고 화실에서 기하학 책을 펴드는 화가가 탄생한 것이다. 이러한 화가가 앞서 언급된 새들의 사유와 마찬가지로 상상적 관계 속에 빠져버린 주체, 자아로 환원된 주체임은 당연하다.

5. 증상으로서의 왜상

이러한 주체가 철학의 역사에서 오랫동안 군림했던 반면, 회화의 역사에서는 비교적 빨리 자신의 이면을 드러내고 만다. 억압되었던

---

6) 같은 책, p. 81(136). 이하, 괄호 안의 숫자는 한국어판의 쪽수를 가리킨다.

것이 되돌아오면서 증상을 만들어내듯, 원근법적 시각에 의해 말끔하게 꿰매어졌던 시관적 장이 터지면서 '왜상'이 출현하게 된 것이다. '왜상'이란 원근법적 시각을 구성하기 위해 고안된 뒤러의 창틀을 뒤틀어서, 그 창틀을 통해 만들어진 그림을 피사체의 위치에 올려놓고 다시 한 번 원근법을 적용시킴으로써 만들어진다. 이렇게 되면 "저 끝에 있는 세계가 복원되는 것이 아니라, 재미있게도 처음에 얻었던 이미지의 왜곡된 형상을 얻게 될 것이다."[7] 여기서 라캉이 주목하는 부분은 형태에 대한 바로크적 개념이 아니라 그 형태에 함축된 주체의 형상이다. 즉 관건은 생각하는 주체의 계보 속에 있는 '보는 주체'의 투명한 시야가 어떻게 얼룩처럼 튀어나온 다른 시각에 의해 '무화되고' 있는가이다.

라캉이 논평했고 『자크 라캉 세미나 11: 정신분석의 네 가지 근본 개념』의 표지로 사용되기도 한 한스 홀바인의 그림 「대사들」을 보자 (〈그림 1〉 참조). 그림에는 두 명의 대사가 서 있다. 그 둘 사이에는 당대 지식인들이 눈뜨기 시작한 **과학**을 상징하는 사물들, 지식을 상징하는 펼쳐진 책자, 당시 막 유행하기 시작한 기하학적 측량을 상징하는 기구들, 자연의 정복을 의미하는 지구본 등이 놓여 있다. 탁자 위에는 예술을 상징하는 악기가 특별히 뒤러의 창틀을 이용해 전형적인 원근법으로 그려져 있다. 두 인물이 딛고 서 있는 바닥 역시 원근법을 강조하기 위해 르네상스 시대에 배경으로 주로 사용된 입방체 모양의 바닥이다.

하지만 그림은 거기서 끝나지 않는다. 두 인물 사이에 허공에 떠 있는 듯이 보이는 요상한 물체가 있다. 그림의 일부라기보다는 그림 위

---

7) 같은 책, p. 82(137).

를 낮게 날고 있는 비행체처럼 보이기도 하고, 온전한 그림 위에 무늬가 있는 셀로판지를 덧댄 것처럼 보이기도 한다. 무엇일까? 만약 이 그림이 걸린 방을 빠져나가면서 뒤돌아서 그림을 삐딱하게 본다면, 우리는 그것의 원래 모양이 해골임을 깨닫게 될 것이다. 그냥 해골이 아니라 원근법을 뒤집어서 그려놓은 해골이다. 그렇다면 이 해골의 뒤틀린 형태는 무엇을 뜻하는 것일까?

원근법적 시각이 완성되기 위해서는 나는 오로지 '바라보는 주체'로 위치해야 한다. 내가 보는 곳에서 나는 단 하나의 주인, 절대 **주인**이 되어야 한다는 것이다. 하지만 여기에 그려진 해골의 왜곡된 형상은 나의 시야 속에 또 다른 눈(응시)이 자리 잡고 있음을 암시한다. 원근법을 뒤집어서 그린 해골은 다른 각도의 또 다른 시선을 상정한다. 한마디로 내가 보고 있는 시야, 말끔하게 봉합된 시야 속에 작은 틈이 생기며 그 틈으로 **타자**의 응시가 나를 바라보는 것이다. 물론 이 해골이 **타자**의 응시 자체는 아니다. 그것은 오히려 **타자**의 응시가 남긴 '얼룩tache'에 가깝다. 왜냐하면 **타자**의 응시 자체는 재현되지 않는 것이기 때문이다.

알베르티의 원근법적 주체가 '세계를 무화하는 주체,' 대상들을 하나의 점으로 환원시키는 주체라면, 「대사들」 속에 낮게 날고 있는 해골은 바로 이 '무화하는' 주체가 실은 '무화되고 있는' 주체에 불과하다는 것을 보여준다. "그 대상은 해골의 형상으로 우리 자신의 무를 반영"[8]한다. 그리하여 "주체라는 개념이 등장하고 기하광학이 연구되던 바로 그 시대에 홀바인은 무화된 것으로서의 주체에 다름 아닌

---

8) 같은 책, p. 86(145).

어떤 것을 가시화해서 보여주고 있다."⁹⁾ 원근법 속에서 나는 나의 시야 속에서 제왕적 위치에 있다고 믿지만, 원근법에 의해 봉합된 시야의 꿰맨 부분이 터지는 순간 불쑥 튀어나온 **타자**의 응시에 의해 꼼짝없이 갇혀버린다. "주체로서의 우리가 말 그대로 그림 속으로 불려 들어가 마치 그 안에 붙잡힌 것처럼 표상된다."¹⁰⁾ 이 세계에는 나의 시선만 있는 것이 아니고 내가 **타자**의 응시에 의해 관통되고 있는 이상, 결국 나 자신이 그림이 되어 그림 속의 얼룩으로 환원되어버리는 것이다.

6. 눈과 응시의 분열

원근법과 왜상의 관계로부터 덫에 빠져 있는 주체가 계시되었다면, 우리는 그러한 덫이 어떤 방식으로 구조화되며 작동하는지에 대해 질문을 던져야 할 것이다. 그런데 시각 장이 대상 a를 중심으로 조직된다면, 덫의 구조에 대한 질문은 시각 장의 구조 자체, 좀더 정확히 말해 시관적 장의 분열과 그 장의 대상에 대한 질문과 연동되어 있다고 할 수 있다. 즉 '무화하는 주체'로부터 '무화된 주체'로의 이동이 '인식론적 주체'로부터 '리비도적 주체'로의 이동을 함축한다면 '대상의 수준'에서는 어떤 일이 일어날까?

이는 지금까지 우리가 다룬 문제보다 훨씬 복잡한 문제이다. 리비

---

9) 같은 책, p. 83(139).
10) 같은 책, p. 86(145).

도의 장에서 주체의 자리는 비교적 명백한 편이지만 대상의 자리는 그렇지 못하기 때문이다. 물론 인식의 장을 함축하는 제욱시스의 그림에서는 새들로 하여금 그것을 향해 날아들게 만든 대상이 무엇인지가 분명하다. 그것은 바로 욕구의 대상인 포도송이, 정확히 말하자면 포도송이의 이미지이다. 하지만 제욱시스가 '보고자 하는' 욕망을 갖도록 만든 대상은 무엇일까? 그것은 그림 속에 그려진 베일일까? 그렇지 않을 것이다. 그랬다면 그는 굳이 베일을 들춰보고자 하지 않았을 것이다. 도대체 무엇이 그로 하여금 그 베일을 들춰보고 싶게 만든 것일까? 그것은 베일이 아닌 베일 뒤의 '무엇'이다. 물론 베일 뒤에는 무언가 있을 수도 있지만 아무것도 없을 수도 있다. 중요한 것은 무엇이 있고 없고가 아니라 베일이 그 무언가의 자리를 만들어냈다는 점이다. 베일 뒤에 있다고 가정된 그 '무엇'은, 베일이 없다면 아무런 힘도 발휘하지 못할 것이다. 아무것도 아니지만 표상으로 환원되지 않음으로 인해 '굉장한' 가치를 지니게 되는 것, 이것이 바로 제욱시스를 유혹했던 무엇, 소위 욕망의 원인으로서의 대상 a이다.

그렇다면 시각 장에서 대상 a란 무엇일까? 이에 답하기 위해서는 먼저 시각의 구조 전반을 다시 고려해볼 필요가 있다. 시각의 수준에서 인식론적 주체와 리비도적 주체를 분할하는 중대한 차이는 그들의 출발점이 어디냐에 있다. 인식론적 주체의 경우 시각의 출발점은 주체, 즉 '나는 본다'이다. 반면 "시관적 장에서는 응시가 바깥에 있으며 나는 응시된다는 것을, 즉 나는 그림이 된다는 것을 강조해야"[11] 한다. 리비도적 주체의 경우 논의의 출발점은 주체의 시각이 아니라 그에 앞

---

11) 같은 책, p. 98(164).

서 존재하는 **타자**의 시각, 소위 '응시'이다. 다시 말해 "세계는 모든 것을 훔쳐보는 자(관음증자)이지만 노출증자는 아니다."[12] **타자**와 주체 사이에는 근본적인 불균형이 있다. 라캉의 관점에서 볼 때 시각 장에서 주체와 **타자**의 관계는 언어의 장에서 그 둘의 관계와 상동적이다. 언어의 장에서 나는 말하기 이전에 말해진다. 나 자신도 모르는 사이 나의 이름이 호명되고, 나에 관한 말들이 나를 에워싼다. 마찬가지로, 시관적 장 속에서 나는 보기 이전에 보인다. 내가 눈을 뜨기 이전에 나는 누군가에 의해 주시된다. 이것이 바로 라캉과 메를로-퐁티가 수렴하는 지점이다.

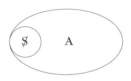

하지만 라캉의 논의는 주체의 시선에 **타자**의 시선이 선재한다는 점을 지적하는 것으로 끝나지 않는다. 한 걸음 더 나아가 그는 **타자**의 시선이 선재하지만 주체의 시야가 확보되기 위해서는 그 **타자**의 시선이 상실되어야 한다는 점을 강조한다. 즉 나의 시야는 나 자신을 **타자**의 응시로부터 분리해야만 성립된다. **타자**의 응시의 대상으로서의 나 자신을 떨어뜨려야만 주체로서의 '나'를 정립할 수 있다는 것이다. 이는 **타자** 자신이 주체의 위치에서 대상의 위치로 전락함을 함축한다. **타자**가 나의 '대상'으로 전락하면서 **타자** 자신이 주체로서 지닌 속성들이

---

12) 같은 책, p. 71(119).

나의 시야 밖으로, 다시 말해 시니피앙의 장 밖으로 떨어져 나가게 되는데, 이렇게 떨어져 나간 **타자**의 (주체적) 시각이 나 자신의 관점에서 소위 '실재' 속에 있는 리비도적 대상을 구성하게 된다. 그리하여 **타자**의 시선은 그중에서도 내가 볼 수 있는 시선(시니피앙으로서의 시선)과 내가 볼 수 없는 시선(시니피앙 밖의 시선, 즉 응시)으로 분리된다. 이것이 바로 '눈과 응시의 분리'이다. 나는 **타자**의 눈을 볼 수 있지만, 그가 나를 '어디서부터 바라보는지를' 알 수 없다. 내가 볼 수 없는 **타자**의 시선, 나를 '욕망의 대상으로서' 바라보던 **타자**의 시선, 이것이 바로 '**타자**의 응시'이다. 내가 주체로서 나의 시야를 구성하는 이상, **타자**의 응시는 상실된 것으로서만 존재한다. 바로 이렇게 해서 나를 욕망하던 **타자**의 응시, 그 상실된 응시는 나의 욕망을 부추기는 '욕망의 원인'이 된다.

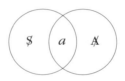

이러한 시각의 분열은 무엇보다 나보다 먼저 존재하고 내가 보기 이전에 먼저 나를 바라보던 **타자** 자신이 이미 분열되어 있다는 데서 비롯된다. 시니피앙의 질서 자체는 이미 분열되어 있다. 즉 그 자체 안에 시니피앙에 의해 표상될 수 없는 지점을 담고 있다. 그리고 주체의 분열과 **타자**의 분열의 교차 속에서 '보다'와 '바라보다'가, 눈(시선)과 응시가 분할된다. 그리고 이렇게 해서 '보다'와 '보지 못하다'가 중첩된다. 즉 무언가를 "보지만 아무것도 보지 못하는" 맹목적인 시선이 탄

생하는 것이다.[13]

7. 욕망의 원인에서 불안의 대상으로

시각의 분열 속에서 나타나는 또 다른 중대한 귀결은 '바라봄'이 그 자체로 '바라봄'의 대상이 될 수 있다는 것이다. 시선이라고 하는 무형의 것이 하나의 대상으로 절단되고 분절된다는 것이다. 시선은 대상, 증여don의 대상이 될 수 있다. 가령 (상상적) 포장지에 싸여서 누군가에게 선물로 건넬 수 있을 뿐 아니라 누군가로부터 받기를 갈망할 수도 있다. 이때 나의 바라봄은 **타자**의 바라봄을, 다시 말해 **타자**의 욕망을 겨냥한다. 이것이 바로 리비도와 시각이 만나는 지점이고 또 리비도의 경제와 자본의 경제가 만나는 지점이기도 하다.

타자의 응시를 중심으로 정신병리학적 경제가 형성되는 것 또한 이 지점에서다. 시관적 장과 관련해 도착증perversion은 **타자**의 장소에 응시를 위치시키고 그 응시를 현실화함으로써 **타자**의 결여를 보정하는 주체의 전략이다. 가령 노출증exhibitionisme은 **타자**의 바라봄을 유인하는 포지션이고, 관음증voyeurisme은 스스로 **타자**의 바라봄 그 자체가 되는 포지션이다. 두 경우 모두 핵심은 주체 쪽에서의 시선이 아니라 대상으로서의 **타자**의 응시, 본원적으로 상실되어 있는 한에서의 응

---

13) "사물이 나를 응시한다. 반면에 나는 사물을 본다. 복음서가 힘주어 전한 '눈이 있어도 보지 못하니'라는 말씀은 바로 이런 의미로 이해되어야 한다. 그런데 무엇을 보지 못한다는 말인가? 바로 사물들이 우리를 응시한다는 사실을 보지 못한다는 것이다"[같은 책, p. 100(168)].

시이다. 노출증자가 자신의 신체 부위를 내보이는 것은 그 자체로는 포착되지 않는 **타자**의 응시를 **타자** 쪽에서 복원해내고자 함이다. 반면 구멍을 통해 대상을 주시하는 관음증자의 도착적 행동은 **타자**의 응시 자체를 주체 자신의 눈으로 구현해내기 위한 것이다. 전략은 각각 다르지만 목표는 동일하다. 즉 그들은 모두 충만한 **타자**를 복원하고자 한다.

$$\cancel{A} + a(응시) = A$$

그렇다면 그것이 상실되지 않은 경우, 다시 말해 '상실의 상실'이 이루어진 경우에는 어떤 일이 벌어질까? 주체는 **타자**의 응시에 의해 '직접적으로' 겨냥될 것이다. 그는 '항상' **타자**의 바라봄 속에 있다. 이 경우 **타자**의 응시는 상실된 것, 그리하여 내가 추구해야 하는 응시가 아니라 나를 항상 감시하고 박해하는 응시가 된다. 나는 **타자**의 시선 속에서 박해당한다. 이 경우 응시는 주이상스jouissance의 상실(−J)이 아닌 그것의 과잉(+J) 속에 있다. 이때 응시는 '욕망의 원인'이 아닌 불안의 ("없지 않은"[14]) 대상으로 변질된다.

---

14) 라캉은 『자크 라캉 세미나 10: 불안』에서 "불안은 대상이 없지 않다"고 말한 바 있다. 이는 불안의 대상이 물리적 대상이 아니라 물리적 대상의 부정 속에서 구성되는 실재의 차원에서의 대상임을 의미한다. 즉 상징적 현실의 차원에서는 불안에 대상이 있다고 할 수 없다. 하지만 불안의 대상은 분명히 어딘가에(실재 속에) 존재한다. 바로 이런 이유에서 라캉은 불안의 대상이 "없지 않다"고 말한 것이다(J. Lacan, *Le séminaire livre X: L'angoisse*, Paris: Seuil, 2004, p. 105 참조).

$$-J \qquad a \qquad +J$$

욕망   불안

   이것이 바로 충동의 대상이자 욕망의 원인인 대상 a가 갖는 이중적 위상이다. '좋은 대상'과 '나쁜 대상'을 구분하는 멜라니 클라인Melanie Klein의 주장과 달리 라캉에게는 오직 하나의 대상이 있을 뿐이다. 대상이 욕망을 부추기거나 불안을 유발하는 것은 대상의 속성(좋은 대상이냐 나쁜 대상이냐)에 따른 것이 아니라 그 대상이 위상학적으로 어떤 위치에 있느냐, 좀더 정확하게는 주체가 어떤 포지션에서 그 대상의 자리를 설정하느냐에 따른 것이다. 대상 a는 그것이 상실의 자리를 견지하는 한에서, 다시 말해 시니피앙의 환유적 운동의 여지를 남겨놓는 한에서 '욕망의 원인'으로 기능한다. 하지만 그것이 상실의 자리를 벗어나 주이상스의 자리에 놓일 때 불안이라는 '신호'가 촉발된다. 즉 대상 a가 결핍의 변증법에 의해 매개되지 않은 야생적인 충동의 경제 속으로 들어올 때 그것은 주체를 대상화하는, 다시 말해 무화시키는 작인이 된다.

   시관적 장에서 대상 a를 구현하는 것은 바로 응시, '타자의 응시'이다. 시관적 장에서 주체의 상관항은 타자의 응시이다. 즉 '나'라는 의식은 타자의 "응시의 이면"이다.[15] 그렇다면 내가 지금 보는 이미지는 도대체 무엇인가?

---

15) J. Lacan, *Le séminaire livre XI*, p. 79(132).

8. 이미지-표상에서 이미지-베일로

문제를 다시 제기해보자. 대상이 근본적으로 상실된 대상으로서 충동이 그 주위를 맴도는 '욕망의 원인'이라면, 이미지란 무엇이고 그림이란 무엇인가? 이러한 질문에 대한 답변 속에서 우리는 대상과 표상간의 전통적 관계가 전복되며 덫으로서의 시각의 메커니즘이 드러나는 것을 목격하게 될 텐데, 왜냐하면 여기서 문제는 표상과 표상 너머의 대상 사이의 변증법이 아니라 응시를 중심으로 펼쳐지는 이미지의 다른 위상, 다른 용도이기 때문이다.

전통적으로 이미지는 주체 앞에 있는 대상을 표상하는 것이다. 이러한 표상의 가능성은 **신**에 의해 조율되든지, 아니면 주체의 이성에 의해 조율된다. 원근법은 정신이 사물을 합리적 격자 위에 표상해내는 방법으로 제시되었다.

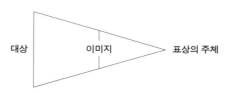

이것이 인식론적 시각의 기본 도식이라면, 앞서 언급한 바와 같이 라캉은 이 도식이 작동하기 위한 조건으로 **타자**의 응시의 선재성을 주장한다.

즉 '나는 본다'에 '**타자**는 본다'(혹은 '사물이 본다')가 선행한다. 이러한 선행성 속에서 나는 **타자**의 그림, 다시 말해 **타자**가 바라보는 그림일 뿐이다. **타자**의 그림에 불과한 내가 **타자**를 그림으로 만들기 위해서는 '**타자**는 본다'가 삭제되어야 한다. 나의 시선은 **타자**의 시선에 대한 원억압을 통해서만 주어진다. 인식론적 장으로서의 이미지가 정립되기 위해서는 **타자**의 시선에 대한 망각이 전제되어야 한다는 것이다. 라캉의 도식에서 두 개의 삼각형이 중첩되는 정중앙에 이미지가 맺히게 되는 것은 바로 이런 이유에서다.

중간에 놓인 이미지는 한편으로 **타자**의 시선을 도려내면서 주체의 시각을 보장하는 기능을 한다. 하지만 다른 한편으로 이러한 도려냄, 원억압은 '욕망의 원인'으로서의 응시를 탄생시킨다. 그렇다면 중간에 놓인 이미지의 정체는 무엇일까? 여기서 이미지는 더 이상 무언가에 대한 '표상'이 아니다. 이미지가 작동하는 방식은 '욕망의 원인'인 응시를 둘러싼 '욕망과 주이상스의 변증법'이다. 두 개의 삼각형이 겹쳐지는 지점은 이미지가 만들어지는 곳이면서도 실재 속에 위치한 **타**

자의 응시가 감추어지는 지점이다. 이런 의미에서 라캉은 그림이 자리잡는 지점, 이미지가 형성되는 지점을 '스크린[écran]'이라 불렀다. 내가 보고 있는 이미지는 사물에 대한 '표상représentation'이 아니라 하나의 '스크린'이라는 것이다.

스크린이란 무엇인가? 가령 영화관의 스크린을 생각해보자. 우리가 영화관에서 보는 것은 스크린 위에 펼쳐지는 영상이다. 영화가 상영되는 동안 우리는 스크린을 잊고 이미지만을 본다. 하지만 영사기가 쏜 빛이 영상을 만들어내려면 먼저 스크린이 있어야 한다. 보여주기 위해서 먼저 가려야 한다는 것이다. 앞서 이미지가 두 삼각형의 중간에서 가로막고 있듯이 스크린은 무엇보다 장막, 보여주면서 감추는 장막이다.

스크린의 속성은 투명성이 아니라 불투명성이다. 스크린은 "가로지를 수 있어서가 아니라 불투명하기 때문에 작용하는 무엇"[16]이다. 그러한 불투명성으로 스크린은 **타자**의 응시를 감추어버린다. 그리고 **타자**의 응시를 감춘다는 점에서 스크린은 불안의 대상으로부터 거리를 둘 수 있도록 만드는 방어 장치라 할 수 있다. 스크린은 '욕망의 원인'이 지나치게 근접해오는 것에 대해, 표상 불가능한 무엇의 근접에 대해 안전한 거리를 확보할 수 있도록 만들어주는 장막인 것이다. 바로 이런 이유에서 라캉은 다음의 도식을 그리면서 시관적 장에서는 "중심이 부재하며" "욕망과의 관련 속에서는 현실이 가장자리에 있는 것"[17]이라고 말한다. 왜냐하면 "그림이 욕망과 관계를 맺게 되는 한,

---

16) 같은 책, p. 89(151).
17) 같은 책, p. 99(167).

항상 중앙에는 스크린의 자리가 각인"되어 있기 때문이다.[18]

스크린

현실

　하지만 스크린의 기능은 여기서 멈추지 않는다. 사실 그것의 진정한 기능은 '그 너머'에서 시작된다. 스크린은 보여주면서 감추지만, 한 단계 더 나아가 감추면서 동시에 가리킨다. 즉 그 너머에 무언가가 있음을 가리킨다. 이런 의미에서 스크린 또한 하나의 '베일'이라고도 할 수 있다. 제욱시스의 사례에서 볼 수 있듯이 베일은 마술과도 같은 변용을 일으킨다. 베일은 '욕망의 원인'을 저편에 놓음으로써 보는 자로 하여금 베일을 들춰보도록 만들기 때문이다. 베일 뒤에는 아무것도 없거나 있다 해도 별 볼 일 없겠지만, 베일은 그럼에도 그것을 그 무엇으로도 대체할 수 없는 어떤 것으로 만든다. 베일 뒤의 무엇은 베일 앞에 있는 그 무엇으로도 환원될 수 없기에, 다시 말해 여기 있는 어떤 것으로도 환원될 수 없기에, 아무것도 아닌 것, 즉 무無에 가깝다. 바로 이것이 『자크 라캉 세미나 4: 대상관계』에서 제시한 도식이 의미하는 바이다.[19]

---

18) 같은 책, p. 100(168).

19) J. Lacan, *Le séminaire livre IV: La relation d'objet*, Paris: Seuil, 1998, p. 156.

주체 | 대상-무
베일

    따라서 베일로서 스크린의 기능은 두 가지로 요약된다. 한편으로 그것은 불안으로부터 안전한 거리를 취할 수 있게 하지만, 다른 한편으로 욕망을 부추길 수도 있다. 즉 그 뒤에 있는 '욕망의 대상'이 자신의 '욕망의 원인'과 동일한 것이라 착각하게 만드는 것이다.

    바로 이것이 새들의 사유와 제욱시스의 욕망의 본질적 차이점이다. "인간은 그 너머에 응시가 존재한다는 듯이 가면 놀이를 할 줄"[20] 안다. 이는 "주체가 스크린의 기능을 분별해 그 기능을 가지고 유희하는 한에서 가능"[21]한 일이다. 그리고 이러한 가면 놀이가 작동하는 원리는 상상적 모방이 아닌 욕망의 경제이다. 베일은 '봄'을 '보고 싶음' '보여줘!'로 변형시킨다. 따라서 승리를 거두는 방법은 간단하다. 실재를 모방하지 말고 욕망을 겨냥하는 것이다. 사물을 있는 그대로 그리는 것, 이는 새들에게는 통할지 몰라도 인간에게는 부질없는 일이다. 포르노그래피는 궁극적으로 욕망에 대한 부정에 다름 아니다. 진정한 의미에서의 에로티시즘은 이미지를 미끼로 만들어 관객으로 하여금 그 미끼를 물도록 만드는 것이다. 여기서 이미지는 사물을 드러내는 것이 아니라 은폐하는 것이다. 은폐는 이성의 투명한 통찰을 불가능하게 만드는 장애물이 아니다. 은폐는 보다 근본적으로 사물 자

---

20) J. Lacan, *Le séminaire livre XI*, p. 99(166).
21) 같은 곳.

체를 존재하게 만든다. 이미지는 욕망이 겨냥하는 무언가를 숨기면서 동시에 그것이 저편에 존재하도록 만든다. 따라서 "그림이 경쟁하는 것은 외양이 아니라 플라톤이 외양 너머에 있는 이데아라고 지칭한 것이다. 플라톤이 자기 활동의 경쟁 상대라도 되는 듯 회화를 공격한 것은 그림이란 외양을 만들어내는 것이 외양 자체라는 점을 보여주는 외양이기 때문이다."[22]

제욱시스가 그린 포도와 파라시오스가 그린 베일에서 중요한 것은 단순히 그려진 대상의 차이가 아니다. 문제는 이미지의 속성이 다르다는 것이다. 그림 속의 포도는 포도라는 사물에 대한 표상이지만, 그림 속의 베일은 베일 그 자체이다. 베일의 이미지가 아니라 이미지라는 베일인 것이다. 이미지 자체가 곧 베일인 것이다.

9. 얼룩의 위상학

이미지는 하나의 스크린으로서 **타자**의 응시에 대한 망각 위에 기초하지만 그 망각은 완전한 것이 아니다. 위상학적 거리는 측량 가능한 거리가 아니며, 따라서 관계의 변화에 따라 욕망의 원인이 불안의 대상으로 쉽게 변질될 수 있기 때문이다. 이미지 속에는 이러한 대상과의 거리가 와해되는 지점이 있다. 스크린은 언제든 찢어질 수 있으며 스크린 위로 또 다른 스크린이 중첩될 수도 있다. 우리가 앞서 홀바인의 「대사들」에서 왜상과 연관시켰던 '얼룩'이 그런 경우이다.

---

22) 같은 책, p. 103(173).

얼룩이란 무엇인가? 한마디로, '얼룩'이란 우리 시야 속에서 시야의 자명함을 저해하는 요소이다. 우리가 흔히 쓰는 안경을 예로 들어보자. 말끔하게 잘 닦인 안경을 쓸 경우, 우리의 시야는 맑고 투명하다. 렌즈와 세계 사이에는 어떠한 거리도 없다. 하지만 작은 벌레 한 마리라도 렌즈 위에 달라붙게 된다면 사정은 달라진다. 렌즈는 곧장 투명성을 상실해버리고 두께를 얻게 된다. 그리고 나의 시선이 전부가 아니었음이, 나는 **타자**의 시선 속에 감싸여 있음이 드러난다.

'얼룩'은 나의 시야가 절대적이지 않음을 보여줄 뿐 아니라 한 걸음 더 나아가 '**타자**의 응시'가 계시되는 지점을 '표현'해준다. '표현'이라는 용어를 사용한 것은 '얼룩'은 대상 a로서의 응시 자체와 동일한 것이 아니기 때문이다. '얼룩'은 다만 대상 a의 자리가 가늠되는 신호일 뿐이다. 그것의 가치는 시관적 장 속에서 짜인 상징적 질서 속에서만 결정될 수 있다. 따라서 '얼룩'은 오로지 부정태로만 존재한다. 즉 그것은 상징계의 일그러짐을 통해서만 모습을 드러낸다는 것이다.

'얼룩'은 시각의 경계에 위치한 애매모호한 지점이다. 얼룩이 **타자**가 나를 응시하는 지점이 될 수 있는 것은 바로 그러한 애매모호함 때문이다. '얼룩'은 누군가가 나를 바라보고 있다는 느낌, 나를 주시하며 나의 일거수일투족을 감시하고 있다는 느낌을 주면서 내 시야의 한계를 각인하는 지점이다. 가령 밤에는 빛이 나오는 발광점이 '얼룩'의 자리에 올 수 있다면, 대낮처럼 환한 곳에서는 빛이 사라지는 어스름한 지점이 바로 '얼룩'이 위치하는 지점이다. 따라서 '얼룩'은 나의 시선 속에서 나의 '거세'를 나타낸다. '얼룩'은 나와 대상 사이에 위치하는 시각 장이 투명한 것이 아니라 나에게 고유한 것으로 '구성된' 것임을 알려주는 신호이다.

'얼룩'의 역설은 '얼룩'이 나타나는 순간, 그것을 보는 나 자신이 '얼룩'이 된다는 데 있다. 즉 그림을 보고 있던 내가 누군가의 그림, 누군가가 관람하고 있는 그림이 된다는 것이다. 나의 자명한 시야 속에 작은 홈집이 나자마자 나 또한 하나의 광경임이 계시된다. "내 눈 깊은 곳에서는 그림이 그려진다. 그림은 분명히 내 눈 속에 있다. 하지만 나는 그림 속에 있다."[23] 얼룩은 '내가 그림 속에 있음'을 계시한다.

10. 그림의 기능

시관적 장에서 주체는 빗금 친 주체($), 욕망의 주체이며 대상은 대상 a 중 하나인 응시이다. 이미지는 바로 이 둘 사이를 잇는 '스크린'이라 할 수 있다. 우리는 '스크린'으로서의 이미지가 대상을 표상하는 매개체가 아니라 주체의 포지션을 함축하는 장막으로 기능함을 확인했다. 그리고 그 스크린의 양상에 따라 '욕망의 원인'이 '불안의 대상'으로 변형될 수 있음을 확인했다.

지금까지 우리는 그림의 기능과 이미지의 기능을 동일시했으며 이미지라는 큰 틀 속에서 그림에 접근했다. 이는 그림의 본질적 요소 중하나가 이미지라는 생각에서 비롯된 것이지만 엄밀히 따질 때 그 둘은같은 것이 아니다. 그림은 이미지의 한 가지 용법, 그것도 매우 특수한용법이다. 라캉의 용어로 하자면, 그림은 (실재적) 대상을 겨냥하기위해 (상상적) 이미지를 가지고 구성한 하나의 (상징적) 틀이라 할 수

---

23) 같은 책, p. 89(150).

있다. 그럼에도 그림에 대한 라캉의 관점은 시각에 대한 전반적 논의에 기초한다는 점에서 우리는 필히 리비도적 장으로서의 시각 활동과 그러한 활동 속에서 주체와 대상의 관계를 점검해야 했다. 이는 그림에 대한 라캉의 논의가 무엇보다 기능주의적이라는 데서 비롯된다. 그가 던지는 "회화란 무엇인가"[24]라는 질문은 미학적 질문이 아니다. 그는 무엇보다 그림이 시각 장에서 주체에게 발휘하는 '기능'에 대해 묻는다.

라캉의 관점에서 볼 때 그림은 우리가 앞서 제시한 '스크린으로서의 이미지'를 '주체적으로' 활용하는 시각적 장치다. 그림에 대한 기능주의적 접근에서 라캉이 제시하는 그림에 대한 첫번째 정의는 그림은 "주체가 자신을 주체로 파악하도록 만드는 기능"[25]이라는 것이다. 이러한 명제는 주체가 무엇에 '대해' 주체인가라는 질문을 함축한다. 주체가 그림을 통해 자신을 주체로 파악한다고 할 때 우리는 그것이 응시에 '대한' 주체임을 유념해야 한다. 그림은 대상 a(응시)에 '대한' 주체의 특수한 포지션이다.

바로 여기서 그림에 대한 두번째 명제가 요청되는데 "그림은 응시를 잡기 위한 덫"[26]이라는 명제가 바로 그것이다. 이 명제는 우리가 앞서 논의의 출발점으로 제시한 "가시적인 것의 영역에서는 모든 것이 덫"[27]이라는 전제를 확장한 것이다. 그림은 감춤과 드러냄의 변증법을 통해 매혹의 놀이를 가능케 한다는 것이다. 하지만 라캉은 곧이

---

24) 같은 책, p. 93(156).
25) 같은 곳.
26) 같은 책, p. 83(139).
27) 같은 책, p. 86(146).

어 "그림은 응시를 잡기 위한 덫"이라는 명제를 철회하게 되는데,[28] 이는 그 명제가 잘못되었기 때문이 아니라 그것이 다른 의미를 내포할 수 있기 때문이다. 즉 그림은 응시에 기초한 덫으로 기능할 수 있지만 그것을 단순히 화가의 내보이고 싶은 욕망이나 관객의 관음증적 욕망과 연동시키는 것은 잘못된 생각이라는 것이다.[29] 이러한 오해의 가능성을 제거하기 위해 라캉이 내놓은 그림에 대한 세번째 정의는 바로 "그림은 응시 길들이기dompte-regard"[30]라는 것이다.

11. 응시 길들이기

'응시를 길들인다'는 것은 무엇인가? '그림이란 응시 길들이기'라는 명제가 의미하는 바를 이해하려면 먼저 그림에 의해 길들여지지 않은 응시가 무엇인지를 생각해볼 필요가 있다.

라캉은 시관적 장에 대한 강의 말미에서 응시는 본질적으로 "사악한 눈, 탐욕으로 가득 찬 눈"[31]임을 강조한 바 있다. 현실적으로 '선한 응시'란 존재하지 않으며 우리가 만나는 모든 응시는 '사악한 응시'이다. 이는 단순히 가능성의 문제가 아니라 구조적 문제이다. **타자**의 응시가 사악하다는 것은 응시의 물리적 속성을 가리키는 것이 아니라 욕망의 원인으로서의 대상 a가 위치한 위상학적 지형을 가리키기 때문

---

28) 같은 책, p. 93(157).
29) 같은 곳.
30) 같은 책, p. 100(169).
31) 같은 책, p. 105(178).

이다. 앞서 언급한 바와 같이 응시는 그것이 욕망의 경제 속에서 작동하는 한에서 욕망의 원인이 될 수 있다. 하지만 결여의 문을 나서는 순간 그것은 곧바로 나를 박해하고 나를 괴롭히는 응시로, 불안의 대상으로 탈바꿈된다. 바로 여기서 응시가 갖는 사악함이 유래한다.

따라서 그림이 '응시 길들이기'의 기능을 수행한다는 것은 응시의 '과잉'을 순화하는 그림의 효과를 부각시킨 것이라 할 수 있다. 실제로 라캉은 "위안" "문명화" "매혹"이 그림 기능의 원천임을 강조한 바 있다.[32] "위안"이란 "욕망의 하강,"[33] 다시 말해 욕망이 주이상스를 침범하지 않도록 대상과의 위상학적 거리를 조율하는 것을 의미한다. 그림이 관객으로 하여금 '응시를 내려놓게' 만든다는 라캉의 주장은 바로 여기서 유래한 것이라 할 수 있다. '응시를 내려놓는' 또 다른 방법으로 라캉이 제시하는 "문명화"는 야생적 대상, 즉 '실재'의 위상으로서 끊임없이 침범하는 충동의 대상을 문명의 대상으로 길들이는 작업을 말한다. 여기서 라캉이 염두에 둔 것은 프로이트의 '승화 sublimation' 개념이다. 응시의 문명화는 충동을 억압하지 않으면서 그것을 만족시킬 수 있는 다른 출구를 찾는 것이다. 라캉은 그러한 출구 중 하나가 그림이라고 보았고, 그림의 이러한 효과를 그림의 "아폴론적 진정 효과"라고 불렀다.[34]

"위안"과 "문명화"가 '응시 길들이기'와의 연관성을 직접적으로 암시한다면, '응시 길들이기'의 이면에 또 다른 기능이 있음을 주목할 필요가 있다. 바로 "매혹"의 기능이 그것이다. "매혹"은 물론 그림 자체

---

32) 같은 책, p. 106(179).
33) 같은 책, p. 105(177).
34) 같은 책, p. 93(157).

의 기능에 국한되는 것이 아니라 앞서 살펴본 이미지 일반의 기능에 속한다. 이미지는 주체의 거세를 보상할 수 있는 대상을 감추고 있음을 내비치면서 주체를 매혹한다. 파라시오스의 베일에서 보았듯이, 그림은 바로 이러한 이미지의 기능을 좀더 '형식적으로' 응용한 것이다.

그렇다면 "매혹"이 어떻게 응시를 '길들이는' 것이 될 수 있을까? 이에 대한 대답은 만일 주체에게 응시가 매혹의 수위를 넘어설 때, 다시 말해 결핍의 변증법을 넘어설 때 어떤 일이 발생하는가를 생각해봄으로써 얻을 수 있다. 즉 매혹은 욕망의 원인으로서의 응시의 자리가 '비어 있는' 경우에만 발생할 수 있다. 매혹의 기능은 대상과의 거리 두기에 기초한다는 것이다. 그림이 매혹의 기능을 발휘하면서 응시를 길들이는 방편이 될 수 있는 것은 바로 이러한 거리 두기 덕분이다.

12. 그 너머

하지만 이것이 그림 기능의 전부일까? 이는 그림 기능의 일부일 뿐이다. 라캉이 제시한 '응시 길들이기' 기능은 사실 고전적 회화에 국한해서만 타당성을 갖는다. 이는 그가 그림의 기능을 '응시 길들이기'로 정의한 다음 곧바로 이를 벗어나는 예외적인 경우로 뭉크Edvard Munch, 앙소르James Ensor, 쿠빈Alfred Kubin으로 대표되는 표현주의 회화를 제시하고 있다는 점을 통해 입증된다.[35] 그의 표현에 따르면 표현주의 회화는 "응시에 노골적으로 호소하는" 양상을 보여준다. 다시

---

35) 같은 책, p. 100(169).

말해 "충동의 만족이라는 의미에서 응시가 요구하는 것을 일정하게 만족시키는" 그림이다.[36] 이는 표현주의가 대상 a로서의 응시에 대해 다른 양상의 주체 설정을 함축한다는 것을 의미한다. 그것은 매혹이나 속임수가 아닌 실재와의 대면을 촉구하는 그림이다. 관객으로 하여금 욕망의 미끼를 물도록 만드는 그림이 아니라 충동의 원환 속에서 주체로 하여금 끊임없이 실재적 대상과 대면하도록 만드는 그림인 것이다.

사실 라캉은 논의를 그 이상 발전시키지 않는다. 다만 그는 그림의 기능을 '응시 길들이기'와 전적으로 동일시하지 않기 위해 예외적인 사례를 제시했을 뿐이다. 하지만 이러한 예외는 대상 a로서의 응시에 대해 주체가 취할 수 있는 위상학적 거리의 변주를 통해 이미 예견된 것이다. 대상 a가 결핍의 변증법과 그 너머에 동시에 걸쳐 있는 한, 자신을 주체로 위치시키는 기능으로서의 그림은 두 개의 축을 따라 작동할 수 있기 때문이다. "응시를 길들이는 것"이 위안, 문명화, 매혹의 축 위에서 대상을 결핍의 변증법 '이쪽에' 위치시키는 것이라면, "응시에 노골적으로 호소하기"는 불안, 충동, 만족의 축을 따라 대상을 결핍의 변증법 '저쪽에' 위치시킨다. 바로 여기서 우리는 그림의 기능이 앞서 언급한 '스크린,' 그리고 변주로서의 '얼룩'의 운동과 수렴한다는 점을 알 수 있다.

따라서 어떤 의미에서 그림에 대한 라캉의 작업은 결정적 단언들을 포함하지 않는다. 그는 그림의 '본질'이 아닌 그림의 '기능'에 대해 언급했을 뿐이며 그러한 기능 또한 시관적 장이라는 한정된 조건 속에서

---

36) 같은 책, p. 94(158).

만 제시했을 뿐이다. 하지만 그럼에도 그의 작업은 시관적 장에서 인간 자신이 만들어낸 '배설물'인 응시, 즉 그 자신으로부터 하나의 배설물처럼 떨어져 나감으로써 구성된 리비도적 대상인 응시를 통해 인간의 조건을 탐색한다는 점에서 중요한 의의를 갖는다고 할 수 있다. 그림은 인간이 리비도적 대상인 응시를 통해 자신을 주체로 정립하는 중대한 활동 중의 하나이다. 라캉이 자신의 사유의 한 길목에서 화가들의 지식을 원용하고 그림에 집중하는 것은 바로 이런 연유에서다.

결국 어떤 의미에서 그림에 대한 라캉의 작업은 그의 작업을 결산하는 성과라든가 이론의 적용이 아니다. 그것은 그의 새로운 사유로 들어가기 위한 입구, 바로 '그 너머에서' 다시 시작하기 위한 입구일 뿐이다. 라캉이 자신의 작업에 '세미나'라는 이름을 붙인 것은 바로 이 때문이다.

9장
리오타르의
미술론

뉴먼

장-프랑수아 리오타르
Jean-François Lyotard
1924~1998

바넷 뉴먼
Barnett Newman
1905~1970

뉴먼은 재현을 본질로 하는 전통적 회화를 붕괴시키고, '현시할 수 없는 것을 현시'하고자 했다. 그는 대표작 중 하나인 「숭고한 영웅」을 통해 구성적 주체의 붕괴와 형상적 회화에 대한 거부를 보여주었다. 그의 이러한 태도는 포스트모더니즘의 주창자 중 하나인 리오타르에게 강렬한 영향을 준다. 이런 영향하에 리오타르는 미학사에서 미의 이념에 비해 단지 부수적 타자로서만 기능해 온 숭고를 칸트를 경유하여 철학의 핵심 개념으로 복권시킨다. 그의 숭고 개념을 한마디로 요약하자면, '지금 여기'이다. 리오타르에 따르면, 뉴먼의 '지금 여기'는 의식에 알려지지 않은 것이며, 또한 의식에 의해 구성될 수 있는 것도 아니다. 더 나아가 그것은 오히려 의식을 분해시켜 직위 해제시키는 것이면서 동시에 의식이 정립할 수 없는 것이며, 의식이 스스로를 구성하기 위해 잊어버려야 하는 것이다. 따라서 우리가 정립할 수 있는 것이란 '무언가가 일어나고 있다는 것,' 단지 '일어나고 있다'는 것, 다시 말해 발생뿐이다. 여기에서 중요한 것은 무엇 이전에, 우선 일어나고 있다는 사태가 선행되어야 한다는 점이다.

숭고와 전체주의에 맞선 대항

김상현

1. 숭고한 영웅

W. 타타르키비츠는 예술 개념을 둘러싼 논의들을 정리하면서 전통적으로 예술에는 미pulchrum, 모방mimesis, 창조, 표현, 미적/감성적 경험aesthetic experience[1] 등의 개념이 중심적인 역할을 했다고 지적했다. 그러면서 그는 현대예술, 특히 아방가르드로 지칭되는 예술적 조류들을 포함시키기 위해 "예술을 다른 것과 구별 짓는 특징은 예술이 충격을 낳는다는 점"[2]이라고 덧붙였다. 확실히 '충격'이라는 개념은 전통예술 또는 고전예술의 범주에서 다소 벗어난 규정이라 할 수 있

---

1) aesthetic은 주로 '미적美的'으로 번역하지만, 원래는 감각지각을 뜻하는 그리스어 aisthesis에서 파생된 어휘로 '감성적'이라는 의미를 함께 담고 있다. 이 글에서는 양자의 의미를 모두 살리기 위해 '미적/감성적'으로 병행 표기하는 방법을 선택했다.

2) W. 타타르키비츠, 『미학의 기본 개념사』, 손효주 옮김, 미술문화, 1999, p. 49.

다. 왜냐하면 미, 모방, 창조 등 전통예술을 규정하는 개념들을 광범위한 의미로 해석하더라도 충격을 포함시키기는 어렵기 때문이다.

굳이 '충격'과 같은 개념을 포함시키고자 한다면, 그것은 아마도 '미적/감성적 경험'에 한해서일 것이다. 일찍이 칸트는 그의 세번째 비판서인 『판단력비판』에서 "미적/감성적 판단력 비판Kritik der ästhetischen Urteilskraft"이라는 제목하에 미와 숭고sublime를 모두 다루었다. 그리고 숭고의 감정적·정서적 특징을 공포나 두려움에 두었다. 공포나 두려움이 충격과 동일한 개념은 아니지만, 만족이나 즐거움 같은 평정하면서도 유쾌한 감정을 야기한다고 규정한 미와는 상반된 감정 상태임에 틀림없다. 그러므로 '충격'을 거론할 수 있는 전통적 미학 범주는 미보다는 숭고가 더 적절할 것이다. 물론 고대 롱기누스 Dionysius Cassius Longinus 시대부터 숭고를 거론했고 버크Edmund Burke 는 미와 숭고를 범주적으로 구분하기도 했지만, 적어도 아방가르드가 등장하기 전까지는 예술철학과 미학에 있어서 그것이 중심 범주였다고 보기 어려울 것이다.

이제 타타르키비츠가 언급한 것처럼 '충격'이 현대예술의 두드러진 특징이라고 한다면, 미는 현대예술이 보여주는 다양한 스펙트럼을 아우르기에는 너무 협소한 개념처럼 보인다. 오히려 '숭고'라는 미학적 범주를 차용하는 것이 더 적절할 것으로 생각된다. 실제로 숭고 개념을 가지고 현대예술에 접근한 다수의 철학자들이 있다. 리오타르가 대표적이며, 직접적으로든 간접적으로든 들뢰즈나 지젝, 아도르노, 니체와 같은 철학자들도 숭고 개념을 자신의 철학과 미학의 핵심으로 간주했다. 물론 숭고 개념을 차용할 때 한 가지 분명히 명심해야 할 것이 있다. 현대예술을 규정짓는 숭고 개념은 그것이 고대나 근대의 숭고 개념에서 유래했음에도 불구하고 고대나 근대 사상의 토대를 이루고 있는 이념idea이라는 유령을 저세상으로 돌려보냈다는 점이다.

우리에게 충격, 놀라움, 당황스러움 등을 안겨주는 수많은 예술작품들이 있다. 1952년 8월 29일 뉴욕 주 우드스톡에서 데이비드 튜더David Tudor에 의해 초연된 존 케이지John Cage의 「4분 33초」나 공장에서 생산된 남자용 소변기를 전시한 마르셀 뒤샹의 「샘」과 같은 작품들은 우리를 당황스러움의 극치로 몰아간다. 이에 더해 여성 행위예술가 오를랑Orlan이 1990년 이후 10여 년간 자신의 얼굴을 여러 차례 성형하는 모습을 인터넷을 통해 전 세계에 방영한 「성 오를랑의 재림The reincarnation of Saint-Orlan」과 같은 퍼포먼스는 예술로 치부하기에는 너무나 큰 충격을 안겨준 바 있다. 음악이나 전시 또는 퍼포먼스와 달리 회화는 상대적으로 충격이나 극도의 당황스러움을 안겨주기에는 다소 역부족인 것처럼 보인다. 하지만 바넷 뉴먼의 그림 「숭고한 영웅」을 보라.

가로폭이 5미터에 달하는 이토록 큰 단색 회화와 마주친다면, 그 앞에 선 감상자는 무엇을 느낄 것인가? 또 이 작품이 그 제목으로 제시된 "숭고한 영웅"을 표현하고 있는 것이 맞기나 할까? 이 작품은 전체를 한눈에 감상할 수 없는 협소한 공간에 전시됐다고 한다. 그래서 감상자는 전체를 보기 위해 공간을 이동해야만 했다. 공간의 이동에서 시간이 경과되지만, 감상자에게 이 작품은 여전히 무시간적 정지 상태가 되고 만다. 아마도 사전 정보가 없는 절대다수의 감상자들은 그저 '이건 뭐야?' 하는 당황스러움에 사로잡혀 그저 멍하니 바라만 보게 될 것이다. 그것도 그림의 크기에 압도당한 감정을 지니고 말이다.

한편 뉴먼은 1960년대에 만든 자신의 첫번째 조각품 세 점에 각각

〈그림 1〉바넷 뉴먼, 「숭고한 영웅」(1950~51)

"여기 I" "여기 II" "여기 III"이라는 제목을 달았다. 다른 한 그림에는 "저기가 아니라 여기Not over there, here"라는, 다른 두 그림에는 "지금Now"이라는, 또 다른 두 그림에는 "존재Be"라는 제목을 붙였다. 또한 1948년 12월에는 「숭고란 지금이다The sublime is now」라는 에세이를 발표했다.[3] 도대체 뉴먼은 자신의 작품을 통해 무엇을 말하고자 한 것일까? 아니 그보다는 리오타르가 뉴먼의 작품을 통해 말하고자 한 것은 무엇일까? 달리 표현하자면, 도대체 리오타르는 숭고를 어떻게 이해하고 있는가? 뉴먼에 대한 리오타르의 회화론을 이해한다는 것은 그의 숭고론을 이해한다는 것을 의미하고, 그의 숭고론을 이해한다는 것은 현대에 대한 포스트모던적 시대 진단을 이해한다는 것을 의미한다.

2. 전체주의에 대한 전쟁 선포

리오타르의 숭고론을 이해하기 위해 우리는 먼저 근대 계몽주의 또는 이성주의 철학의 완성자라고 칭할 수 있는 칸트와 헤겔로부터 출발하는 것이 좋을 듯하다. 칸트는 「계몽이란 무엇인가에 대한 답변」이라는 글에서 "계몽이란 우리가 마땅히 스스로 책임져야 할 미성년 상태로부터 벗어나는 것"[4]이라고 규정하면서, 종교나 외부적 권위를 일체 거부하고 자신의 이성을 사용할 것을 선포한다. 칸트의 이러한 주장

---

3) 장-프랑수아 리오타르, 『지식인의 종언』, 이현복 편역, 문예출판사, 1993, p. 154 참조.
4) 이마누엘 칸트, 「계몽이란 무엇인가에 대한 답변」, 『칸트의 역사철학』, 이한구 편역, 서광사, 1992, p. 13.

은 오늘날 우리가 모더니즘으로 지칭하는 사유 경향의 핵심을 담고 있다. 즉, 모든 인간은 이성적으로 사유한다는 점에서 동일하고 이성적 사유가 일체의 부조리한 권위와 미신을 타파하여 인류의 진정한 발전과 자유의 진보를 약속한다는 것이다. 현대의 많은 철학자들은 이러한 칸트의 견해에 사실상 전체주의가 내포되어 있다고 본다. 즉, 이성적 사유자로서 인류는 공통의 목표를 향해 일치단결하여 전진해야 한다는 메시지가 함축되어 있다는 것이다. 칸트 이후 헤겔은 보다 강력한 전체주의적 메시지를 보내고 있다. 그는 "진리는 전체다. 그러나 전체는 오직 자신의 발전을 통해 완성되는 존재일 뿐이다"[5]라고 주장함으로써 근대 이성주의의 철학적 핵심이 사실상 전체주의에 있음을 시사했다.

하지만 리오타르가 이를 문제 삼기 이전에 이미 아도르노를 비롯한 여러 철학자들이 지적했듯이, 근대적 이성주의가 우리에게 남겨준 유산은 유토피아적 전망이 아니라 아우슈비츠로 대변되는 비극적 디스토피아였다.[6] 리오타르는 아도르노가 "형이상학의 몰락"이라 표현한 (아도르노에게 이 몰락은 의무에 대한 칸트적 주장 및 아우슈비츠라고 명명된 의미 없는 대학살 사건에 직면한 헤겔식 사유의 긍정 변증법의 붕괴와 연결되어 있다) 근대성의 몰락을 대서사를 중심으로 한 전체주의 몰

---

5) G. W. F. Hegel, *Phänomenologie des Geistes*, Werke in zwanzig Bänden, Bd. 3, Frankfurt am Main: Suhrkamp, 1970, p. 24. 이러한 헤겔의 주장에 대해 아도르노는 "전체는 비진리다"로 맞선다(Th. W. Adorno, *Minima Moralia: Reflexionen aus dem beschädigten Leben*, Gesammelte Schriften, Bd. 4, Frankfurt am Main: Suhrkamp, 1980, p. 55).

6) 이 점에 대해서는 Th. W. 아도르노·M. 호르크하이머, 「계몽의 개념」, 『계몽의 변증법』, 김유동 옮김, 문학과지성사, 2001을 참조할 것.

락의 징후로 파악했다. 그래서 리오타르는 인류가 새로운 실천과 사유의 대상을 모색해야만, 다시 말해 삶과 사유의 방식을 변화시켜야만 일종의 몰락을 치유할 수 있을 것이라고 주장한다.[7] 리오타르는 마르크스주의 입장에서 현상학의 비역사성과 현상주의를 비난하면서도 후설과 마르크스의 접합을 시도한 『현상학 *La phénoménologie*』(1954)의 저술을 시작으로 하여 1960년대까지는 비판적 사고와 부정의 행위를 통해 사고 또는 실천의 전도와 전회를 추구해왔다. 리오타르는 아우슈비츠가 대변하듯이 사변적 교의, 사적 유물론의 교의, 자유주의의 교의, 경제적 자유주의의 교의 속에는 근대성의 소멸에 관한 징표들이 담겨 있음을 직시했다. 그리고 비판과 부정의 행위가 헤겔의 변증법에서 나타나는 지양의 논리처럼 안티테제를 테제로 자리바꿈하는 것으로 끝나버릴 염려가 있음을 깨달은 1970년대부터는, 새로운 사고방식인 '표류'의 사상을 제안하고 이를 통해 세계를 변화시킬 수 있는 실천과 그에 상응하는 사상을 구축하는 데 주력한다.[8]

어떤 특정한 장르에게 주도권을 부여했던 해방이라는 거대 이야기들 각각은 지난 50년 동안 이른바 그 기본원리가 무효화되는 과정을 겪고 있다. 현실적인 것은 모두 이성적인 것이고, 이성적인 것은 모두 현실적

---

7) 장-프랑수아 리오타르, 「보편사에 관하여」, 『지식인의 종언』, pp. 99~102 참조.
8) 리오타르는 비판적 사고의 기능이 권력에 봉사하는 경우가 있음을 지적하며, 소극적이고 부정적인 비판으로부터 긍정적이고 적극인 "밖으로의 표류"를 강조한다. 그것은 폐쇄적인 논리 체계 내에서 비판과 부정으로 맴도는 사고 구조를 비판적 사고권 외부로, 그것도 적극적인 자세와 긍정적인 퍼스펙티브로 이동함을 의미한다. 리오타르의 데리브(표류)는 밖으로의 이동이라는 철학적 사고 기능으로 이해된다(이광래, 「현대의 사상: 표류의 사상가, 리오타르」, 『한국논단』 19권, 1991년 3월호 참조).

인 것이다: '아우슈비츠'는 이런 사변적 교의를 거부한다. 왜냐하면 적어도 그 범죄는 현실적이지만, 그것이 이성적인 것은 아니기 때문이다.[9]

특히 1970년대에 와서 리오타르는 억압되고 소외된 것을 복권시키고자, 감추어져 있는 것을 드러내고자, 그리고 알려지지 않은 것을 창안하고자 니체와 마르크스, 프로이트의 사상적 전통 속에서 미학적 사유의 단초를 마련했고, 이를 토대로 자본주의와 현존하는 사회주의 모두를 비판하면서 그것들의 실천적 극복 대안을 모색해나간다.[10] 이때부터 그는 언어, 정치, 경제, 성, 텍스트 등 일체로서의 세계를 욕망의 관점에서 욕망의 강도에 따라 파악하기 시작한다. 그는 이러한 문제의식을 담은 저 유명한 글 「질문에 대한 답변: 포스트모던이란 무엇인가」를 통해 자신의 사상을 집약적으로 드러낸다. 이미 제목이 암시하듯이 이 글은 칸트의 「계몽이란 무엇인가에 대한 답변」을 패러디함과 동시에 칸트의 글에 함축된 근대적 전체주의의 전복을 시도한 것이기도 하다. 그는 이 글의 마지막에서 "전체에 대항해서 전쟁을 하자. 표현될 수 없는 것의 증인이 되고, 분쟁들[차이들]을 활성화하고, 그 이름의 명예를 구출하자"[11]고 선언하면서 철학의 언어적·미학적 전

---

9) 장-프랑수아 리오타르, 「보편사에 관하여」, 『지식인의 종언』, p. 97.
10) 마르크스가 물질이 정신을 규정한다고 말함으로써 유심론에 종말을 고하고, 니체가 신의 죽음을 선언함으로써 신 또는 로고스 중심주의에 종말을 고하며, 그리고 프로이트가 무의식의 중요성을 강조하면서 의식 중심주의에 종말을 고하며 기존 사유 방식의 탈정당화 délégitimation를 선언했듯이, 리오타르는 후기산업사회에서 자본에 투자되는 욕망의 회로를 차단하고자 했다. 다시 말해 나쁜 욕망에 대항하는 선한 욕망, 파시스트적 욕망과 싸우는 혁명적 욕망으로의 흐름 변경(교정)을 위해 근대의 이론과 실천을 정당화하는 역할을 담당해온 거대 이야기의 보편적 가치의 탈마법화·탈신비화 작업을 수행해나간다.
11) 장-프랑수아 리오타르, 「질문에 대한 답변: 포스트모던이란 무엇인가」, 『지식인의 종언』,

회를 통한 주체의 죽음을 선언함과 동시에 이성주의 철학의 종말을 고하고, 그럼으로써 보편적 이성의 분산, 사변적 주체의 해체, 형이상학적 철학의 분해를 시도해나간다.

1980년대 이후 리오타르의 주된 관심사는 후기산업사회의 과학 발달에 따른 반성에 맞춰진다. 거대 이야기의 정당성에 기반을 두고 이루어진 자본, 기술, 시스템의 사회가 이제 앎의 기술화, 공학화, 정보화를 바탕으로 한 효율성이 정당성을 부여받은 사회로 변모했기 때문이다. 포스트모던적 기치 아래 리오타르는 정보화 사회라는 새로운 사회적 조건하에서 개인주의적인 해방의 동력을 활성화하는 일종의 제3의 길[12]을 모색해나간다. 이 과정에서 리오타르는 대서사적 합리성과는 상반되는 소서사적 합리성을, 인류 전체의 문제를 다루는 거시적 합리성 대신 미시적 합리성을 주장하게 된다. 이것은 '사안별 공정성'이라는 개념을 통해 제시되는데, 이는 사회적 제 관계가 서로 다른 중층적 짜임 구조를 가질 때, 그 짜임 구조마다 각각 다른 공정성이 정립된다고 주장하는 것이다. 즉, 이성주의가 말하는 항구적 선에 기초하여 전체에 적용되는 공정성이 아니라, 잠정적 공정성이자 네트워크 공정성이 오늘날 요구된다고 리오타르는 보았던 것이다.

18~19세기로 이어지는 서구 근대화가 전통 형이상학, 독일의 고전 철학, 영국의 고전경제학을 비판함으로써 봉건적·부르주아적 사고방식과 사회질서를 탈마법화Entdämonisierung 또는 탈신비화Entmystifizierung하면서 새로운 역사적 드라마를 쓰고자 했던 '계몽의 기획'이

---

12) 안성찬, 「절반의 긍정: 리오타르의 포스트모던론」, 『문예미학』 제6호, 1999 참조.

라는 말로 대변될 수 있다면, 20세기 이후의 근대화는 비판의 도구에서 지배의 도구로 전락한 근대적 이성의 해체를 목표로 하는 '포스트모던 기획'이라는 이름으로 시작되어야 한다고 리오타르는 생각했다. 그렇기에 근대적 지식의 토대와 기능이 정당화를 지향하고 있는 반면, 메타 이야기에 대한 회의로 규정되는 포스트모던적 지식의 조건은 탈정당화délégitimation일 수밖에 없다. 따라서 근대의 문화를 근본적으로 규정하고 있던 다양한 가치에 대한 불신감으로 나타난 포스트모던 기획은 전체라는 이념을 기초로 했던 모던적 역사관이 그 실효성을 상실했다고 증언(탈신비화)하는 것이자 전체성과 통일성을 해체하고자 하는 시도이며, 이는 곧 전체성과 통일성에 기반을 둔 주체, 역사 그리고 진보라는 개념에 대한 해체의 선언이기도 하다.

리오타르가 말하는 포스트모던의 조건은 일차적으로는 차이에 대한 낯섦을 순화시키고, 이질적인 것에 대한 인식 능력을 강화하며, 상이 관계paralogy를 통해 대상을 파편화하여 인식하는 데 익숙해지도록 함으로써 차이, 불일치, 이질성, 상이 관계에 의한 정당성을 발견하는 것이다. 그리고 그러한 정당성에 근거하여 한계가 없는 다양화, 차이, 불일치가 받아들여지는 미지의 것에 대한 감수성 또는 그것에 대한 질문 확보가 포스트모던의 요체라고 그는 생각했다. 그리하여 포스트모던적인 예술가·작가·철학자는 근본적으로 기존의 규칙에 지배당하지 않으며, 그들은 "아무런 규칙도 없이 그리고 만들어질aura été fait 것의 규칙들을 만들기 위해 작업하고 있다. 그래서 이들의 작품과 텍스트는 사건의 성격을 가지며, 그것들은 또한 그 작가들에게 항상 너무 늦게 나타나며, 혹은 같은 말이지만 그것들에 대한 작업은 항상 너무 일찍 시작된다. 따라서 포스트모던이란 전post미래modo라는 패러독스로서 파악되어야 할 것이다"[13]라고 리오타르는 역설하는 것이다. '포스트모던이란 무엇인가'에 대해 이렇게 답변한 리오타르에게 뉴먼의 회화는 어떻게 이해되고 평가될까? 이를 위해 우리는 다시 뉴먼으로 돌아가볼 필요가 있다.

3. 현시할 수 없는 것의 현시

도대체 회화란 무엇인가? 뉴먼을 포함한 추상표현주의 화가들, 가령 몬드리안, 칸딘스키, 폴록, 로스코와 같은 화가들은 회화의 본질에 대한 전통적인 이해에 도전하고 저항한다. 익히 알고 있듯이 전통적으로 회화란 2차원 직사각형(캔버스)에 3차원의 대상(회화의 내용)을 재현représentation하는 것이었다. 하지만 사진과 영화 기술의 등장은 더 이상 회화의 가치나 본질이 3차원의 환영을 만들어내거나 대상을 재현하는 데 있을 수 없음을 증명했다. 그렇다면 이제 회화는 자신의 운명이 다했음을 고하고 역사 속으로 사라져야만 할 것인가? 추상표현주의는 회화의 본래적 가치를 다시 복원시킴으로써, 종말을 고한 것처럼 보이는 회화에 새로운(?) 운명을 부여한다. 이제 그들에게 캔버스는 더 이상 직사각형일 필요도 없고 무엇보다도 회화의 내용을 담는 그릇에 불과한 어떤 것도 아닌 것으로 이해된다. 즉, 캔버스 그 자체가 하나의 대상objet이자 작품이 된다. 이 점에서 그들은 다다이스

---

13) 장-프랑수아 리오타르, 「질문에 대한 답변: 포스트모던이란 무엇인가」, 『지식인의 종언』, p. 42.

트나 초현실주의자와 다르지 않다. 나아가 그들은 3차원의 환영을 포기하고 회화가 대상의 재현임을 부정한다. 그렇게 함으로써 그들이 얻은 것은 2차원의 순수 기하학적 형태의 현시présentation; Darstellung 이다.

점, 색, 면을 이용한 추상표현주의자들의 기하학적 형태들의 표현은 비유컨대 몬드리안이 유클리드적이라면 칸딘스키는 비非유클리드적이라 할 수 있으며, 폴록이 미분적이라면 로스코는 적분적이라고 할 수 있다. 몬드리안의 깔끔하고 정돈된 공간, 칸딘스키의 휘어진 공간이 우리로 하여금 그렇게 말할 수 있게 한다. 폴록은 선과 면의 미분적 결과인 점들을 통해 자신의 행위를 표현한다. 반면에 로스코는 1천억 원에 가까운 천문학적인 액수의 경매가를 기록한 「오렌지, 레드, 옐로Orange, Red, Yellow」(1961)와 같은 작품을 통해 대상과 그 대상이 놓인 공간을 적분한다. 예를 들어 2차원을 적분하면 3차원이 열리고, 3차원을 적분하면 4차원이 열린다. 그렇게 적분된 공간을 엄청난 크기의 캔버스에 표현한 후 단지 45센티미터 떨어진 거리에서 감상하기를 원했다. 그렇게 함으로써 로스코는 우리의 일상을 지배하는 대상과 자아를 사라지게 만든다. 그리고 그렇게 사라진 바로 그 자리에 홀연히 '나'가 발생한다. 바로 로스코의 작품은 그렇게 홀연히 탄생하는 '나'에서 성립한다.

그렇다면 뉴먼의 회화는 무엇이라고 규정할 수 있을까? 굳이 상기한 방식으로 그의 작품을 규정하자면 수열방정식이라고 해야 할 것이다. 그것도 무한으로 수렴하는 수열이 극한에 이르게 될 때, 바로 그 극한에서 발생하는 것을 표현했다고 해야 할 것이다. 그러므로 뉴먼의 회화는 오히려 초수학이라고 말해야 할 것이다. 일체의 계산 가능성, 측량 가능성, 나아가 일체의 이성적 사유 가능성이 무화된 바로 그 지점에서 다시 창조의 순간을 맞이하는 그의 작품은 수학적이면서도 그것을 넘어서 있기 때문이다. 모든 것이 무한 속으로 빨려 들어가 아무것도 구분되지 않고 아무것도 남아 있지 않은 바로 그 지점에서 불현듯 하나의 균열이 발생한다. 그리고 그 균열은 그가 'ZIP'이라고 부른 수직선을 통해 현시된다. ZIP은 오벨리스크와 같이 인간이 신으로 향하는 길이 아니다. 오히려 신이 등장하는 방식이며, 시간 그 자체의 출현이다.

도대체 시간 그 자체를 어떻게 경험할 수 있을까? 그리고 시간이란 무엇인가? 들뢰즈는 오즈의 「만춘晩春」(1949)이라는 영화 뒷부분에 등장하는 꽃병에 관한 롱숏이 바로 시간 그 자체를 경험하게 해준다고 했다. 그래서 그는 "오즈의 정물들은 지속하며…… 이 꽃병의 지속은 정확히, 변화해가는 일련의 상태를 거쳐가면서 잔존하는 것의 표상이다. 〔……〕 자전거, 꽃병, 정물들은 시간의 순수한 그리고 직접적인 이미지들이다"[14] 들뢰즈는 오즈의 영화를 통해, 즉 변화하는 것들 사이에서 불변하는 정물을 형상화한 영화 이미지에서 시간 그 자체의 이미지를 보았다. 하지만 뉴먼은 이미 존재하고 있는 시간 자체를 재현하는 것이 아니라 시간의 탄생 그 자체를 현시하고 있다는 점에서 들뢰즈를 뛰어넘는다. 「퍼스트 스테이션」은 그래서 하나의 발생이고, 지금 이 순간 발생하고 있는 그것의 현시이다. 즉 어떤 것이 있고, 이미 있는 어떤 것을 이러저러한 방식으로 재현하고 있는 것이 아니다. 그러므로 뉴먼의 시간은 지속성을 말하는 베르그손이나 시간성 자체

---

14) 질 들뢰즈, 『시네마 II: 시간-이미지』, 이정하 옮김, 시각과언어, 2005, p. 40.

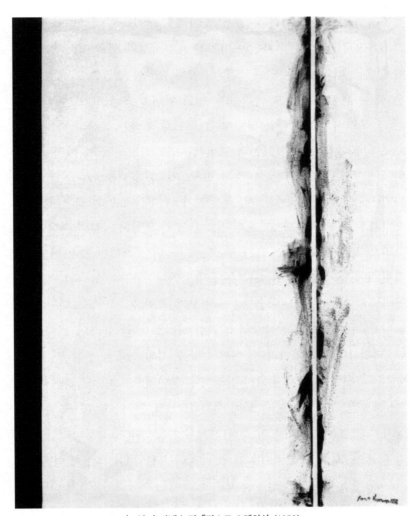

〈그림 2〉바넷 뉴먼, 「퍼스트 스테이션」(1958)

를 말하는 들뢰즈와 전혀 다른 시간을 말하고 있다. 그것은 '지금'이자 '순간'이며 그래서 발생 그 자체이다.

따라서 뉴먼에게 회화는 '발생 그 자체를 현시하는 것'이다. 애초에 회화가 2차원 평면에 3차원 이미지를 재현하고자 했을 때, 그들이 원한 것은 진리의 표현이었다. 그러나 이제 뉴먼이 발견한 것 혹은 깨달은 것은, 진리란 그렇게 말해질 수 있고 이해될 수 있고 보여질 수 있는 그 무엇이 아니었다는 것이다. 그러므로 회화는 본래의 자기 모습으로 되돌아갈 필요가 있는데 그것이 바로 '진리의 표현'이며, '진리의 표현'은 '현시할 수 없는 것의 현시Darstellung von Undarstellbarkeit'가 된다. 이것이 바로 '회화란 무엇인가'에 대한 뉴먼의 답변이자, 리오타르의 숭고론과 포스트모던 철학을 그가 선취한 지점인 것이다.

리오타르가 주목하고 있는 것 또는 뉴먼이 선취했던 것은 단지 '진리란 무엇인가' 또는 '회화란 무엇인가'만이 아니다. 뉴먼의 「숭고한 영웅」과 「퍼스트 스테이션」을 다시 보자. 뉴먼은 로스코보다는 너그러워서 자신의 작품을 감상하기 위한 거리로 1미터를 요구했다고 한다. 단지 1미터의 거리라면, 어떤 누구도 그의 작품을 한눈에 감상할 수 없다. 전체를 보기 위해서 감상자는 필연적으로 이동을 해야만 한다. 하지만 그렇게 이동을 통해 전체를 다 보아야만 할까? 뉴먼은 감상자가 이동하면서 자신의 작품 전체를 재구성하여 감상하기를 원했기 때문에 그 큰 그림의 감상을 위한 거리로 1미터를 요구한 걸까? 만약 그렇다면 감상자가 전체를 보기 위해서는 부분들을 기억하고 그것들을 다시 합성하는 과정이 필요하다. 이렇게 뉴먼의 작품을 감상한다면, 그 감상자는 여전히 근대적 주체, 즉 구성하는 주체에 머물러 있을 뿐이다. 다시 말해 주관(감상자)과 객관(작품)이 영원히 분리되고,

객관은 그것을 인식하는 주관의 구성 방식에 의해서만 객관으로서 자신의 존재를 입증하게 될 뿐이다.

이런 방식으로는 뉴먼의 작품에서 진정한 발생의 순간, 즉 '지금'을 만날 수 없고 '현시할 수 없는 것의 현시'를 볼 수 없다. 만약 제자리에서 감상한다면 어떤 일이 발생할까? 주체는 작품의 전체를 한눈에 아우를 수 없기에 자신이 무한 앞에 섰다고 느끼게 된다. 무한과 마주하고 있는 자신은 그 무한을 재구성하여 '무엇'이라고 규정하는 그런 주체가 아니다. 아무것도 규정할 수 없는 무화無化된 주체일 뿐이다. 뉴먼의 작품은 바로 그런 주체의 발생을, '지금'의 주체를 현시한다. 뉴먼은 '회화란 무엇인가'라는 질문을 통해 전통적인 진리 개념을 부정하고, 나아가 근대적 주체가 붕괴를 맞이하는 그 순간을 보여주고 있는 것이다. 그리고 이것이 '왜 뉴먼인가' 하는 물음을 대하는 리오타르의 답변이다.

시간성 그 자체의 현시, 전통적 진리 개념의 파괴와 그것의 부정적 현시, 주체의 무장해제를 통한 주체의 현시 등은 분명 리오타르의 철학과 맞닿아 있다. 달리 말해 리오타르는 '지금 여기now here'라는 개념을 통해 뉴먼의 작품과 사상을 요약하고 평가한다.

4. 리오타르의 숭고: '지금 여기'

리오타르는 '근대의 교정die Moderne redigieren'의 일환으로 이성의 타자인 감성의 영역을 대상으로 하는 미학을 부각시키고, 미학사에서 미의 이념에 비해 단지 부수적 타자로서만 기능해온 숭고를 복권시킨다.[15] 그의 숭고 개념을 한마디로 요약하자면 '지금 여기'이다. 이는 어떤 대상이나 사건, 사태에 대해 **무엇이 일어나고 있는가**가 아니라 단지 **일어나고 있다**라고 해야 함을 의미한다. 물론 리오타르는 이러한 숭고 개념을 정립하기 위해 앞서 언급한 추상표현주의자 뉴먼을 불러낸다. 리오타르는 뉴먼의 「숭고한 영웅」과 같은 작품, 뉴먼의 미완성 소고 「새로운 미학을 위한 서설Prologue for a New Aesthetic」, 그리고 에세이 「숭고한 것은 지금이다The Sublime is Now」[16]를 통해 숭고 경험의 대상이 **여기와 지금**임을 밝힌다. 그리고 그는 숭고에서 본질적인 것은 '보여질 수 없는 것' 또는 '표현(현시)될 수 없는 것'을 암시한다고 선포한다.

리오타르에 따르면, 뉴먼의 '지금'이란 미래와 과거에 의해 흡수되고 마는 현재의 심급instant présent이 아니다. 또 아우구스티누스와 후설 이래 의식에 의해 시간을 구성하려는 사유 전통으로부터 분석되었던, 구성된 시간 의식 속에 포섭되는 **현재**Jetzt도 아니다. 그러므로 **여기와 지금**은 의식에 알려지지 않은 것이며, 의식에 의해 구성될 수 있는 것도 아니다. 더 나아가 그것은 오히려 의식을 분해하여 직위 해제하는 것이면서 동시에 의식이 정립할 수 없는 것이며, 의식이 스스로

---

15) 숭고는 고대 롱기누스에 의해 제창되었지만 당시에는 수사학의 영역에서 다루어졌다. 또 칸트의 경우에는 『판단력비판』에서 숭고판단의 타당성이 이미 『실천이성비판』에서 도덕성(인격성)에 의해 증명되었으므로 연역이 필요 없다고 했다. 그런 이유로 그는 숭고를 「미감적 판단력의 비판」에 대한 일종의 부록이라고 했다.

16) 뉴먼의 친구이자 주석가인 헤스T. B. Hess의 설명에 따르면, 뉴먼이 염두에 둔 '시간'이란 히브리 전통에서 **그곳**, 그 위치, 그 장소라는 의미를 갖는 마콤Makom 또는 하마콤 Hamakom이며, 그래서 그것은 모세의 율법Thora이 신(명명될 수 없는 것)에게 부여한 이름들 중의 하나라고 본다.

를 구성하기 위해 잊어버려야 하는 것이다. 따라서 우리가 정립할 수 있는 것이란 '무언가가 일어나고 있다는 것,' 단지 '일어나고 있다'는 것, 다시 말해 **발생**뿐이다. 여기에서 중요한 것은 **무엇**quid 이전에 우선 일어나고 있다는 **사태**quod가 선행되어야 한다는 점이다. 사건은 질문으로 나타나기 전에 의문부호로서 발생한다. '일어나고 있다'라는 것은 우선 '일어나고 있는가?'라는 의문부호 그 자체이다. 리오타르는 이러한 발생 또는 일어남Geschehnis에 대해 하이데거가 "사건Ereignis"이라고 명명했던 일어남, 발생과 다르지 않으며 칸트의 "동요Agitation"와도 다르지 않다고 말한다. 여기서 하이데거의 일어남, 발생은 무한히 단순한 것이며 이런 단순성은 이성적 사유 활동의 박탈, 즉 사고의 무장해제를 통해서만 접근 가능한 것이다. 그리고 칸트가 『판단력비판』에서 숭고를 판단하는 정신의 활동이라고 명명한 동요는 규정되어야 할 어떤 것이 아직 규정되고 있지 않을 때만이 가능한 것이라고 리오타르는 파악한다.

그는 숭고 개념을 보다 깊이 이해하기 위해 모든 사고 활동과 회화 '이후'를 시간과의 관계에서 고찰하면서 교육 프로그램을 언급한다. 학교, 프로그램, 기획이라고 하는 것은 항상 어떤 문장 또는 어떤 색 '이후'에 대한 금지와 허용을 공언한다. 하지만 실제로 어떤 문장(그림·색) 이후에는 프로그램에서 공언한 것과는 다른 문장, 다른 색이 각각 뒤따르는데 지금 우리는 그것이 어떤 것인지 알 수 없으며, 다만 추후 소급하여 그것이 무엇이라고 규정할 뿐이다. 그래서 화가·음악가·철학자의 사고가 어떤 것을 기대할 때마다, 다시 말해서 '이제는 무엇이'라는 의문부호를 갖게 될 때마다 그 의문부호 앞에서 비참함을 느끼게 된다고 그는 말한다. 그리고 이때 발생하는 기다림에 원칙적으로 부정적 가치를 부여하는 불안감이 야기되며, 이런 기다림, 이런 **긴장**suspense이라는 모순적인 감정에서 쾌락이나 심지어 기쁨마저 야기될 수 있다고 주장한다.[17] 따라서 리오타르에게 있어서 하나의 모순적인 감정은 하나의 부호, 의문부호 자체이며 '일어나고 있는가?'가 언명되는 방식이다. 그리고 그 의문부호는 '현재 아무것도 일어나지 않고 있는지도 모른다'라는 감정이기도 하다. 그러므로 **지금**은 무현재 Nichts jetzt이기도 하다.

이러한 리오타르의 숭고, 즉 '지금 여기'는 우선 직접적으로는 아방가르드 정신에 대한 비판이기도 하다. 예를 들어 루카치György Lukács는 『비판적 리얼리즘의 실제 의미』에서 아방가르드와 데카당스의 혼합을 시도하면서 데카당스의 부정적 가치판단을 아방가르드까지 확산시키고 그 두 가지를 단지 부르주아 문화의 쇠퇴 과정에서 생기는 양상들로 보고 있다.[18] 과연 아방가르드가 부르주아 문화의 쇠퇴 양상에 불과한지는 논란의 여지가 있다. 분명한 것은 아방가르드의 이념은 비사회적 또는 반사회적 특성을 가지고 있다는 점이다. 일례로 푸리에주의자로 알려진 라베르당Gabriel-Désiré Laverdant은 『예술의 사명과 예술가의 역할에 대하여』라는 책에서 다음과 같이 역설했다. "사회의 표현인 예술은 그 가장 높은 정점에서 가장 앞선 사회적 경향들을 표명한다. 예술은 선구자요 계시자다. 지금 예술이 계시자로서의

---

17) 리오타르는 모순적 감정인 긴장에서 야기되는 쾌락과 기쁨을 미지의 것을 느끼는 것에서 오는 쾌락이나 스피노자의 말처럼 사건이 수반하는 존재의 증가에서 오는 기쁨으로 표현하고 있다. 그는 이후 숭고를 감정 능력과 개념 능력의 강화 및 상반된 감정이 병존한다는 기쁨으로 규정하고, 이를 아방가르드와 연결시킨다(장-프랑수아 리오타르, 「숭고와 아방가르도」, 『지식인의 종언』, p. 175 참조).

18) 레나토 포지올리, 『아방가르드 예술론』, 박상진 옮김, 문예출판사, 1996, p. 19 참조.

자신의 임무를 잘 해내는지 알기 위해서, 또 예술가가 진정 아방가르드로 무장하고 있는지 알기 위해서는 인류가 어디로 가고 있는지, 인류의 운명이 어떠한 것인지 알아야 한다. 〔……〕 행복의 송가 곁에 고통스럽고 좌절된 노래를…… 우리 사회의 바닥에 있는 모든 불결함, 모든 추함을 냉혹한 붓으로 만천하에 드러내라."[19]

아방가르드를 부정적으로 평가하든 긍정적으로 평가하든, 적어도 종래의 전통적 형식이나 규칙의 파괴를 통해 새로운 예술이나 가치를 추구한다는 점은 인정되어야 할 것이다. 그리고 이를 인정한다면 아방가르드 정신을 **새로움**new이라는 이름으로 규정해도 좋을 것이다. 리오타르는 이 새로움의 한계를 지금now이라는 이름으로 비판하고 극복하려 한다. 새로움은 분명히 기존의 질서와 규칙을 파괴하지만, 아도르노가 쇤베르크Arnold Schönberg의 12음 기법에 대해 찬양했다가 다시 비판한 것처럼, 새로움은 항상 새로움으로 남을 수가 없다. 어제는 새로웠던 것이 오늘은 진부한 퇴락이 되거나 고집스러운 규칙이 되기 때문이다. 그러므로 새로움은 근대적 이성주의의 퇴락이나 확장으로 귀착된다. 근대적 이성주의가 전체주의에 토대를 둔 테러적 성격을 가졌다고 비판하는 리오타르의 관점에서 볼 때 아방가르드 정신은 이성주의를 완전히 극복하지는 못하는 한계를 지닌 운동이며, 따라서 '새로움'은 비약을 하거나 아니면 역사의 한 국면으로 전락해야만 한다고 보았다. 그래서 제시된 개념이 '지금'이다. 지금은 새로우면서도 진부해질 수 없는 특성을 가지고 있다. 왜냐하면 '지금'은 규정할 수 없고 표현할 수 없으므로, 퇴락할 수도 없고 규칙이 될 수도 없

---

19) 같은 책, p. 28에서 재인용.

기 때문이다.

물론 리오타르가 아방가르드를 전적으로 비판하기만 하는 것은 아니다. 그는 현대의 정신을 숭고로 규정하면서 아방가르드의 숭고와 자본주의의 숭고를 구분한다. 그는 "예술적 실험에 대한 공격이 정치적 기구에 의해서 감행될 때, 그 공격은 반동적"[20]임을 비판한다. 또한 포스트모더니즘의 구호 아래 상업주의적 충동을 숨기고 있는 오늘날의 영합적 대중문화에 대해서도 비판적 입장을 취함으로써 양식적 절충주의나 타협적인 대중예술과 같은 유행 사조와도 거리를 두고자 했다. 그래서 리오타르는 실재에 대한 환상을 복귀시키려 하는 정치적·경제적 이완 경향에 대항하여 아방가르드의 유산인 긴장된 실험정신을 다시 고취하고자 시도하는 것이다. 리오타르에 따르면, 자본과 아방가르드 사이의 밀약에 따라 예술가들은 기존의 규칙을 거부하고 신뢰하지 않는다. 이런 거부와 불신은 항상 새로운 표현 수단, 문체 및 재료를 가지고 실험하라고 의지를 자극한다. 이는 자본주의 경제 속에 있는 숭고한 어떤 것이다. 자본주의 경제는 테크놀로지를 통해, 특히 언어 테크놀로지를 통해 과학을 종속시킴으로써 현실을 점점 더 포착할 수 없는 것으로, 문제시될 수밖에 없는, 이완된 것으로 만들어버린다. 모든 시장과 마찬가지로 '새로움이라는 규칙'에 종속된 예술 시장이 예술가에게 매력적으로 보일 수 있다는 것은 이해할 수 있다. 하지만 이를 단순히 예술가의 타락으로 설명할 수는 없다. 이는 혁신과 사건Ereignis을 혼동하는 데서 기인한다.

---

20) 장-프랑수아 리오타르, 「질문에 대한 답변: 포스트모던이란 무엇인가」, 『지식인의 종언』, p. 28.

사람들은 키치나 바로크 예술 양식으로까지 나아갈 수 있다. 사람들은 어떤 취향[취미]도 가질 수 없는 대중의 '취향[취미]'에 아부하고, 사용 가능한 형식과 대상의 수가 증가하면서 약화된 감정의 절충주의에 아양을 떤다. 사람들은 이런 식으로 시대정신을 표현하고 있다고 생각하지만, 그들은 단지 시장의 시대정신만을 반영하고 있을 뿐이다. 이렇게 되면 숭고는 더 이상 예술에 있는 것이 아니라, 예술에 대한 투기 속에 있는 것이다.[21]

리오타르는 이런 이유를 들어 '일어나고 있는가?'라는 풀리지 않는 수수께끼가 여전히 남아 있으며, 규정할 수 없는 어떤 것이 여전히 존재한다고 주장한다. 그는 발생 또는 **사건**은 혁신에 수반되는 값싼 스릴감, 수지타산적인 감정과는 아무런 관계가 없으며, 혁신의 냉소주의 이면에는 더 이상 아무것도 일어나지 않는다는 실망감이 숨겨져 있음을 직시한다. 그러나 혁신을 일으킨다는 것은 마치 많은 것이 일어난 것처럼 행동하는 것, 즉 사건들을 야기한다는 것을 뜻한다. 이렇게 해서 혁신의 동력인 의지는 시간에 대한 자신의 지배를 주장한다. 그리고 의지는 시간의 테크놀로지인 자본의 형이상학에 동화된다. 혁신은 계속되고 있으며, 작동되고 있음을 주장하고, 그런 한에서 '일어나고 있는가?'라는 의문 표시는 중단되고 만다. 발생 속에서 의지는 정복된다. 아방가르드의 임무는 시간에 대한 정신의 월권을 해결하는 것이다. 숭고의 감정은 이런 박탈을 위한 이름이다. 따라서 이러한 내

---

21) 같은 책, pp. 188~89.

용을 함유하고 있는 리오타르의 숭고미학은 비동일적 차이를 강조하고 보편의 폭력에 항거하는 사유의 귀결로 이질성과 숭고를 앞세워, 타자성의 관점에서 우리 자신을 재발견하려는 탐구의 시도로 볼 수 있는 것이다.

그렇다면 왜 이러한 것들이 '숭고'라는 이름으로 명명되어야 할까? 이제까지 우리는 이 점에 대해 아무런 언급 없이 숭고라는 용어를 사용해왔다. 통상 숭고란 신적인 것, 이념적인 것의 간접적 현시에 붙이는 이름이다. 그러므로 리오타르의 '지금 여기'나 뉴먼의 작품에 숭고라는 이름은 어울리지 않는 것처럼 보인다. 그렇다면 그들은 도대체 왜 규정할 수도 없고 표현할 수도 없는 그 사태를 '숭고'라고 부르는가? 이를 해명하기 위해 우리는 리오타르를 통해 칸트를 독해해보아야 한다.

5. 칸트의 숭고론과 리오타르적 읽기[22]

포스트모더니즘을 부르짖는 리오타르는 역설적이게도 그가 비판해 마지않는 근대성의 정립자인 칸트로 되돌아가 그에게서 자신의 이론적 지반을 발견한다. 리오타르는 하나의 모순적 감정, 쾌와 불쾌, 즐거움과 두려움, 감정의 강화와 저하가 결합된 모순된 감정이 17세기 말에서 18세기까지의 유럽에서 **숭고**라는 이름으로 사용되었음을 상

---

22) 이에 대한 보다 자세한 논의는 필자의 「숭고의 존재론: 칸트 숭고론의 탈(반)칸트적 해석」, 『시대와 철학』 제22권 1호, 2011 참고.

기시키며 의식할 수 없는 것, 현시할 수 없는 것의 발생을 의미하는 '지금 여기'가 바로 숭고임을 규명해나간다. 리오타르가 지적한 바로 그 모순된 감정에 대해 칸트는 『판단력비판』에서 "생명력이 순간적으로 지지되었다가 곧이어 더욱 강렬하게 넘쳐흐름으로써만 일어나는 쾌의 감각"[23]이라고 설명하고 이를 '숭고'라고 정의했다.

하지만 리오타르가 주목한 칸트의 숭고론은 이것만이 아니다. 오히려 더 중요한 지점이 숭고에 대한 칸트의 인식론적 논의에 담겨 있다. 칸트는 이를 적어도 두 가지 측면에서 논하고 있는데, 그 첫째는 인식 능력의 관계이고 다른 하나는 합목적성의 원리와 관련된 것이다. 물론 이 두 측면은 감정의 관계에 대한 고찰과 더불어 상호 분리될 수 없는 숭고의 계기를 이루지만, 여기서는 이해를 돕기 위해 이 둘을 분리시키고자 한다. 우선 인식 능력의 관계에서 본다면, 숭고란 "상상력과 이성을 연관시켜 그 이념들과(어떠한 이념인가는 규정하지 않은 채) 주관적으로 일치"[24]시키는 것이라고 칸트는 말한다. 일반적으로 칸트에게서 이성이란 이념Idee 능력을 말하며, 이념이란 신, 우주 전체 등 '직관으로는 현시할 수 없는 개념'을 말한다. 그리고 상상력이란 '현시될 수 있는 이미지를 만드는 능력'을 말한다. 그러므로 상상력이 이성의 이념과 일치한다는 것은 그 자체로는 일종의 모순이다.

칸트는 이와 같은 일견 모순된 관계가 우리의 감정상 — 단순한 크기든 아니면 힘이든 — 무한하다고 느껴지는 대상과 마주쳤을 때 모순 관계가 아님이 드러난다고 한다. 그런 대상을 만났을 때, 상상력은

23) 이마누엘 칸트, 『이마누엘 칸트: 판단력 비판』, 김상현 옮김, 책세상, 2005, p. 50.
24) 같은 책, p. 99.

그 무한한 크기를 현시하고자 하지만 실패한다. 그렇지만 그와 동시에 이성은 절대적 총체성이라는 이념을 가지고 그 대상을 포섭하고 있음을 주관은 깨닫는다. 그는 이런 역설적인 상황 자체를 "상상력과 이성의 주관적 일치"라고 부르고 있는 것이다. 즉 불일치하기 때문에 '일치'한다는 기묘한 정당화가 이루어진다. 이런 정당화가 가능한 이유는 칸트는 물론 근대 이성주의 철학이 대체로 감성이나 상상력에 대한 이성의 우월성을 전제하기 때문이다. 즉, 상상력을 포함한 다른 모든 능력이 자신의 무능력을 깨닫고 좌절하는 그 순간 오히려 이성은 이성으로서 자신의 권능을 발휘하게 된다는 것이다. 그러므로 이성과 상상력은 불일치해야 정당한 관계가 되는 것이다. 이는 마치 아버지가 아들보다 상위에 있고, 신이 인간의 상위에 있는 것과 마찬가지이다. 그렇게 상하 관계가 성립할 때 신은 신으로서 그리고 인간은 인간으로서 정당한 자신의 자리에 있게 되는 것이고, 신과 인간의 관계가 비로소 적절하게 일치한다고 말할 수 있는 것과 유사하다.

이런 상황은 합목적성의 원리라는 측면에서도 동일하게 적용된다. 일반적으로 합목적성이란 일정한 크기를 가지면서 부분과 전체가 적절한 비례와 조화의 관계에 있을 때 성립한다. 그러므로 ─ 비록 감정상의 문제이기도 하지만 ─ 무한히 큰 것은 합목적적일 수가 없고 그래서 오히려 반목적적일 뿐이다. 상상력에게는 반목적적인 것이 이성에게는 합목적적이기 때문에 숭고는 반목적적인 것이 합목적적으로 표상될 때 성립하게 된다. 이렇게 칸트의 숭고론은 감정-인식 능력-존재원리의 세 가지 층위가 나란히 불쾌-상상력의 좌절-반목적성이라는 하위 차원과 불쾌를 넘어선 쾌-이성의 우월성에 대한 자각-합목적성이라는 상위 차원이 겹쳐지면서 성립하게 된다.

이와 같은 칸트의 숭고는 근본적으로 상상력이 현시하는 대상이 존재하는 '이곳here'에서 성립하는 것이 아니라 절대적 총체성이라는 이성 이념이 기거하는 '저곳there'에서 성립하게 된다. 그리고 마찬가지로 '지금now' 성립하는 것이 아니라 '이후에later' 성립한다. 리오타르는 아방가르드의 '새로운new' 시도들이 아직 근대적 숭고의 한계를 벗어나지 못한다고 보았는데, 그 이유가 여기에서 다시 밝혀진다. 즉, '새로운' 시도들은 사실상 진부한 과거의 시도들 다음에 또는 '이후에' 행해지는 시도일 뿐 진정으로 전복적인 시도라고 볼 수 없다는 것이다. 그러므로 아방가르드는 근대성의 연장에 불과하다.

그리고 바로 이 지점에서 왜 리오타르가 숭고를 말하면서 그 숭고를 '지금 여기'로 규정하는지가 밝혀진다. 일차적으로 리오타르는 칸트의 숭고 분석에서 표현할 수 없는 것의 존재와 그것의 형식 파괴적인 힘(반목적성)에 주목하여, 숭고를 목표로 삼는 현대 아방가르드 예술은 표현할 수 없는 것의 존재를 암시해야 하며 표현 형식으로서의 예술 자신을 부단히 파괴해야 한다고 주장한다. 칸트 미학에서 미의 감정은 이미지 능력과 개념 능력 간의 자유로운 합치로부터 나오는 쾌인 반면, 숭고의 감정은 보다 비규정적인 것으로서 불쾌와 혼합된 쾌이며 불쾌로부터 나오는 기쁨이다. 또한 그것은 단적으로 큰 대상, 모든 절대적인 것과 마찬가지로 감성적 직관을 거치지 않고 오직 이성에 의해 절대적 총체성이라는 이념으로서만 사유될 수 있는 대상이다. 이런 대상을 인지함에 있어서 상상력과 이성은 사실상 일치할 수 없으며, 이와 같은 능력들 간의 분쟁은 숭고의 파토스를 특징짓는 극도의 긴장(칸트에 따르면 동요)을 유발한다. 이와 같은 분쟁과 긴장에서 이념의 무한성 혹은 절대성은 칸트가 부정적 현시negative Darstellung 또는 비현시Nicht-Darstellung로 명명한 것 속에서 드러난다. 거의 무로 환원된 시각적 기쁨은 실상 무한한 것에 대해 무한히 사고하게 해준다는 이성의 기쁨일 뿐이다. 그래서 리오타르는 칸트의 숭고 개념을 '지금 (상상력에 의해) 규정할 수 없는 무언가가 발생하고 있다는 것 ─ 물론 이것은 칸트에게는 이후에 이성에 의해 이념으로 확인되지만 ─ 을 감지하는 것'이라고 독해한다.

그러므로 천재로서의 예술가는 이제부터 '나는 내가 무엇을 하는지 모른다'는 것이 불러일으키는 영감을 받아들이는 반자발적인 수신자로서, 천재라는 그 이름에 나타난 덕목 찬양에 참가하도록 유도함으로써 대중을 즐겁게 하는 것이 아니라 놀라게 해야 한다. 부알로Nicolas Boileau가 말했듯이 "숭고는 증명되거나 제시될 수 있는 것이 아니라, 갑자기 다가와서 충격을 느끼게 하는 어떤 경이로운 것"이다. 그러므로 합목적성과 안정된 조화에 근거하는 미보다는 반목적적이고 취미를 혼란스럽게 만드는 것이 오히려 이런 충격 효과에 관여할 수 있다. 그래서 숭고의 미학에 따른 예술작품은 자연을 모방하지 않으며, 그것은 두번째 세계 또는 파울 클레가 말했던 것처럼 "간세계Zwischen-welt"나 "옆세계Nebenwelt"를 창조하는 것이다. 이런 세계에서는 어마어마한 것 혹은 비정형적인 것이 숭고한 것으로서 그 권리를 확보한다.

앞서 언급했듯이 리오타르는 칸트와 버크의 숭고의 미학 속에서 아방가르드가 자신의 길을 모색하게 되었음을 마네, 세잔, 브라크 Georges Braque, 피카소와 같은 근대예술가들이 사건을 가능하게 하는 결합을 시도했다는 점을 들어 암시한다. 또한 예술 애호가는 그것으로부터 감정 능력 및 개념 능력의 강화를, 상반된 감정이 병존한다는 기쁨을 기대하게 되었다. 그로부터 예술작품은 어떠한 모델에게도 허리를 굽히지 않으며, 현시할 수 없는 것Nicht-Darstellbares이 존재한다는 것을 표현하고자 한다. 그것은 자연을 모방하지 않으며, 하나의 대상이고 환영이다.

리오타르는 19세기와 20세기 미학은 숭고의 미학과 더불어 현시할 수 없는 것, 즉 비규정적인 것Unbestimmtes이 존재한다는 사실을 증언하는 것을 과제로 삼았다고 지적한다. 그는 세잔 이후 '회화란 무엇인가'라는 질문에 대한 대답을 찾으려고 노력한 결과들을 논거로 제시하며, 숭고와 아방가르드가 갖는 본질적 성격은 전 단계 또는 당대의 지배적 사유나 기법을 통해서는 드러낼 수 없는 것, 은폐되어 있는 것을 드러내는 것이며, 이는 곧 현시할 수 없는 것, 비규정적인 것이 있다는 것을 증언하는 것이었음을 논증해나간다. 아방가르드 예술은 일어나고 있는 것, 즉 작품에 대해 질문함으로써 작품이 수용자에게 수행해 온 동일화의 역할을 거부한다.

6. 나가며

19세기 이후 수많은 철학자들이 이성 중심의 계몽주의가 인간성을 상실케 하는 전쟁이라는 참혹한 결과를 낳음으로써 현실 사회가 유토피아가 아닌 디스토피아 상태로 전환되었다고 비판했다. 이와 유사하게 같은 시기의 예술가들도 자신들의 작품을 통해 부조리한 사회 연관 관계로부터 벗어나고자 전통과의 단절을 선언하고 예술가 개인의 자유로운 정신을 구현할 수 있는 공간(예술작품 그 자체 또는 사회)이나 그러한 곳에 맞는 새로운 인간형을 추구했다. 그런가 하면 다른 한편으로는 그러한 예술가의 노력이 개인의 자유와 개성을 중요시하는 현대 사회의 특성과 맞물리면서 예술이 곧 삶임을 주장하기도 했고, 또 일군에서는 '재현의 포기'라는 모토 아래 개인의 자유로운 유희를 통해 독창적인 예술 창조를 위한 다양한 형태의 형식적·질료적 실험을 감행하기도 했다.

부조리한 전통과의 단절, 예술가 개인의 독창성 구현, 정신성 강조 등 다양한 목적만큼 다양한 형태로 그 모습을 드러낸 현대미술은 전통적 예술과는 전혀 다른 작품과 예술적 동향들을 만들어냈으며, 20세기에 이르러서는 예술에 대한 정의 자체가 불가능할 정도로 그 표현 영역이나 기법을 한없이 넓혀가고 있다. 그래서 조화와 비례라는 전통적인 미의 기준에서나 특정한 지식에 기반을 둔 숙련된 제작술이라는 아트art. techne의 본래적 의미에서나, 그래서 예술이란 미를 표현하는 기술이라는 근대적 개념에 비추어 볼 때 결코 예술적이라고 말할 수 없는 다양한 기법과 작품이 등장하고 있다. 심지어 '작가(예술가)'와 '감상자'라는 이분법적 도식마저 무색해졌다. 이제 감상자는 작가의 메시지가 무엇인가를 이해하려고 노력하고 학습하는 수동적인 감상자에만 머물지 않는다. 예술가가 감상자로 하여금 스스로 직·간접적으로 예술작품 생성 그 자체에 참여할 것을 요구하고 있기 때문이다. 예를 들어 리오타르가 언급한 뉴먼의 「숭고한 영웅」은 감상자가 감상하는 바로 '지금 여기'에서 작품으로서 성립한다. 그러므로 작가가 작품을 생산하고 그다음에 그것을 감상자가 소비하는 패턴은 숭고의 예술에서는 성립하지 않는다.

리오타르는 기능적 지식과 비판적 지식, 체제의 정합적 효율성과 체제의 억압으로부터의 전체적 해방 모두를 거부하며 체제 내의 합의 이건 체제 극복을 위한 합의이건 사회와 역사에 대한 모든 통합적 전망을 전체주의라고 비판하고, 개인주의적 불일치와 무정부주의적 충동에서 학문과 사회의 해방적 동력을 발견한다. 포스트모던적 미학의 임무는 숭고의 미학과 더불어 '비규정적인 것, 비표현적인 것, 비현시적인 것, 그리고 패러독스를 증언·암시Allusion하고 가시화하는 것[25]이 되었다. "숭고 회화의 미학…… 회화로서 그것은 어떤 것을 — 그렇지만 단지 소극적으로 — '표현'한다. 그러므로 그것은 형상화나 재현화를 피할 것이고…… 볼 수 없도록 함으로써만 볼 수 있게 하고, 그것은 고통을 야기함으로써만 기쁨을 준다. 이런 것들로부터 우리는 회화적 아방가르드들의 공리를 알 수 있는바, 그들은 가시적인 표현들을 통해서 표현될 수 없는 것을 암시하는 데에 몰두한다."[26] 그리고 리오타르는 바로 이런 점들을 뉴먼의 작품에서 보았던 것이다.

---

25) 그래서 비현시적인 것의 '암시'는 숭고의 미학에 속하는 작품에게는 필수적인 표현법인 것이다(장-프랑수아 리오타르, 『지식인의 종언』, p. 29).

26) 같은 책, p. 35.

10장
들뢰즈의
미술론

베이컨

질 들뢰즈
Gilles Deleuze
1925~1995

프랜시스 베이컨
Francis Bacon
1909~1992

들뢰즈의 철학은 재현에 대한 비판을 핵심 과제로 삼는다. 재현을 구성하는 개념은 동일성, 유사성, 유비, 대립 등인데, 이러한 개념들은 사물을 규정하는 근본 개념이 아니라는 것이 들뢰즈의 비판의 논점이다. 이런 재현적 개념 이전의 비재현적 층위를 근거로 삼아 부차적인 최종 효과로서 발생하는 것이 재현적 개념들일 뿐이다. 비재현적 층위는 개념의 능력인 지성과는 다른 감성에서 발견된다. 이 감성 가운데 출현한 것들이 '종합'을 이루어 최종적으로 재현이 출현한다. 감성은 수동적 능력이므로, 감성적 층위에서 종합이 가능하다면 그것은 '수동적 종합'일 것이다. 들뢰즈 철학의 가장 핵심적인 발견물인 이 수동적 종합이 가능하다는 것을 어떻게 보여줄 것인가?

클리셰에 속하는 기존의 개념들에 종속된 통상적인 우리의 감성에서가 아니라, 바로 감성을 기존의 개념에서 해방시킨 그림이라는 감성적 영역 속에서 우리는 재현적 개념이 개입하지 않은 '수동적 종합'의 가능성을 발견할 수 있다. 들뢰즈는 이러한 수동적 종합을 바로크 회화와 프랜시스 베이컨의 회화에서 발견한다. 그러므로 바로크와 베이컨에 관한 들뢰즈의 그림론은 그의 철학의 핵심 주제인 감성적 종합의 가능성을 기술하는 작업이다. 이 글은 재현 비판과 그에 이은 감성에서의 수동적 종합이라는 주제의 구현으로서, 바로크와 베이컨에 대한 들뢰즈 미술론을 다룬다. 이 글을 통해 우리는 들뢰즈 미술론의 성격과 목적, 성과를 그의 철학 전체에 비추어 이해할 수 있을 것이다.

감성의 수동적 종합으로서 회화:
바로크의 마니에리슴에서 베이컨까지

서동욱

1. 재현에 대한 비판으로서 회화론

미술에 대해 어떤 중요한 출판물도 펴내지 않았던 시기에 들뢰즈는 그림과 관련하여 이렇게 쓰고 있다. "사유 이론은 회화와 같다. 사유 이론에는 회화가 재현에서 추상미술로 이행하게끔 하는 혁명이 필요하다."[1] 1968년에 발표된 『차이와 반복』에 나오는 구절이다. 그는 그림의 과제를 무엇이라고 생각하고 있었던 것일까? 저 구절, 단지 사유의 과제를 이해시키기 위한 수단으로 그림을 끌어들이고 있는, 그런 의미에서 그림 자체에 대한 사유로서는 매우 빈곤하다고밖에 할 수 없

---

[1] G. Deleuze, *Différence et répétition*, Paris: PUF, 1968, p. 354(약호: DR). 이 글의 모든 인용에서 원저자의 강조는 ' '로, 인용자의 강조는 고딕체로 표기한다. 〔 〕안의 말은 뜻을 잘 통하게 하기 위해 인용자가 임의로 집어넣은 것 또는 대체 가능한 번역어다. 인용하는 저작은, 인용문 뒤 괄호 안에 약호 표시와 쪽수를 병행해 적는다.

는 저 구절은 향후 집필될 미술에 관한 들뢰즈 글들의 핵심을 요약하고 있다. 비록 회화의 여러 영역 가운데 추상미술이 들뢰즈가 본격적으로 사유하는 대상이 되지는 않았을지라도 말이다.

재현(표상, représentation)에 대한 비판은 들뢰즈 철학의 핵심을 이루고 있는 주제이다. 이 비판의 핵심은 재현 이전적인 차이(비재현적 요소들 사이의 비관계)를 재현적 개념에 매개하는 일을 고발하는 데 있다. 이런 비판이 이루어지는 까닭은 재현적 개념이 사물의 원인인 근본 개념이 아님에도 불구하고 철학의 역사를 통해 많은 경우 근본 개념으로 인정되어왔기 때문이다. 가령 개념에서의 '동일성,' 지각에서의 '유사성,' 판단에서의 '유비,' 술어에서의 '대립' 등이 재현을 구성하는데, 철학사의 여러 국면들은 이런 재현의 요소들이 어떻게 비재현적인 것을 매개하는지를 보여준다. 가령 플라톤의 『소피스테스』에서는 근거로서 동일적인 개념(이데아)이 제시되며, 이것과의 유사 관계에 입각해 모사(에이콘ēikōn)와 허상(판타스마phantasma, 시뮬라크르simulacre)이 구별된다(DR, pp. 340~41 참조). 여기서 개념(동일성, 유사성)에 매개되지 않는 차이 나는 것들은 거짓된 것(허상)으로 분류된다. 아리스토텔레스를 바탕으로 한 아퀴나스 철학에서는, 탁월성에 따라 위계가 수립된(가령 창조자와 피조물들 사이의 위계) '서로 다른 의미'의 존재자들 사이에 동일한 술어를 부여하기 위해 유비가 도입되는데, 이는 "차이를 판단 자체의 유비에 기입하는 데 만족하는 일"(DR, p. 50)이다. 아울러 부정성은 술어상에서 이루어지는 일종의 제한이고 이 제한을 통해 사물의 본성을 규정하는 것이지만, 제한이 이루어지기 위해서는 제한받는 사물이 먼저 출현해야 한다는 점에서 부정성은 늘 이차적이다.[2] 즉 부정성이라는 개념은 보다 근본적인 비개념적인 것에 비해 이차적인 규정일 뿐이다.

들뢰즈의 주저 『차이와 반복』의 「결론」에는 "범주들에 대한 비판"이라는 제목이 붙은 하위 절이 있는데, 여기서 그는 "재현의 범주들과 구별되는"(DR, p. 364) 기술記述적 개념들을 정리해서 제시한다. 이 개념들이란 들뢰즈에 앞서서 재현적 범주의 배후를 사유하려고 했던 하이데거가 제시한 '실존 범주'와도 비견될 수 있는 지위를 가지는 것인데, 이러한 개념들은 모두 재현에 앞서는 근거를 기술하기 위해 고안된 것들이다(예를 들어 '짝짓기couplage'나 '공명résonance' 등이 재현보다 심층적인 영역을 기술하는 이 개념들에 속한다. 이에 대해서는 나중에 살피게 될 것이다).

이렇게 재현에 매개되지 않은 근본적인 사물의 모습을 보여주는 것이 들뢰즈가 사유에서 추구하는 일일 뿐 아니라, 바로 회화의 과업으로 제시하는 바이기도 하다. 가령 들뢰즈는 현대예술의 과제를 다음과 같이 제시한 바 있다.

우리의 일상적 삶이 표준화되고 천편일률적이 될수록, 그리고 더욱 가속화되는 소비재의 재생산에 복종하고 있는 것처럼 보일수록, 그만큼 더 예술은 일상적 삶에 밀착해야 한다. 더욱더 이 일상적 삶에서 어떤 작은 차이를 캐내어 반복의 다른 수준들 사이에서 동시적으로 유희하게 만들어주어야 한다. 〔……〕 결국 이 모든 것은 〔본래의〕 차이 Différence가, 가장 낯선 선별을 끌어들일 수 있는 어떤 힘 자체, 어떤 분

---

2) G. Deleuze, *Spinoza et le problème de l'expression*, Paris: Éd. de minuit, 1968, p. 51 참조(약호: SPE).

노로 가득한 반복적인 힘 자체와 더불어 표현되도록 하기 위해서이다.
(DR, p. 375)

　뒤이어 들뢰즈는 이러한 예술의 예로 앤디 워홀의 팝아트를 든다.
"회화에서 팝아트가 모사copie, 모사의 모사 등등을 밀고 나가 결국 그
모사가 전복되고 허상simulacre으로 변하게 되는 극단적인 지점에 이
르렀다."[3] 이 구절은 그림의 과제를 '모사의 파괴와 허상의 제시'로 명
시하고 있는데, 앞서 보았듯 모사는 동일성과 유사성 개념을 바탕으로
한다는 점에서 이 과제는 재현을 파괴하고 그 배후를 드러내는 작업이
라 할 수 있다. 이런 회화의 과제는 다음과 같이 명시되기도 한다. "예
술은 철학에게 재현을 폐기하는 길을 가리켜 보여주고 있다"(DR, p.
94).

　그런데 이러한 작업은 비단 현대 팝아트의 과제에 지나지 않는 것일
까? 재현적 사유로부터 떠나려는 들뢰즈의 노력은 철학사의 여러 국
면을 바탕으로 행해지는데, 그 가운데 하나가 바로 비재현적 요소들
을 바탕으로 현실적인 사물들을 근거 짓는 '바로크적 사유'에 대한 연
구에서 발견된다. 바로크적 사유 내지 바로크 철학을 재현에 대한 비
판의 관점에서 일으켜 세우는 작업은, 위에 인용했던 사유의 과제와
미술의 과제를 중첩시키는 문장들에서 짐작할 수 있듯, 바로크 미술
에서의 재현 비판과 긴밀히 연관된다. 그리고 고전철학과 고전미술을
대상으로 수행된 이러한 작업은, 들뢰즈의 미술에 대한 사유를 집대

---

3) DR, p. 375. 팝아트가 가지는 이러한 의의는 『의미의 논리』에서도 동일하게 강조된다. G.
　 Deleuze, *Logique du sens*, Paris: Éd. de minuit, 1969, p. 307 참조(약호: LDS).

성한 『감각의 논리』[4]에서는 현대 화가 프랜시스 베이컨의 작품 분석을 통해 이루어진다. 요컨대 바로크 미술, 팝아트, 베이컨의 그림이 재현 비판이라는 철학적 과제를 위한 예술물이라는 하나의 범주로 엮이는 것이다.

이 글이 노리는 것은 어떻게 들뢰즈가 재현 비판이라는 철학적 프로그램을 구성하는 핵심 과제로서 미술을, 보다 정확히는 그림을 분석하는지 드러내는 것이다. 먼저 재현 비판을 위해 들뢰즈가 영감을 얻고 있는 철학사적 원천인 라이프니츠 철학[5] 및 이에 대응하는 동시대

---

4) G. Deleuze, *Francis Bacon: Logique de la sensation I*, Paris: Éd. de la différence, 1981(약호: LS).

5) 재현 비판과 관련하여 라이프니츠에 대한 들뢰즈의 평가는 이중적이다. 라이프니츠를 바로크 정신과의 관련성 아래서 조명한 책 『주름』(1988)을 쓸 당시, 들뢰즈는 자기 시대를 (구조주의 이후의 여러 프랑스 사상가들처럼) 계몽적 이성에 대한 신뢰가 무너져가는 시대로 진단하고 있다. 그리고 이러한 이성의 위기 속에서 새로운 활로를 찾는 일을 라이프니츠와 함께 수행할 수 있다는 확신 속에 당대를 '신바로크주의 시대'로 규정한다. "오늘날 위기를 겪고 무너지고 있는 것은 더 이상 신학적 이성이 아니라 인간 이성, 계몽의 이성이다. 이런 상황에서, 무엇인가를 구해내고 재구축하려는 시도 속에서 우리는 **신바로크주의**néo-Baroque를 목격한다. 그렇게 우리는 볼테르보다 라이프니츠와 더 가까워지게 될 것이다"[G. Deleuze, *Pourparlers*, Paris: Éd. de minuit, 1990, pp. 220~21(약호: P)]. 여기서 볼테르는 계몽적 이성을 대표하는 이름이다. 두 말 할 것 없이 볼테르류의 계몽과 반대되는 신바로크주의적 사유를 펼치는 당대의 사상가는 들뢰즈 자신이며, 이런 관점에서 보았을 때 들뢰즈 철학의 전개에서 라이프니츠와 바로크는 그가 스피노자로부터 받은 영향에 버금가는 중요성을 가진다. 다른 한편으로, 들뢰즈는 라이프니츠가 지닌 이성적인 재현의 사상가로서의 면모 역시 줄곧 비판해왔다. 라이프니츠는 결국 모든 것을 '자연의 빛'으로 귀결되도록 했으며, 이런 점에서 그는 자신의 모든 혜안에도 불구하고 "간발의 차이로 디오니소스를 놓친 자"(DR, p. 276)가 되었다. 이성의 시대 이후 니체와 더불어서 비로소 온전히 도래하는 디오니소스 말이다. 이 글은 바로크와 그것의 사상적 바탕인 라이프니츠 철학에 대한 들뢰즈의 긍정적 조명을 추적하며 작성되었다. 라이프니츠에 대한 긍정과 부정 양 측면을 오가는 들뢰즈의 라이프니츠 해석 자체는 중요한 주제이지만, 회화론을 다루는 이 글의 논의 안에서는 취급될 수 없을 것이다.

의 바로크 미술이 어떻게 들뢰즈의 사상 속에서 관련을 맺는지 살펴볼 것이다. 다음으로 비재현적인 바로크 미술의 계승은, 들뢰즈의 사상적 지도 속에서 보자면, 현대 화가 베이컨을 통해 이루어진다는 점을 보게 될 것이다. 아울러 재현에 매개되지 않은 채 사물이 출현할 가능성은 '감성sensibilité'의 '종합'하는 능력에 의존함을 밝히고, 이런 감성적 종합의 가능성을 그림이라는 감성적 장 위에서 구현하고 있는 작품으로서 베이컨의 그림을 분석할 것이다.

2. 재현보다 심층적인 차원을 사유하는 바로크 시대 철학과 회화

앞서 인용했던 현대예술의 과제에 관한 구절로 돌아가보자. 들뢰즈는 "일상적 삶이 표준화되고 천편일률적이 될수록…… 이 일상적 삶에서 어떤 작은 차이를 캐내어"야 한다고 말한다. 이미 익숙한 일상에 대해 본질적으로 전혀 새로운 무엇을 제시하는 것이 아니라 작은 차이들, 비본질적인 것을 덧붙이라는 것이다. 이러한 제안은 라이프니츠를 떠올리게 만든다. 들뢰즈는 라이프니츠의 철학을 어떻게 특징짓는가? "라이프니츠의 기술은 비본질적인 것에서 출발하여 본질을 구성하는 데 있다"(DR, p. 338). "여기서 비본질적인 것은 중요하지 않은 것을 가리키는 것이 아니다. 오히려 가장 심층적인 것, 보편적인 재료나 연속체를 가리키며, 본질들 자체를 궁극적으로 형성하고 있는 어떤 것을 가리킨다"(DR, p. 67). 이렇게 '비본질적인 것'으로부터 '본질적인 것'의 '발생'을 기술하는 것이 데카르트의 실체 중심적 사유에 맞서는 라이프니츠의 '마니에리슴(매너리즘, maniérisme)'이다.

바로크 미술의 핵심을 표현하기도 하는 이 마니에리슴이라는 용어에 대해서는 조금 뒤에 살펴보기로 하고, 먼저 어떻게 실체나 본질 위주의 사유가 아니라 비본질적인 것 위주의 사유로서 라이프니츠를 특징지을 수 있는지 보도록 하자. 잘 알려져 있다시피 데카르트는 "〔사유 주체인〕 내가 극히 명석 판명하게 지각하는 것은 모두 참이라는 것을 일반적 규칙regula generali으로 설정해도 괜찮다고 생각한다."[6] 이에 대해 들뢰즈는 라이프니츠의 다음과 같은 비판을 부각시킨다.

> 데카르트에 대한 라이프니츠의 비판은 유명하다. 명석 판명함 자체는 우리로 하여금 대상을 '재인식'하게 할 뿐, 그 대상에 대한 진정한 인식을 주지는 않는다. 명석 판명함은 본질에 도달하지 못하고 단지 외적인 겉모습 내지 부대적인 특징들에만 관여한다. 그런 겉모습을 통해서 우리는 본질을 겨우 '어림잡아볼conjecturer' 수 있을 뿐이다. 명석 판명함은 왜 사물이 필연적으로 그렇게 있는지를 보여주는 원인에 도달하지 못한다. (SPE, p. 138)

스피노자주의자로서 들뢰즈 철학의 항구적인 특징은 인식을 '결과에 대한 앎'이 아니라, 어떻게 '결과에 대한 앎'이 '원인에 대한 앎'에 의존하는지를 아는 것(적합 관념의 형성)으로 본다는 점에 있다. 명석 판명함이란 심리적인 차원에서, 결과로서 출현한 대상을 '집중하고 있는 정신'이 다시 알아보는 일, 다시 식별하는 일, 문자 그대로 '재인식récognition'하는 일의 기준에 불과하다.[7] 참다운 인식은 출현한 어떤

---

6) 르네 데카르트, 『성찰』, 이현복 옮김, 문예출판사, 1997, p. 57.

대상을 명석 판명함의 기준 속에서 의식하는 게 아니라, 그 대상이 발생한 이유로부터 그 대상을 사유하는 것, 즉 원인으로부터 결과를 인식하는 것이다. "명석 판명한 관념으로는 충분하지 않으며, 적합 관념에까지 나아가야 한다. 〔……〕 즉 어떻게 결과에 대한 참된 인식이 그 자체 원인에 대한 인식에 의존하는지 보여주어야 한다"(SPE, p. 142). 즉 명석 판명함을 결과로서 출현시키는, 적합한 원인으로서의 이유에 대한 앎이 제시되어야 하는 것이다.

라이프니츠에 대한 들뢰즈의 연구는 그 이유를 '어두움obscur'과 '혼잡confus'으로 제시한다.[8] 이를 설명하기 위해서는 라이프니츠의 파도 소리의 예가 적절할 것이다.

> 바닷가의 소리가 있다고 해보자: 최소한 둘의 파도가 막 생겨나는 것으로 그리고 이질적인 것으로 미세하게-지각되어야만 하는데, 이는 세 번째의 지각을 규정할 수 있는 관계 안으로 들어가기 위해서이며, 여기에서 이 세번째는 다른 것들보다 '두드러지고' 의식적인 것이 된다.[9]

파도 소리가 명석 판명하게 인식되는 것은 오로지 결과로서의 대상

---

7) 데카르트는 명석 판명을 다음과 같이 정의한다. "나는 집중하고 있는 정신에 현존하며 드러난 지각을 명석한 지각이라 부른다. 그리고 나는 명석하기 때문에 모든 다른 것과 잘 구별되어 단지 명석한 것만을 담고 있는 지각을 판명한 지각이라 부른다"(르네 데카르트, 『철학의 원리』, 원석영 옮김, 아카넷, 2002, pp. 38~39).

8) 'obscur'와 'confus'는 많은 경우 '애매'와 '모호'로 번역하기도 하지만, '명석' 및 '판명'과 보다 명확히 대비시키기 위해 이 글에서는 '어두움'과 '혼잡'으로 옮기기로 한다.

9) 질 들뢰즈, 『주름: 라이프니츠와 바로크』, 이찬웅 옮김, 문학과지성사, 2004, p. 161(약호: 『주름』).

의 차원만을 고려했을 때다. 그런 대상의 출현의 배후에는 무엇이 있는가? 바로 명석하기보다는 어둡고, 판명하기보다는 혼잡한, 파도 소리를 구성할 물방울들에 대한 미세지각이 있다. 즉 재현적 개념과는 다른 "미세지각들의 대상, 의식 아래 잠재적 차원의 대상"(DR, p. 214)이 있는 것이다. 우리가 대상을 명석 판명하게 지각할 때 동시에 우리는 그 대상의 발생적 요소를 어둡고 혼잡하게 지각하고 있다. 요컨대 "데카르트에 반대해, 라이프니츠는 애매함〔어두움〕에서 출발한다: 즉 명석함은 발생적 과정을 통해 애매함〔어두움〕에서 나온다. 그러니까 명석함은 애매함〔어두움〕에 잠겨 있고, 끊임없이 빠져 들어간다: 그것은 본성상 명석-애매하〔어둡〕고, 애매함〔어두움〕의 전개이고, 그것은 감각적인 것이 밝혀주는 바대로 '다소간' 명석하다. 〔……〕 명석함은 첫번째 필터를 통과하듯이 애매함〔어두움〕으로부터 나와야 하며, 이 필터 뒤로 판명함과 모호함〔혼잡〕에 해당하는 많은 필터들이 이어진다"(『주름』, p. 165).

결국 사물에서 본질적인 것 혹은 실체적인 것이라 일컬을 수 있는 것은 미리 존재하는 형상form[10] ── 가령 '이데아' 같은 것 ── 에서 유래하는 것이 아니라, 어둡고 혼잡한 비본질적인 것으로부터 발생하는 것이다. 마치 파도 소리의 정체성이 파도 소리의 이데아에 참여함으

---

10) 널리 알려져 있다시피 '형상form'은 아리스토텔레스가 말한 네 가지 원인 가운데 하나다. 우리는 이 'form'에 대해 오랫동안 '형상'이라는 번역어를 사용해왔다. 이와 달리 들뢰즈 철학에서, 그리고 이 글에서 매우 중요한 개념 'Figure'는 '비재현적인' 성격을 갖는 것이다. 그런데 Figure에 대한 적합한, 그리고 널리 사용되고 있는 번역어 역시 '형상'이다. 따라서 두 서양어 개념에 공통적으로 쓰이는 번역어(형상)로 인한 잘못된 이해를 막기 위해, 이 글에서 형상이 form의 의미로 쓰일 경우에는 반드시 원어 병기를 해주었다. 다행히 이 글에서 form의 의미로 형상을 사용하는 경우는 극소수이다.

로써 얻어지는 것이 아니라 수많은 미세한 물방울들에 대한 어둡고 혼잡한 지각으로부터 발생하는 것처럼 말이다. 바로 이러한 비본질적 인 것을 원인으로 삼고서 '이차적 효과'로 본질적인 것이 출현하는 것 이 미술에서 '마니에리슴'의 특징이기도 한 것이다. 그리고 이런 점에 서 라이프니츠의 철학과 예술에서의 마니에리슴은 공통적으로 바로 크 양식에 귀속된다. "건축가, 화가, 음악가, 시인, 철학자들을 한데 모을 수 있는 바로크적인 선"(『주름』, p. 67)이 있으며 우리는 그것을 마니에리슴에서 발견한다. 들뢰즈는 바로크 미술에 대해 이렇게 말한 다. "바로크는 대표적인 앵포르멜informel 예술이다"(『주름』, p. 70). 이 문장에 등장하는 특정한 예술 경향을 일컫는 'informel'이, 철학적 개념들을 염두에 두고 있는 들뢰즈 논의의 맥락에서 뜻하는 바는, 형 상form이 이데아처럼 미리 주어지는 것이 아니라 비형상적인 것in-form 이 '주름'처럼 누적되면서 최종적 결과로서 주어진다는 것이다〔사실 이는 형상(형식form)이 아니라 질료(재료matter)를 다루는 데 치중한 앵포르멜 예술의 특징 자체이기도 하다〕. 마니에리슴은 널리 알려져 있다시피, 저 용어가 문자 그대로 간직하고 있는 'manière'에, 즉 '방 식' 내지 '양식'에 치중하는 예술 사조이다. 바로크 예술은 이전의 르 네상스 미술로부터 완전히 다른 실체나 본질을 제시하는 것이 아니 라, 그것에 변주를 주는 방식 내지 양식에 힘을 기울였다. 즉 비본질적 이고 비실체적인 것인 '방식'의 변주를 통해 독특한 '본질'을 획득하 는 것이 바로크 시대의 미술 사조인 마니에리슴의 특징이다. 이는 비 본질적인 잡다한 것으로부터 최종적인 형태의 발생을 기술하고자 한 라이프니츠 철학의 핵심이기도 하다. "본질주의는 데카르트를 고전 주의자로 만드는 반면, 라이프니츠의 사유는 심오한 마니에리슴처럼 나타난다. 고전주의는 실체에 대해 견고하고 항구적인 하나의 속성을 필요로 하지만, 마니에리슴은 유체流體이고, 여기에서 양태들〔manières〕의 자발성은 속성의 본질성을 대체한다"(『주름』, pp. 105~106).

이런 비본질적인 것을 근거로 본질적인 것이 발생하는 바로크 미술의 국면을 들뢰즈는 이렇게 묘사하고 있다.

> 이것이 바로크의 공헌이다: 그림을 기다리는 백악白堊이나 석고로 된 흰 바탕 대신, 틴토레토, 카라바지오의 작품은 적갈색의 어두운 바탕을 사용하는데, 그 위에 그들은 가장 넓은 그림자를 위치시키고 그림자를 향해 색조를 엷어지게 하면서 직접 붓질을 해나간다. 그림은 지위가 변하고, **사물들은 배경에서 솟아오르며, 색들은 어두운**obscur **본성을 보여주는 공통의 바탕으로부터 터져나오고, 형태들은 윤곽에 의해서보다는 겹침에 의해 정의된다.** (『주름』, pp. 63~64)

이 인용은 바로크 미술에서 색깔은 어두움에서 출발해서 식별 가능하게 된다는 것, 형태는 이데아적 모형에 참여하듯 '미리' 윤곽을 가진 채 주어지는 것이 아니라 미세한 요소들의 '겹침recouvrement'을 통해 출현한다는 것을 말하고 있다. 그리고 이런 방식은 라이프니츠 철학에서 어두움과 혼잡으로부터, 결과로서 재현의 차원의 명석 판명한 관념이 출현하는 방식과 동일한 방식, 즉 마니에리슴인 것이다.

그런데 이런 마니에리슴의 면모는 단지 바로크 시대에 국한되는 것이 아니라, 현대에 이르기까지 회화 곳곳에서 발견된다. 들뢰즈는 피에라비노Francesco Fieravino와 베테라Bartolomeo Bettera의 정물화들[11]

을 염두에 두고서 이렇게 말한다.

'정물화'는 이제 주름들만을 대상으로 취한다. 바로크 정물화의 요리법은 이렇다: 장식 휘장, 이것은 공기 또는 무거운 구름의 주름들을 만든다; 식탁보, 이것은 바다 또는 강의 주름을 지닌다; 금은세공품, 이것은 불의 주름을 태운다; 야채, 버섯 또는 설탕에 절인 과일들은 땅의 주름들 안에 붙잡혀 있다. [……] **천을 주름들로 덮으려는 이 야망이 우리에게는 현대예술에서도 다시 발견되는 듯 보인다**: '표면 전체를 뒤덮는all-over' 주름. (『주름』, pp. 222~23)

들뢰즈에게 바로크는 역사상의 한 시기로서 고립된 것이 아니라 현대예술에서도 목격되는 것이다. "주름에 따른 주름[말라르메의 시구]. 만일 바로크를 정확한 역사적 경계 밖으로 연장시킬 수 있다면, 우리가 보기에 이것은 언제나 이 규준 덕분"(『주름』, p. 67)이라고 들뢰즈는 말한다. 즉 바로크는 역사적 경계 바깥으로까지 펼쳐지며, 그것은 '주름' 개념 때문에 가능하다는 것이다.

여러 가지 함의를 가지는 '주름'은 우리 맥락에서는 비실체적이고 비본질적인 '양식mode'으로 이해될 수 있다. "바로크는 어떤 본질을 지시하지 않으며…… 바로크는 끊임없이 주름을 만든다. [……] 동양에서 온 주름들, 그리스, 로마, 로마네스크, 고딕, 고전주의 등등의 많은 주름들이 있다. [……] 주름 위에 주름을, 주름을 따라 주름을 만든다. 바로크의 특질은 무한히 나아가는 주름이다"(『주름』, p. 11).

---

11) 『주름』, p. 224에서 이 그림들을 볼 수 있다.

바로크는 정해진 본질을 가지고 있는 것이 아니라, "그리스, 로마, 로마네스크, 고딕, 고전주의"의 양식들을 '겹쳐서(주름지게 만들어서)' 하나의 독특한 결과를 얻어낸다. 주름이 접히는 방식은 매우 다양하다. 주름을 겹치게 해서 하나의 독특성에 도달하는 회화를 들뢰즈는 세잔에게서도 발견해내는데, 세잔은 바로 "산들의 주름 접기[습곡 pli-ssement]가 간직한 힘을 가시적으로 만드는"(LS, p. 39) 화가로 평가된다.

우리는 주름을 드러내는 회화를 프랜시스 베이컨에게서도 발견할 수 있다. 베이컨에게서 주름의 역할을 하는 것은 세로로 된 버티컬 같은 "두툼한 날들lames épaisses"(LS, p. 24)이다. 벨라스케스가 그린 교황 초상화 위에 세로로 된 선들을 중첩시킨, 말하자면 세로로 쌓여 있는 주름을 만든 유명한 그림(「벨라스케스의 '교황 인노켄티우스 10세 초상화'에 따른 연구」)을 보자(〈그림 1〉 참조). "외치는 교황의 형상 Figure은 벌써 두툼한 날들 뒤에, 또는 어둡게 투명한 커튼의 막들 뒤에 있다. 상반신 전체는 흐릿해져, 줄쳐서 지워진 옷 위에 얼룩처럼 새겨진 흔적으로밖에는 남지 않았다. 하반신은 벌어진 커튼의 바깥에 아직 남아 있다. [······] 상당히 오랫동안 베이컨은 이 방식을 빈번히 사용했다. [······] **도처에 흐릿함, 비결정**, 형태를 잡아끄는 배경의 활동, 그림자가 유희하는 두터움, 미묘한 색조의 어둑한 질감, 가까워지고 멀어지는 효과의 지배가 있다"(LS, p. 24). 베이컨은 세로로 뻗은 주름들을 이용해 "흐릿함, 비결정"에 도달하고 있는데, 이는 이미 우리가 바로크의 마니에리슴에서 명석 판명함의 근거를 이루는 것으로서 발견한 어두움과 다른 것이 아니다.[12] 베이컨은 재현적인 형태의 배후에서, 그 형태를 발생시키는 비재현적인 요소들의 중첩(주름)

을 그려내고 있었던 것이다.

그런데 비재현적인 요소들이 중첩된다는 것, 즉 주름으로서 겹쳐진다는 것은 다름 아니라 '종합'을 표현하는 것이다. 종합이란 칸트 철학의 유산이 알려주듯 능동적 '지성'의 과업이 아닌가? 그리고 지성은 개념의 능력이 아닌가? 이와 달리 명석하고 판명한 관념의 근거를 형성하는 어둡고 혼잡한, 비재현적인 미세한 요소들은 —— '비재현적'이라는 말이 함축하듯 —— 비개념적인 것이며, 따라서 이 요소들의 종합은 개념의 능력인 지성에 의존하지 않는다. 이런 종합이 가능하다면, 그것은 비지성적인 요소들, 즉 감성적인 것들 사이에 이루어지는 종합일 것이다. 아울러 이것은 지성적 종합이 아니라는 점에서, 지성의 자발성에 의존하지 않는 종합, 곧 '수동적 종합'이리라. 요컨대 감성의 수동적 종합이 바로 비본질적인 것들의 겹침을 통해 최종적으로 독특한 개체를 산출하는 바로크와 베이컨의 회화에서 일어나는 일이다. 수동적 종합을 통한 이 특정한 개체의 산출은 "수동적 발생genèse passive" (DR, p. 263)이라 불러야 마땅할 것이다. 감성 가운데서 일어나는 이 수동적 종합, 수동적 발생에 대해 어떻게 이야기할 수 있을까?

3. 감성의 수동적 종합과 베이컨의 그림

어떤 의미에서 들뢰즈의 철학과 예술론은 감성에서 일어나는 수동

---

12) 들뢰즈는 『감각의 논리』의 마지막 쪽에서, 다소 불분명한 기술이기는 하지만, 마니에리슴과 베이컨 사이의 친화성을 말하고 있다(LS, pp. 102~103 참조).

적 종합의 가능성을 시험해보는 일을 주요 과제로 삼고 있다고 해도 과언이 아니다. 앞서 비재현적 영역을 기술하기 위한 용어로 들뢰즈가 제시했다고 말한 개념들, 그 가운데 '짝짓기' 또는 '공명'은 바로 재현적 개념에 의존하지 않는, 그러므로 지성에 의존하지 않는 감성적 종합을 표현하고 있다.

　이러한 감성에서의 수동적 종합은, 종합 자체를 자신의 사변철학의 핵심 과제로 삼았다는 점에서 종합의 철학자라 불러도 좋을 칸트에 대한 비판을 매개로 숙고된다. "〔칸트에서〕 수동적 자아는 단지 수용성을 통해 정의되고, 이런 자격에서 아무런 종합의 능력도 가지지 못하게 된다. 그러나 이와 달리 우리는 변용들을 체험하는 능력인 수용성은 하나의 결과물에 불과하다는 것을 보았다. 〔……〕 칸트에서 종합은 능동적인 것으로 파악되고, 나 안에서 〔기존의 데카르트와 다른〕 동일성의 새로운 형식에 호소한다. 여기서 수동성은 종합이 부재하는 단순한 수용성으로 파악된다"(DR, pp. 117~18). 칸트에게서 감성은 단지 수동적인 수용력일 뿐이다. 다르게 말하면 칸트는 "수동적 자아에게서 모든 종합의 능력을 박탈했다"(DR, p. 130). 들뢰즈가 관심을 가지는 것은 수용력으로서 감성이 어떻게 결과했느냐는 것이다. 감성이 수용적이라는 것을 하나의 최종적인 사실로 확인하는 데 그치는 것이 아니라, 그러한 사실이 어떻게 결과로서 발생했는가를 기술하는 것이 들뢰즈의 목표이다. 그리고 수용적 감성의 활동, 즉 감성 가운데 경험의 주어짐이란, 그런 수용적 감성보다 심층적인 활동인 '감성의 수동적 종합'의 산물이라는 것을 보이고자 한다는 점에서 들뢰즈는 칸트가 감성에 대해 기술한 것보다 한층 더 근본적인 감성의 영역으로 내려가보고자 하는 것이다. 감성 가운데 결과로서 주어지는 사물이 그 정체성을 규정하는 재현적 개념들(동일성, 유사성 등)을 통해 기술된다면, 그보다 심층에서 그 사물을 출현시키는 감성의 수동적 종합은 비재현적인 것이다. 요컨대 "수동적 종합들은 분명 재현의 밑에 놓여 있다"(DR, p. 114).

감성에서의 이런 재현 이전적인 종합, 이른바 공명을 보여주는 것이 베이컨의 그림들이다. 베이컨의 작품들과 관련해 들뢰즈가 가장 강조하는 것은 그것들이 재현과는 아무런 상관도 없다는 점이다. 재현 이전적인 요소들, 앞서 바로크 시대의 회화에서는 주로 '주름'이라는 명칭으로 가리켜 보였던 것은 베이컨의 그림과 관련해서는 '형상 Figure'으로 나타난다. 형상은 어떻게 특징지을 수 있을까? 베이컨의 그림에서 가장 눈에 띄는 특징 가운데 원이나 육면체 속에 형태를 고립시키는 방식이 있다. 형상을 고립시키는 '육면체'는, 예를 들어 앞서 다루었던「벨라스케스의 '교황 인노켄티우스 10세 초상화'에 따른 연구」에서는 노란색의 선으로 그려진 의자이며, 또 형상의 그런 고립은 삼면화「침대 위의 형상들에 관한 세 연구」에서는 순수한 기하학적 도형으로서 '원'에 의해서도 이루어진다(〈그림 2〉참조). 이런 고립의 방식에 주목하며 들뢰즈는 이렇게 말한다.

그림이란 격리된 하나의 실재(사실)이다. 삼면화도 하나의 같은 틀 안에, 결합해서는 안 되는 세 개의 격리된 화폭을 가지고 있다. 그뿐만이 아니다. 형상 자체도 한 그림 안에서 원이나 평행육면체에 의해 고립된다. 왜 그런가? 베이컨은 자주 이렇게 말한다. 그것은 '구상적figuratif, 삽화적illustratif, 서술적narratif' 성격을 추방하기 위해서다. 형상은 고립되지 않으면 필연적으로 그런 성격을 갖게 된다. 그림이란 재현할 모델

〈그림 1〉 프랜시스 베이컨, 「벨라스케스의 '교황 인노켄티우스 10세 초상화'에 따른 연구」(1953)

도, 들려주어야 할 이야기도 없다. (LS, p. 9)

전통적인 회화에서 볼 수 있는 '구상'과의 결별이 '형상'을 특징짓는다. 위 인용의 마지막에 나오는, 회화는 "재현할 모델도, 들려주어야 할 이야기도 없다"는 말은 재현으로서 구상의 특성을 들뢰즈가 어떻게 이해하는지 잘 드러내준다. 회화에서 '구상적인 것'이란 그림 속에서 확인할 수 있는 정체성(동일성)을 지닌 대상을 일컫는 말이다. 이런 정체성을 지닌 대상을 담은 회화는 역사나 신화 속 이야기 등을 재현한 공식 기록화에서 예를 찾을 수 있다. 이런 구상화가 재현이라고 할 때 그 말을 어떻게 이해해야 할까? 가령 구상으로서 공식 기록화는 그림이 나타내는 원본(인물 또는 사건)의 '동일성(정체성)'을 전제한다. 그리고 그림은 이 원본과의 '유사성'을 근거로 성립한다. 앞에서 살펴보았던 재현의 핵심 요소인 동일성과 유사성에 의존함으로써 구상화가 성립하며, 이런 점에서 구상은 그림에서의 '재현'이라고 할 수 있는 것이다.

따라서 인격적 동일성을 '재인식'할 수 있는(알아볼 수 있는) 모델이나 이야기에 의존하는 재현적 그림을 떠나 비재현적인 형상에 몰두하는 그림은, 재현 이전적인 층위에서 재현을 가능케 하는 '이유'를 기술하고자 하는 철학을 구현하는 미술이다. 그리고 이런 비재현적인, 즉 동일성과 유사성에 의존하지 않는 형상의 출현이 베이컨의 그림을 통해 이루어진다. "형상 자체는 구상된figuré 〔재현적〕대상의 본성으로부터 빌린 것이 전혀 없다"(LS, p. 29). 한마디로 "회화란 형상을 구상적인 것으로부터 떼어내야 한다"(LS, p. 13)는 비재현적 철학의 요구에 베이컨은 충실히 응답하고 있는 것이다. 원이나 육면체

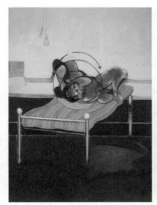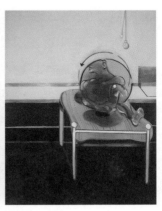

〈그림 2〉프랜시스 베이컨, 「침대 위의 형상들에 관한 세 연구」(1972)

속에 형태를 고립시키는 베이컨의 방식은 어떤 연속적인 서사의 전개도 그 형태에 끼어들지 못하게 함으로써, 서사가 전제하고 있는 동일성(이야기의 의미, 인물 등)으로부터 형태를 해방시킨다. 비재현적인 형상을 구현하는 또 다른 방식들도 있는데, 그 가운데 하나는 가령 인물을 일그러뜨리고 지워버려 정체성 없는 영역(구분할 수 없는 영역)이 되게 하는 것이다. "하나의 힘이 지워진 부분에 행사될 때, 이 힘은 어떤 추상적 형태를 탄생시키지 않으며, 나아가 감각적 형태들을 역동적으로 결합하지도 않는다. 반대로 이 힘은 그 힘이 행사되는 지역을 여러 형태들에 공통적인 식별 불가능성indiscernabilité의 지역이 되게 한다"(LS, p. 40). 식별 불가능성을 만들어내는 좋은 예는 베이컨의 「자화상을 위한 네 연구」(1967)에서 찾아볼 수 있다.

이러한 비재현적인 형상들이 감성 가운데서 종합되어 최종 결과물로 재현적 개념들(동일성, 유사성 등)이 출현하는 모습을 들뢰즈는 감성적 종합이라는 주제 아래에서 보여주고자 한다. 이 종합은 앞서 말했듯 짝짓기, 공명 등의 이름으로 불리는데, 이런 공명은 베이컨 회화의 다양한 층위에서 발견된다. 가령 "리듬은 '공명'"(LS, p. 49)이라는 것이 드러나며, 심지어 "푸르스름과 공명하는 바랜 푸른색"(LS, p. 94)이라는 표현에서 보듯 색채 사이에도 공명이 있다(이 색의 차원의 공명의 중요성에 관해서는 조금 뒤에 볼 것이다).

비재현적인 형상들 사이의 공명은 도대체 어떻게 가능한 것일까? 무엇보다도 베이컨에게서 감성적 종합은 형상들 사이의 종합인데, 앞서 보았듯 형상은 원이나 육면체를 통해 고립됨으로써 수립된다. 고립된 것들 사이의 종합 또는 공명이 어떻게 가능한 것일까? 형상의 고립을 전제로 이루어지는 종합이라는 점에서 이것은 "분리하는 결합"(LS, p. 56)이며, "자신들의 층위에서 격리 현상을 다시 거머쥐는 짝짓기의 힘들"(LS, p. 55)이다. 이런 분리하는 결합은 『차이와 반복』의 다음과 같은 구절 속에서 기술되었던 바와 동일한 것이다. "무한히 이분화하고 무한에 이르도록 공명하는 이런 차이의 상태를 불균질성 disparité[13]이라 부른다"(DR, p. 287).

형상들의 이러한 분리는 어떤 의미에서는 당연한 것인데, 형상들을 서로 동일한 것 또는 유사한 것으로 파악하게 해주는 동일성과 유사성은 재현의 층위에 속하는 개념인 까닭이다. 따라서 동일성이나 유사성 이전적인 형상들 사이의 관계란 '비관계'이며, 이때 관건은 이 비관계의 형상들로부터 종합을 통해 어떻게 동일성이나 유사성이 '효과로서' 발생하는가이다.

들뢰즈는 형상을 수립하는 "감각의 다른 무엇으로도 환원할 수 없는 **종합적** 성격"(LS, p. 29)을 강조하는데, '다른 무엇으로 환원되지 않는다는 것'은 감각과는 다른 합리성 — 재현적 개념들의 원천 — 의 질서로 환원되지 않는다는 뜻을 함축한다. 이렇게 다른 무엇으로 환원되지 않는, 감각 자체 내재적인 '종합'이 바로 "비합리적인 논리 내지 그림을 구성하는 **감각의 논리**"(LS, p. 55) 또는 "감각의 짝짓기"(LS, p. 45)라 일컬어지는 것이다. "중요한 것은 두 감각의 끌어안음과 여기서 이 감각들이 끌어내는 공명이다"(LS, p. 47).

그렇다면 베이컨에게서 형상적 차원의 종합, 형상들 사이의 공명,

---

13) 들뢰즈가 라이프니츠에서 재현적인 것의 배후에 있는 비재현적인 것들 사이의 관계를 가리키기 위해 사용하는 '불균질성'이라는 말은 "다른 것과 엄밀한 의미에서 어떤 관계도 갖지 않는다"(『주름』, p. 85)는 것을 뜻한다. 창문 없는 모나드들에서와 같은 '관계없음,' 즉 '비관계'로부터 어떻게 종합이 생기는가를 보이는 것이 들뢰즈의 '감성적 종합'의 과제다.

즉 감각의 논리는 어떻게 이루어지는가? 가령 베이컨의 유명한 삼면화들을 보자. "궁극적으로 베이컨에게는 삼면화밖에 없다"(LS, p. 56)고 말할 만큼 들뢰즈는 삼면화에 중요한 위상을 부여한다. "격리된 그림들마저 보기에 다소 삼면화처럼 구성되어 있다"(LS, p. 56)는 말에서 알 수 있듯이 베이컨의 삼면화에서 형상들의 종합은, 삼면화가 아닌 그의 그림들까지 모두 포함해, 형상들 사이에 일어나는 보편적인 종합의 방식으로 간주될 수 있다.

삼면화의 형상들은 말 그대로 세 개의 화폭, 그리고 형태를 고립시키는 선 등을 통해 분리되어 있다. 그런데 이 분리들 사이에는 종합이 있다. "비범한 에너지로 두 신체를 취하는 보이지 않는 결합accouplement의 힘이 있다. 〔……〕 삼면화에 의해서만 포착되거나 감지될 수 있는 그 신비스러운 힘은 무엇일까?"(LS, p. 42). 핵심을 이야기하자면, 바로 '빛과 색'이 삼면화에서 종합을 현실화시켜주는 힘이다. "이것이 바로 삼면화의 원칙이다. **형상들의 최대의 분할을 위한 빛과 색의 최대의 통일.** 〔……〕 삼면화가 최종에 있다. 이것은 보편적 빛과 보편적 색 속에서 신체들의 분리이다. 이 **보편적 빛과 색은 형상들의 공통된 사실**이며 그들의 리듬적 존재이고…… **분리하는 결합이다**"(LS, p. 56). 삼면화의 분리된 형상들은 하나로 종합되는데, 바로 '공통된 빛과 색을 통해' 그렇게 된다는 것이다. 빛과 색이 세 개의 화폭에 공통된 리듬의 역할을 한다. 당연하게도 빛과 색은 동일성과 유사성의 개념이 아니다. 그야말로 빛(과 색)은 개념이나 플라톤적 형상form이 아닌 것이다. 그런데 바로 이런 비개념적인 빛(과 색)을 통해 삼면화의 형상들이 종합된다. "세 그림은 분리되어séparé 있지만, 더 이상 격리되어 isolé 있지는 않다"(LS, p. 56). 요컨대 격리된 채로 멈추는 것이 아니라

'분리하는 결합' 속에 들어 있다.

그리고 빛(과 색)을 통한 이 종합은 개념에 의존하지 않고 이루어지는 감성에서의 종합이다. 감성에서의 종합이라는 개념은 '수동적' 종합이라는 뜻을 포함하는데, 왜냐하면 언제나 능동성은 지성에서 오는 까닭이다. 들뢰즈의 저작에 종종 등장하는 "강요된 운동mouvement forcé"(DR, pp. 155~56; LS, p. 49)이라는 표현은 바로 감성에서의 종합이 가지는 수동성을 나타내는 말이다. 때로 이 말은 그림을 다루는 맥락이 아닌 곳에서도 명시적으로 공명(종합)과 동일시되기도 한다 ("'강요된 운동'이라는 '공명'"[14]). 그런데 빛과 색은 개념적이 아니며 (즉 능동적인 지성과 관련을 갖지 않으며), 순전히 감성적인 것이다. 따라서 이런 빛과 색을 통한 종합이 있다면, 그것은 '감성의 수동적 종합'이라는 이름으로 불려야 마땅하리라.

베이컨에게서 재현적 개념들(동일성, 유사성)은 감성의 이런 수동적 종합으로부터 나오는 결과일 뿐이다. '동일성'부터 보자. 이런 비구상적인, 재현 이전적인 형상들의 종합을 통해 하나의 동일적인 이미지가 결과하는 자신의 회화에 대해 베이컨은 이렇게 말한다. "나는 침대 위에서 어떤 성적인 행위의 형태에 몰입해 있는 두 사람의 감각을 응결시킬 이미지를 만들고자 했다. [……] 그리고 만약 당신이 그 형태들을 본다면, 어떤 의미에서 그 형태들은 **극도로 비구상적**non figurative이라는 것을 알게 될 것이다"(LS, p. 45). 이는 「침대 위의 형상들에 관한 세 연구」를 통해 이해할 수 있다(〈그림 2〉 참조). 비구상적인 형태들 —— 들뢰즈의 용어대로 하자면 '형상들' —— 의 응결(종합)

---

14) G. Deleuze & F. Guattari, *Mille plateaux*, Paris: Éd. de minuit, 1980, p. 274.

〈그림 3〉 프랜시스 베이컨, 「거울 속에 누워 있는 형상」(1971)

을 통해 하나의 이미지가 탄생하는 것이다.

이러한 방식을 보여주는 또 하나의 좋은 예가 「거울 속에 누워 있는 형상」이다. "결국 베이컨에게 있어서는 짝지어진 형상들밖에 없다. 1971년의 「거울 속에 누워 있는 형상」〔속의 형상이〕 혼자일지라도, 이 형상은 둘이다"(LS, pp. 45~46). 이 그림에서 우리는 식별 가능한 하나의 동일자를 발견할 수 있다. 그런데 그 동일자는 두 개의 형태가 중첩되어 이루어진 결과물이다. 이 두 개의 형태는 그 자체로는 각자 동일성을 지닌 대상이 아니며, 반대로 오로지 하나의 동일성, 하나의 동일적인 이미지를 출현하게 하는 역할을 한다. 우리가 앞서 인용했던 바로크의 마니에리슴에 대한 들뢰즈의 다음과 같은 주장이 베이컨 회화의 분석에도 그대로 들어맞고 있다. **"형태들은 윤곽에 의해서보다는 겹침에 의해 정의된다"**(『주름』, p. 64). 동일성을 지닌 윤곽이 먼저 오는 것이 아니라, 동일적인 개념에 매개되지 않은(즉 비재현적인) 형상들의 '겹침'을 통해 동일성을 지닌 형태가 '효과로서' 출현하는 것이다.

'유사성'의 경우는 보다 흥미로워 보인다. 들뢰즈는 유사성과 관련된 베이컨 회화의 과제를 다음과 같이 말하고 있다. "베이컨의 기획은 **유사하지 않은 수단들을 가지고 유사성을 생산해내는 것이다**"(LS, p. 101). "시각적 전체 속에서 새로운 유사성을 생산하는 것"(LS, p. 78)이다. 유사성 역시 동일성 같은 다른 재현적 요소와 마찬가지로 효과로서 이해되며, 이 효과를 산출해낸 비재현적 층위에서의 형상들의 공명을 드러내는 것이 들뢰즈가 베이컨을 통해 보이고자 하는 바다.

이러한 목표를 위해서는 먼저 회화에서 유사성은 생산되는 것이지, (플라톤 이래 그래왔듯) 근본 개념으로 간주되어서는 안 된다는 것을

〈그림 4〉 프랜시스 베이컨, 「회화」(1946)

보여주어야 한다. 유사성을 근본 개념으로 간주하는 대표적인 경우는 그림을 일종의 유사 언어로 보는 것이다(LS, p. 74 참조). 그러나 "단어와 그것이 지칭하는 바가 서로 조금도 유사하지 않은 것처럼"(LS, p. 74) 그림 역시 '근본적으로는' 그것이 표현하는 바와 유사 관계에 있지 않다는 것이 들뢰즈의 생각이다.[15] 다음 구절이 설명하듯 유사성은 결과로서만 생산된다. "유사성이 자신이 재생하도록 되어 있는 관계들과는 전혀 다른 관계들의 결과처럼 갑자기 나타날 때, 그 유사성은 생산된 것이다. 즉 유사성은 전혀 유사하지 않은 수단들의 느닷없는 산물로서 솟아오른다"(LS, p. 75). 이러한 생산된 유사성을 들뢰즈는 "미학적 유사Analogie esthétique"(LS, p. 75)라는 이름으로 부른다.

결과로서 생산된 유사성의 대표적인 예가 베이컨의 「회화」이다(〈그림 4〉 참조). 이 그림에는 도살장에서처럼 두 발이 양 옆으로 펼쳐진 채 걸린 고기를 배경으로, 펼쳐진 우산 아래 웃고 있는 듯한 어떤 형태가 등장한다. 이 그림에 대한 설명을 보자. "베이컨은 1946년 작 「회화」에서 '들판에 내려앉고 있는 새를 그리려고 했다.' 그러나 그려진 선들은 갑자기 일종의 독립을 획득하여 '전혀 다른 무엇을,' 우산을 쓴 남자를 암시했다. [……] 날개와 유사한 것으로서 치켜든 고기의 다리들, 떨어지거나 닫힌 우산의 부분들, 톱니가 나 있는 부리와 같은 인간의 입. 어떤 다른 형태가 새를 대체하는 것이 아니라 '전혀 다른 관계

---

15) 이 점은 보이는 것과 말하는 것은 다르다는, 비현상학적 철학 일반의 특성으로 간주해도 좋을 것이다. 푸코 역시 들뢰즈와 마찬가지로 언어와 회화(가시적 대상)가 서로 다른 질서 속에 있음을 강조한다. "언어와 회화는 서로 환원될 수 없다"(미셸 푸코, 『말과 사물』, 이규현 옮김, 민음사, 2012, p. 34). 들뢰즈는 『푸코』에서 이러한 푸코의 생각을 중요하게 부각시키기도 한다. "말한다는 것은 보는 것이 아니다"(G. Deleuze, *Foucault*, Paris: Éd. de minuit, 1987, p. 68).

들'이 새를 대체한다. 이 전혀 다른 관계들이 새의 미학적 유사로서 형상 전체를 생산한다(고기의 다리들과 우산의 부분들, 그리고 인간의 입 사이의 관계들)"(LS, p. 100). 이 그림은 '새'라는 동일성을 지닌 개념을 전제하고서 이 개념과의 유사성에 입각해 그려진 것이 아니다. 그려진 것은 새가 아니라 걸려 있는 고기이고, 우산이며, 그 아래서 웃고 있는 입이다. 그림을 구성하는 이 요소들은 새와는 전혀 관계없을 뿐 아니라, 각각의 요소들 사이에도 아무런 유기적 관계가 없다. 하지만 이러한 형상들이 종합된 결과의 차원에서 보았을 때, 새와 유사한 미학적 이미지가 효과로서 생산되는 것이다. 들뢰즈가 즐기는 표현을 빌려 말하면, '유사한 것들만이 서로 다르다'가 아니라 '서로 다른 것(관계없는 것)만이 서로 유사하다'(DR, p. 384 ; LDS, p. 302 ; P, p. 213 참조). 한마디로 "유사성은 내적 차이[요소들 사이의 비관계]의 생산물로밖에는 생각될 수 없다"(LDS, p. 302). 유사성이라는 재현적 개념은 사물들의 출현의 원인에 오는 개념이 아니라, 결과로서 생산되는 것이다.

4. 나가며

들뢰즈 철학의 주된 관심사는 동일성이나 유사성 같은, 사물의 출현의 근본에 자리 잡았다고 간주되는 재현적 개념들이 결과의 차원에서 일어나는 효과임을 보이는 것이다. 근본에 오는 것은 우리가 보았던 것처럼 개념에 매개되지 않는 것, 즉 재현적 개념들이 개입하기 이전의 감성적인 것들이다. 이 감성적인 것들은 그저 산만하게 흩어진

잡다에 불과한 것이 아니라 종합 속으로 들어서며, 그 결과로서 재현적 개념들을 산출한다.

어떻게 이러한 감성적 종합의 메커니즘을 보여줄 것인가? 그 메커니즘은 클리셰에 의해 오염된 우리의 통상적인 감성을 통해서는 효과적으로 드러나지 않을 것이다. 기존의 어떤 개념에 의해서도, 클리셰에 의해서도 오염되지 않은 순수한 감성적 영역을 취급하는 활동, 바로 회화를 통해 감성적 종합의 본모습이 드러날 수 있으리라. 이것이 들뢰즈가 그림에 관심을 가지는 이유다. 마니에리슴에서 베이컨 및 현대의 팝아트로 이어지는 들뢰즈의 미술론은 바로 감성에 대한 학문, 감성론이라는 지위를 가지며, 바로 그 자격에서 들뢰즈 철학의 핵심에 위치하고 있다.

11장
푸코의
미술론

마네

미셸 푸코
Michel Foucault
1926~1984

에두아르 마네
Édouard Manet
1832~1883

푸코는 15세기 이탈리아를 의미하는 '콰트로첸토 Quattrocento' 이래 서구 회화를, 보다 구체적으로는 화폭에 관련되어 지속되어온 하나의 시각적·관념적 이념, 즉 '환상 혹은 생략의 놀이'를 파괴한 인물로서 마네를 바라본다. 마네는 **화폭의 물질성**이라는 관점을 드러냈으며, 바로 이러한 관점에서 이제 회화는 화폭 자체와 동일시될 수 있다. 기존의 회화 이론에서 화폭은 '관객들이 보고 있지만 보지 못하는 것 혹은 보이지 않는 것으로 생각해야 할 그 무엇' '존재하지만 존재하지 않는 것'으로서 인식되었다. 하지만 이제 마네와 더불어 화폭은 회화의 존재 가능 조건, 혹은 더 나아가 회화 자체가 된다.

이처럼 마네는 화폭이라는 부정적 한계를 **긍정적 조건**으로 변형시킨 것이며, 이는 다름 아닌 오늘날의 현대미술을 탄생시킨 조건이 되었다. 이 강연에서 마네는 더 이상 이른바 '미술사가들의 마네' 곧 단순한 인상파 근대 화가로서의 마네가 아닌, '푸코의 마네' 곧 **현대 회화의 물질적 조건을 선취한 화가**로서 등장한다.

현대 회화의 물질적 조건을 선취한 화가

허경

> 나는 결코 글쓰기를 그렇게 좋아한 적이 없습니다.
> [하지만] 그림 안에는 나를 매혹시키는 **물질성**이 있습니다.
> ── 미셸 푸코[1]

1. 『마네의 회화』: 텍스트의 성립

1960년대 중후반 파리의 미술계에는 『말과 사물*Les mots et les choses*』(1966)에서 벨라스케스의 「시녀들Las Meninas」(1656)에 대해 탁월한 분석을 보여준 바 있는 미셸 푸코가 이번에는 에두아르 마네에 관한 100여 쪽이 넘는 책을 준비하고 있다는 소문이 들려오고 있었다. 푸코의 연인으로 당시 그와 함께 기거하던 다니엘 드페르Daniel Defert는 푸코가 실제로 이 책을 위해 ──그가 저작을 준비할 때면 항상 그랬듯이── 수많은 노트를 만들었으며 마네가 젊은 시절 회화의 기초를 배웠던 토마 쿠튀르Thomas Couture의 아틀리에에도 지대한 관심을 가졌

---

1) M. Foucault, "A quoi rêvent les philosophes?," *Dits et écrits I, 1954~1975*, Coll. "Quarto," Paris: Gallimard, 2001, p. 1575(약호: DEQ I), 강조는 필자. 이 글에 등장하는 모든 번역과 고딕체로 한 강조 표시는 특별한 지적이 없는 한 필자의 것이다.

다고 증언한다. 1967년 푸코가 미뉘 출판사와 맺은 출판 가假계약서에 따르면 '말라르메적 양식'을 갖는 이 책의 당시 가제는 『검정과 색Le noir et la couleur』이었으며, 푸코는 당시 이 책이 '이미 완성되어 있는 것처럼' 지인들에게 말했다고 한다.[2] 그러나 결국 책은 발간되지 않았고 푸코는 다만 마네에 관한 일련의 강연을 했을 뿐이다.[3] "마네의 회화La peinture de Manet"라는 제명의 이 강연은 1967년 밀라노, 1970년 도쿄와 피렌체, 1971년 튀니지의 튀니스에서 거의 대동소이한 내용으로 네 차례 행해졌다. 그러나 푸코의 강연 원고도 강연의 완전한 녹취록도 발견되지 않았고, 존재하는 것은 다만 1971년 튀니스 강연의 '불완전한' 녹취뿐인데, 이 녹취는 '불행히도' 강연의 말미에서 끊겨 있었다.[4] 이 녹취는 라히다 트리키Rachida Triki 부인에 의해 전사轉寫되어 1989년 잡지 『카이에 드 튀니지』의 '푸코 특집호'에 수록되었다.[5]

---

2) 스테파노 카투치는 1960년대 말 당시 푸코가 '이미 완성되어 있는 것처럼' 지인들에게 말하곤 했던 미술 관련 텍스트가 하나 더 있다고 말한다. 그것은 흥미롭게도 앤디 워홀에 관한 텍스트이나 그 존재에 관한 어떠한 증거도 아직까지 발견된 바가 없다(S. Catucci, "La pensée picturale," *Michel Foucault, la littérature et les arts: Actes du colloque de Cerisy, Juin 2001*, P. Artières(ed.), Paris: Editions Kimé, 2004, p. 128). 다음에도 이에 관한 언급이 있다. M. Foucault, "Chronologie," DEQ I, p. 49.

3) 푸코의 생애 마지막 시기에 그의 친우이자 성적 파트너였으며 푸코의 사후 그 자신도 에이즈로 사망한 사진작가 겸 비평가 에르베 기베르는 사망 직전의 푸코와 그 주변 인물들의 모습을 소재로 한 자전적 소설 『나의 삶을 구원해주지 않은 친구에게』를 발간했다. 여기서 작가는 푸코의 분신으로 여겨지는 인물인 뮈질Muzil이 이 원고를 파괴하는 것을 직접 보았다고 말한다(H. Guibert, *À l'ami qui ne m'a pas sauvé la vie*, Paris: Gallimard, 1990: S. Catucci, "La pensée picturale," p. 143, n. 10에서 재인용).

4) M. Saison, "Introduction," M. Foucault, *La peinture de Manet suivi de Michel Foucault, un regard*, M. Saison(ed.), Coll. "Traces Écrites," Paris: Seuil, 2004, pp. 11~12(약호: PM).

5) *Les Cahiers de Tunisie*, no. 149~50, 3ᵉ et 4ᵉ trimestre 1989, pp. 61~89.

그러나 우리가 앞으로 살펴볼 텍스트인 2004년 판 『마네의 회화』는 이 1971년 강연의 '완전한' 녹음을 전사한 것이다. 어떻게 그것이 가능했는지 이 책의 편집자 마리본 세종Maryvonne Saison은 그 출간 과정을 다음과 같이 정리한다.

마리본 세종이 1971년 녹음 테이프 및 『카이에 드 튀니지』에 실린 녹취록을 파티 트리키Fathi Triki와 라히다 트리키로부터 전달받는다. 녹음은 이미 지적한 것처럼 강연의 말미에서 끊겨 있다. 푸코가 강연을 위해 작성한 원고가 존재한다는 소문이 있었지만 이는 이제까지 확인된 바가 없었다. 세종은 이 카세트테이프를 들으며 새로운 전사 작업을 하는 동시에 강연의 완전한 녹음을 찾으려고 노력하기 시작한다. 강연에서 푸코는 프로젝터를 이용해 마네의 그림을 보여주며 설명을 진행했는데, 이를 함께 준비했던 푸코의 연인 드페르가 세종을 도와주었다. 이렇게 확정된 마리본 세종의 새로운 전사 텍스트를 프랑스미학회가 2001년 4월 출간된 학회지에 '부록'으로 싣는다.[6] 이 2001년 판본은 사소한 변형이 있지만 기본적으로 역시 강연의 말미에서 끊긴 1989년의 튀니지 텍스트를 근간으로 한 것이다. 한편 이렇게 확정된 2001년의 판본을 토대로 같은 해 11월 학술회의 "미셸 푸코, 하나의 시선Michel Foucault, un regard"이 열린다. 푸코의 튀니지 강연으로부터 정확히 30년이 지난 후였다. 학회의 발표자들은 이렇게 확정된 2001년의 텍스트에 자신들의 논문을 더해, 역시 "마네의 회화"라는 제명 아래 티에리 마르셰스Thierry Marchaisse와 도미니크 세글라르Dominique

---

6) M. Foucault, "La peinture de Manet," *Société française d'esthétique*, supplémentaire au bulletin, avril 2001.

Séglard가 이끄는 '쓰인 흔적들 총서Collection Traces Écrites'의 하나로 '푸코의 마네론'에 관한 책을 발간하고자 준비한다.[7]

이때 아무도 예상치 못했던 새로운 발견이 이루어진다. 도미니크 세글라르가 자신의 옛 자료들 속에서 당시 디디에 에리봉Didier Eribon 이 자신에게 맡겼던 푸코 강연의 완전한 녹취 복사본 테이프를 찾아 낸 것이다. 2004년 쇠이유 출판사는 세종의 편집하에 이렇게 확정된 1971년 푸코 강연의 전사 텍스트와 2001년 학회 논문들을 모은 책 『마네의 회화와 미셸 푸코, 하나의 시선La peinture de Manet suivi de Michel Foucault, un regard』을 발간한다.[8] 세종의 표현에 따르면, 이렇 게 해서 1971년 5월 20일 튀니스의 타하르 하다드 문화센터에서 있었 던 푸코의 강연 '마네의 회화'는 33년 만에 자신의 완전한 '학술적' 판 본을 얻게 되었다(PM, pp. 12~13).

---

7) 이 학술회의에서는 모두 여덟 편의 논문이 발표되었다. 논문의 발표자와 제명은 다음과 같 다. (1) 라히다 트리키, 「튀니지의 푸코」, (2) 카롤 탈롱-위공, 「마네 혹은 관람자의 혼란」, (3) 다비드 마리, 「표면/뒷면 혹은 움직이는 관람자」, (4) 티에리 드 뒤브, 「"아! 마네……" 마네는 어떻게 「폴리베르제르의 술집」을 구축했는가?」, (5) 카트린 페레, 「푸코의 모더니 즘」, (6) 도미니크 샤토, 「미학에서의 담론적 형성」, (7) 블랑딘 크리겔, 「미술과 수다스러운 시선」, (8) 클로드 앵베르, 「이미지의 권리」.

8) 이 책은 크게 푸코 강연의 전사 텍스트인 「마네의 회화」와 학회 발표자들의 논문 여덟 편을 모은 「미셸 푸코, 하나의 시선」의 두 부분으로 구성되어 있으며, 이 사이에 강연에서 다룬 13장의 마네 그림이 실려 있다. 이외에도 책의 맨 앞에는 편집자 마리본 세종의 「서문」이, 말미에는 논문 저자들의 간략한 「소개」가 실렸다.

2. 미술에 관한 푸코의 사유들

    미셸 푸코는 자신의 '미술론' 혹은 '미학 이론'을 생전에 완정完整한 저서 혹은 논문집의 형태로 발간한 적이 없다.[9] 다만 1968년 발표한 마그리트René Magritte에 관한 시론 「이것은 파이프가 아니다Ceci n'est pas une pipe」만이 1973년 소책자의 형태로 재간되었을 뿐이다. 따라서 푸코의 '미술론'을 구성하는 유일한 방식은 여러 곳에 흩어져 있는 관련 논문들을 사후적으로 취합하여 **재구성**하는 것이다.

---

9) 카투치는 자신이 아는 한 미학esthétique이라는 용어가 푸코의 책에서 가장 의미심장하게 쓰인 것이 『임상의학의 탄생』이라는 견해를 제시하면서, 이 책이 다루고 있는 시대(1700년대 중반부터 1800년대 초중반)가 학문으로서의 미학이 탄생한 시기, 즉 바움가르텐 Alexander Gottlieb Baumgarten이 『미학Aesthetica』을 쓴 시기와 거의 **동시대적**이라는 것을 상기시킨다(S. Catucci, "La pensée picturale," pp. 143~44, n. 24). 카투치가 지적한 『임상의학의 탄생』의 문장은 다음과 같다. "모든 분석의 차원은 오직 미학적 수준에서 전개된다. 그러나 이러한 미학은 단순히 모든 진리의 본원적 형식만을 정의하는 것이 아니라 동시에 실행의 규칙마저도 처방한다. 그리고 그것은 이차적 수준에서 그것이 어떤 예술의 규범을 결정한다는 의미에서 미학적이 된다. 감각될 수 있는 '진리'vérité sensible는 이제 감각sense 자체보다 하나의 '아름다운' 감수성belle sensibilité를 향하여 더욱 열려 있다. 임상의학의 모든 복잡한 구조는 예술의 명예로운 신속성rapidité 안에서 요약되고 완성된다: '의학에 있어서는 모든 것 혹은 거의 모든 것이 하나의 눈길 혹은 하나의 행복한 본능에 달려 있으므로, 확실성은 예술의 원칙들보다는 차라리 예술가의 감각sensations 자체 안에서 발견된다'(Cabanis, *Du degré de certitude*, 3ᵉ éd., 1819, p. 126)." (M. Foucault, *Naissance de la clinique*, Coll. "Quadrige," Paris: PUF, 2000, p. 122). 물론 바움가르텐이 미학이라는 용어를 그것의 이른바 '근대적' 의미, 즉 '지성적 인식cognitio intellectiva'에 대립되는 '감각적 인식cognitio sensitiva,' 다시 말해 감각적 인식을 미의 인식과 동일시하고 이를 뜻하는 그리스 로마의 명칭인 'cognitio' aesthetica, 즉 "우리가 감각을 통해 어떻게 사물을 알 수 있는가를 다루는 학문"이라 처음 지칭한 것은 1735년의 『시에 대한 철학적 성찰』이다(W. 타타르키비츠, 『미학의 기본 개념사*A History of six ideas*』, 손효주 옮김, 미술문화, 1999, pp. 376, 389). 결국 미학 개념의 성립 시기는 카투치의 지적과는 약간의 차이가 있으나, 크게 보아서는 '동시대적'이라 말할 수도 있을 것이다.

미술에 관련된 푸코의 논문들은 대략 그가 문학비평지 『텔 켈*Tel Quel*』이나 『크리틱*Critique*』지와 연관하여 활발히 비평 활동을 펼치던 이른바 그의 **문학 시기**와 대부분 겹치며,[10] 이 시기 이후 문학과 미술 등 예술에 관한 논의는 푸코의 주된 관심사에서 사라지게 된다.[11] 이 글의 목표는 이렇게 흩어져 있는 푸코의 미술론에서 『마네의 회화』가 차지하는 위치를 살펴보고, 그것이 **푸코 사상의 전체 맥락에서** 어떤 의미를 갖는가를 추적해보는 것이다.[12]

결국 「이것은 파이프가 아니다」의 경우를 제외하면, 푸코는 미술에 대한 상당한 관심과 식견을 가지고 있었음에도 생전에 단행본 혹은 논문집의 형태로 '미술론' 혹은 '미론'을 발표한 적이 없다. 존재하는

---

10) 1960년대를 아우르는 '문학 시기,' 보다 정확히는 「아버지의 '부정'Le "non" du père」(1962)에서 「저자란 무엇인가?Qu'est-ce qu'un auteur?」(1969)에 이르는 푸코의 문학 관련 논문들을 모은 것이 김현이 엮은 『미셸 푸코의 문학비평』(문학과지성사, 1989)이다. 한편 이 '문학 시기'를 지나면 문학과 예술은 푸코 저술의 주된 관심 범위에서 사라지게 되는데, 이는 1960년대 말에서 1970년대 초에 걸친 푸코의 니체 수용에 따른 '급진적 정치화'의 시기와도 일치한다. 이렇게 1970년 이후 푸코에 의해 수용된 니체는 **예술적** 니체가 아닌 **정치적** 니체이며, 이는 일견 '철학'보다 '예술'을 우위에 놓았던 니체 수용의 결과로 보기에는 아이러니컬한 일이다.

11) 물론 1980년대 초 이후 푸코가 관심을 기울였던 **실존의 미학**을 이러한 미학적 관심의 **회귀**로서 바라보는 관점도 있을 수 있다. 실존의 미학은 '자신의 삶 자체를 앞으로 완성해야 할 하나의 예술작품으로 간주하는' 태도이다.

12) 따라서 이 글은 향후에 이루어져야 할 푸코와 그의 동시대 혹은 이전·이후에 나타난 이론가들 사이의 비교 검토를 위한 **선행적 연구**라는 성격을 갖는다. 다시 말해 이 글의 목표는 일차적으로 푸코의 미술론 혹은 미학 이론이 **푸코 사상 자체 내에서** 갖는 성격을 명확히 밝히고 규명함으로써, 이와 관련된 향후 연구의 **기초 작업**을 제공하는 것이다. 한편 이러한 푸코의 미술론 혹은 미학 이론이 오늘의 미학 및 예술 이론에서 차지하는 위치, 의미 등에 대한 논의도 필요하나 이는 이 글의 범위를 넘어선다. 특히 이러한 논의에 수반되는 미술사에서의 **'근현대 시기 구분 문제'** 등의 주제 역시 본격적 논의를 위해서는 독립적인 여러 편의 글이 필요할 것이다.

것은 다만 푸코의 다른 저서에 수록된 미술 혹은 미술가에 관한 몇 편의 글들, 다음으로 푸코의 저서, 서문, 인터뷰 등에 흩어져 있는 미술 혹은 미술가에 대한 간헐적인 언급들, 마지막으로 미술에 관련된 푸코의 다양한 강연들뿐이다. 이 강연들을 위해 푸코가 작성한 단편적 메모, 노트 혹은 부분적인 녹취 등이 남아 있기도 하지만, 대부분 완전한 정본正本의 지위를 얻기에는 부족한 것들이다. 따라서 마지막 경우를 제외한다면, 푸코의 미술비평은 적어도 논문의 형식을 갖추고 출판된 저작의 일부 혹은 잡지 등에 수록된 글들, 그리고 다양한 대담, 전시회 도록 등에서 발견되는 미술 혹은 미술가들에 대한 단상들만이 남게 된다. 이러한 미술 관련 텍스트들의 연대는 대략 1960년대 초에 시작되어 늦어도 1970년대 중반을 넘지 않으며, 1982년에 발표된 단 한 편의 글을 제외한다면 이후 완전히 사라지게 된다. 이를 시대순으로 정리해보면 다음과 같다.

우선 미술, 미술가 혹은 미술작품만을 독립적으로 다룬 푸코의 텍스트들은 다음과 같다.

(1) 「시녀들Les suivantes」. 벨라스케스의 작품 「시녀들」을 다룬 동명의 논문으로, 1965년 여름 초고가 발표되었으며 약간 수정된 판본이 『말과 사물』에 수록되었다(DEQ I, pp. 492~506).

(2) 「이것은 파이프가 아니다」. 마그리트의 작품 「이미지의 배반La trahison des images」(1929)을 다룬 논문으로, 그 초고는 1967년 8월 15일에 사망한 마그리트를 기리는 것으로 1968년 1월 15일에 발표되었다(DEQ I, pp. 663~78). 1973년 같은 제명의 수정·보완 판본이 소책자의 형태로 발표된다.

(3) 『마네의 회화』(2004).

(4) 이외에도 독립된 하나의 텍스트는 아니지만, 『광기의 역사*Histoire de la folie à l'âge classique*』(1961)에서 『말과 사물』(1966), 『담론의 질서 *L'ordre du discours*』(1971)에 이르기까지, 보스Hieronymus Bosch, 고야, 반 고흐 등이 여러 차례 반복적으로 언급되고 있다.[13]

다음으로 아래의 단편들에서는 미술 혹은 미술가들에 관련된 푸코의 단상을 찾을 수 있다.

(1) 1963년. "Veilleur de la nuit des hommes," DEQ I, pp. 257~61. 콩고에서 젊은이들에게 동판화를 가르쳤던 롤프 이탈리안더Rolf Italiaander와 그의 학생들의 작품을 전시한 1959년 함부르크 "아프리카 판화 전시회"에 부치는 글로, 1963년 이탈리안더의 50세 기념 화집에 수록되었다.
푸코의 단상: "고야가 그 안에서 근대인을 재현했던 잠"(p. 259).

(2) 1967년. "Les mots et les images," DEQ I, pp. 648~51. 파노프스키Erwin Panofsky의 『도상학 시론*Essais d'iconologie*』 및 『고딕 건축과 스콜라 사상*Architecture gothique et pensée scolastique*』의 프랑스어 번역본에 대한 푸코의 서평.
푸코의 단상: "파노프스키는 〔담론discours과 가시적인 것le visible 사

---

13) 예를 들어, 『광기의 역사』(나남, 2003)를 보면 보스, 브뤼겔, 티에리 부츠, 뒤러, 고야 등의 '말 없는 이미지,' 반 고흐 등에 대한 언급을 찾을 수 있다. 『광기의 역사』 제1부 1장 「광인들의 배」(pp. 41~111)와 특히 제3부 5장 「인간학의 악순환」 중 마지막 부분(pp. 805~15)을 보라.

이에 존재해왔던] 담론의 우월성을 철폐한다. 그것은 조형적 우주의 자율성을 주장하기 위해서가 아니라, 주어진 역사의 한순간에 있어서의 한 문화를 성격 짓는 '가시적인 것le visible'과 '말할 수 있는 것le dicible'의 조우, 동형성, 변형, 번역, 즉 간단히 말해 양자 사이의 이 모든 장식들, 이 관계의 복잡성을 묘사하기 위해서이다"(p. 649).

(3) 1973년. "La force de fuir," DEQ I, pp. 1269~73. 좌파 화가 폴 르베롤Paul Rebeyrolle의 전시회에 부치는 글.

푸코의 단상: "회화는 적어도 담론과 [하나의] 공통점을 갖습니다. 회화가 역사를 창조하는 어떤 힘을 통과할 때, 그것은 정치적입니다"(p. 1269).

(4) 1974년. "Paris, Galerie Karl Flinker, 15 février 1974. Présentation(D. Byzantios, dessins)," DEQ I, pp. 1386~89. 1974년 2월 15일 파리에서 열린 비잔티오스의 전시회 "30개의 그림, 1972~73"에 부치는 '소개.'

푸코의 단상: "펜싱과 모든 전략의 예술. 상대의 힘을 이용하기, 우리가 공격하는 것 위에 머무르기, 우리가 타도하려고 하는 것 안에서 자신의 견고함을 찾아내기"(p. 1387).

(5) 1975년. "A quoi rêvent les philosophes?," DEQ I, pp. 1572~75. 마네에 대한 간단한 언급이 들어 있는 인터뷰.

푸코의 단상: "[미술에는] 마치 마네처럼 저를 절대적으로 매혹시키고 끌어들이는 무엇인가가 있습니다. 마네의 모든 것이 나를 몸서리치게 합니다. 예를 들면, 추함, 마치 「발코니」의 추함이 갖는 공격성 말입니다. 그리고 마네에게는 자신이 결코 자신의 그림에 대해

말하지 않았던 그런 종류의 설명할 수 없음이 있지요. 마네는 소위 '인상주의 화가들'이 당시 절대적으로 퇴행적인 것에 머무르고 있었던 그 무엇과 관련해 회화에 상당한 기여를 한 인물입니다. 〔……〕 마네는 우리의 감수성에 너무도 깊이 뿌리박은 미적 규범들에 무관심했기 때문에, 심지어 오늘날에조차도 우리는 그가 왜 이것을 했는지 그리고 어떻게 그 일을 했는지 이해하지 못합니다. 〔마네에게는〕 오늘날에도 여전히 으르렁거리며 이를 갈고 있는 어떤 심오한 추함이 있습니다"(p. 1574).

(6) 1975년. "La peinture photogénique," DEQ I, pp. 1575~83. 잔 뷔셰르 화랑에서 있었던 프로망제Gérard Fromanger의 전시회 카탈로그에 실린 글.

푸코의 단상: "어떻게 사진의 탄생과 동시대적이었던 이 무례한 자유, 이 광기를 되찾을 것인가?"(p. 1576).

(7) 1977년. "Présentation," *Dits et Ecrits II, 1976~1988*, Coll. "Quarto," Paris: Gallimard, 2001, pp. 275~76(약호: DEQ II). 화가 드페르Maxime Defert의 전시회에 부치는 소개의 글.

푸코의 단상: "사물의 깊이보다는 차라리 공간의 빔. 그러나 많은 사람들에게 이러한 열림은 캔버스의 장방형으로부터 언제나 강요되는 두 개의 차원으로부터 형성된다. 그것이 수평과 수직이든, 땅과 하늘이든, 무거운 것과 가벼운 것이든, 그것에서 어떻게 무한에 이르는 탈주를 뛰놀게 할 것인가?"(p. 275).

(8) 1982년. "La pensée, l'émotion," DEQ II, pp. 1062~69. 뒤안 미샬 Duane Michals 사진전의 도록 『1958~82년의 사진들』에 수록된 글.

푸코의 단상: "뒤안 미샬은 마그리트를 만났으며 그를 좋아했다. 우

리는 그에게서 분명 '마그리트적인' ─ 즉 다시 말해서 〔프랜시스〕 베이컨과는 정확히 반대되는 ─ 절차들을 발견한다. 이 절차들은 사실상 하나의 형태를 닦고 완결시켜 그 가장 높은 완성의 정도까지 이르게 한 후 그것을 모든 현실로부터 비워내는 것, 맥락 효과에 의해 친숙해진 가시성의 장으로부터 추출해내는 것으로 이루어져 있다"(p. 1066).

이제까지 살펴본 푸코의 주요 저작, 저술 및 미술에 관한 글 혹은 강연 등을 다시 **시대순으로** 나열해보자.[14]

시기상으로 가장 먼저 위치하는 것은 1966년 4월 발간된『말과 사물』의 벨라스케스 분석이다. 이후 푸코가 마그리트에 대한 '짧은 글'을 완성한 것, 미뉘 출판사와 마네에 관한 책『검정과 색』을 출간하기로 가계약을 맺은 것, 밀라노에서 마네에 관한 첫 강연을 한 것은 모두 1967년 11월의 일이다. 이는 푸코가『지식의 고고학*L'archéologie du savoir*』의 저술을 끝마친(1967년 8월) 직후의 일이다. 1968년 1월 15일에는 마그리트에 대한 글이 한 잡지에 수록되어 출판되고, 같은 해 2월 푸코는 튀니스에서 이탈리아 회화 및 '콰트로첸토Quattrocento'에 대해 공개 강연을 한다. 1969년 2월에는 프랑스철학회에서 「저자란 무엇인가?」를 발표했고, 같은 해 3월『지식의 고고학』이 발간된다. 다음 해인 1970년 9~10월 푸코는 도쿄에서 마네에 대한 강연을, 피렌체에서 마네의「폴리베르제르의 술집」에 관한 강연을 한다. 같은 시기에 푸코

---

14) 이는 푸코 사상의 변천을 파악하는 데 매우 중요한 일이다. 만약 우리가 이러한 점을 잊는다면 생전의 푸코가 가장 경계했던 것, 즉 '시대착오anachronisme'의 오류에 빠지게 될 것이다.

가 출판을 염두에 두고 마네와 그의 작품들에 대한 긴 텍스트를 작성했으며 메릴린 먼로의 얼굴을 복제한 앤디 워홀에 관해 연구했다고 전해지나, 이들 중 어느 것도 출판되지 않았으며 그러한 원고가 있었다는 증거 역시 현재로서는 존재하지 않는다. 그 뒤 푸코는 1970년 12월 콜레주 드 프랑스의 취임 강연을 했고 그 강연록이 1971년 2월 "담론의 질서"라는 제명으로 출간된다. 1971년 5월에는 튀니스에서 '마네의 회화'를 주제로 강연을 한다(마네에 관한 일련의 강연들의 내용은 사소한 부분을 제외하고는 거의 동일한 것으로 알려져 있으나 이를 입증할 자료는 남아 있지 않다). 그리고 1973년에는 마그리트에 관한 소론 「이것은 파이프가 아니다」의 미세한 수정·보완판이 마네의 편지들과 함께 출간된다.[15]

3. 푸코가 마네를 읽는 시각: 캔버스라는 공간, 조명, 관람자의 위치

우선 다음에서는 푸코의 '강연'을 따라가며 마네의 그림 13점에 대한 푸코의 주요 논지를 간략히 요약·정리해본다.

1) 콰트로첸토·인상주의·마네

강연의 서두에서 푸코는 자신이 보는 서양 미술사에 있어서의 마네의 위치를 확립하고자 시도한다. 일반적으로 오늘날 마네는 미술사

---

15) 이상은 DEQ I에 실린 「연보Chronologie」를 참고해 정리한 것이다.

혹은 20세기 회화사에서 회화적 재현의 양식 및 기법을 변형시킨 사람으로 간주된다. 푸코에 따르면, 마네는 19세기 후반을 내내 압도했던 인상주의를 가능케 했던 선구자인 동시에 그 이상의 어떤 인물이다. 마네는 "인상주의 이후의 모든 회화" "20세기의 모든 회화" "현대예술이 오늘날 여전히 그 내부에서 발전시키고 있는 회화"의 양식을 가능케 한 인물이다(PM, pp. 21~22).

푸코가 강연을 통해 말하고자 하는 것은 바로 "마네가 이룩한 이 심오한 단절, 이 깊이의 단절," 마네가 이룩한 "변형"에 대해서이며, 그 변형은 마네가 "서양 미술사에서 적어도 르네상스, 콰트로첸토 이래 처음으로, 자기 **화폭** 혹은 **캔버스**(tableaux)의 내부 자체 안에서, 화폭이 재현하는 것의 내부 자체 안에서, 자신이 그림을 그리고 있는 공간의 **물질적 속성**propriétaires matérielles을 사용하고 이용할 수 있었던 사람"이라는 점에서 기인하는 것이다(PM, p. 22). 달리 말하면, **콰트로첸토** 이래의 서양 회화에는, 그림이 사실상 일정한 단편적 공간 —— 그것이 캔버스든, 프레스코 벽이든 혹은 다른 어떤 벽이든 —— 위에 그려진 것이라는 사실을 가리고 망각하게 하는 하나의 '전통'이 존재해왔다. 그것을 통해 서양 회화는 "**2차원**의 장방형 공간 위에 그려지고 있음에도 불구하고, **3차원**적 형상을 재현하고자 노력해"왔다(PM, pp. 22~23). 단적으로 말해, "콰트로첸토 이래 서양의 재현적 회화에서 실천되어 온 눈에 띄지 않기, 숨기, 환상 혹은 생략의 놀이"에서 "모든 것은 화폭 자체 안에서 재현된 것에 의해 가려지고 숨겨져" 있었으며, 화폭은 "직선으로 내리쬐는 태양에 의해 밝혀지는, 그리고 어떤 이상적 위치로부터 우리가 마치 하나의 광경처럼 바라보았던 하나의 심오한 공간을 재현하고" 있었다(PM, p. 23). 그러나 마네는 "화폭이 재현하는 것의 내부 자체 안에서" 이제까지 전통 회화가 감추려 노력했던 "**화폭의 물질성**matérialité du tableau," 즉 "캔버스의 이 **물질적** 속성들, 특성들 혹은 한계들"을 드러나게 만든 최초의 인물인 것이다(PM, p. 23). 마네의 그림 안에는 "장방형의 표면, 수직 및 수평의 커다란 축들, 캔버스의 실제적 조명, 관람자가 이쪽 혹은 저쪽에서 그림을 바라볼 수 있는 가능성 등 모든 것"이 존재하고 있으며, 이런 의미에서 마네는 "외부의 빛에 의해 밝혀지는, 색칠된 것으로서의 화폭, 또 관람자가 그 앞 혹은 그 주위에서 자신의 위치를 바꿔가며 볼 수 있는 것으로서의 화폭," 한마디로 "**물질성으로서의 화폭**tableau comme matérialité," 혹은 "**대상-화폭**tableau-objet"을 창조 혹은 재창조했다(PM, p. 24).

요약하면 푸코는 마네를 콰트로첸토 이래 서구 회화에서 회화 혹은 보다 구체적으로는 화폭에 관련되어 지속되어온 하나의 시각적·관념적인 이념, 이른바 "환상 혹은 생략의 놀이"를 파괴하고 회화를 구성하는 하나의 조건으로서 화폭이라는 **물질적 조건**을 드러낸 인물로 바라보는 것이다. 또한 이러한 화폭의 물질성 혹은 화폭이라는 물질성을 본격적, 노골적으로 드러내는 것이 현대미술을 가능케 한 하나의 조건이라 보고 있는 것이다. 그리고 바로 이러한 관점에서 이제 회화는 화폭 자체와 동일시될 수 있다. 기존의 회화 이론에서 화폭은 '관객들이 보고 있지만 보지 못하는 것 혹은 보이지 않는 것으로 생각해야 할 그 무엇' '존재하지만 존재하지 않는 것'으로서 인식되었지만, 이제 마네와 더불어 화폭은 회화를 구성하는 하나의 **존재 조건**, 혹은 더 나아가 **회화 자체**가 된다. 마네는 화폭이라는 **부정적** 한계를 **긍정적** 조건으로 변형시킨 것이다.[16]

푸코는 이에 따라 자신이 직접 고른 마네의 그림 13점을 다음과 같은 세 가지 관점에 따라 분류한다.

(1) **캔버스라는 공간**. 우선, 마네가 캔버스의 공간 혹은 **캔버스 자체라는 공간**을 어떻게 다루었는가, 표면·높이·폭 같은 캔버스의 공간적 속성을 어떻게 사용했는가, 마네는 어떤 방식으로 자신이 캔버스 위에 재현한 것들 안에서 캔버스 자체의 공간적, 물질적 속성들을 활용했는가의 문제를 보여주는 여덟 점의 그림이 있다. 「튈르리의 음악회」 「오페라 극장의 가면무도회」 「막시밀리앙의 처형」 「보르도 항구」 「아르장퇴유」 「온실에서」 「맥줏집의 여종업원」 「철도(생-라자르 역)」.

(2) **조명**. 다음으로 마네가 어떻게 조명의 문제를 다루었는가, 화폭의 내부에 존재하며 그로부터 그림에 재현된 것들을 밝히는 빛이 아닌, **화폭의 실제적 외부로부터 오는 빛**을 어떻게 활용했는가의 문제와 관련된 네 점의 그림이 있다. 「피리 부는 소년」 「풀밭 위의 점심」 「올랭피아」 「발코니」.

(3) **관람자의 위치**. 마지막으로 마네가 **화폭과 관련하여 관람자의 위치**를 어떻게 활용했는가를 보여주는 하나의 그림이 있다. 푸코에 따르면 "무엇보다도 의심의 여지 없이 마네의 모든 그림을 탁월하게 요약해주는 한 편의 그림이자, 마네의 가장 말기 작품들 중 하나인 동시에 가장 놀라운 작품들 중 하나"인 이 그림은 「폴리베르제르의 술

---

16) 이는 다름 아닌 '부정적 **한계**를 긍정적·실증적 **조건**으로 보았던' 칸트적 전회를 현대미술의 구성 과정에 적용한 것이라 볼 수 있다. 물론 이때의 칸트적 전회는 푸코가 말하는 고전주의로부터 근대로의 전회이지만, 이 경우에는 보다 광의의 인식론적 전회 **일반**을 지칭하는 것이다.

집」이다(PM, p. 24).

이제 이 13점의 그림을 푸코가 제시한 세 가지 관점에 따라 하나씩 간략히 살펴보자.

2) 캔버스라는 공간

(1)「튈르리의 음악회La Musique aux Tuileries」(1862)

마네의 초기작 중 하나인 이 그림은 기본적으로 전통적 화법을 여전히 충실히 따르고 있다. 마네가 도제 생활을 했던 쿠튀르 아틀리에의 영향이 짙게 배어 있는 상대적으로 전통적인 화법의 그림이다(PM, pp. 25~26).

(2)「오페라 극장의 가면무도회Le Bal masqué à l'Opéra」(1873~74)

「튈르리의 음악회」로부터 10여 년 후에 그려진 이 작품에서 공간의 배치는 이전과 확연히 달라졌다. 과감한 수평과 수직의 선들이 화폭을 가르고 있고 이로 인해 전통적인 화폭의 특징이었던 공간적 깊이감이 사라졌다(PM, pp. 26~27).

(3)「막시밀리앙의 처형L'Exécution de Maximilien」(1868)

수직의 인물들에 대해 수평의 벽을 그 배경으로 설정함으로써 '수직과 수평의 놀이'를 작동시킨다. 이와 같은 배치 혹은 장치의 결과로서 공간적 깊이 및 거리감의 인상이 배제되었다. 한편 이는 지각적인 perceptive 것이 아니라 오직 순수하게 지적인intellectuelle 것으로, 지각

〈그림 1〉 에두아르 마네, 「오페라 극장의 가면무도회」(1873~74)

적인 거리 감각, 보다 일반적으로는 지각적 공간 감각을 화폭에서 배제시킨다. 이 '지각 불가능한 거리distance non perceptible'는 전통 회화가 추구하던 원칙, 즉 화폭에 나타난 지각은 "일상생활에서 우리가 갖는 지각의 재생산, 재이중화/배가redoublement, 반복이어야 한다"는 원칙을 파괴한다(PM, pp. 27~29).

(4) 「보르도 항구Le Port de Bordeaux」(1871)

이러한 깊이감의 부재는 캔버스라는 공간 자체의 물질성을 부각시키고, 더 나아가 선착장에 묶여 있는 배들의 돛대가 엮어내는 '수직과 수평의 놀이' '거의 순수 기하학적인 재현의 놀이'를 가능케 한다. 이는 몬드리안이 약 40년 후인 1910년대에 보여주게 될 추상주의의 효과를 이미 선취한 것이다(PM, pp. 29~30).

(5) 「아르장퇴유Argenteuil」(1874)

이러한 효과가 극대화되어 발표 당시 커다란 스캔들을 불러일으켰던 것이 「아르장퇴유」다. 이 그림에서 우리는 캔버스 위에서 피륙의 속성 자체를 느낄 수 있으며, 수직과 수평의 선들이 빚어내는 '응집과 조우의 놀이'를 읽어낼 수 있다(PM, p. 30).

(6) 「온실에서Dans la serre」(1879)

이는 공간을 다루는 마네의 '전형적인' 방식을 보여주는 그림이다. 캔버스 안에서 화폭의 깊이감을 나타내는 요소들이 모두 의도적으로 삭제 혹은 소거되어 있으며, 그 자리를 수직과 수평의 선들이 만들어내는 새로운 놀이가 대신하고 있다. 그림에는 또한 이러한 '깊이와 수직과 수평의 놀이' 이외에도 캔버스의 물질적 속성을 통해 공간을 다루는 마네의 또 하나의 테크닉이 드러난다. 이는 캔버스가 단순히 수직과 수평의 선들이 겹치는 하나의 표면일 뿐만 아니라, 동시에 하나의 '앞면recto'과 '뒷면verso'이라는 두 개의 면을 갖는 표면이라는 점에서 기인하는 것이다. 이 '앞면과 뒷면의 놀이'는 '수직과 수평의 놀이'에 비해 한층 더 복잡하고 알아차리기 어려운 것이다(PM, pp. 31∼32).

(7) 「맥줏집의 여종업원La Serveuse de bocks」(1879)

이 그림에 나타나는 두 주요 인물의 시선은 서로 정반대를 향하고 있으며, 더욱이 그림을 보는 사람들은 그림 속 두 인물의 시선이 머무는 곳을 볼 수 없다. 그들의 시선은 모두 그림의 외부를 향하고 있기 때문이다. 즉 그들은 화폭의 앞면과 뒷면이라는 서로 반대되는 방향을 바라보고 있다. 이는 같은 장면을 그렸으나 뒷배경에 무희의 전신이 보이는 또 다른 그림 「카페-콘서트의 한구석Coin de café-concert」(1879)을 보면 더욱 명백해진다(PM, pp. 32∼34).

(8) 「철도(생-라자르 역)Le Chemin de fer」(1872∼73)

역시 그림 속 두 인물의 시선이 서로 정반대되는 화폭의 앞면과 뒷면을 향하고 있다. 물론 그림을 바라보는 관람자는 이들이 바라보는 두 개의 장면들 중 어느 것도 볼 수가 없다. 이는 또한 화폭의 내부 자체로부터 작동되는 동시에 캔버스의 표면 자체에 의해 보증되는 '비가시성의 놀이'이다. 이는 적어도 서양 미술사에서는 최초로 '가시적인' 영역을 통해 관람자들에게 '비가시적인' 어떤 것을 보여주는 하나의

〈그림 2〉 에두아르 마네, 「철도」(1872~73)

시도, 방식이다(PM, pp. 34~35). 화폭의 앞면과 뒷면을 가로지르는 이런 놀이, 캔버스의 물질성을 통한 놀이는 이제까지 서양의 어떤 화가도 시도하지 않았던 일이다.

3) 조명

(1) 「피리 부는 소년Le fifre」(1866)

역시 발표 당시 큰 스캔들을 일으켰던 이 그림에서 소년은 사실상 '아무 곳'에도 서 있지 않다. 소년에게는 발꿈치 부분의 아주 작은 흔적을 제외하고는 그림자가 없으며, 뒷배경에서도 마루와 벽을 가르는 어떤 명료한 표식도 찾을 수 없다. 이는 결국 화폭의 공간감, 깊이감을 완전히 제거해버린 것이다. 또한 콰트로첸토 시대 초기에 고안된 '빛의 체계성' 혹은 화폭 내적 조명의 원리, 즉 "화폭의 내부에 존재하는 하나의 창문을 통해 들어오는 가상의 빛이 그림 속의 인물들에게 빛을 비춰주고 그들에게 부피감을 부여해야 한다"는 원칙이 이 그림에서 파괴되고 "내부의 빛을 없애버리고 외부의 실제적인 정면 조명으로 그것을 대치한다"는 "급진적인 테크닉"이 그 자리를 대신한다(PM, pp. 35~37).

(2) 「풀밭 위의 점심Le Déjeuner sur l'herbe」(1863)

그림에는 두 개의 조명 방식이 병존해 있다. 하나는 그림의 윗부분, 하늘에서 내려오는 그림 내부의 빛으로 뒤쪽의 여인을 비추고 있으며, 다른 하나는 그림의 앞부분, 즉 앉아 있는 세 인물들, 특히 왼쪽의 누드 여인을 비추는 빛이다. 이 두번째 빛은 「피리 부는 소년」과 마찬가지로 화폭의 내부가 아닌 외부로부터 오는 실제적인 빛이다. 그림 안에는 전통적 조명 양식과 새로운 조명 양식이 병존해 있으며, 이러한 상이한 두 조명 양식의 '충돌'은 그림 안에 일종의 '내적 이질성,' 더 나아가 '연결과 이질성의 놀이'를 발생시킨다.

(3) 「올랭피아Olympia」(1863)

바타유Georges Bataille가 '마네의 위반'을 보여주는 가장 탁월한 작품으로 꼽았던 이 그림은 1865년 '살롱'전에 출품되었으나 커다란 스캔들을 불러일으키며 전시 도중 그림을 내려야만 했다. 사람들은 이 그림이 주는 '추함'과 '외설스러움,' 불편함을 견딜 수 없었으며, 심지어 당시 관람자 중 어떤 사람들은 우산으로 그림을 찢으려고까지 했다. 여성 누드화의 전통은 서양에서는 최소한 16세기부터의 오랜 전통이므로 누드화 자체가 스캔들의 이유가 될 수는 없다. 또한 이 그림은 사실 르네상스 화가 티치아노Tiziano Vecellio의 「우르비노의 비너스 Venus of Urbino」(1538)의 재생, 분신 혹은 변형이다.

그렇다면 「올랭피아」의 무엇이 그렇게 사람들을 불편하게 했을까? 이 '파렴치한' 스캔들은 다름 아닌 마네가 등장인물을 비추는 빛을 이용하는 방식에서 온 것이다. 그림에서 올랭피아는 하나의 빛에 의해 자신의 몸을 드러낸다. 그 빛은 그림의 내부에 존재하는 어떤 창문 혹은 불빛으로부터 오는, 측면에서 비추어지는 부드러운 것이 아니며, 단도직입적이고 직접적으로 올랭피아의 정면으로부터 오는 격렬한 빛이다. 이 빛은 결국 화폭의 앞, 즉 관람자의 자리 혹은 그의 시선으로부터 오는 빛이다. 올랭피아는 다름 아닌 화폭 외부의 시선, 즉 관람자인 우리 자신의 시선 혹은 빛에 의해 발가벗겨져 '가시적'이 되는 것

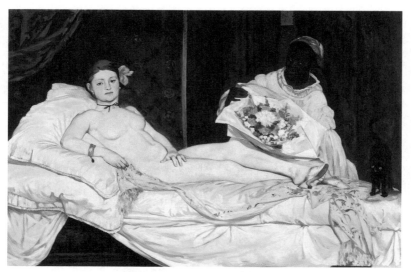

〈그림 3〉 에두아르 마네, 「올랭피아」(1863)

이다. 올랭피아의 벌거벗음과 가시성에 책임이 있는 것은 다름 아닌 '우리'의 시선이다. 「올랭피아」에서 화폭을 바라보는 행위와 화폭에 빛을 비추는 행위는 같은 일이다. 이런 '벌거벗음nudité과 빛의 놀이'가 19세기 말 파리의 부르주아들을 경악케 했던 것이다. 「올랭피아」는 어떻게 하나의 **미학적** 변형이 **도덕적** 스캔들을 불러일으킬 수 있는가를 보여준다(PM, pp. 38~40).

(4) 「발코니Le Balcon」(1868~69)

「발코니」는 캔버스라는 공간과 조명의 테크닉이 함께 종합된 작품이다. 창틀의 수직선과 발코니의 수직선·수평선이 화폭의 앞면을 가로지른다. 마네는 이러한 과감한 배치를 통해 자신이 그 위에 그림을 그리고 있는 화폭의 장방형을, 화폭 자체의 내부에서 재생산·재이중화·다수화시킴으로써 그것을 강렬히 부각시킨다. 한편 색채의 측면에서도 「발코니」는 건축적 배경을 흑백으로 처리하고 인물들에 채색을 가했던 콰트로첸토 이래의 전통을 뒤집어, 배경을 검정과 녹색으로 처리하고 인물들의 의상을 흑백으로 처리했다. 한편 그림의 창문역시 일종의 '깊이'에로 열려 있지만, 그 안쪽을 오히려 어둡게 처리하고 그 앞에 서 있는 인물들을 밝게 처리함으로써 전통적 기법과는 상반되는 효과를 노리고 있다. 즉 「발코니」는 조명의 측면에서, 창문 안쪽의 사물과 인물을 거의 보이지 않게 비가시적인 것으로 처리하고 있는데, 이런 효과는 이 그림의 조명이 화폭의 내부가 아닌 외부로부터 온다는 사실에서 기인하는 것이다. 결과적으로 관람자는 그림의 어둠이 화폭의 뒤쪽에, 그림의 빛이 화폭의 앞쪽에 놓여 있는 것 같은 효과를 느끼게 된다. 한편 「발코니」에서 오른쪽 여인(화가 베르트 모리조

〈그림 4〉 에두아르 마네, 「발코니」(1868~69)

Berthe Morisot의 여동생)의 발을 보면 ── 조토 디 본도네Giotto di Bondone의 「가난한 이에게 외투를 건네는 성 프란체스코Le don du manteau al pauvre」(1295~98)에서처럼 ── 마치 허공에 떠 있는 듯한 인상을 받게 된다.

이런 의미에서 그림에 등장하는 세 주요 인물들은 어둠과 밝음, 내부와 외부, 방 안과 바깥의 경계선 위에 '매달려' 있으며, 그들은 어떤 의미에서 그림자에서 빛으로, 죽음에서 삶으로 이르기 위해 나아가고 있다. 이것은 말하자면 '나사로의 부활'이며, 아마도 마그리트는 이러한 관념에 기반을 두어 마네에 대한 오마주인 「원근법. 마네의 발코니 Perspective. Le balcon de Manet」(1950)에서 세 인물을 세 개의 관으로 대치했을 것이다.[17] 또한 이전과 마찬가지로 세 명의 등장인물은 그림의 관람자들은 볼 수 없는 무엇인가를 바라보고 있다. 이러한 비가시성은 그림의 세 인물이 모두 각기 다른 방향을 보고 있다는 사실에서도 다시 한 번 드러난다. 그들이 바라보고 있는 것을 관람자가 볼 수 없는 이유는 바로 그들이 바라보는 것이 화폭의 앞쪽, 즉 화폭의 **바깥**에 존재하고 있기 때문이다. 이런 의미에서, 마네의 「발코니」는 다름 아닌 '비가시성 자체의 폭발'이다(PM, pp. 40~43).

---

17) 실제로 마그리트는 1966년 푸코에게 보낸 편지에서 이러한 푸코의 질문에 긍정적인 답변을 한 바 있다(미셸 푸코, 『이것은 파이프가 아니다』, 김현 옮김, 민음사, 1995, pp. 96~98에 실린 '마그리트의 두번째 편지' 참조). 한편 마네의 「발코니」 역시 고야의 「발코니의 마하들Majas al Balcone」(1808~12)에 대한 오마주이다. 이후 보게 되겠지만, 푸코가 각기 '근대' '현대의 물질적 조건을 선취한 화가' '동시대 혹은 현대의 대표적 화가'로 지목한 세 명의 화가들(고야, 마네, 마그리트)이 모두 고야의 「발코니의 마하들」로 연결되어 있다는 것은 흥미로운 우연이다.

4) 관람자의 자리: 「폴리베르제르의 술집」(1881~82)

　푸코에 따르면, 앞서 살핀 12점의 그림들이 갖는 특징을 모두 종합하여 보여주는 것이 「폴리베르제르의 술집Un bar aux Folies-Bergère」이다. 바타유의 마네론이 「올랭피아」를 중심으로 전개된다면, 푸코의 마네론은 「폴리베르제르의 술집」을 중심으로 회전한다. 우리는 마네의 이 '기묘한' 그림 속에서 캔버스라는 공간 및 조명의 문제뿐 아니라 **관람자의 위치**라는 문제를 모두 발견할 수 있다.

　첫번째로, 캔버스라는 공간의 문제를 살펴보자. 그림에서 정면에 서 있는 여종업원의 뒷배경은 커다란 거울로서, 이 거울의 존재가 화폭의 깊이감을 부정하고 있다. 이는 기본적으로 「오페라 극장의 가면무도회」 혹은 「막시밀리앙의 처형」에서 이미 사용되었던 기법이며, 그것이 거울이라는 점만 다르다. 이렇게 거울을 그림의 배면에 배치하는 것은 — 비록 뒷배경의 일부분이지만 — 앵그르Jean Auguste Dominique Ingres의 「루이즈 드 브로글리. 도손빌 백작부인의 초상 Louise de Broglie. Portrait de la Comtesse d'Haussonville」(1845)에서 보이는 바와 같은 전통적 기법의 하나이다. 그림의 정면에 여성이 있고, 그 뒤에 거울이 있으며, 거울 안에 여성의 뒷모습이 비친다. 그러나 마네는 거울을 배경의 후면 전체에 배치함으로써 새로운 효과를 창출한다. "이 벽, 즉 거울을 통해 〔마네는〕 화폭의 앞에 있는 것을 재현하지만, 우리는 실상 그것을 볼 수가 없고 따라서 그림 안에는 참다운 깊이가 존재하지 않게 되는데," 이는 결국 **깊이에 대한 이중의 부정**이된다. 이는 "단순히 우리가 여자의 뒤에 있는 것을 보지 못하기 때문일 뿐 아니라, 그녀가 거울의 바로 앞에 있기 때문에 우리가 그녀의

〈그림 5〉 에두아르 마네, 「폴리베르제르의 술집」(1881~82)

뒤에서 볼 수 있는 것이 다만 그녀의 앞에 있는 것이기 때문"이다(PM, p. 44).

두번째로, 조명의 측면에서 살펴보자면 여종업원은 자신의 정면에서 빛을 받고 있다. 이 그림에서도 마네는 화폭의 내부에 두 개의 조명, 즉 거울에 비치는 기둥에 붙어 있는 두 개의 등燈을 설정함으로써 정면 조명을 반복하고 있다. 물론 이 조명의 반복은 거울 안에서의 반복이며 따라서 사실은 화폭의 앞쪽 정면, 즉 바깥에 위치한 두 조명이 화폭의 내부에 재현된 것이다. 이렇게 해서 우리는 실제로는 그림의 외부, 여성의 정면에서 그녀를 비추는 조명이라는 재현의 재이중화 redoublement를 보게 된다. 그러나 이는 상대적으로 특이하고 부분적인 측면에 불과하며, 더욱 중요한 것은 사물들 및 인물들이 거울 안에서 반영되고 반사되는 방식이다. 이 그림에서 원칙적으로 모든 것은 하나의 거울상이며, 따라서 거울 앞에 있는 모든 것은 거울의 내부에서도 재생, 반영되어 있어야 한다. 즉 우리는 동일한 요소들을 이쪽과 저쪽 모두에서 발견할 수 있어야 한다. 따라서 「폴리베르제르의 술집」은 기본적으로 사물들과 인물들의 재현이 실제와 거울 안에서 갖게 되는 **재이중화**의 양태를 보여주는 그림이다(PM, pp. 44~45).

세번째로, 화가의 위치에 대해 생각해보자. 이 그림에서 모든 것은 기본적으로 사물과 인물의 재이중화를 재현하는 것이므로, 화폭 혹은 거울의 안팎에 동시에 동일하게 존재해야 한다. 그러나 실제로 그림에 나타난 술병들에 대하여 이러한 확인 작업을 수행해본다면, 우리는 같은 병들이 반대편에서 발견되지 않는다는 사실을 알게 된다. 이는 거울에 재현된 것과 거울 안에 반사되어 있어야만 하는 것 사이에 일정한 '왜곡'이 존재하기 때문이다. 그러나 그림에서 가장 크게 왜곡되어 있는 것은 물론 거울에 비친 여종업원의 모습이다. 여종업원의 모습을 정면에서 그리기 위해서 화가는 당연히 그녀의 정면에 서 있어야만 한다. 그러나 또한 거울에 비친 (그림의 오른쪽에 위치한) 그녀의 뒷모습을 그리기 위해서 그는 동시에 (화가의 입장에서 보았을 때) 그녀의 왼쪽에 위치해야 한다.[18] 즉 이 그림은 화가로 하여금 **연속적으로** 혹은 차라리 **동시에** 이곳 그리고 저곳에 있도록 초대하고 있다. 그러나 이 모순에 대한 하나의 해결책이 존재할 수도 있다. 그것은 거울이 화가가 보았을 때 왼쪽으로 더 깊숙이 들어가 있는 방식으로 비스듬히 놓여 있는 경우로서, 이 경우라면 화가는 여종업원의 정확히 정면에 있으면서도 거울 속 그녀의 반영을 그림의 오른쪽에서 볼 수 있을 것이다. 그러나 이는 이치에 맞지 않는 설명이 되고 마는데, 그 이유는 그림에 나타난 실제 바Bar의 가장자리 및 거울에 나타난 바의 가장자리가 정확히 수평을 이루고 있기 때문이다. 결국 거울은 비스듬히 놓여 있지 않으며, 화가는 동시에 혹은 연속적으로 두 곳에 있어야만 한다(PM, p. 45).

한편 거울 속에서 즉 화폭의 오른쪽에서 여종업원에게 말을 걸고 있는 신사에 대해 생각해보자. 만약 그가 여종업원의 정면에 있다면 우리는 그의 반사상을 볼 수 있어야 한다(물론 그의 모습은 여종업원의 몸에 가려져 그의 정면 전신이 아닌 부분적인 모습만을 볼 수 있을 따름이지

---

18) 이 부분에 이 『마네의 회화』 텍스트가 강연 영상이 아닌 녹음 테이프를 전사한 데서 오는 **애매함**이 있다. 푸코는 "자, 이곳을 보시면" "여기에서는" 등의 표현을 사용하고 있는데, 물론 실제 강연에서는 ― 예를 들면 긴 막대 같은 것으로 ― 해당 부분을 가리키며 이야기했을 것이나, 글을 읽는 독자로서는 '이곳'이 어디인지 알 수 없으며 다만 글의 논리적 맥락에 따라 '이곳'을 추리해볼 수밖에 없다.

만). 그리고 화폭의 오른쪽에 있는 거울상에서 그는 바로 그러한 모습으로 여종업원의 정면에 확실히 존재한다. 그런데 그림의 조명을 자세히 관찰해보면, 여종업원의 정면은 어떤 사람의 그림자도 없이 빛이 고르게 비추어지고 있다. 따라서 신사는 여종업원의 정면에 없다. 물론 우리는 이 신사를 화가 마네 자신이라고 가정해볼 수 있다. 그러나 우선 이 신사는 실제 마네를 전혀 닮지 않았고, 또한 오른쪽의 거울상을 보면 신사의 키는 여종업원보다 상당히 큰 편이므로 분명 화폭의 여종업원을 내려다보아야만 하지만, 실제 그림에 나타난 여종업원의 모습은 내려다본 상태에서 그려진 것이 아니라 그녀의 두 눈과 같은 높이에서 바라본 모습으로 그려져 있다. 그림에서 화가의 눈높이는 정확히 그녀의 눈과 같은 높이, 혹은 심지어 조금 낮은 정도를 유지하고 있다(PM, p. 46). 따라서 이 모든 것을 종합해보면, 신사는 여종업원의 정면에 존재하며 동시에 존재하지 않는다. 결국 이는 '중앙과 우측의 양립 불가능성' '존재와 부재의 양립 불가능성'을 보여주는 장치이다. 물론 이상의 논의에서 화가는 '최초의' 관람자이자 '이상적인' 관람자로서의, 그림을 보는 '우리들' 자신이다.

이렇게 「폴리베르제르의 술집」은 세 가지 종류의 **양립 불가능성**을 보여주고 있다. 화가는 이곳에 있으면서도 동시에 저곳에 있어야 하며, 누군가가 존재해야 하는 동시에 부재해야 하고, 따라서 내려다보는 동시에 올려다보는 혹은 같은 눈높이의 시선이 동시에 존재해야 한다. 그리고 이 **삼중의 불가능성**이야말로 이 '기묘한' 그림을 바라보는 우리를 매혹시키는 동시에 당혹케 만드는 것이다. 즉 전통적 회화에 분명히 규정되어 있는 안정된 '이상적' 관람자 혹은 화가의 자리가 없다는 사실이 이 그림의 새로운 점이다. 이렇게 해서 마네는 전통적 회화의 문법 안에 존재하면서 그림의 재현으로 하여금 화가 혹은 관람자의 이상적인 유일한 위치를 지정해주던 일종의 **규범적**normatif 공간을 소거해버린다. 이제 화폭은 우리가 **그 앞에서 혹은 그 주위에서 이리저리 움직여볼 수 있는 하나의 공간**으로서 나타난다(PM, p. 47).

이렇게 「폴리베르제르의 술집」은 **깊이감의 소거, 영속적으로 재이중화되는 수직과 수평의 선들, 정면에서 비춰지는 실제의 빛, 화폭 앞에서 움직이는 관람자**를 가정하는 전혀 새로운 종류의 그림이다. 그리고 바로 이러한 장치들을 가로지르며, 실제적이고 물질적이며, 일종의 물리적 혹은 신체적인 새로운 캔버스, 화폭이 재현 안에서 막 태어나고 있는 것이다.

이제 푸코는 다음과 같은 말로써 「마네의 회화」 강연을 끝맺는다. "마네에게는 모든 것이 〔여전히〕 재현적이기 때문에, 물론 마네가 비재현적 혹은 추상적 회화를 발명한 것은 아니지만, 그는 재현 안에서 캔버스의 근본적인 물질적 요소들을 작동하게 만듦으로써 아마도 우리가 '대상-화폭tableau-objet' '대상-회화peinture-objet'라 부를 수 있을 무엇인가를 창조하고 있었다. 그리고 의심의 여지 없이 이것이 드디어 어느 날엔가 우리가 재현 자체를 벗어날 수 있도록 그리고 공간의 순수하고도 단순한 속성들, 공간의 **물질적** 속성들 자체를 가로질러 공간이 스스로 유희할 수 있도록 만들어주었던 근본적 **조건**이었다" (PM, p. 47).

4. 마네: '근대' 회화의 아버지인가? '현대' 회화의 아버지인가?

서양 미술사에서 마네는 일반적으로 이른바 '모더니즘' 즉 **근대주의 회화**[19]의 시초라 할 **인상주의**의 대가로서 기술되는 인물이다. 그러나 푸코는 강연을 통해 '모더니즘의 확립자'로서의 마네가 아닌 '**현대 회 화 혹은 동시대** 회화의 물질적 조건을 선취한 화가'로서의 마네에 대 해 말하고 있다. 이는 물론 다름 아닌 미술계 혹은 미술사학계 일반의 시대 구분론에 푸코가 동의하지 않거나 혹은 적어도 불편함을 느끼고 있음을 말해주는 징후로서 해석되어야 한다.[20]

앞서 말한 것처럼, 미술에 대한 푸코의 **시대 구분론**은 완정한 형태로 발표된 적이 없기 때문에 오늘 우리가 그것을 합리적으로 추정해볼 수 있는 유일한 방식은 그의 미술 관련 글들에 나타난 단상을 토대로 **재 구성**하는 방법뿐이다. 이와 관련하여 우리가 가지고 있는 푸코의 주요 자료들은 그 대상이 되는 **화가** 혹은 **사조**의 시대순을 기준으로 하여 대 략 다음과 같다.

(1) 1968년 2월, 르네상스 초기의 15세기 이탈리아 **콰트로첸토**에 대한

---

19) 한편 철학·사상과 같은 여타의 영역이었다면 아마도 '근대주의' 정도로 번역되었을 'modernism'이라는 용어가 **왜** 광범위한 문학·예술의 영역에서는 그 같은 일본어식 한자 어 혹은 우리말로 번역되지 않고 그대로 '모더니즘'이라는 표기로 정착되었는가 하는 과정 에 대한 탐구는 하나의 흥미로운 주제를 구성한다. 이렇게 서구어의 한 단어가 사상·철학 및 문학·예술에서 약간의 서로 다른 뉘앙스를 가지며 달리 번역된 또 다른 예로는 truth, critic 등의 개념이 있다. 이들은 보통 각기 사상·철학의 영역에서는 진리, 비판으로, 문학· 예술의 영역에서는 진실, 비평으로 번역된다.

20) 단적으로 말해 푸코는 동시대 미학 이론가들이 표방하는 '근현대 사이의 시기 구분'을 받 아들이지 **않으며**, 이에 명백히 **도전**한다.

강연.

(2) 1966년 4월 발간된 『말과 사물』. 이 책에서 푸코는 **벨라스케스**의 「시녀들」을 고전주의 시대의 에피스테메épistémè인 '재현'을 드러내주는 대표적 그림으로 바라본다.

(3) 1961년의 『광기의 역사』 마지막 부분에서 푸코는 철학의 칸트, 문학의 사드Marquis de Sade와 함께 **고야**를 근대의 대표적 화가로 여러 차례 언급한다.[21] 푸코는 "사드와 고야 이후의" '근대 세계'가 "니체의 광기나 반 고흐의 광기 또는 아르토의 광기" 안에서 가장 잘 드러난다고 말한다.[22]

(4) 1967년 밀라노를 시작으로 1970년 도쿄와 피렌체, 1971년 5월 튀니스에 걸쳐 거의 대동소이한 내용으로 **마네** 관련 강연을 했다. 마지막 강연의 제명은 "마네의 회화"이다.

(5) 1967년 11월 동시대 화가의 대표 격으로서 **마그리트**의 「이미지의 배반」에 관한 소논문 「이것은 파이프가 아니다」를 완성한다.

(6) 「이것은 파이프가 아니다」의 「클레, 칸딘스키, 마그리트」라는 장에서 푸코는 15세기 이후, 즉 '콰트로첸토' 이후 20세기까지 서양의 그림을 지배해온 두 개의 '원칙'에 대해 이야기한다. 그 첫번째는 "조형적 재현(유사를 함축한다)과 언어적 지시(그것을 배제한다) 사이의 분리를 단언한다"는 것이며, 이 원칙의 절대성을 부숴버린 것

---

21) 그러나 이러한 입론의 **결정적 문제점**은 푸코가 『광기의 역사』는 물론 이후의 어떤 글에서도 자신이 고야를 근대의 대표적 화가로 꼽은 근거를 제시하지 **않는다**는 사실이다. 우리가 생각해볼 수 있는 하나의 가설은 고야의 생몰연도 및 활동 시기가 푸코 자신이 『말과 사물』에서 주장했던 근대의 시기(1775~1825)와 **거의 완벽히 일치한다**는 사실에서 그 근거를 찾을 수도 있으리라는 것이다.

22) 미셸 푸코, 『광기의 역사』, pp. 812~13.

이 **파울 클레**이다.[23]

(7) 이어지는 두번째 원칙은 "유사하다는 사실과 재현적〔표상적〕 관계가 있다는 확언 사이의 등가성"으로, 이를 파괴한 것이 **칸딘스키**이다.[24]

이를 이번에는 미술사의 **시대** 개념을 중심으로 다시 기술해보면 다음과 같은 그림을 얻게 된다.

(1) 15세기 초의 이탈리아 **콰트로첸토**는 이후 서양 미술사의 기반이 되는 두 가지 원칙인 '조형적 재현과 언어적 지시 사이의 분리' '유사하다는 사실과 (재현적 관계가 있다는) 확언 사이의 등가성'을 확립했다.

(2) 벨라스케스는 **고전주의** 시대의 대표적 화가로서 재현의 에피스테메를 회화적으로 잘 구현한 「시녀들」을 그렸다.

(3) 미술에서 **근대**의 시기는 고야에 의해 대표된다.

(4) 마네는 **현대** 회화의 물질적 조건을 선취한 화가로서 자리매김된다.

(5) **동시대** 혹은 **현대**를 대표하는 첫번째 화가는 마그리트로서, 그는 새로운 비재현적 공간을 열었다.[25]

(6) 콰트로첸토의 첫번째 원칙이 **동시대** 혹은 **현대** 화가 클레에 의해 깨진다.

(7) 콰트로첸토의 두번째 원칙이 **동시대** 혹은 **현대** 화가 칸딘스키에 의

---

23) 미셸 푸코, 『이것은 파이프가 아니다』, pp. 51~52.
24) 같은 책, pp. 54~55.
25) 김현, 「푸코의 미술 비평」, 미셸 푸코, 『이것은 파이프가 아니다』, pp. 136, 139.

해 깨진다.

결국 이는 푸코가 기존 미술학계의 일반적 시대 구분을 사실상 **전혀** 받아들이고 있지 **않음**을 증명한다. 마찬가지로 이것이 이른바 '근대 회화의 아버지'인 마네에 대한 일련의 강연들 중 그 어떤 것에도 푸코가 '모더니즘' 혹은 '근대' '현대'라는 용어를 그 제목에 사용하지 **않은** 이유라고 보아야 할 것이다.[26] 더욱이 그 내용이 유일하게 남아 있는 1971년의 강연록을 살펴보면, 우리는 푸코가 단순히 강연 제목만이 아니라 본문에서도 '모더니즘' 혹은 '근대' '근대적' '근대성' 등의 단어를 단 한 차례도 사용하지 **않는다**는 사실을 알게 된다.[27] 푸코는 오직

---

26) '모더니즘' '근대' '현대' '동시대' 등의 개념에 대한 우리말 번역어 선택의 문제 및 그것의 개념사적·계보학적 연관은 이 글에서 다루어지지 않는다. 관련된 자세한 논의는 근간 예정인 필자의 『푸코와 근대성』을 참조할 수 있을 것이다. 국내에서 이러한 **근대·근대성 개념의 개념사·계보학**은 사실상 거의 다루어진 적이 없는데, 우선 번역된 것만을 들어보자면 다음과 같다. H. R. 야우스, 『도전으로서의 문학사』, 장영태 옮김, 문학과지성사, 1983; M. 칼리니스쿠, 『모더니티의 다섯 얼굴』, 이영욱 외 옮김, 시각과언어, 1993; 라인하르트 코젤렉, 『지나간 미래』, 한철 옮김, 문학동네, 1998; H. R. 야우스, 『미적 현대와 그 이후: 루소에서 칼비노까지』, 김경식 옮김, 문학동네, 1999. 오늘 한국의 연구자들은 서구 지성사가들의 이러한 연구에 덧붙여 이 개념들이 **현대 일본어·중국어·한국어로 정착되는 과정** 역시 탐구해야만 할 것이다(단적으로 modernisme, moderne, contemporain 등을 각기 모더니즘, 근대, 근세, 현대, 동시대 등으로 번역한 것은 19세기와 20세기의 일본인들이다. 일례로 modern이라는 서구어는 니시 아마네의 1874년 저작 『백일신론百一新論』에서 처음으로 '近世'라는 용어로 번역되었다).

27) 앞의 각주에서 암시되어 있는 것처럼 근대성의 문제는 푸코 사상 전반에 있어 **결정적** 지위를 갖는다. 한편 푸코의 미학 이론에서 근대성의 이념은 보들레르Charles Baudelaire의 그 것과 밀접하게 연관되어 있다. 푸코는 이를 사망하기 직전인 1980년대 초반의 논문 「계몽이란 무엇인가?」에서 다루는데, 그는 보들레르가 1863년에 발표한 논문 「근대적 삶의 화가Le peintre de la vie moderne」에 나타난 **근대성**의 개념은 크게 보아 긍정적·발전적으로 받아들이면서도 보들레르가 그 예로 제시한 **콩스탕탱 기**Constantin Guys에 대해서는 단순한 인용 이상의 특별한 언급을 하지 않음으로써 그가 보들레르의 '예'를 **받아들이지 않**

다음의 문장에서만 '현대'예술이라는 단어를 단 한 차례 사용한다. "마네가 가능케 했던 것은 다름 아닌 인상주의 이후의 모든 회화, 20세기의 모든 회화, **현대**예술이 오늘날 여전히 그 내부에서 발전시키고 있는 회화이다."[28] 단적으로 말해, 푸코의 「마네의 회화」는 '미술사가들의 마네,' 즉 **근대 화가**로서의 마네가 아닌 '푸코의 마네,' 즉 **현대 회화의 물질적 조건을 선취한 화가**로서의 마네를 조명한 것이다.

그렇다면 푸코는 왜 이렇게 독특한 자신만의 시대 구분을 고집하는 것일까? 그것은 이러한 푸코의 미술사적 시대 구분론이 그의 사상 전체의 기획과 **분리 불가능한 방식으로** 연결되어 있기 때문이다. 푸코 사상 전체를 조망하는 일은 푸코의 미술론을 비평하는 이 글의 논의를 훨씬 넘어서는 것이나, 향후의 논의를 위해 미술과 관련된 몇 개의 단초만을 제시해본다면 대략 다음의 사항들이 검토되어야 할 것이다.

음을 간접적으로 시사하고 있다("Qu'est-ce que les lumières?," DEQ II, pp. 1381~97). 보들레르를 다룬 거의 모든 연구서들은 그를 '근대성의 창시자'로 다루고 있는데(이때의 근대성은 보다 정확히는 헤겔로 대표되는 독일의 **철학적** 근대성과는 구분되는 프랑스의 **미학적** 근대성이다), 특히 최근의 것들로는 다음을 참조할 수 있다. 아베 요시오, 『군중 속의 예술가: 보들레르와 19세기 프랑스 회화』, 정명희 옮김, 고려대학교출판부, 2006; 오생근, 「보들레르의 『파리의 우울』과 현대성의 시적 인식」, 『프랑스어 문학과 현대성의 인식』, 문학과지성사, 2007, pp. 69~86; 유희석, 「보들레르와 근대」, 『근대 극복의 이정표들』, 창비, 2007, pp. 249~75.

28) PM, p. 22. 일례로, 마리본 세종이 편집한 『마네의 회화』에 실려 있는 푸코 학술회의의 발표자들은 정작 푸코가 1971년의 강연 「마네의 회화」에서 '모더니즘' 혹은 '근대'에 관련된 어떤 용어도 사용하지 않았음에도 불구하고, 그에 대해 논하면서 '모더니즘' '모더니스트' '근대' '근대적' '근대성' 등의 용어를 수없이 사용하고 있다. 발표자들의 논문에 나타나는 '모더니즘' 혹은 '근대' 관련 용어들은 인용 혹은 인용된 서명書名의 경우를 제외하더라도 세종의 「서문」에 6회, 이후 ― 푸코의 강연을 제외한 ― 학회 참여자들의 논문 수록 순서대로 각기 3회, 6회, 9회, 8회, 21회, 0회, 0회, 4회로 모두 57회나 사용되고 있다. 이런 면에서 그들은 푸코에 있어서의 '모더니즘' '근대'와 '현대' 혹은 '동시대'를 혼동하고 있다고 볼 수 있다.

첫번째로, 푸코의 근대 혹은 근대성 개념은 무척 복잡한데 이를 도식적으로 간략히 기술해본다면, 푸코는 기본적으로 『말과 사물』에서 펼친 시대 구분의 입장을 ― 수많은 층위 및 내용상의 변형에도 불구하고 ― 자기 생의 마지막까지 유지하고 있다(혹은 유지하려고 노력한다). 『말과 사물』에서는 우선 탐구의 시공간적 대상을 **유럽**으로 한정하고, 중세 이후 그것의 역사에 단 **두 차례**의 커다란 단절만이 존재하며, 이 단절에 따라 생겨난 각각의 고고학적 지층들에는 동시대의 모든 사유가 ― 마치 북극성과도 같이 ― 그것을 중심으로 돌게 되는 유일한 **에피스테메**가 하나씩 존재한다는 것이다. 이 에피스테메들은 차례대로 르네상스 시기에는 **유사성**ressemblance, 17세기 중반 이후 고전주의 시대에는 **재현**représentation, 18세기 말 또는 19세기 초에 시작되는 근대에는 **역사**histoire 혹은 경험적-선험적 이중체로서의 **인간** homme comme un doublet empirico-transcendantal이다.[29] 푸코는 『말과 사물』에서 언어-노동-생명의 세 영역을 중심으로 이들 영역들이 각 시대마다 달리 배치·구성되고, 시대에 따라 변화·단절되는 모습을 탐구한다.

두번째로, 마네에 대한 푸코의 강연들로 돌아가보면, 우선 이 강연

---

29) 그리고 마지막으로, 비록 『말과 사물』에는 명시적으로 부정되어 있지만 푸코가 이른바 '현대' 혹은 '동시대'를 에피스테메적인 의미에서 '사실상' 하나의 독립적 시대로서 '설정하려 했다' 혹은 '설정했다'는 주장도 존재한다. 물론 이러한 주장은 상당한 논란의 대상이다. 그 기점으로 제시될 수 있는 세 가지 가능한 시점은 니체로 대변되는 19세기 말, 이른바 '언어학적 전회'가 나타나는 20세기 초중반, 그리고 다름 아닌 푸코 자신의 저서 『말과 사물』이 출간된 1966년이다. 그러나 물론 이러한 입장은 푸코 자신이 르네상스 이후 서양의 역사에는 오직 상기한 르네상스와 고전 시대 사이의, 고전 시대와 근대 사이의 "**두 개의** 단절이 존재한다"는 『말과 사물』의 언급에 대치된다(M. Foucault, *Les mots et les choses*, Paris: Gallimard, 1966, p. 13). 이에 대해서는 보다 상세하고 복잡한 논의가 필요할 것이다.

들이 이루어진 시기가 1967~71년이라는 점, 우리의 논의 대상이 되는 튀니스 강연이 1971년 5월에 이루어졌다는 점이 지적되어야 한다. 이 시기는 우선『광기의 역사』를 잇는 그의 또 다른 대표작『말과 사물』이 출간된 직후이다. 또 이 일련의 강연들이 이루어지는 약 5년의 기간을 살펴보면, 푸코는 1967년 11월 첫번째 강연을 하기 직전인 1967년 8월에『지식의 고고학』을 완성했으며(출간은 1969년 3월), 또 같은 달에 마그리트에 관한 소논문을 완성했다(출간은 1968년 1월). 1969년 2월에는「저자란 무엇인가?」를 발표하고, 1970년 12월에는 콜레주 드 프랑스 취임 강연인 "담론의 질서"를 행했으며(출간은 1971년 2월), 드디어 1971년 5월에는 마네에 관한 마지막 튀니스 강연을 하게 된다. 따라서 마네, 보다 넓게는 미술에 관한 푸코의 일련의 강연은 그 기본적 대강이『말과 사물』, 특히『지식의 고고학』과 **동일한** 자장 내에서 형성된 것으로서 이해되어야 한다.

세번째로, 이러한 논의의 연장선상에서 1967년 11월의 마네에 대한 최초의 강연조차 이미『말과 사물』과는 일정한 차별성을 보이는『지식의 고고학』이 완성된 이후의 일이라는 점이 지적되어야 한다. 단적으로『지식의 고고학』은 ─ **에피스테메**의 개념이 주가 되었던『말과 사물』에 비해 ─ **언표**énoncé, 보다 정확히는 언표 **효과**라는 개념이 주를 이루고 있다.[30] 언표 개념은 이후 **담론**discours, 보다 정확히는 **담론 형성**formation discursive의 개념으로 발전하게 되는데,[31] 이는 푸코 자신

---

30) 『지식의 고고학』에서도 에피스테메라는 용어는 여전히 책의 말미 등에서 사용되고 있지만,『말과 사물』에 비하면 훨씬 약화된 모습으로 등장한다.

31) 이 담론적 형성은 이후 또다시 형성의 '언어화되지 않은 일련의 제도적 측면들'을 포괄하는 **비담론적 형성**의 상대적 개념으로 발전하는데, 푸코는 이를 **제도**institution라는 이름으

의 강력한 부인에도 불구하고 다분히 '구조주의적'이었던 에피스테메 개념을 '포기'하고, 푸코의 사상이 보다 니체적인 '계보학,' 권력관계의 이론을 향해 나아가는 단초로 보아야 한다. 그리고 바로 이러한 '권력-지식'의 이론이 푸코 사상 내에서 '문학 혹은 예술'의 입지를 좁힌 것으로 이해할 수 있다.[32]

네번째로, **회고적으로** 보았을 때 이러한 상대적으로 아카데믹한 구조주의적 에피스테메의 개념으로부터 담론 형성 및 니체적인 권력관계의 개념, 그리고 그에 따르는 정치에서 급진적 행동주의로 나아가는 **과도기적** 특징을 잘 보여주는 것이 1970년 11월의 논문 「철학극장 Theatrum philosophicum」, 1970년 12월의 강연 "담론의 질서," 1971년의 논문 「니체, 계보학, 역사 Nietzsche, la généalogie, l'histoire」이다. 따라서 마네에 대한 마지막 강연이 열린 1971년 5월은 이미 푸코가 정치이론 및 실천에서 '니체적 전회'를 행한 **이후**, 혹은 적어도 **과정 중**의 일이며, 우리는 문학 혹은 예술 영역에서 일종의 '지체(?)' 현상이 일어나는 것을 볼 수 있다. 이는 문학에 있어서는 1970년에 브리세 Jean-Pierre Brisset에 관한 「일곱번째 천사에 대한 일곱 개의 이야기 Sept propos sur le septième ange」, 플로베르 Gustave Flaubert를 다룬 「환상적

로 부른다. 즉 푸코는 형성의 **담론적** 영역을 지칭하는 '에피스테메'와 **비담론적** 영역을 지칭하는 '제도'로 양자를 구분하고, 이들 모두를 **장치** dispositif라고 부른다. 결국 에피스테메는 담론적 장치가, 제도는 비담론적 장치가 된다. 자세한 것은 푸코의 에피스테메 개념 일반의 문제를 다룬 필자의 논문 「푸코의 에피스테메 개념」, 『에피스테메』, 고려대학교 응용문화연구소, 2007, pp. 209~32 참고.

32) 이미 지적한 것처럼, 이러한 미학적 관심은 이후 1980년대 초 이래 보다 광의의 '실존의 미학 esthétique de l'existence'이라는 개념 아래 포섭되어 다시금 푸코 사상의 전면에 등장하게 된다.

도서관La bibliothèque fantastique」, 같은 해 말 일본에서 한 강연 「광기, 문학, 사회Folie, littérature, société」, 미술에 있어서는 1971년 5월 튀니스 강연을 끝으로 푸코가 사실상 문학 혹은 예술 영역에 관련된 글을 더 이상 쓰지 **않았다**는 사실에서도 다시 한 번 확인된다.[33]

　마지막으로, 사실상 푸코의 마네 강연이 보여주는 미술 혹은 보다 넓게는 문학·예술 일반에 대한 **기본적인** 이해의 틀은 ——『말과 사물』『지식의 고고학』뿐 아니라 —— 푸코의 문학·예술을 이해하는 데 결정적 영향력을 갖고 있는 1963년의 문학비평서『레몽 루셀*Raymond Roussel*』 및『임상의학의 탄생』으로까지 거슬러 올라가야 한다는 점이 지적되어야 한다. 예를 들면, "담론의 질서" 혹은 「니체, 계보학, 역사」와 같은 동시대 푸코의 다른 저술에서는 이러한 개념들이 거의 완전히 사라졌음에도 불구하고 1971년의 마지막 강연에서조차 여전히 앞서 지적한 1963년의 두 권의 책에서 이론화되었던 '담론/가시성visibilité' 혹은 '말할 수 있는 것/가시적인 것' 사이의 대립, 그리고 양자를 이어주는 혹은 관계 짓는 것으로서의 이중double, 분신doublure, 이중체doublet, 재이중화/반복/배가redoublement, 탈이중화/양분dédoublement, 더 나아가 반복répétition, 재생reproduction, 회귀retour, 재현représentation, 반성/반사/반영réflexion/reflet, 거울miroir 등의 개념이 거의 매 쪽마다 그 주요한 인식의 틀로서 사용되는 것을 볼 수 있다. 그런데 이러한 관점은 다름 아닌 루셀의 **이중** 혹은 **분신**의 개념에

---

33) 참고로 저서의 형태로 발간되지 않은 푸코의 다양한 논문·서평·대담 등을 모은『말과 글 *Dits et écrits*』에 실린 1971년의 첫 일곱 개 글은 다음과 같다. 「니체, 계보학, 역사」「미셸 푸코와의 대담」「G.I.P.〔감옥정보그룹〕선언」「감옥에 대하여」「감옥에 대한 탐구: 침묵의 벽을 무너뜨리자」「미셸 푸코와의 대화」「모든 곳에 감옥이」.

서 기원하는 것이다.[34] 푸코는 사실상 마네를 **근대**라는 관점이 아닌, 그 이후의 어떤 시기 즉 **현대** 혹은 **동시대**의 관점에서 바라보고 있다.[35] 이런 면에서 사실상 푸코의 마네론이 마그리트론의 연장선상에서 성립된 것이라는 김현의 주장은 일정한 타당성을 갖는다.[36]

이러한 푸코의 입장은 아마도 다음처럼 '설명'될 수 있을 것이다. 미술사에 관련된 푸코의 에피스테메적 시대 구분에 따르면, '근대를 열어젖힌 화가'의 영예를 차지할 수 있는 것은 마네가 아닌 고야이다.[37] 마네는, 비록 그가 이후 나타날 현대 회화의 물질적 조건을 선취한 선구적 화가라 할지라도, 결국은 궁극적으로 '한 명의 뛰어난 근대 화가,' 혹은 가장 나은 경우 '근대와 현대를 이어주는 화가'로서 자리매김될 수 있을 것이다. 요약하면, 마네는 '근대 화가'이거나 혹은 '근대와 그 이후를 잇는 (현대 회화의 물질적 조건을 선취한) 화가'일 따름이며, 푸코가 실제로 강연에서 택하고 있는 것은 후자의 입장이다. 그런데 푸코는 **왜** 이런 선택을 해야 했을까?

푸코는 서구의 근대가 **18세기 말에서 19세기 초**에 이르는 전환기, 보다 정확히는 **1775~1825년에 이르는 시기**, 특히 그 전반부인 **1775~1800년의 시기**에 정치·경제·사회·문화·철학·의학·산업 등의 모든

---

34) M. Foucault, "Pourquoi réédite-t-on l'oeuvre de Raymond Roussel? Un précurseur de notre littérature moderne"(1964), DEQ I, p. 449.

35) 모든 시대는 자신의 동시대를 갖는다. 오늘날 우리말과 현대 일본어의 용법에서 '현대'는 오늘을 사는 **우리의** '동시대'를 지칭한다.

36) 김현, 「푸코의 미술 비평」, pp. 110~12. 시기적으로도 마네에 관한 푸코의 첫 강연은 마그리트에 대한 소논문 「이것은 파이프가 아니다」의 완성과 정확히 같은 시기인 1967년 11월에 행해졌다.

37) M. Foucault, *Les mots et les choses*, p. 329.

영역에서 오늘날 즉 푸코의 동시대인 당시 1960년대 유럽 사회의 기본적 구조가 형성되었으며, 그 이후로는 기본적으로 오늘날까지 더이상의 근본적인 단절이 존재하지 **않는다**는 주장을 펼치고 있다.[38] 이러한 시대 구분에 비추어 보면, 근대미술의 창시자 혹은 대표자는 일반적으로 말해지는 것처럼 인상주의자 마네가 아닌 고야가 되어야 한다.[39] 따라서 푸코는 자신의 이러한 에피스테메적 시대 구분을 따라, 철학적 근대성의 시작 역시 데카르트, 헤겔 혹은 니체가 아닌 칸트에게서 찾는다. 물론 여기서 중요한 점은 ── 푸코가 '근대의 시초'로 설정한 18~19세기의 전환기에 모든 것을 맞추기 위해 칸트를 역으로 찾아낸 것이 아니라 ── '유한성finitude의 분석학'이라는 **칸트의 인간학이 근대를 결정적으로 구성했다**고 보는 자신의 철학적 입장에 근거하여 이러한 주장을 펼친다는 점이다.[40]

푸코가 1971년의 튀니스 강연에서 마네를 '미술에서 근대성을 확립한 화가'가 아닌 '현대 회화의 물질적 조건을 선취한 화가'로 바라본

---

38) M. Foucault, *Les mots et les choses*, pp. 13, 233.

39) 마네의 활동 시기는 근대에 관한 상기의 기준에 비추어 볼 때 거의 100년이 늦다. 한편 푸코 근대성 이론의 시대 구분론에 있어 또 하나의 예외를 구성하는 것이 **음악**의 경우이다. **일반적으로** 서양 음악사에서 이른바 '근대음악'은 ── 학자에 따라 때로 바흐까지 거슬러 올라가는 경우도 있지만 ── 1890년대에서 1920년대에 이르는 약 30여 년의 시기 동안의 음악을 가리킨다. 즉 음악의 경우, 최초의 근대적 유파는 드뷔시 혹은 라벨로 대표되는 (프랑스) **인상주의**로 이해되고 있는데, 이는 우연히도(?) 역시 일반적으로 (프랑스) **인상주의**를 최초의 근대적 사조로 보는 미술의 경우와 정확히 **일치**한다.

40) 『말과 사물』은 **근본적으로** 바로 이러한 주장을 펼친 책이다. 칸트의 사상은 일반적으로 알려진 것 이상으로 푸코 사상의 구성과 전개에 결정적이고도 지속적인 '계기'로서 작용한다. 이에 대해서는 다음을 참조. 양운덕, 「칸트와 푸코: 푸코의 칸트 읽기」, 한국칸트학회 엮음, 『포스트모던 칸트』, 문학과지성사, 2006, pp. 201~62. 양운덕의 이 탁월한 논문은 무척이나 난해한 책으로 정평이 나 있는 『말과 사물』의 내용 일반을 이해하는 데 가장 좋은 입문서이다.

것은, 결국 자기 사상의 전체적 그림을 포기할 수 없었던 푸코의 **철학적 일관성**을 향한 의지에 따르는 일종의 '필연적인' 결과로서 간주할 때 보다 정확히 이해될 수 있을 것이다.[41]

---

41) 한편 이를 오늘날 '일반적으로' 인정되는 미술사 혹은 음악사의 관점에서 볼 경우, 음악과 미술은 푸코의 근대 혹은 근대성 이론의 일정한 **예외** 혹은 **난점**을 구성하는 영역으로 보이게 될 것이다. 푸코는 아마도 이러한 난점을 잘 알고 있었을 것이다. 바로 이러한 점들이 푸코가 이후 미술이나 음악 등의 영역에서 자신의 독특한 '근현대 시대 구분론'을 강력히 밀고 나가지 않았던 이유들 중 하나인 것으로 보인다. 이는 사실상 푸코가 주장했던 근현대 시대 구분을 미적 혹은 미학적 영역에 적용하는 것을 **포기**했음을 의미한다. 더 나아가 이는 푸코의 관심이 1960년대 『말과 사물』에서 나타났던 **시대 구분**으로서의 **근대**에 대한 관심으로부터 말기의 「계몽이란 무엇인가?」에서 드러나는 바와 같은 **태도**로서의 **근대성**에 대한 관심으로 옮아가는 것을 의미한다.

12장
데리다의
미술론

아다미

자크 데리다
Jacques Derrida
1930~2004

발레리오 아다미
Valerio Adami
1935~

해체의 철학자 데리다가 문학을 비롯한 예술 전반에 기울인 애정은 특별하다. 별도의 문학론이나 예술론을 미학의 형태로 기술한 적은 없지만, 데리다가 수행하는 해체의 근저에는 철학의 타자로서 항상 그리고 이미 해체의 작업을 실천해온 문학과 예술의 남다른 위상에 대한 인식이 전제되어 있다. 미술론의 경우도 마찬가지다. 회화의 진리를 다루거나 자화상과 맹인을 그린 그림들을 통해 회화의 기원을 궁구하는 경우에 데리다의 주된 관심은 서구 형이상학이 근거로 삼는 진리관의 해체에 놓인다. 시 한 수, 소설 한 편, 그리고 한 폭의 회화가 그려내는 개별 작품의 진리가 아니라 문학 및 예술 일반의 진리를 찾는 행위에 전제된 철학적 진리관이 비판의 핵심을 이룬다.

아다미를 중심으로 데리다의 『회화의 진리』와 『맹인들에 대한 회상』을 다루면서 그의 미술론을 점검하는 이 글은 일반적 의미의 미술론이 되지 못한다. 이 두 저서는 해체의 철학에 첨가된 예술론이나 미학이 아닐뿐더러 시각예술로서 미술이 갖는 독특한 진리론을 설파하는 논의가 아니기 때문이다. 따라서 하나의 개별 작품을 뜻하는 에르곤ergon이 아니라 거기에 대리·보충의 형식으로 부가되는 파레르곤parergon 논리, 그리고 재현적 진리를 드러내는 동시에 파괴하는 시뮬라크르의 작용이 데리다 미술론의 중심을 이룬다.

데리다의 미술론은 분명 철학적 해체 작업의 일환이되 그의 철학적 사유를 미술작품에 적용한 사례로 보기는 힘들다. 한 점의 그림에서 우리가 보는 것은 무엇인가. 회화의 진리인가 그 기원인가. 데리다는 이런 근원적인 질문을 다시 던지면서 진리가 자명하고 표상 가능한 어떤 것으로 군림해온 역사를 비판한다.

파레르곤과 시뮬라크르

강우성

1. 그림과 진리

해체의 철학으로 널리 알려진 자크 데리다의 미술론을 일목요연하게 정리하는 일은 불가능하다. 데리다의 해체 개념이 본디 철학의 영역에서 '결정 불가능한 것들undecidables'을 활성화하는 작업인 까닭도 있지만 미술론을 독립적인 영역으로 다루기가 애초부터 어렵기 때문이기도 하다. 데리다는 회화에 관한 사유를 담은 『회화의 진리La vérité en peinture』(1978)의 서두에서 해체를 분석의 도구로 활용하는 일을 경계하면서, "해체는 담론이나 의미를 형성하는 표상들뿐만 아니라 단단한 구조들과 '물질적' 제도들도 교란시키기 때문에 분석 혹은 '비판'과 항시 다르다"[1]고 주장한다. 미술에 관한 논의가 예술철학 담론

---

1) J. Derrida, *The Truth in Painting*, G. Bennington & I. McLeod(trans.), Chicago: The

에 국한되는 것이 아니라 예술사 및 제도로서의 회화 일반의 문제들과
도 불가분 연관될 수밖에 없다는 뜻이다. 그런 까닭에 미술에 관련된
데리다의 해체 작업은 철학적 해체와 동일하게 두 차원에서 동시에 진
행되는 이중 과제이다. 예술철학 및 미술을 포함하는 철학적 예술론
의 해체와 서양 미술의 역사를 떠받치고 있는 물질적·제도적 차원에
대한 해체를 한꺼번에 수행하려는 것이다. 범박하게 말해 자연physis
과 인공tekhnē의 이분법에 기초를 두고 예술의 "유일하고 투명한 의
미"를 따져온 담론들의 기원에 "예술작품들의 존재"(TP, p. 20)를 중
심에 두는 철학적 전제가 있었음을 비판한다.

또한 데리다는 예술철학이 예술을 이러한 "유일하고 투명한 의미"
의 역사로 간주해왔기 때문에 예술사 및 예술의 역사성에 대한 특정한
관념들은 주장되기 어려웠다고 본다. 바꿔 말하면, 미술을 포함한 이
제까지의 예술은 개별 역사를 갖지 못한 채 철학이 제공하는 보편사의
관점에서 작품 안과 밖의 의미가 확연히 분리될 수 있는 대상으로 여
겨져왔다. 그 결과, 철학자들은 예술이란 무엇이며 예술작품의 기원
은 무엇인가와 같은 질문들의 "존재물음의 구조onto-interrogative
structure"(TP, p. 22)를 해체함이 없이, 미술을 포함한 전체 예술의 영
역을 담론적 진리, 즉 음성과 로고스에 종속시켜왔다. "원circle의 형
상"(TP, p. 23)을 통해 예술작품의 '안과 밖'을 확연히 분리하여 작품
의 의미를 내재적인 것으로 보는 헤겔과 하이데거뿐만 아니라 미적 판
단과 작품의 내적 목적성 간의 유기적 관계를 전제하는 칸트의 미학이

University of Chicago Press, 1987, p. 19(약호: TP). 앞으로 나올 모든 데리다 인용은 영역
본을 기준으로 삼았으며 번역은 필자의 것이다. 〔 〕안의 설명은 독자의 이해를 돕기 위해
필자가 덧붙인 것이다.

모두 데리다의 비판을 받는 것은 우연이 아니다. 그렇다면 예술론에 전제된 서양 철학의 로고스 및 진리를 해체하려는 데리다는 왜 하필 미술을 다룬 자신의 저서에 "회화의 진리"라는 이름을 붙인 것일까? 회화에서의 진리는 과연 가능한가?

데리다는 『회화의 진리』의 서두에서 세잔이 베르나르Emile Bernard에게 보낸 1905년 10월 23일자 편지에서 따온 문구, "당신에게 회화의 진리를 빚지고 있는데 그게 뭔지 말해보겠소"(TP, p. 2)를 인용한다. 세잔의 서명이 붙은 이 발언에서 회화의 진리와 관련하여 데리다가 읽어내는 것은 크게 두 가지다. 하나는 (회화의) 진리를 증여gift에 의한 빚으로 간주한다는 사실. 다른 하나는 진리가 글écrits의 형태로 약속된다는 것. 데리다에 따르면, 세잔의 이 발언은 단지 일종의 언어적 약속으로서 사실상 아무것도 말해주지 않지만, 회화의 진리가 그림 그 자체가 아닌 그림에 관한 진술로 주어진다는 관념을 드러낸다.

데리다는 그림에 관한 진술로서의 진리에 관심을 집중하면서, 회화의 진리에 관한 담론적 진술이 적어도 네 가지 차원에서 의미의 잔여remainders 혹은 계기를 환기한다고 본다. 첫째, 회화에서 진리는 그 자체로 아무런 매개 없이 투명하게 현현顯現, present하는 것으로서 진리 중의 진리, 혹은 진리에 관한 진리를 뜻할 수 있다. 둘째, 회화에서 진리는 대상의 진리를 정확하게 담론적으로 재현再現, represent하는 행위를 가리킬 수 있다. 셋째, 현현과 재현을 막론하고 담론이 아니라 그림의 형태로만 화폭에 한 줄 한 줄 재현 가능한 회화적visual 진리를 지칭할 수 있다. 마지막으로, 회화에서 진리는 담론적 혹은 회화적 진리의 재현과 달리 회화에 관한 진리, 즉 회화의 진리성에 대한 관념일 수 있다. 그런데 이렇듯 착종되고 중첩된 진리 관념들 간의 모순 내지는 그것들 모두가 드러내는 심연abyss에도 불구하고 회화의 진리라는 문구가 모종의 진리를 담고 있다면, 그것은 회화에 있어서는 '진리'가, 진리에 있어서는 이 '심연'이 여전히 핵심적인 문제라는 사실일 터이다. 데리다는 과연 세잔이 **"약속을, 정말로 약속을, 말하겠다는 약속을, 진리를** 말하겠다는 약속을, **그림에서 그림의** 진리를 말하겠다는 약속"[2]을 했는지 묻는다. 화가 세잔은 그림의 진리를 그림 그 자체가 아니라 하나의 진술로 전달하려는 불가능한 약속을 실행하려 한다.

이렇게 '회화의 진리' 및 '회화적 진리에 관한 진술'의 결정 불가능성(=심연)에 깊이 뿌리박고 있으면서도 회화에 있어서 진리의 문제가 여전히 관건일 수밖에 없다고 주장하기에, 데리다는 진리에 관한 물음 자체를 형이상학이라고 비판하는 허다한 탈근대 이론가들과 분명 다르다. 데리다의 관심은 회화의 진리가 과연 무엇이냐를 묻고 그에 대한 유일하고 투명한 해답을 찾는 데 있지 않다. 그는 "이 일이 가능하다면, 과연 어떤 조건들에 의거해서 우리가 〔진리에 관한〕 이 모든 문제들을 여전히 지배하고 있는 거대한 예술철학의 유산, 특히 칸트와 헤겔의, 그리고 다른 측면에서 하이데거의 유산을 넘어서고 무너뜨리며 대체할 수 있을까?"(TP, p. 9)를 묻는 것이다.

이러한 사유의 정신은 『회화의 진리』를 구성하는 원리에서도 확인할 수 있다. 데리다는 결정 불가능한 회화의 진리를 논하기 위해 잠정적으로 네 가지 개념적 분석틀을 도입한다. 첫째, 작품ergon도 아니고 작품의 바깥hors-d'œuvre도 아닌 것으로서, 이 둘을 나누는 구분법을 해체하지만 동시에 작품을 가능하게 만드는 어떤 분명한 존재를 가리

---

2) TP, p. 9, 강조는 원저자.

키는 파레르곤parergon의 문제를 다룬다. 둘째, 발레리오 아다미의 그림에 나타나는 문자와 서명, 그림에 대한 서술의 문제를 중심으로 음성적·문자적 특징과 도상적 특징 간의 차이를 분석한다. 셋째, 티튀스-카르멜Gérard Titus-Carmel이 그린 127개의 성냥갑 모양을 한 관棺 그림 연작을 거론하면서 그림에 화가의 서명을 활자의 틀ductus로 만들어 넣는 행위와, 그림을 통해 진리의 죽음을 애도하는 행위를 관련시킨다. 특히, 이집트 왕들의 이름이 상형문자로 새겨진 타원형의 반지, 건물 끝에서 말려 올라가는 양각 양식, 그리고 탄약상자를 두루 뜻하는 카르투슈cartouches 개념을 주체가 없는 애도의 방식 및 작품과 파레르곤 간의 대리보충supplément에 대한 상징으로 활용한다. 넷째, 반 고흐의 구두 그림을 놓고 벌어진 하이데거와 샤피로의 논쟁을 예로 들어 진리를 귀속restitution의 관점에서 바라보는 태도를 비판한다.

회화의 진리를 묻는 데리다에게 이 네 가지 분석틀은 그림의 프레임 passe-partout [3] 작용과 밀접하게 연관되어 있다. 요컨대 데리다에게 회화의 진리란, 한 폭의 그림을 그림으로 가능하게 만들면서 동시에 그 그림이 "유일하게 투명한 진리"의 현현이나 재현이 되는 것을 불가능하게 하는 다층적인 구조 효과들과 연관되어 있음이 분명하다. 데리다가 미술론의 중심에 파레르곤 개념과 프레임(그림틀)의 문제를 놓은 것은 결코 우연이 아니다.

---

3) 파세-파르투passe-partout는 영어의 프레임처럼 그림이나 사진의 틀을 의미하는 동시에 해결의 실마리를 뜻하는 맞쇠master key의 의미도 가진다. 데리다의 다른 개념어들과 마찬가지로 적당한 우리말 번역어를 찾지 못해 프레임으로 옮겼다.

2. 결핍의 기표: 파레르곤

데리다에 따르면, 본디 "작품 바깥의 부록"을 뜻하는 파레르곤 개념은 칸트에 의해 "형식 차원의 일반적인 서술적 구조의 하나"를 가리키는 의미로 확장된다(TP, p. 55). 칸트가『이성의 한계 안에서의 종교*Die Religion innerhalb der Grenzen der Bloßen Vernunft*』의 각 장에 붙인 「총론」이 담론으로서 갖는 지위와 관련하여 이 개념을 사용하는 것으로 보건대, 파레르곤은 본문에 속하지는 않지만 그렇다고 완전히 무관한 것도 아닌, 일종의 덧붙여진 담론이자 그것의 필요성과 중압감에 대한 언급을 동시에 가리킨다.

> 파레르곤은〔『이성의 한계 안에서의 종교』라는 책에서〕본문의 **바깥에** 첨가된 어떤 것이지만, 그 초월적인 외재성을 통해 한계 자체를 작동하게 만들고 한계에 인접하여 마찰을 일으키며 접촉하고 압박하면서,〔본문의〕내부에 어떤 것이 결핍되어 있는 한에서만 그 내부에 개입하는 그 무엇을 기록한다. 그것은 어떤 것 **내부의** 결핍이자 **자신으로부터의** 결핍이다. '자신의 도덕적 필요를 스스로 충족시키지 못한다는 점을 의식하기 때문에' 이성은 파레르곤과 은총과 신비와 기적에 의탁하게 된다. 보충 작업을 필요로 하는 것이다. 첨가된 이것은 명백히 위협적이다.[4]

우리가 하나의 작품 내지는 담론으로 간주하는 '본문'이 그렇게 인식될 수 있는 것은 작품의 고유 영역 외부에 추가된 해명에 의해서만

---

4) TP, p. 56, 강조는 원저자.

가능하다는 게 파레르곤의 원리라면, 이는 필연적으로 작품 및 담론 내부의 구조적인 결핍을 지칭할 수밖에 없다. 뿐만 아니라 이 파레르곤 역시 그 자체로는 고유 영역을 형성할 수 없고 본문에 의존하는 파편fragment에 불과하기에 이중의 결핍을 나타낸다. 그러나 중요한 것은 본문에 파레르곤이 덧붙여졌다고 해서 작품 고유 영역이 본래의 의미를 완성할 수는 없다는 사실이다. 그 자체로 결핍을 나타내는 파레르곤은 고유 영역의 완성을 위해 필수 불가결한 요소이지만 동시에 그 고유 영역의 구조적인 결핍을 끊임없이 지칭하기 때문에 작품의 경계에 존재하는 위협적 존재일 수밖에 없다. 데리다가 언급하듯이, 어떤 것이 파레르곤이 되는 까닭은 단지 "잉여로서의 외재성" 때문이 아니라 그 외재적 보충물을 "작품의 내부에 존재하는 결핍에 못 박아두는 내부의 구조적 연계성" 때문이기에, 이 이중의 결핍은 역설적으로 "작품의 통일성 그 자체를 형성"한다(TP, p. 59). 파레르곤의 역설적 논리는 한 작품의 가능성이자 동시에 궁극적인 불가능성을 나타내는 결핍의 기표인 셈이다.

그런데 데리다는 칸트의 미적 판단 개념이 등장하는 『판단력비판』을 다루면서 파레르곤의 작용과 관련된 새로운 문제를 제기한다. 회화의 경우, 작품에 외접外接하는 파레르곤은 작품의 고유 영역(그림)과 분리될 뿐만 아니라 작품이 걸린 벽, 즉 작품의 외적 환경과도 구분된다. 파레르곤은 작품이 걸린 벽과 대비되어서는 작품의 일부(개별 텍스트)로, 작품과 대비되어서는 벽을 포함하는 배경(텍스트 일반)으로 간주되는 존재인 것이다. 어느 한쪽에도 포함되지 않으면서 어느 한쪽으로부터 배제되지도 않는 이러한 파레르곤의 이중적 지위는 사물의 외부와 내부를 확연히 구분하고 "내적인 형식의 미"를 반성의 대상으로 삼는 칸트의 미적 판단 개념 전체를 위협한다(TP, p. 63). 칸트에게 파레르곤이 의미하는 작품의 프레임은 필수 불가결한 동시에 성가신 존재가 된다.

칸트는 『판단력비판』에 『순수이성비판』의 논리 구조를 도입하여 이 난제를 해결한다. 그 결과, "하나의 대상이 지식의 대상으로서 맺는 관계와는 본질적으로 아무런 상관이 없는 [미적 판단의] 구조, 즉 그 비논리적인 구조에 강제되기 위해 논리적 프레임이 이식된다"(TP, p. 69). 형식적·논리적 프레임의 부과로 인해 칸트의 미적 판단에 관한 분석에는 일종의 '폭력'이 벌어지며, 이로 인해 "감각론은 미론에, 미론은 취미 이론에, 취미 이론은 판단론에 종속"(TP, p. 69)되는 것이다. 칸트의 미학이 전제하는 프레임 혹은 파레르곤의 논리에서 데리다가 발견하는 것은 "파레르곤으로서의 프레임을 결정하는 분석론이 그 프레임을 형성하는 동시에 파괴하며, 지탱하는 동시에 붕괴"(TP, p. 73)시키는 모순이다. 칸트의 미적 판단을 지배하는 개념인 "목적 없는 합목적성Zweckmäßigkeit ohne Zweck"과 이를 상징하는 들판에 핀 야생 튤립의 사례는 바로 이러한 프레임의 모순을 이론화한 것에 불과하다.

데리다에 따르면, 목적 없이는 미가 불가능하지만 그 목적이 결정력을 행사하는 한 미는 존재하지 않는다는 역설이 칸트 미학의 핵심에 자리한다. 그렇다면 야생 튤립 같은 자연물에 대한 성찰에서 나온 "목적 없는 합목적성" 개념이 인간의 손에 의해 제작된 예술품, 특히 회화의 경우에는 어떻게 가능한 것일까? 회화에서 목적을 제거한다면 과연 무엇이 남을 것인가?

하나의 그림에서 모든 재현, 모든 의미화, 모든 주제와 모든 의미로서의 텍스트를 제거하고 또한 칸트가 보기에 그 자체로는 아름답지 않은 캔버스와 물감 같은 재료도 없애며, 결정 가능한 목적에 의해 인도되는 어떠한 형태의 기획도 삭제하고, 배경으로서의 벽과 그것을 사회적, 역사적, 경제적, 정치적으로 지탱해주는 모든 것을 빼버린다면 무엇이 남겠는가? 프레임, 프레임 작용, 프레임 구조와 구조적으로 동질적인 형태들 및 선들의 유희. 그렇게 되면 칸트가 파레르곤의 합목적성에 대해 말한 것과 여기서 나뭇잎 모양의 프레임 혹은 이와 유사하게 주제도 텍스트도 없는 일련의 생산품들에 대해 언급한 것을 일치시키는 일은 불가능하지는 않겠지만 어려울 것이다. (TP, pp. 97~98)

작품의 고유 영역에 내재된 것으로 간주되는 목적을 그 작품에서 제거하고 남는 것이 프레임, 곧 칸트적 의미의 파레르곤이 궁극적으로 뜻하는 바라면, "목적 없는 합목적성"은 작품의 미를 판단하는 궁극적 기준이 아니라 작품의 프레임 작용, 곧 파레르곤의 본질 규정이 되어버린다. 어떤 대상을 재현하기보다 그저 나뭇잎 문양을 촘촘하게 배열한 벽지 그림처럼, 작품 혹은 작품의 의미로부터 "부정성도 없이 완전히 잘려진"(TP, p. 95) 프레임의 반복이 칸트가 의미하는 또 다른 파레르곤 개념이라면, 이는 완전히 절단 가능한 의미 없는 프레임을 그린 작품이 나뭇잎이라는 대상을 재현한 작품보다 더 미적인 가치를 지닌다는 역설을 성립시킨다.

이러한 프레임으로서의 파레르곤은 목적성 자체를 파괴하여 "부정적 쾌락"(TP, p. 102)을 불러일으키는 숭고sublime 개념에도 그대로 적용되어, 어떤 대상의 숭고함을 결정하는 데 작용하는 칸트 특유의 인간주의humanism에 대한 비판으로 이어진다. 파레르곤의 논리와 관련시켜 볼 때, 우선 칸트의 숭고 개념은 미美 개념에 부착된 파레르곤의 일종이지만 역설적으로 칸트의 미적 판단 전체를 규정하는 역할을 한다. 그런데 그 자체로 한계가 없고 한정되지 않는 무한한 대상에 대한 판단인 숭고는 본질상 파레르곤을 이용하여 프레임에 담는 것이 불가능하며,[5] 데리다 역시 이 점을 강조하고 있다.

> 숭고는 감각할 수 있는 어떤 형식도 지니지 않는다. 아름다운 자연물은 존재하지만, 숭고한 자연물이란 존재하지 않는다. 진정한 숭고, 즉 고유한 숭고 및 고유한 의미에서의 숭고는 이성의 개념에만 연관되어 있다. 따라서 숭고는 모든 합당한 현현을 거부한다. (TP, p. 131)

데리다에 의하면 칸트는 숭고의 무한성이 그의 미학 전체를 궁지에 빠뜨리는 일을 막기 위해, 미의 경우와 마찬가지로 순수이성 분석의 프레임을 이식한다. 그러나 순수이성의 논리적 프레임으로는 재현의 불가능성과 대상 재현의 부적합성만을 재현할 수 있을 뿐이다. 고야의 그림으로 추정되어온 「거인El Coloso」(1808~12)이 예시하듯이, 칸트는 숭고의 무한성 대신 "거대함kolossos에서 기원하는 인간 정신"(TP, p. 144)을 재현하기 위해, 인간의 몸을 숭고의 '근본 척도 Grundmaβ'로 내세운다. 데리다가 지적하듯이, 거대함을 사유하기 위해 "스스로를 척도로 세우는 것은 바로 몸이다"(TP, p. 140). 데리다에게는 이 거대한 인간 정신과 근본 척도로서의 인간의 몸이라는 이성

---

5) D. Carroll, *Paraesthetics: Foucault, Lyotard, Derrida*, London: Methuen, 1987, p. 141.

적 프레임이야말로 예술의 진리를 로고스적인 이성의 진리에 복속시키는 칸트의 인간주의를 상기시키며, 경계에 작용하는 파레르곤의 역설을 다시 한 번 극명하게 보여주는 사례가 아닐 수 없다.

그 자체로는 거의 현현 불가능하고 어떤 것과의 비교측정도 거부하는 존재의 재현 불가능성을 지칭하는 기표로서의 파레르곤. 데리다가 칸트의 숭고론에서 읽어내는 것은 바로 결핍의 기표로서의 파레르곤이 작품을 근간으로 하는 예술철학 내부의 구조적인 결핍과 폭력의 자화상, 즉 거대함 속에 존재하는 "괴물적인 것das ungeheure"(TP, p. 143)의 형상을 통해 논리적 분석 도구로 포섭되는 과정이다. 따라서 데리다에게 칸트의 숭고는 단지 재현의 한계에 대한 사유에 그치는 것이 아니라, 역설적으로 회화를 포함한 모든 예술이 쉽사리 받아들이거나 부정할 수 없는 '파레르곤의 논리'의 근본성에 대한 통찰을 보여준다. 그런 의미에서 파레르곤은 서양 예술철학이 기반을 두고 있는 작품의 죽음이자 주체의 죽음을 나타내며, 튤립이라는 자연물을 그리든 인간의 몸을 그리든 간에 회화에 담긴 진리 역시 필시 그러한 인간적인 것의 죽음과 관련되어 있을 것이다. 회화는 마침내 조종弔鐘이자 죽음의 기록이 된다.

3. 문자와 죽음

파레르곤의 작용을 통해 회화가 진리의 죽음이나 부재의 기록일 수 있다는 데리다의 생각은 아다미와 티튀스-카르멜의 회화를 다루는 부분에서 가장 극명하게 드러난다. 데리다는 헤겔적 진리관을 해체한 자신의 책『조종Glas』에 담긴 개념들을 회화로 표현한 아다미의 그림들을 의도적으로『회화의 진리』라는 책에 덧붙여진 부록인 양 취급하고(이 대목에는 의미심장하게도 "플러스 알+R"과 "덤으로Into the Bargain"라는 부제가 붙어 있다), 티튀스-카르멜의 성냥갑 모양의 관 그림 연작에는 카르투슈라는 명칭을 부여한다. 한마디로 말해, 데리다는 두 화가의 그림이 실재하는 죽음이 아니라 오히려 "살아 있는 몸"[6]의 부재 혹은 결핍을 기록한다고 주장하는 쪽에 가깝다. 칸트에서 미와 숭고를 판단하는 근본 척도였던 인간의 몸이 사라지는 것이다. 아다미의 그림에서 인간의 몸을 대체하여 부재의 기록, 결핍의 기표 역할을 하는 것은 손으로 쓰인 글자들이고, 티튀스-카르멜의 그림에서는 시체를 담는 용도를 상실한 텅 빈 관의 형상들이다. 두 화가의 그림이 형상화하는 것은 이제껏 한 폭의 회화 ─ 작품으로서의 에르곤 ─ 를 형성하는 바깥, 즉 파레르곤으로 규정되어온 화가의 서명, 액자의 틀, 그림 해설, 제작 연도, 제목 같은 담론적·부차적 요소들이 화폭 내부에 담긴 독립된 작품이 됨으로써, 문자와 그림 간의 이분법이 해체되는 과정이다(흥미롭게도, 이 작품에도 파레르곤적 요소들이 덧붙여진다).

특히 아다미가 데리다의 책『조종』에 나오는 문구나 벤야민Walter Benjamin의 캐리커처 또는 콰트로 마니Quatro Mani의 피아노 콘서트를 형상화한 그림은 화폭 안에 펜으로 그려진 선 및 형상 들과 글자 간의 충돌을 묘사한다. 동시에 같은 형상을 마치 데칼코마니처럼 하나의

---

6) R. R. Hubert, "Derrida, Dupin, Adami: 'Il faut être plusiers pour écrire,'" *Yale French Studies*, no. 84, 1994, p. 249.

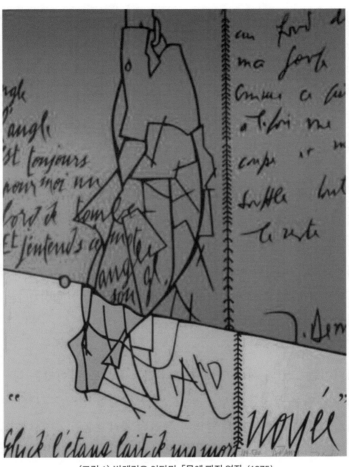

〈그림 1〉 발레리오 아다미, 「물에 빠진 여자」(1975)

짝으로 만들어 의도적으로 거울에 비친 듯 겹쳐놓음으로써, 그림의 안팎을 구분하려는 관람자의 시선은 혼란에 빠진다. 이렇게 회화의 부착물로 여겨진 파레르곤들이 돌출하여 전경에 등장하는 아다미의 그림에서 데리다가 주목하는 것은 극 중 극, 이야기 속의 이야기, 그림 속의 그림을 의미하는 소위 미장아빔mise en abime 효과에서 산출되는 주체(화가)의 소멸이다. "『조종』을 따른 소묘 공부Study for a Drawing after *Glas*"라는 부제가 붙은 「물에 빠진 여자Noyée」를 두고 데리다는 다음과 같이 언급한다.

> 『조종』에서 분리되어 나온 이 인용구는 일종의 상승작용, 즉 무한성에 대한 사유를 능가하는 과정을 미리 보여준다. 누가 서명하는가? 누가 읽는가? 타자를 바라보고 묘사하는 것은 누구인가? 〔……〕 아다미에게는 늘 그렇듯이 발화중지된 것, 연결이 파괴된 것, 탈구된 것은 전시되는 바로 그 순간에 고정된 채 배경으로 물러난다. **떨어져나온 것**이 이제 작품을 형성하는 것이다. (TP, pp. 166~67)

아다미는 그림의 화폭 안에 원래의 작품 ─『조종』이라는 책 ─ 에서 떨어져나온 문자들을 담은 액자, 즉 프레임을 선으로 묘사하여 들어앉힘으로써 작품의 고유 영역과 분리된 파레르곤들을 또 다른 작품으로, 또 하나의 고유 영역으로 그려낸다. 즉 소묘의 대상인 책의 구절과 데리다의 서명이 물고기와 물에 빠진 여자의 형상과 함께 인용되며, 상하좌우로 그림을 나누는 프레임이 마치 책을 펼친 것처럼 그림의 한 요소가 되는 것이다(〈그림 1〉 참조). 소묘 자체가 『조종』이라는 책의 파레르곤이면서 동시에 책에서 "떨어져나온 것"이 하나의 작품

〈그림 2〉 발레리오 아다미, 「벤야민의 초상」(1973)

이 된다. 「벤야민의 초상」 역시 상하좌우로 불연속적인 선들이 대상을 분할하며 최소한의 윤곽만으로 철학자의 지적 초상을 묘사한다(〈그림 2〉 참조).

이렇듯 아다미에 의해 문자와 그림, 에르곤과 파레르곤의 이분법은 해체되어, 문자로서의 책과 그림, 인물로서의 벤야민과 그림은 둘 중 어느 하나(재현)가 다른 하나(원본)의 진리를 표상하기보다 서로가 서로를 거울에 비추는 시뮬라크르simulacre[7]로 변한다. 이들 그림은 문자(책)와 인물(주체)을 인유하면서 동시에 아무것도 재현하지 않는다. 따라서 아다미의 그림들은, 아니 회화 자체는 데리다가 진리에 관하여 앞에서 언급한 네 가지 차원의 잔여들 모두를 해체하는 과정을 묘사하게 되는 것이다. 데리다에게 회화의 진리란 바로 이러한 시뮬라크르의 영역에 거주하면서 서구 형이상학의 진리관을 해체하는 기표로 존재한다.

티튀스-카르멜의 관 그림 연작에 대해서도 마찬가지 설명이 가능하다. 127개의 틀링깃 부족의 관을 연작으로 그린 티튀스-카르멜의 '포켓판 틀링깃 관 시리즈The Pocket Size Tlingit Coffin'는 어떤 원본, 혹은 모델이 되는 작품의 변주나 반복이 아니라, 그 자체로 "모델이 부

---

7) 본래 대상의 이미지 혹은 그림자 환영을 뜻하는 시뮬라크르는 데리다가 『산종*La dissémination*』에서 말라르메Stéphane Mallarmé를 두고 말한바, "아무것도 모방하지 않는 흉내 내기," 다시 말해 "어떠한 단일한 원품도 복제하지 않는 복제품un double qui ne redouble aucun simple"이라고 지칭한 것을 가리킨다. 시뮬라크르는 자신에 선행하는 것이 아무것도 없는 복제물을 가리키며, 따라서 지시작용, 재현의 진리를 해체하는 개념이다. 이는 마치 무언극에서 배우의 동작이 인유 행위인 동시에 그 어떤 것의 인유도 아닌 것과 같으며 "거울을 깨뜨리거나 거울 너머로 진행하지 않고 인유"하는 작용이다(J. Derrida, *Dissemination*, B. Johnson(trans.), Chicago: The University of Chicago Press, 1981, p. 206).

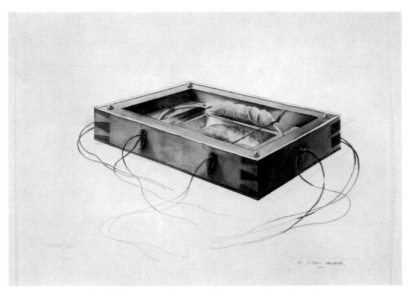

〈그림 3〉 제라르 티튀스–카르멜, 「포켓판 틀링깃 관」(1975)

재한" 시뮬라크르이다. 데리다가 지적하듯이, "그것들[성냥갑 모양
의 관 그림들]은 모두, 각각, 홀로, 독자적이며, 대체 불가능하다. 관
그 자체, 그것, 타자이다"(TP, p. 186). 성냥갑 모양의 관은 관이라는
이데아나 원본 혹은 특정한 대상의 재현이 아니라 그 자체로 독자적인
생산품이다. 티튀스-카르멜의 관 그림 연작은 도구적 존재로서의 관
의 진리를 재현하지 않고, 각각이 마치 하나의 관에 기생하는 미생물
처럼 형상화된다(〈그림 3〉 참조). 부패한 관의 모습이 다양하게 변형
되는 것이 아니라, 그 자체로 흡사 생명을 산출하는 것이 더 이상 불가
능해진 여성의 성기처럼 보인다. 죽음을 형상화하되, 죽음 자체나 특
정한 죽음을 표상하지 않는다. 티튀스-카르멜은 "시리즈를 통해 반
복을 거부"(TP, p. 186)하는 역설과, 회화에 있어서 "구조적인 모델
부재 상태에 대한 패러다임"(TP, p. 194)의 가능성을 보여준다. 결국
틀링깃 부족의 관 그림 형상은 모델이나 선행하는 범례가 존재하지 않
는 결핍의 기표, 즉 부재하는 죽음에 대한 애도이다. 어떤 면에서 애도
란 본디 죽음을 나타내는 대상이자 모델(에르곤)인 "살아 있는 몸"의
결핍을 지칭하는 또 다른 차원의 파레르곤은 아닐까? 데리다는 티튀
스-카르멜의 관 그림 연작이 그 자체로 카르투슈이자 작품으로 기능
하는 파레르곤의 역설을 나타낸다는 점을 언급하면서 다음과 같이 결
론짓는다.

내가 카르투슈를 **작품의 바깥**에, 그 작품의 메타언어적이거나 메타조
작적인 진리로 놓는다면, 카르투슈의 범접할 수 없는 진리는 괴멸되고
만다. 그것은 **외재적**이 되고 나는 작품의 내부를 감안하여 그 시리즈의
순서를 뒤죽박죽으로 만들거나 뒤집어놓을 수 있으며, 어느 지점에서

든 패러다임을 태연하게 **재삽입**할 수도 있다. 나아가 그것을 두 명의 사산아들처럼, 두 개의 제외된 엉터리 모사본들처럼 없애버릴 수도 있다.

반대로 내가 내부에, 혹은 프레임의 가장자리 **안쪽에** 카르투슈를 위한 자리를 마련한다면 그것은 그저 하나의 일반적인 작용에 불과하며 압도적인 진리로서의 가치를 지니지 못하게 된다. 〔어느 쪽이든〕 결과는 동일해서, 패러다임과 함께 서사가 그 시리즈의 **내부에** 다시 기입되고 만다.

카르투슈는 어디로 가버렸나? 자기 자신을 훔쳐버린 것이다. 더 이상 서사는 (없고), 더 이상 진리는 (없다).[8]

티튀스-카르멜의 그림은 문자와 그림의 경계를 허물어서 파레르곤이 작품에 선행하고, 재현된 것이 재현 대상을 앞서며, 시리즈가 패러다임에 선행하는 역설적 상황을 형상화한다. 그럼으로써 결핍의 기표인 파레르곤이 일종의 시뮬라크르로서 행하는 진리의 해체 작용을 극명하게 보여준다. 데리다가 궁구하는 파레르곤의 작용은, 회화의 진리가 결코 화폭에 덧붙여진 서사(문자)의 영역에 존재하지 않으며, 문자와 그림은 공히 작품의 고유 영역의 부재와 결핍을 가리키는 기표로서 시뮬라크르의 영역에 속해 있음을 나타낸다. 아다미와 티튀스-카르멜의 그림을 통해 데리다는 다시 한 번 회화가 파레르곤으로서 원본 대상 및 재현된 진리의 죽음, 진리의 결핍에 대한 애도와 관련이 있음을 강조하는 것이다. 따라서 회화에 있어서 진리의 귀속을 따지는 일은 회화가 기록하는 그 죽음의 언어로 돌아가는 부질없는 일이다.

---

8) TP, p. 220, 강조는 원저자.

4. 신발과 주인

회화에서 네 가지 진리 계기들의 해체와 관련된 논의는 『회화의 진리』에 실린 「지침에 있어서 진리의 귀속」에 이르러 본격화된다. 이 글에서 데리다는 반 고흐의 구두 그림들을 둘러싼 저 유명한 하이데거와 샤피로 간의 논쟁을 다루고 있다. 서구 형이상학 및 그에 바탕을 둔 예술철학에서는 진리가 작품 내부에 존재한다고 보았다. 파레르곤의 작용을 통해 이러한 진리관을 해체하려는 데리다의 입장에서는, 독자적인 미학을 저술한 칸트와 헤겔 못지않게 예술작품의 기원을 묻는 하이데거의 예술론이 비판적 점검의 대상이 되지 않을 수 없었다. 그런데 하이데거와 샤피로 간의 논쟁을 진리의 귀속 가능성 혹은 불가능성이라는 관점에서 다루는 데리다의 목소리는 흥미롭게도 중첩되어 있다. 의미심장하게도, 대화체로 구성된 이 논의에서 데리다는 여성 화자로 추정되는 '목소리'에 질문자의 역할을 부여하고 있다.[9] 반 고흐의 「구두」에 관한 논쟁을 예로 들면서 여성 화자가 데리다에게 제기하는 의문은 크게 세 가지로 요약할 수 있다. 첫째, 그 구두를 한 켤레라고 확신하기 힘들다는 것(TP, p. 259). 둘째, 하이데거나 샤피로의 주장과 달리 그 구두의 주인이 농촌의 아낙네인지 도시의 화가인

---

9) 여기서 여성 화자를 채택한 이유에 관해서는 여러 가지 해명이 있을 수 있으나, 데리다가 여기저기서 하이데거 및 니체와 관련해서 여성의 문제를 여러 차례 거론했다는 점을 상기할 필요가 있다. 여성 일반이 서구 형이상학의 진리들의 비진리성untruth을 은유하는 기표라는 사실은 데리다의 해체에서 중요한 논점을 제공하는 것이다. 이리가레Luce Irigaray 같은 여성론자들은 이를 '성차sexual difference'에 관한 논의로 발전시킨다.

지 결정할 수 없다는 것(TP, p. 276). 셋째, 구두 주인의 농민적 의미를 설파하는 하이데거나 그에 반박하는 샤피로 역시 그 구두 주인의 신상에 주관적인 투사를 행하고 있다는 것(TP, p. 312).

샤피로는 구두가 누구의 것이냐가 하이데거에게는 부차적인 문제라는 점을 이해하지 못했을 뿐만 아니라, 그림이 나타내는 진리를 앞의 네 가지 진리 계기 중 재현적 진리로 국한함으로써 회화에서의 진리 개념을 후퇴시켰다(TP, pp. 359~61). 데리다에 따르면, 샤피로는 그림 속의 구두가 실제의 주체에게 귀속 가능하다고 보았고, 실재하든 그려진 것이든 구두는 인간의 발에 속하는 사물이라고 규정했으며, 구두의 주체인 발은 인간의 몸에 속하는 것으로 간주했다(TP, pp. 313~14). 여기서 중요한 쟁점은, 샤피로가 근거하고 있는 이 세 가지 차원의 귀속이 "그림 속에 존재하는 것, 그림 속에서 발생하는 사건에 의해 즉각적으로 폐기된다"(TP, p. 314)는 사실이다. 데리다는 도구로서의 신발과 신발의 주체로서의 인간의 발이 뒤섞인 채 대지나 도시와는 무관한 배경에 놓여 있는 저 유명한 마그리트의 「붉은 모델The Red Model」(1937)을 예로 들어, 신발의 진리를 주체나 대지로 귀속시키는 재현적 진리론을 일축한다.

그렇다면 데리다는 반 고흐의 그림에 대한 하이데거의 해석에는 어떻게 반응하는가? 주지하다시피, 작가가 아니라 작품에 담긴 진리의 일어남, 즉 존재자로서의 그림이 보여주는 존재(론)적 진리에 관심을 두는 하이데거에게 구두가 누구의 것인지는 전혀 중요하지 않다. 먼저 하이데거는 그림에 그려진 구두의 유용성을 문제 삼으면서, 그림 속의 구두가 물리적 대상도 아니고 사용가치도 결여했으며 신발이라는 도구의 도구 존재를 지칭하지도 못한다고 본다. 그리고 이러한 삼중의 쓸모없음으로부터 구두의 도구 존재는 실재하는 구두가 아니라 그림 속의 구두에서만 나타난다고 설파한다. 요컨대 하이데거가 반 고호의 그림을 택한 것은 순전히 경험적인 투사의 결과로, 구두 그림이 존재의 진리가 일어남을 설명하는 은유로서 대지를 연상시키는 "신뢰감Verläßlichkeit"을 주기 때문이다(TP, p. 348). 하이데거의 이러한 태도는 분명 샤피로보다 앞선 진리관을 보여준다. 하지만 바로 그렇기 때문에 데리다는 그런 진리관에도 불구하고 그 구두 그림을 굳이 농민적 진리의 일어남에 귀속시키는 이유를 납득하기 어렵다고 주장한다. 그림 속의 구두를 실재하는 주체에 귀속시킨 샤피로 못지않게 그 구두를 농촌 아낙네를 거쳐 대지에 귀속시킴으로써, 결국 하이데거도 구두를 화가 자신의 이념적 자화상으로 만들어버린 셈이라는 것이다. 더구나 데리다에 따르면 그 구두를 한 켤레로 보아야 할 객관적 근거가 전혀 없다. 반 고호의 구두 그림은 각기 다른 짝을 지닌 두 구두일 수도, 두 개의 같은 쪽 구두일 수도, 구두 한 짝과 그것의 유령 ghost을 그린 것일 수도 있다.

이 모든 구두들 ── 그는 〔구두를〕 정말 많이 그렸는데 이러한 거침없는 노력의 독특한 의의를 한마디로 못 박을 수 있는 문구가 없다면, 하이데거는 도대체 무엇을 한 것일까? ── 은 귀속될 수 없는 선물로 남아 있을 뿐이다. 유령이 귀속될 수 있을까? 아무개의 구두라고 말하는 것이 불가능하다면 누구누구의 유령이라고 말할 수는 있을까? 이러한 선물에 나누어줄 수 있는 마땅한 정당성은 없다. 구두들은 항상 타자의 무의식에 열려 있다. 다른 논제 혹은 다른 존재의 논제에 의해 찢겨져 나올 뿐이다. (TP, p. 381)

데리다가 보기에 반 고흐의 그림을 두고 벌어진 하이데거와 샤피로의 논쟁이 주는 교훈은 그 그림이 실상 아무것도 재현하지 않는다는 것, 그 그림의 진리는 어디에도, 그 누구에게도 귀속될 수 없다는 사실이다. 그렇다면 결국 두 사람은, 아다미와 티튀스-카르멜의 그림에 나타난 파레르곤의 작용처럼, 반 고흐의 구두 그림 역시 원본이 존재하지 않는 시뮬라크르라는 사실을 보지 못한 채 회화에 관한 전통적인 진리관에 갇혀 있는 셈이다. 그런 의미에서 하이데거의 해석학은 회화의 진리와 무관하게 불필요하며, 반 고흐의 그림 역시 주체와 그 주체에 귀속 가능하다고 여겨지는 진리의 죽음을 가리키고 있을 뿐이다. 반 고흐의 「구두」에서 샤피로는 어긋난 주체를, 하이데거는 진리의 일어남을 읽어냈지만, 데리다는 유령의 형상을 본다. 데리다는 회화의 진리에 관한 한 서양 철학은 눈먼 장님에 불과하다고 말하는 것이다.

5. 눈멂과 손

데리다의 『맹인들에 관한 회상: 자화상과 다른 잔재들Mémoires d'aveugle: L'Autoportrait et autres ruines』(1990)은 『회화의 진리』에서 개진되었던 미술론의 연장선상에 있다. 이 책에서 데리다는 맹인들을 그린 다양한 그림들과 화가의 자화상들이 공통적으로 보여주는 어떤 은유 작용에 관심을 갖는다. 그가 눈멂에 관해 언급하면서 화가의 자화상을 주로 거론하는 까닭은 '회화의 진리'가 진리의 진리성, 재현으로서의 진리, 회화적 진리, 그리고 회화의 진리성에 대한 철학적 사유의 해체와 관계하며, 동시에 그것은 쉽게 드러나지 않는 진리의 '심연'에 대한 성찰이라는 앞서의 진술과 밀접한 관련이 있기 때문이다. 맹인 그림과 자화상은 바로 이 심연, 즉 "대상에 눈이 먼 상태에서야 비로소 가능해지는"[10] 어떤 지점의 존재에 결박되어 있다. 이 두 장르는 구조적으로 화가의 시선이 그림의 대상 혹은 자기 자신을 볼 수 없는 상태에서 그려진다는 점에서 모종의 '맹점blind spot'을 포함한다. 요컨대 맹인을 그린 그림이나 자화상은 공히 주어진 대상에 대한 표상이 아니라 대상 자체의 괴멸ruin을 그려낸다.

그런데 매우 흥미롭게도 데리다는 회화에 있어서 이러한 맹점의 작용과 자신의 글쓰기 행위를 연관시킨다. 그는 자신의 손을 보지 않고 글을 쓸 때 어떤 일이 벌어질까 물으면서, 자기에게는 글쓰기가 마치 눈먼 사람의 손이 몸에서 분리된 채 초라하기 그지없는 좁은 영역을 헤쳐 나아가는 것과 흡사했다고 말한다. 그는 자신의 손이 시각에 의존하지 못하는 순간에 "기호들에 대한 기억에 의존해 시각을 보충하면서 무언가를 써 넣는 동시에 쓰다듬기도 한다"는 사실을 깨달으며, 이는 마치 "눈꺼풀 없는 눈이 손가락들의 끝에서 열리는 것"과 흡사하고, 손끝은 "글쓰기의 순간을 비추는 광부의 램프처럼 스스로는 드러나지 않는 관찰자의 보철물"과 유사한 구실을 한다고 본다.[11] 실제로 재능이 뛰어난 형에 밀려서 화가가 되지 못하고 글쓰기의 영역에 만족

---

10) E. Escoubas, "Derrida and the Truth of Drawing: Another Copernican Revolution?," *Research in Phenomenology*, vol. 36, 2006, p. 201.

11) J. Derrida, *Memoirs of the Blind: The Self-Portrait and Other Ruins*, P.-A. Brault & M. Naas(trans.), Chicago: The University of Chicago Press, 1993, p. 3(약호: MB).

하게 된 데리다의 자전적 이야기는 어느덧 글쓰기와 그리기 일반의 관계에 대한 성찰로 이어지며,[12] 글쓰기와 그리기에 공통적으로 개입하는 '손'의 작용 — 파레르곤으로서의 손 — 에 집중된다.

맹인을 그린 그림들의 주제는 다른 무엇보다도 손이다. 왜냐하면 손은 헤쳐 나아가고 **덤벼들며** 분명 앞으로 달려나가지만, 〔글쓰기와 달리〕이 경우에는 손이 머리를 **대신하여** 마치 머리보다 앞서고 머리를 준비하며 머리를 보호하는 듯하기 때문이다. 〔……〕 자신의 두 발로 선 맹인은 애초에 알지 못하면서도 인식해야만 하는 영역을 더듬으면서 앞으로 나아간다. 그가 감지하는 것, 그가 조짐을 느끼는 것은 사실 절벽, 낭떠러지인데, 그는 빈손이거나 손톱, 지팡이, 연필로 무장한 채 어떤 치명적인 선을 이미 넘어섰기 때문이다. 맹인을 그리는 것이 무엇보다도 손을 보여주는 일이라면, 그것은 **그림을 그릴 때 이용하는 손의 도움으로 우리가 무엇을 그리는지**, 즉 도구로서의 신체 일부, 그림을 그리는 화가, 수제품을 만들고 조작과 활동과 예절을 행할 때의 손, 손의 유희 혹은 작용, 다시 말해 **외과수술**로서의 그리기에 우리가 주목하기 위해서이다.[13]

데리다는 루브르 박물관에 소장된 앙투안 쿠아펠Antoine Coypel의 그림 「맹인 연구Etude d'aveugle」와 「오류L'Erreur」를 예로 들어, 맹인의 손이 눈을 대체하는 모습을 통해 작가나 화가의 손이 글쓰기와 그리기

---

12) B. Zelechow, "Memories of the Blind: The Self-Portrait and Other Ruins," *History of European Ideas*, Vol. 21, no. 4, 1995, p. 619.
13) MB, pp. 4~5, 강조는 원저자.

에 있어 시각을 대체하는(대리보충하는) 과정을 은유적으로 읽어낸다. 지각 과정에서 손이 눈을 대체하는 맹인의 이미지는 어느덧 눈과 시각의 우위성을 전제하고 그에 기반을 둔 앎의 형식을 추구하는 현상학 및 서구 형이상학의 존재론 전체에 대한 의문으로 확대된다. 데리다에 따르면 맹인은 알려고 하지도 보려고 하지도 않는다. 그러나 "**봄, 형상, 이데아**와 같이 우리가 그리스에서 유래했다고 알고 있는 ─ 그렇게 보고 있는 ─ 유럽의 **이념**과 관련된 모든 역사, 모든 의미론은 보는 행위를 앎과 연관 짓는다"(MB, p. 12).

쿠아펠의 「맹인 연구」는 이러한 과정을 매우 극적으로 보여준다. 앞을 못 보는 맨발의 맹인은 두 손을 앞으로 뻗어 무엇인가를 향해 나아가고 있다. 그는 무언가를 응시하고 있지만 그 대상이 존재하지 않으며, 무언가를 만지려 하고 있지만 허공만을 움켜쥐고 있다. 맹인의 손은 눈의 역할을 대신할 뿐만 아니라, 그에게 시각이란 곧 촉각과 동일하다. 그리고 그의 보이지 않는 눈과 맨손은 빛(진리)을 갈구하듯 하늘을 향해 있다.[14] 더구나 쿠아펠의 맹인은 지팡이를 비롯한 어떤 도구에도, 그 누구에게도 의존하지 않은 채 홀로 존재한다. 물론 이러한 맹인의 그림과 극적으로 비교되는 인물로 플라톤의 '동굴의 우상'에 갇힌 인간 형상을 떠올릴 수 있지만, 쿠아펠의 맹인은 맹목에 갇힌 인간 군상의 알레고리도 아니고 사물의 진리에 눈멀어 있는 인간과도 "전혀 닮지 않았다"(MB, p. 13). 또한 진리에 관한 기억을 상실한 플라톤의 "눈뜬 장님들"은 동굴에 갇힌 가련한 존재인 데 반해, 쿠아펠

---

14) 데리다는 맹인에게 촉각의 중요성을 나타내는 손뿐만 아니라 맹인의 남다른 청력을 나타내는 귀 역시 중요한 역할을 한다는 점을 강조한다. 두 경우 모두 맹인의 형상이 눈(시선)과 관련된 철학적 전제들에 대한 비판의 계기임을 보여준다(MB, p. 16 참조).

의 맹인은 자신에게는 보이지 않으나 모든 것을 보이게 만드는 그 무엇(=빛)을 향해 "손을 뻗고" 있다(MB, p. 15). 쿠아펠의 맹인은, 시각의 상실이 진리에 대한 앎의 상실 — 진리의 망각으로서의 회상 anamnesis — 과 직결되는 플라톤의 진리관, 나아가 진리란 그러한 망각으로부터의 탈은폐 — 알레테이아aletheia — 라고 보는 하이데거의 진리관과 달리, 인간의 앎이 시각에서 유래한다는 현전의 형이상학과 아무런 관련이 없다. 오히려 그는 시각을 상실한 채, 홀로, 손의 촉각에 의탁하여, 눈에서 유래하는 대상적 앎이 아닌 다른 앎을 모색하는 인물이며, 시각과 앎이 진리의 특정한 계기와 연결되어온 역사의 괴멸을 형상화한다.

그런데 쿠아펠의 맹인이 촉각과 청각에 의존하여 찾고자 하는 그 무엇은 서구 기독교의 맥락에서 보면 전혀 다른 울림을 지닐 수 있다. 렘브란트의 그림 「아버지의 눈멂을 고치는 토비아스Tobie rendant la vue à son père」처럼 손은 계시적 치료와 치유의 효력을 지닐 수 있고, 더구나 맹인의 손은 예수의 이미지와 결합하여 보이지 않는 신의 존재가 갖는 구원의 위력을 떠올리게 한다. 서구 역사에서 오이디푸스나 티레시아스 같은 눈먼 맹인들이 눈을 지닌 인간에게는 보이지 않는 진리와 치유의 계시를 전하는 선지자로 간주되어온 것은 결코 우연이 아니다. 그렇다면 맹인 화가의 경우는 어떠한가? 맹인이 과연 그림을 그릴 수 있을까?

앞서도 암시했듯이, 데리다의 관심은 진리의 담지자인 맹인 '화가'의 가능성이 아니라 그림 그리기 — 혹은 글쓰기 — 에 개입하는 맹점, 즉 심연의 이중적 작용이다. 데리다에 따르면 이 맹점으로 인해 그리기와 글쓰기는 관찰이 아니라 기억에 의존한다. 그림을 그리거나 글을 쓰는 순간에 손에 쥔 붓과 펜의 끝 — 지침pointure 혹은 스타일러스stylus — 이 종이에 닿는 그 지점, 즉 그림과 글자가 생겨나는 그 지점을 화가나 작가가 응시하는 순간, 그는 자신이 그려내는 대상을 보지 못한다. 그는 그림과 글이 기원하는 이 "근원 지점source-point"에 눈멀어 있는 것이다. 화가나 작가가 그 지점을 응시하는 순간 볼 수 있는 것은 이미 지나가버린 근원 지점의 결핍과 화폭에 남겨진 그 지점의 선취線取 혹은 자취trait일 뿐이다. 그렇지만 동시에 그 자취는 이미 지나가버린 그 무엇을 모사하거나 모방하지도 않는다. 그 자취는 묘사된 대상과 아무런 상관이 없으며 "관찰 대상의 영역에 속하지 않는다"(MB, p. 45). 따라서 화가의 봄은 항상 이미 "다시 봄"일 따름이며, 화가와 작가는 그런 점에서 시각과 그것이 제공하는 앎에 눈먼 채 "보지 못하고 기억할" 뿐이다.[15]

이렇게 화가의 눈멂, 회화의 눈멂과 기억 의존성에 대한 고찰은 쉬베J.-B. Suvée의 「디부타데스 혹은 소묘의 기원Dibutades ou l'Origine du dessin」에 이르러 서양 철학 및 현상학이 전제하는 가시성visibility에 대한 비판으로 이어진다. 이 그림에서 우리는 과연 무엇을 보는가? 벽면에 비친 연인의 그림자를 따라 윤곽의 선취를 그리고 있는 디부타데스는 자신의 연인을 보지 못하고, 그녀의 연인 역시 그녀를 보지 못하고 있다. 두 사람 모두 맹인은 아니지만 서로에 대해 눈멀어 있는 것이다. 그녀에게는 마치 그림을 그리기 위해서는 그림의 대상인 자신의 연인을 보는 것이 금지되어 있는 듯하고, 연인 역시 디부타데스나 그녀가

---

15) E. Escoubas, "Derrida and the Truth of Drawing: Another Copernican Revolution?," p. 206.

〈그림 4〉 J.-B. 쉬베, 「디부타데스 혹은 소묘의 기원」(1791)

그리는 그림자 그림은 보지 못한 채 보이지 않는 그녀의 그림자만을 응시하고자 애쓰는 듯하다(〈그림 4〉 참조).

따라서 이 그림을 보는 관찰자의 당혹스런 시선은 두 갈래로 나뉜다. 전면projectile에 그려진 두 사람의 몸, 특히 교차된 손을 향한 시선과 후면subjectile에 배치된 그녀의 붓끝과 맞닿은 두 사람의 그림자를 향한 시선. 아니 더 정확히 말해, 그녀가 그리고 있는 '그림자 그림'은 전면에도 후면에도 속하지 않지만 전면의 배경이자 후면을 배경으로 하는 하나의 작품이고, 그 그림을 그리는 주체는 이중적 형상, 즉 그녀와 그녀의 그림자다. 이렇게 이중 주체인 디부타데스가 그리는 그림자 그림은 대상 즉 연인의 파레르곤이자 동시에 하나의 작품이다. 주체와 대상은 전면화되는 동시에 사라진다. 이런 역설로 인해 관찰자의 갈라진 두 시선은 평행선처럼 서로 겹치지 않으며, 따라서 관찰자가 인물과 그림자를 동일시하는 일은 근본적으로 불가능하다. 그림자 그리기는 주체에 의한 대상의 재현이라는 관찰자의 관념을 해체한다. 애초부터 디부타데스는 대상에 눈멀어 있음이 그리기의 조건임을 알고 있는 듯하다. 마치 지팡이를 짚은 맹인 선지자가 손을 내민 채 진리를 향해 나아가듯이, 그녀는 기억에 의존해 붓으로 그림을 그리고 있는 셈이다. 또한 그녀의 연인은 그녀와의 사랑의 기억에 눈먼 맹인의 형상을 하고 있다. 그리하여 데리다가 지적하듯이 이 그림은 마치 "타자의 비가시성에 어울리는, 혹은 그렇게 운명 지워진 사랑을 공표"(MB, p. 49)하는 듯하다.

「디부타데스 혹은 소묘의 기원」이 회화의 기원에 대해 모종의 암시를 담고 있다면, 그것은 한 폭의 그림이 보여주는 것과 보여주지 않는 것, 나아가 그림의 가시성을 결정하는 것이 모두 그림의 내부에 속하면서도 속하지 않는, 즉 그 자체로 보이면서도 보이지 않는 어떤 것—그림자라는 심연—의 작용에 의존한다는 점일 것이다. 바꾸어 말하자면, 그림에 그려진 것은 거기에 그려지지 않는 타자의 자취와 흔적, 그 타자의 사라짐retrait이다. "회화의 태초에 상실이 있고 잔재들이 있다."[16] 다시 한 번 회화는 사라짐과 결핍의 기표, 즉 파레르곤의 작용이 된다.

6. 진리의 심연: 자화상과 눈물

「디부타데스 혹은 소묘의 기원」이 가시성과 비가시성을 바탕으로 회화의 기원에 관해 문제를 제기한다면, 팡탱-라투르Henri Fantin-Latour의 「자화상Autoportrait」그림들은 이를 더 밀고 나가 회화의 한가운데 존재하는 비가시성의 심연—타자의 그림자—을 회화의 구조적 효과로 보여준다. 자화상은 어떻게 그려지며, 특히 그림을 그리고 있는 화가의 자화상은 어떻게 가능한가? 자화상의 특징이라면 그림의 주체와 대상이 일치한다는 것인데, 데리다에 따르면 화판을 앞에 둔 자신을 그리는 팡탱-라투르의 「자화상」그림들은 자화상을 그리는 자신을 화폭에 담음으로써 대상의 상실 및 이와 연관된 시각의 역설을 형상화한다.

일반적인 자화상과 달리 팡탱-라투르의 「자화상」은 첫째, 그림의 대상이 현재 그림을 그리고 있는 주체와 일치한다. 둘째, 이렇게 대상

---

16) 같은 글, p. 210.

〈그림 5〉앙리 팡탱-라투르, 「자화상」(1860)

과 주체가 일치함으로써 관찰자의 시선과 화가의 시선은 어긋난다. 셋째, 그림의 대상인 그림 속의 화가가 바라보는 것은 관찰자가 아니라 화가 자신이다. 그리고 이 모든 복합적 시선을 가능케 하는 상황은 그림의 대상인 자신을 그려내고 있는 화가의 진짜 응시 대상이 자기 자신이 아니라 거울에 비친 — 혹은 기억 속의 — 자기 모습이라는 사실이다. 팡탱-라투르의 「자화상」 그림들은, 초상화를 그릴 때와 달리 그림의 대상 자체가 시야에서 사라지는 자화상의 일반적 특징에서도 더 나아가, 대상의 상실에 의해서만 가능해지는 그림의 시원적 탄생 과정을 짐작케 한다. 마치 그림에 관한 진실이 그림 속에 들어 있는 미장아빔의 상황이자 메타회화적인 공간이 바로 팡탱-라투르의 「자화상」인 것이다.

더 흥미롭게도, 이 「자화상」들은 화가가 그림의 진짜 대상인 자기 자신을 볼 수 없음은 물론 그림을 그리는 바로 그 순간에는 거울에 비친 자신조차 볼 수 없다. 나아가 화가는 거울에 비친 자신을 바라보는 경우에는 그림을 그리고 있을 수 없다. 대상만이 아니라 주체도 사라지는 것이다. 그림의 주체이자 대상인 화가는 한 번은 대상인 자신에, 다른 한 번은 화판 위에 있는 자신의 표상을 그린 선의 자취에 눈멀어 있다.[17] 화판을 손에 들고 정면을 응시하는 화가가 바라보는 것은 엄밀히 말해 관찰자가 아니라 거울에 비친 자신의 모습이며, 반면 관찰자

---

17) 프리드Michael Fried가 지적하듯이, 이 자화상들은 거울을 이용한 자화상 그리기에서 일반적으로 화가-모델의 좌우가 뒤바뀌어 그려지는 현상도 보여준다. 더구나 〈그림 5〉에서 볼 수 있듯, 정면을 응시하는 화가는 마치 외눈박이 키클롭스cyclops처럼 오른쪽 눈 하나만을 이용해 바라보고 있는 것처럼 보이는데, 이 눈이 실제로는 화가의 왼쪽 눈일 수도 있다. 결국 회화에서 '사실주의'란 불가능한 명칭이라는 것이다(M. Fried, "Between Realism: From Derrida to Manet," *Critical Inquiry*, vol. 21, 1994, pp. 10~15).

가 바라보는 것은 그림을 그리고 있는 화가의 모습이 아니라 거울 속 자신을 응시하고 있는 화가의 형상이다.[18] 응시의 대상과 주체 모두 그림과 마찬가지로 시뮬라크르일 뿐이다. 관찰자와 화가의 시선의 일치는 붕괴된다. 관찰자는 앞에 놓인 거울에 비친 자기 모습을 응시하는 **화가를 거울 뒤편에서** 바라본 것일 수도 있고, 자화상을 그리는 **화가의 뒤편에서** 거울에 비친 자기 모습을 응시하는 화가를 마주 본 것일 수도 있다. 어느 경우든 화가와 관찰자의 시선은 직접적으로 마주치지 않으며 화가 또한 자신의 모습을 재현하는 것이 아니라 거울에 비친, 좌우가 바뀐 이미지를 모사하는 셈이다(〈그림 5〉 참조). 따라서 팡탱-라투르의 「자화상」 그림들은 그 자체로 역설적이다. 화가는 결코 볼 수 없는 것, 즉 기억에 의해 재구성될 수 있을 뿐 비가시적인 어떤 것을 그려낸 셈이다. 결국 이 그림은 주체와 대상이 모두 시뮬라크르로 소멸되는 자화상의 파멸, 자화상의 결핍을 그려낸 것이다.

「디부타데스 혹은 소묘의 기원」과 마찬가지로 팡탱-라투르의 「자화상」 그림들은 데리다가 그림에서 찾고 있는 것이 화폭에 그려진 대상이 아니라, 그 대상을 보이게 만들면서 스스로는 보이지 않는 그 무엇, 혹은 가시적인 대상을 통해 스스로의 비가시성을 드러내는 회화의 진리(심연)임을 나타내준다. 관찰자의 입장에서는 팡탱-라투르의 「자화상」 그림들에서 스스로를 응시하는 화가의 모습을 목격하는데, 어찌 보면 화가가 응시하는 대상이 화가 자신이 아니라 관찰자일지 모

---

18) 이 점을 잘 보여주는 또 다른 예로는 역시 이젤을 앞에 두고 정면을 응시한 채 자화상을 그리고 있는 화가 자신을 그린 샤르댕 J. S. Chardin의 「이젤 앞의 자화상 Self-Portrait at the Easel」을 들 수 있다. 팡탱-라투르의 그림과는 달리 화가가 손에 붓을 쥐고 있다(MB, p. 75, 〈그림 36〉 참조).

른다는 착각도 불러일으킨다. 관찰자는 이 그림 앞에서 자신을 응시하는 자신의 ― 그리고 화가의 ― 시선에 일종의 위협을 느끼며, 동시에 그림 속에 비친 화가 역시 관찰자의 시선에 반응하여 두려움을 느끼고 있는 것처럼 보인다(다시 〈그림 5〉의 눈을 응시해보라).

이처럼 거울을 통해 자기응시self-gaze를 할 때나 자화상을 응시할 때 관찰자가 느끼는 시선의 위협은, 스스로는 보이지 않으면서 대상을 응시할 수 있는 시각 ― 관음적 시선voyeurism ― 이 대상을 주체의 지배하에 두려는 인간의 근원적 욕망임을 표상한다. 동시에 타자他者에 대한 이 욕망은 타자에게 노출될 때 주체가 느끼는 두려움의 근원도 드러낸다. 바꾸어 말하면, 회화야말로 관찰자 혹은 화가 자신이 대상 가운데 드러나지 않으면서 응시의 즐거움을 만끽할 수 있는 행위라는 말도 되겠는데, 이는 회화가 ― 그리고 화가 및 관찰자의 응시가 ― 주체 없이 이루어지는 대상에 대한 욕망, 혹은 대상에 대한 주체의 욕망의 결핍을 형상화한다는 뜻도 담고 있다.[19] 에스쿠바스가 지적하듯이, "데리다에게는 바라보는 행위에 원천적인 약점, 혹은 응시를 원천적으로 압박하는 위협이 존재한다. 이러한 위협은 아무런 보호막도 없이 그림을 너무 오래 뚫어지게 쳐다봤기 때문에 생기는 것은 아닐까? 페르세우스가 자신을 드러내지 않고 메두사를 바라볼 수 있게 해준 방패거울로 구실한 그 보호막이 없이 바라봤기 때문은 아닐까? 관찰되지 않으면서 바라보고자 하는 욕망이 아마도 근원적 위협으로서의 근원적 욕망일지 모른다."[20]

19) J. Lacan, "What is a Picture?," *Four Fundamental Concepts of Psychoanalysis*, A. Sheridan(trans.), Harmondsworth: Penguin Books, 1973, p. 105.

그림 속의 대상을 바라보는 관찰자는 자신의 응시가 욕망하는 대상이, 아니 응시의 욕망 자체가 원천적으로 결핍되어 있으며 그 자체로 위협적임을 깨닫는다. 오직 방패거울을 통해서만 메두사를 볼 수 있었던 페르세우스처럼, 관찰자가 대상에 대한 응시를 회피하는 것은 그 대상이 건네는 죽음의 메시지 때문일 수 있다. 그림에 그려진 것이 주체의 사라짐이자 욕망의 대상의 결핍을 나타내기 때문이다. 천상의 눈과 지상의 눈이 서로를 회피한 채 응시하는 얀 프로보스트Jan Provost의 「신성한 알레고리Christian Allegory」(1510~15)를 두고 데리다가 내린 결론처럼, 자화상의 기획은 결국 실패하기 마련이다. "자기 현현의 욕망은 결코 충족되지 못한다. 그 욕망은 스스로를 충족시키지 못하기에 시뮬라크르가 대신하는 것이다"(MB, p. 121). 따라서 스스로를 응시하지 못하는 눈은 욕망의 대상이 부재함을 고백해야만 하며, 그 고백의 증거는 눈물로 표현된다. 타자에 눈멀어 있는 눈의 실패를 눈물이 보상하는 셈이다. 눈물은 눈의 파레르곤이 된다.

만일 눈에 눈물이 고인다면, 만일 눈물이 솟아오른다면, 그리고 시야를 가릴 수 있다면, 어쩌면 눈물은 이러한 경험을 하는 와중에, 이렇게 물을 분출하며, 어떤 식으로든 인간 눈의 본질을 드러낼지 모른다. 신성한 알레고리의 인간신학적 공간에서 이해된 눈의 본질 말이다. 깊은 곳에서, 안쪽 깊은 곳에서, 눈은 보기 위해서가 아니라 울기 위해 만들어졌다. 시야를 가리는 바로 그 순간 눈물은 눈의 본질을 드러낼 터이다.

---

20) E. Escoubas, "Derrida and the Truth of Drawing: Another Copernican Revolution?," p. 211.

응시나 시선이 보호하며 깊숙이 간직하고 있는 망각으로부터 눈물로 인해 솟구쳐 오르는 것은 다름 아닌 알레테이아, 곧 눈의 진리일 터이다. 눈물이 진리의 숙명을 드러내는 것이다. 장면의 응시가 아닌 간청, 시선이나 응시가 아닌 기도와 사랑, 기쁨 혹은 슬픔을 표현하는 일. 빛을 발하기도 전에 그 드러남은 '기쁨의 눈물'이 흐르는 순간이 된다. (MB, p. 126)

눈의 진리가 눈의 시각적 기능이 정지되는 순간 드러나듯이, 회화의 진리 역시 회화가 대상을 재현하고 진리를 모사하는 일이 불가능해지는 순간 드러날 수 있다. 그러나 해체의 정신에 투철하게 데리다의 논법을 끝까지 따른다면, 눈물이 곧 눈의 본질이라는 생각, 눈물과 함께 눈의 본질이 '알레테이아'로 드러나리라는 예측 역시 여전히 현전의 형이상학에 결박된 매우 하이데거적인 사유일 수 있다.[21] 데리다에 따르면 진리에 관한 한 모든 그림은 자화상이며, 자화상인 한에서 "그려진 대상의 죽음을 지칭"[22]한다. 따라서 회화는 주체의 사라짐과 결핍된 대상에 대한 텅 빈 욕망을 지칭하는 파레르곤의 다른 이름이고, 그

---

21) 보기에 따라서는, 데리다의 눈물이 차이différance를 만들어내면서 해체론적 믿음의 표상이 될 가능성도 있다. 『우애의 정치학politique de l'amité』을 통해 해체의 윤리적 가능성을 모색한 말년의 데리다가 그런 해체론적 믿음을 실천에 옮긴 것은 분명하지만, 해체론자의 정치적 입장과 해체론 자체의 정치성은 데리다의 말대로 근본적으로 탈구되어 있는 것 또한 사실이다. J. D. Caputo, *The Prayers and Tears of Jacques Derrida: Religion Without Religion*, Bloomington: Indiana University Press, 1997, pp. 308~29; 정재식, 「해체론의 눈(Eyes)과 자화상: 눈멂, 봄과 눈물, 그리고 믿음에 대하여」, 『비평과 이론』 13권 2호, 2008, pp. 47~51 참조.
22) J. Hillis Miller, "What Do Stories about Pictures Want?," *Critical Inquiry*, vol. 34, 2008, pp. 580~81.

런 대상에 결박된 진리의 죽음을 애도하는 눈물이다. 데리다의 마지막 전언 ── "볼 수 있는 눈물…… 그걸 믿어요?" "모르겠네요. 믿어야겠죠"(MB, p. 129) ── 처럼 회화의 진리는 아마도 다른 곳에, 작품의 안과 밖 어디에도 속하지 않는 프레임 속에 파레르곤의 은유로 남아 있을 것이다. 아마도, 타자들만이 존재하는 시뮬라크르의 영역에.

데리다는 이렇게 회화를 파레르곤의 논리, 시뮬라크르의 작용으로 풀어냄으로써, 서구 철학이 전제해온 회화의 진리에 관한 네 가지 계기들을 해체한다. 데리다에게 미술은 문학과 마찬가지로, 철학의 영역이 아니라 철학의 파레르곤으로 기능한다. 그러므로 엄밀히 말해 독자적인 영역으로서의 회화에 관한 '데리다의 미술론'은 존재하지 않는다. '데리다의 미술론'을 자처한 이 글도 결코 데리다의 미술론이 될 수 없다. 데리다에게 미술은, 텍스트처럼 물질적 경계를 지닌 작품이 아니라 형이상학적 진리를 해체하는 차이의 작용인 회화 일반으로서만 존재한다. 그의 미술론은 철학적 해체의 일환이고 텍스트 일반에 관한 논의의 연장선에 있다. 문학과 마찬가지로 데리다에게 미술의 특수성은 존재하지 않고, 따라서 데리다의 미술론은 근본적으로 미술사와 양립 불가능하다. 아니, 미술사뿐 아니라 개별 그림이 열어 보여주는 세계와도 양립 불가능하다. 여기서 우리는 철학적 미술론을 비판했던 데리다의 작업이 미술론의 불가능성으로 귀착되는 역설을 마주하게 된다. 우리는 한 폭의 그림에서 무엇을 보는가 혹은 보지 못하는가? 눈물이 흐르는 눈으로 응시하는 저편에서 우리를 응시하고 있는 것은 타자의 얼굴인가, 나의 자화상인가? 어쩌면 데리다의 자화상은 그림을 앞에 두고, 원본과의 충실성을 요구하는 동시에 조롱하면서 화가의 간계와 씨름하고 있는 벤야민적인 번역가의 초상일지 모르겠다. 아다미의 소묘가 극화하듯이, 데리다에게 회화의 진리는 파레르곤과 시뮬라크르의 작용이며, 따라서 그 진리는 누구에게도, 어디에도 없다.

13장
랑시에르의
미술론

로댕

자크 랑시에르
Jacques Rancière
1940~

오귀스트 로댕
Auguste Rodin
1840~1917

우리는 예술작품을 감상하기 위해 미술관에 간다. 거기에서 우리는 특수한 종류의 경험, 흔히 '미적 경험'이라고 불리는 것을 체험한다. 이 경험은 대개의 경우, 우리가 일상에서 갖는 경험들과는 다른 이질적이고 독특한 것이다. 그렇다면 이 미적 경험의 독특성은 어디에 있는가? 그리고 이 경험은 우리의 삶에 어떤 효과, 어떤 변화를 불러일으키는가? 가을 들판에서 하루 종일 힘겹게 일하던 촌부가 하던 일을 잠시 멈추고 들판 저 너머로 지는 저녁노을의 아름다움을 바라볼 때, 적어도 이 순간 그는 조금 전의 그 시골 아낙네, 이 이름에 따라 붙는 통상적 표상들 속에서 이해되던 그 동일한 사람이 아니다. 우리의 삶은 미적 경험 속에서 다른 것이 된다.

이질적 감성의 체험으로서 미적 경험이 우리의 삶에 만들어내는 이 효과는 무엇이며, 그러한 효과를 생산해내는 예술의 고유성은 무엇인가의 문제는, 프랑스 철학자 랑시에르의 미학적 성찰을 이끄는 핵심적인 질문이다. 이 글은, 새로운 조형예술의 이념을 제시했던 오귀스트 로댕을 통해서 이 질문에 답하고 있는 랑시에르의 논의들을 분석한다. 랑시에르는 독일의 시인 릴케를 따라 로댕의 조각을 표면의 예술로 정의하면서, 이 표면에 대한 탐험이 갖는 미학적, 정치적, 존재론적 의미를 탐구한다.

표면의 탐험가 오귀스트 로댕

박기순

1. 논쟁적 개입으로서의 철학

자크 랑시에르의 철학적 작업 전체를 구성하는 것은 정치철학과 미학이다. 실제로 그의 저작들은 모두 이 두 분야에 집중되어 있으며, 시기적으로는 정치철학적 연구들이 집중적으로 나타나는 2000년대 이전과 주로 미학에 관련된 저서들을 출간한 그 이후로 구별된다. 그러나 이것은 그의 철학적 관심 분야의 이동을 의미하지 않는다. 그에게서 이 두 분야는 처음부터 서로 긴밀하게 연결되어 있기 때문이다. 미학과 정치철학의 이 내적 연관성은 예술에 대한 그의 철학적 성찰을 이끌고 있는 핵심적인 문제의식을 구성한다.

랑시에르는 자신의 철학적 작업을 '이론'이 아니라 '개입'으로 규정한다.[1] 특정한 대상에 대한 이론 구성은 그것의 토대로부터, 예를 들면 존재론적 원리로부터 출발한다. 그리고 이 원리로부터 특수한 대상과 문제 영역에 대한 이론, 즉 정치론, 미학, 윤리학 등의 이론이 구성된다. 이것은 오랫동안 철학자들이 실천해온 방식이었으며, 또한 그들이 철학적 사유를 이해하는 방식이기도 했다.

하지만 랑시에르는 원리로부터 출발하지 않는다. 그러한 궁극적인 원리는 존재하지 않는다고 믿기 때문이 아니다. 그가 보기에 모든 정치적 혹은 예술적 실천, 그리고 그에 관한 모든 이론은 궁극적으로는 그것에 상응하는 특정한 존재론적 이해를 함축하고 있다. 다양한 예술적 실천들이 존재하는 것만큼이나 그것에 함축되어 있는 다양한 존재론적 가정들이 존재한다. 따라서 궁극적 원리에 대한 사유는 열려 있다. 그것은 다양한 실천과 사유를 통해 탐험되고 실험되어야 할 영역이다. 특정한 원리로부터 출발하는 것은 이 미지의 영역, 탐험되어야 할 가능성들을 봉쇄하는 것이며, 이론의 절대성을 주장하면서 다른 사유들을 재단하고 배제하는 것이다. 이러한 이유로 랑시에르는 원리로부터 출발하지 않는다.

랑시에르에게 사유는 일종의 '개입'으로, 특히 '논쟁적 개입'으로 이해되고 있다. 여기에서 논쟁적 개입은 단순히 특정한 입장에서 다른 관점을 비판하는 작업을 의미하지 않는다. 오히려 그것은 중립적으로 보이는 개념들이 실제로는 논쟁적이고 정치적인 성격을 갖는다는 사실을 보여주는 작업이다. 예를 들면, '민주주의'라는 말을 절차나 제도를 지시하는 중립적인 개념으로 규정하는 것 자체가 정치적이고 논쟁적인 성격을 가지고 있는 것임을 드러내는 작업이며, '미학'이

---

1) J. Rancière, "A few remarks on the method of Jacques Rancière," *Parallax*, vol. 15, no. 3, 2009, p. 116.

예술이라는 특정한 대상에 관한 이론이나 학문이 아니라 예술을 이해하는 특정한 사유 방식을 지시하는 것임을 보여주는 작업이 그러한 것들이다.

이러한 철학적 실천은 언어(로고스)를 특정한 방식으로 규정하고 있는 관점에 대한 개입이기도 하다. 랑시에르에 따르면, 전통적으로 언어는 사물을 파악하는 특정한 방식, 따라서 우리의 공동체적 삶을 구조화하는 특정한 질서로 이해되어왔다. 그런데 이 질서는 궁극적으로 분할partage의 논리를 표현하고 있다. 유용한 것과 유용하지 않은 것, 올바른 것과 올바르지 않은 것, 몫을 가진 자와 갖지 못한 자, 과학과 이데올로기, 재현 가능한 것과 재현 불가능한 것 등의 분할은 정치질서의 구성 원리이며, 그러한 한에서 이 분할은 그 자체로 정치적이다.

랑시에르의 철학은, 분할의 논리를 담고 있는 언어적 상황에 대한 개입이다. 이 개입은 일차적으로 이러한 '정치적' 분할을 가시화하는 작업이다. 그런데 이러한 가시화는, 이 분할의 언어에 그 분할의 선들을 문제화하는 다른 언어를 대립시켜 하나의 논쟁적 '무대scène'를 구성함으로써 이루어진다. 랑시에르는 서로 다른 두 언어의 이러한 논쟁적 상황을 특별히 '불화mésentente'라는 이름으로 부르고 있다. 존재하는 질서를 전화시킬 수 있는 가능성들은 이 불화의 무대 위에서 사유되고 실험된다. 그러한 한에서 불화는 랑시에르가 이해하는 고유한 의미에서의 정치와 동일시된다. 그리고 이러한 의미에서 랑시에르의 철학적 작업 전체는 정치적이라고 할 수 있다. 그것은 무대 구성의 작업, 비가시적인 것을 가시화함으로써 불화의 상황을 만들어내고, 거기에서 대안적 가능성들을 실험해보는 정치적 무대의 구성 작업이다.

랑시에르의 미학적 논의들은 현대예술을 분석하고 규정하는 미학적 개념들과 이론들에 함축된 이러한 논쟁적 성격을 가시화하는 작업이다. 그가 특정한 예술 장르, 예술가, 예술작품에 대해서 말할 때, 그것은 언제나 이러한 논쟁적 상황의 가시화라는 문제의식 속에서 이루어진다. 따라서 랑시에르의 미학 사상에 대한 이해는, 그가 구성하고 있는 현대의 미학적 담론들의 논쟁적 지형은 어떤 것이며, 그것을 구성하는 방법적 절차의 고유성은 무엇인지를 이해하는 데서 출발할 필요가 있다.

2. 미학적 불화의 무대

랑시에르에 따르면, 예술에 관한 현대의 논의들에서 지배적으로 등장하는 것은 '종언,' 특히 '유토피아 시대'의 종언이다. 예술이 도래할 새로운 삶의 형식의 감성적 선취여야 한다는 믿음, 따라서 그것의 비판적이고 창조적인 본성은 근본적으로 정치적이라는 믿음, 그리고 그러한 의미에서 궁극적으로 예술 형식은 삶의 형식과 동일하다는 믿음이 지배적인 시대가 있었다. 독일 낭만주의의 기획으로부터 러시아의 구성주의constructionism, 미래주의futurism, 절대주의suprematism 등으로 이어지는 전통은 이 공통의 믿음에 기반을 두고 있었다. 이 전통에서 주제화되었던 것은 예술과 삶의 필연적 관계, 즉 예술의 정치성이었다. 그런데 역설적으로 이 정치성은 예술이 자신이 아닌 것(즉 삶의 형식)이 됨으로써만, 예술의 고유성과 자율성을 폐기함으로써만 정립될 수 있는 정치성이었다.

클레멘트 그린버그의 모더니즘은 정확히 예술의 이 자기폐기에 대한 비판으로서 등장했다. 예술이 정치적 개혁에 종속될 때, 예술의 고유성은 사라진다. 따라서 그에게 문제가 되었던 것은 예술의 자율성, 즉 삶의 형식과 분리된 예술적 형식의 고유성을 정의하는 것이었다. 칸트적 기획을 따라 예술의 자기비판 혹은 자기규정을 시도했던 그린버그는 예술적 형식을 비재현으로서, 즉 매체의 물질성과 형식에 대한 순수 탐구로서 이해한다. 여기에서 예술은 삶과 분리된 것으로서, 그것과 분리된 한에서만 예술이 된다.

포스트모더니즘은 상반되는 이 두 담론에 대한 동시적 비판이었다. 순수성, 반재현성, 추상성 등을 예술의 고유성으로 이해하며, 예술사를 예술의 자기실현과 완성의 목적론적 역사로 기술했던 그린버그의 모더니즘은, 추상과 구상이 혼합되고 일상적 삶의 재료들이 예술적 형식으로 전화되는 현대예술의 새로운 경향이 등장했을 때 자신의 사유 무능력을 드러낼 수밖에 없었다. 다른 한편으로 예술적 혁신을 통해 정치적 혁명을 꿈꾸었던 낭만주의적 기획은, 그 이념의 유산을 물려받았던 마르크스주의 전통의 쇠퇴와 함께 유토피아주의와 전체주의라는 낙인을 받게 된다. 포스트모더니즘은 이 두 전통의 붕괴를 한 시대의 종언, '거대서사의 종언'이라는 이름으로 규정하면서 단절을 선언한다.

이 두 전통을 모더니티의 서로 다른 두 형상으로 파악하면서, 포스트모더니즘은 이 미학적 모더니티가 현대예술 속에서 과거의 것이 되었음을 분명히 한다. 그와 함께 포스트모더니즘의 주창자들은 이 모더니티의 전통들이 잊고 있었던 어떤 이질적이고 재현 불가능한 것의 존재를 무대화한다. 이제 예술은 이 재현 불가능한 것의 절대적 타자성의 증인으로서, 그것의 애도가로서 이해된다. 이들이 예술의 정치성을 재정초하고 있다면, 그것은 바로 이 타자에 대한 무조건적인 책임과 연대의 정치라는 성격을 갖는다. "예술은 더 이상 미가 아니라 숭고에 관련된 어떤 것을 주요 논점으로 갖는다"[2]고 선언했던 리오타르는 이러한 흐름의 대표적인 철학자라고 할 수 있다. 이 프랑스 철학자가 보기에 인간의 자기 해방을 목표했던 근대적 기획은, 아우슈비츠의 비극이 보여주듯이, 인류의 자기 파괴라는 역설적 결과 속에서 자신을 실현하고 있다. 그에 따르면 이러한 전체주의적 귀결은, 감성을 이념성에 종속시킴으로써 예술이 증거하고 드러내야 할 이성과 감각과의 거리 혹은 감각의 원초적 이질성과 재현 불가능성을 간과하고 있는 데서 연유한다.

근대적 전체주의에 대한 비판은 또 다른 맥락에서도 등장한다. 해방이라는 근대적 정치 이념의 유산을 이어받으면서 동시에 그 안에 내재해 있던 전체주의적이고 유토피아적인 경향을 극복하고 예술의 정치성을 새롭게 정초하고자 했던 프랑크푸르트학파는 근대성에 기초한 또 다른 반反근대성의 기획으로 평가될 수 있다. 아도르노의 미학은 이 기획의 전형적인 모습을 보여준다. 그는 낭만주의적 프로그램의 실패가 예술과 삶의 동일화 때문이라고 믿었으며, 따라서 예술의 정치성을 예술의 자율성에서, 삶으로부터 분리된 이질적 감각 속에서 찾는다. 이 이질성은 점점 더 상품화되고 심미화되고 있는 자본주의적 삶의 형식으로의 동화에 대한 저항으로 해석되기 때문이다.[3]

랑시에르가 보기에 이러한 반근대성의 담론들은 거대 분할들, 모던

---

2) J.-F. Lyotard, *L'inhumain*, Paris: Galilée, 1988, p. 147.

과 포스트모던, 재현과 비재현, 고급문화와 대중문화 사이의 분할들을 설정하고 있으며, 동시에 그러한 분할에 상응하는 역사적 단절과 시대 구분을 제시하고 있다. 이러한 담론들에 대한 랑시에르의 논쟁적 개입은 바로 이 분할의 선들을 무너뜨리는 데 있다. 그는 바로 이러한 작업을 통해서만 그러한 담론들이 주장하는 예술의 정치성이 실제로 의미하는 것이 무엇인지, 다시 말하면 그들의 사유가 어떻게 현대 예술에 고유한 정치성을 탈각시키는지가 드러나게 된다고 믿는다. 그러나 랑시에르의 논쟁적 개입과 평가는, 이러한 미학적 논의들이 갖는 정치적 의미를 가시화함으로써 그것들의 한계를 드러내는 것에서 멈추지 않는다. 그것은 해방의 문제설정 속에서 사유되었던 예술, 그러나 이제 유토피아주의와 전체주의라는 비판과 탈정치화라는 이중의 질곡 속에 놓인 예술에 새로운 정치성을 부여하고자 하는 적극적인 작업이기도 하다.

앞에서 언급했듯이, 랑시에르의 이러한 논쟁적 개입은 다양한 담론들이 자신의 정치적 본성을 드러내는 무대를 구성한다는 특징을 갖는다. 그런데 여기에서 주목해야 할 점은, 랑시에르의 무대 구성 작업은 논리적이라기보다는 '역사적'이라는 사실이다. 랑시에르는 이론적으로 구성된 어떤 절대적 기준이나 관점에 입각해서 현대의 미학적 논의들을 평가하지 않는다. 그의 철학은 비판을 목표로 하지 않는다. 오히려 그는 이 담론들이 위치한 자리와 그 전개를 이해할 수 있게 해주는, 역사적으로 재구성된 무대를 구성한다. 다시 말하면 그의 철학이 겨

---

3) 이 미학적 담론들에 대한 랑시에르의 논의는 J. Rancière, *Le partage du sensible: Esthétique et politique*, Paris: La fabrique, 2000, pp. 37~45; *Malaise dans l'esthétique*, Paris: Galilée, 2004, pp. 53~63을 참조할 것.

냥하는 것은, 그것들을 이해할 수 있게 해주는 이해 가능성의 조건을 구성하는 것이다. 랑시에르의 철학적 작업을 '역사적'이라고 규정할 수 있는 이유는, 그가 이해 가능성의 조건을 하나의 역사적 사건에서 찾고 있기 때문이다. 이 역사적 사건에 붙여진 이름이 바로 '미학'이 다. 랑시에르에게 미학은 예술을 고유한 대상으로 삼는 분과학문이 아니다. 그것은 근대 18세기에 일어났던 어떤 사건, 예술을 이해하는 특정한 사유 체제에 붙여진 이름이다. 따라서 그것은 역사적인 개념 이다. 그것은 예술을 정의했던 다른 사유 방식들과 구별되는, 고유하게 근대적인 사유 방식을 표현하고 있다. 이러한 의미에서 미학은 온전하게 근대적인 것이다.

칸트와 실러Johann Christoph Friedrich Schiller는 이 미학적 모더니티를 체계화했던 대표적인 철학자였다. 랑시에르는 이제 이 두 철학자에게로 되돌아가 미학이라는 역사적 사건의 본성을 탐구한다. 여기에서 발견된 미학적 모더니티는 앞에서 언급한 미학적 논의들의 이해 가능성의 조건이며, 동시에 그것들이 보여주는 분할의 논리를 문제화하면서 랑시에르가 예술의 정치성을 다시 사유하는 기반이기도 하다.

3. 미학적 예술 체제와 그 정치성

1) 미학적 자유와 평등

예술이란 무엇인가? 그것을 다른 실천들 및 존재 방식과 구별하게 해주는 것은 무엇인가? 랑시에르에 따르면, 어떤 것이 예술로서 인정되고 식별되기 위해서는 그것을 예술로서 경험하고 규정하는 특정한 관점 혹은 사유가 있어야 한다. 어떤 그림이 존재한다고 해서 곧바로 예술로서 간주되는 것이 아니라 그것을 예술로 바라보는 시각 혹은 경험이 있어야 한다. 예술을 예술로서 인정하고 식별하는 특정한 사유 방식, 이것을 랑시에르는 '예술 체제régime des arts'라고 부른다.

랑시에르가 '미학적 예술 체제,' 혹은 간단히 '미학esthétique'이라고 부르고 있는 것은 근대라는 역사적 시기에 형성된 예술 체제를 가리킨다. 이 미학 체제는 아리스토텔레스에 의해 체계화되었던 재현적 예술 체제régime représentative des arts와 단절함으로써 형성된 것이다. 이 체제의 고유성은 미적 경험 및 판단의 고유성이 어디에 있는지를 해명함으로써 예술이란 무엇인가라는 질문에 답하고자 했다는 데 있다.

잘 알려져 있듯이 칸트는, 개념적 인식판단 및 도덕적 가치판단과 구별되는 미적 판단의 고유성을 '유희Spiel' 개념을 통해서 해명한다. 지성과 상상력의 자유로운 유희로서 미적 판단이란 보편적 개념 규정 하에서 이루어지는 사물 인식도, 이성이 우리에게 부여하는 도덕적 규범에 따른 판단도, 유용성의 논리에 규정되는 욕망의 표현도 아니다. 그것은 이 모든 규정성으로부터의 분리 혹은 단절 속에서 이루어지는 판단이다. 유희는 일차적으로 이렇게 모든 자연적인 성향, 사회적 규정성, 개념적 보편성 등으로부터의 거리 두기이며, 이 분리를 통해 가능해지는 자유를 의미한다.

미적 경험이 함축하고 있는 이 자유, 그리고 그 연장선상에서 성립되는 예술의 자율성은, 예술을 특정한 규범에 종속되어 있는 것으로 사유해온 사유 체제와의 단절을 동시에 의미한다. 아리스토텔레스에 의해 체계화된 재현적 예술 체제에서, 예술은 재현mimesis의 규범에 의해서 규정되고 있다. 재현은 로고스의 고유한 작업인 분할의 논리에 바탕을 두고 있다. 재현으로서의 예술은, 일차적으로 재현 가능한 것과 불가능한 것, 중요한 것과 중요하지 않은 것 등의 분할에 기초해 있다. 그리고 재현 대상의 차이에 따라 장르가 구별되며, 각각의 장르에 고유한 재현의 규범이 존재한다. 훌륭한 인간의 행위를 재현하는 비극과 열등한 인간 행위를 재현하는 희극의 구별, 그리고 이 각각의 장르에 고유한 재현 규범이 각각 규정된다. 아리스토텔레스의 『시학』은 바로 비극의 재현 규범을 기술한 것이다.

미학 체제는 이러한 재현 체제의 파괴로서 등장한다. 유희 개념이 함축하고 있는 분리와 자유는 재현 체제가 제시했던 재현 규범의 해체를 직접적으로 의미한다. 로고스에 의한 분할들, 재현의 대상이 될 수 있는 것과 될 수 없는 것의 분할이 사라진다. 모든 것은 재현될 수 있다. 주어진 로고스의 질서하에서 중요하지 않은 것, 의미 없는 것, 작은 것 등으로 간주되었던 것도 예술적 재현의 대상이 된다. 재현 체제에서 재현될 수 있는 것은 로고스의 인식 대상이 될 수 있는 것, 다시 말하면 사회적 이성에 의해서 그 중요성과 의미를 부여받은 중요한 주제들이다. 성서의 이야기들, 신화적 장면들, 군주나 귀족의 초상들, 국가적 행사 등이 회화적 재현의 주요 대상이었다. 그러나 미학적 예술 체제에서는 작거나 무의미한 것들이 재현의 대상이 된다. 죽은 자연(과일, 신발, 악기, 꽃, 생선 등),[4] 비렁뱅이 아이들,[5] 민중들의 일상

---

4) 17세기에 등장한 새로운 장르인 정물화가 재현의 대상으로 삼았던 '죽은 자연'은 세잔, 마네, 르누아르, 반 고흐, 고갱 등에게도 주요한 재현 주제 가운데 하나였다.

5) 예를 들면, 17세기 에스파냐 화가 무리요Bartolomé Esteban Murillo의 「거지 소년」 「포도와 멜론을 먹는 아이들」 등이 있다. 『아이스테시스』에서 랑시에르는 이 작품들을 미학적 예술

적 삶6) 등은 회화의 새로운 주제가 되었고, 교회탑 종소리, 물레방아, 방 안의 초상화나 골동품 등은 근대소설에서 인물과 사건의 부차적인 장식이 아니라 그 인물과 사건을 구성하는 요소로서 등장하게 된다. 이러한 변화는 예술에 대한 근본적인 관점의 변화, 사유 체제의 변화를 알리고 있다.

이렇게 재현 체제가 정립해놓은 모든 분할의 폐지는 모든 것이 재현의 대상이 될 수 있음을 의미한다. 큰 것과 작은 것, 중요한 것과 중요하지 않은 것 등의 분할이 사라지고, 모든 것은 동등한 권리와 자격을 획득한다. 이러한 의미에서 미학적 자유와 자율성은 동시에 미학적 '평등'의 이념을 산출한다. 예술은 이제 이 자유와 평등의 이념으로 구성되는 새로운 환경 속에서 사유되고 정의된다. 이러한 미학적 자유와 평등은 근대의 정치적 사건들을 추동했고 그 속에서 개념화되었던 정치적 자유 및 평등 개념과 조응하는 것이었다.

미학적 자유와 평등은 또 다른 함축적 의미를 갖는다. 앞서 말했듯 재현적 예술 체제에서는 재현의 대상에 따라 장르가 구별되며, 각 장르는 그것에 고유한 재현의 규범을 갖는다. 이러한 관점에는 보다 근본적인 철학적 전제가 놓여 있다. 사물에 대한 이해는 그 본질적 규정성에 대한 인식이고, 그 인식은 그것을 가능케 하는 '올바른' 길 혹은 방법을 따를 때 획득된다는 전제가 그것이다. 요컨대, 고전적 철학자들은 사물에 접근하는 올바른 방법을 설정한다. 그리고 이러한 관점에

체제의 중요한 장면으로 설명하고 있다(J. Rancière, *Aisthesis: Scènes du régime esthétique des arts*, Paris: Galilée, 2011, pp. 41~59 참조).

6) 랑시에르는 『아이스테시스』에서 네덜란드 풍속화를 언급하고 있다(같은 책, pp. 49~51 참조).

입각하여 그들은 주어진 대상에 대한 '올바른' 재현의 방식과 그렇지 않은 방식을 구별한다. 미학적 예술 체제는 바로 이 구별을 폐기하는 것이다. 방법적 올바름과 그렇지 않음의 구별이 사라진다. 즉 특정한 사물을 이해하고 표현하는 방식들은 모두 그 자체로 정당하다. 이러한 맥락에서 플로베르는 "문체는 사물들을 보는 절대적 방식"[7]이라고 말하고 있다. 여기에서 절대적ab-solutus이라 함은, 어떤 원리나 규범으로부터 자유롭다는 것을 의미한다. 이 테제는 보다 근본적으로, 재현 체제가 전제하고 있었던 철학적 관점, 즉 올바른 방법과 그렇지 않은 것의 구별을 정당화하는 본질과 가상의 분리를 폐지하고 있다.

결론적으로, 미적 경험을 규정하는 유희는 한편으로는 자연적, 사회적 규범 및 욕망으로부터의 분리, 그리고 그 분리를 통해 형성되는 자유와 평등의 공간 구성을 의미한다. 그러나 이 분리는 삶의 형식으로부터의 단절만을 의미하지 않는다. 예술은 삶과의 분리 속에서 그 고유성을 갖지만, 동시에 그것은 삶과 다시 관계를 맺을 수밖에 없다. 근대의 미학 체제에서 예술은, 한편으로는 자율성을 통해서 정의되지만 동시에 삶과의 필연적 연관성 즉 정치성을 동시에 갖는다. 미학 체제의 고유성은, 예술의 타율성 즉 정치성이 예술의 자율성을 전제하는 한에서 정립되고 사유된다는 데 있다. 즉 예술이 새로운 삶의 형식을 보여줄 수 있다면, 그것은 예술이 삶과 분리되는 한에서만 가능하다. 미학 체제에 고유한 예술의 이러한 정치성을 랑시에르는 '감성적 불일치dissensus'라는 개념을 통해서 설명한다.

---

[7] "Lettre de Flaubert à Louise Colet," 16 janvier 1852(J. Rancière, *La chair des mots: Politiques de l'écriture*, Paris: Galilée, 1998, p. 180에서 재인용).

2) 감성적 불일치와 정치

미학적 자유와 평등은 유희 개념이 함축하고 있는 한 측면 즉 예술의 자율성을 설명해준다. 그러나 유희는 동시에 예술의 타율성(혹은 정치성), 즉 예술이 삶과 맺고 있는 관계도 함축한다. 이 함축은 칸트의 유희 개념을 이어받아 발전시킨 실러에게서 좀더 분명하게 드러난다. 잘 알려져 있듯이, 실러는 실패한 프랑스 혁명의 대안으로서 미적 교육을 통한 새로운 인간성의 구성을 기획한다. 이 기획은 한편으로는 미적 경험이 어떤 삶의 규범이나 목적으로부터 분리된 자유로운 상태를 의미하지만, 동시에 그것이 우리 자신과 우리의 삶을 변화시키는 것이라는 인식에 기초해 있다. 새로운 인간성의 형성은, 존재하는 규범과 질서로부터의 분리를 통해 구성되는 자유로운 유희 공간에서 가능하기 때문이다. 예술은 이러한 공간 즉 분리된 자유와 평등의 공간을 제공하며, 여기에서 인간은 다양한 존재 방식의 가능성을 실험한다. 예술은 이렇게 역설적으로 바로 이 자율성을 통해서 삶과 연계된다. 다시 말하면, 예술의 정치성은 예술의 자율성 속에서, 일상적 삶을 지배하는 논리로부터의 분리에서 그 가능성을 발견한다. 미학 체제의 예술이 갖는 정치성의 고유성은 바로 여기에 있다.

반면에 재현 체제에서는 예술의 정치성이 예술적 의도와 그것의 귀결 사이에 존재하는 연속성을 통해 사유된다. 이 연속성은 재현이라는 고유한 메커니즘에 의해서 확보된다. 예술가는 특정한 의도를 가지고 특정한 재현의 규범에 따라 예술작품을 만든다. 그리고 감상자들은 그 예술작품의 체험을 통해 특정한 인식에 이르게 되고, 이 인식을 통해 특정한 행위로 인도된다. 이 인식을 통해 그들은 스스로를 새롭게 구성하고, 새로운 공동체를 형성하게 된다. 여기에서 설정된 것은 원인과 결과 사이의 연속성이고, 예술과 삶의 근본적 동일성이다. 여기에 미학 체제에서 보이는 예술의 자율성은 존재하지 않는다. 예술적 의도, 재현, 체험과 인식, 그것이 삶에 만들어내는 결과 사이의 연속성이 이 과정을 지배하는 통일적 원리로서의 로고스에 의해 확보되고 있기 때문이다.

미학 체제는 예술의 정치성에 대한 고전적 도식을 전복시킨다. 앞에서 보았듯이, 이러한 전복은 예술의 자율성을 통한 정치성의 정립으로 나타난다. 미학 체제의 본성은 바로 예술의 자율성과 타율성의 역설적 동일성에 의해 규정된다. 랑시에르는 이것을 "상반적인 것들의 근본적 동일성"[8]으로 정식화하고 있다. 무목적적 합목적성(칸트), 비의도와 의도의 동일성(칸트, 플로베르), 무지와 앎의 동일성(천재 개념), 무의식과 의식의 동일성(셸링) 등은 미학 체제를 규정하는 이 모순 즉 상반적인 것들의 동일성을 표현하고 있다.

미학 체제에 내재하는 이 모순성은, 우리가 앞에서 언급한 바 있는 미학적 논의들의 전개와 그 성격에 대한 이해 가능성의 조건을 구성한다. 왜냐하면 그 논의들은 미학 체제에 고유한 이 모순을 특정한 방식으로 해석하면서 그것을 해체하는 담론들이기 때문이다.

그린버그의 모더니즘은 이 해석의 한 경우를 구성한다. 그는 예술의 자율성을 강조하면서, 예술을 순수 형식에 대한 탐구로 이해한다. 이러한 맥락에서 그는 예술의 고유성을 추상성, 반反재현성으로 규정한다. 그러나 랑시에르에 따르면, 이러한 해석은 미학 체제에 대한 일

---

8) J. Rancière, *Le partage du sensible*, p. 33.

면적 해석이다. 무엇보다도 현대예술은 그린버그가 주제화하고 있는 반재현성에 의해 규정되지 않는다. 미학 체제가 거부하고 있는 것은 반재현성이 아니라 재현의 규범이다. 재현 규범의 해체는, 반재현이 아니라 모든 재현 방식에 대한 권리 인정을 그 귀결로서 갖는다. 따라서 예술의 자율적 실천이 보여주는 감성적 불일치는 주어져 있는 삶의 논리와의 분리를 보여줄 뿐만 아니라, 주어진 주제에 대한 새로운 사유 가능성을 드러내는 정치적 실천이기도 하다. 그린버그는 이 점을 간과함으로써 미학 체제에 고유한 예술의 정치성을 해소해버린다.

낭만주의 기획은 그린버그식의 모더니즘과는 정반대의 방향에서 미학 체제에 고유한 정치성을 해소한다. 예술을 통한 감성적 통일체의 구성을 기획했던 이 전통은, 예술 형식이 삶의 형식으로 전화한다고 상정함으로써 예술의 타율성을 이해해왔지만, 예술 형식을 도래할 삶의 형식의 선취로서만 이해함으로써 예술의 자율성을 삭제하고 있다. 요컨대, 미학 체제에 고유한 정치성, 감각적 이질성에 의해 구성되는 정치적 '불화'를 무화한다.

예술의 자율적 실천으로부터 구성되는 이질적 감성 형식은 그 자체로 정치성을 구성하지 않는다. 그 이질성이 단지 삶으로부터의 분리만을 지시하는 것이 아니라, 삶의 형식의 새로운 실험으로서 등장하면서 이미 존재하는 삶의 형식의 필연성과 정당성을 무너뜨릴 때, 그것은 미학 체제에 고유한 정치성을 구성하게 된다. 근대적 기획의 연장선상에서 반근대성의 정치를 표방했던 아도르노의 기획과, 재현 불가능한 타자성의 현시를 철학적, 정치적, 예술적 임무로 간주하고 있는 포스트모더니즘은 바로 이 점을 간과함으로써, 미학의 정치성을 해소한다. 예술의 사회적 기능은 그것을 갖지 않는 것에 있다고 주장하면서, 아도르노는 예술의 자율적 실천이 보여주는 감각적 이질성에서 삶의 형식과의 단절만을 보고 있다. 그러나 이 단절은, 앞에서 살펴보았듯이, 자유와 평등의 공간 구성을 의미하며, 그 자유와 평등은 사물을 보는 새로운 시선, 따라서 새로운 삶의 구성을 가능케 하는 주체화의 무대이다. 랑시에르는 동일한 것을 포스트모더니즘 담론들에서도 발견하고 있다. 타자에 대한 연대로서의 정치는, 리오타르에게서 잘 나타나듯이, 타자를 절대적 희생자로 간주함으로써, 정치적 주체화의 장소가 아니라 한갓 윤리적 고려의 대상으로 전락시키고 있기 때문이다. 이러한 이유에서 랑시에르는 예술의 정치성을 사유하는 많은 현대적 논의들 속에서 반대로 정치의 소멸, 그가 "윤리적 전회"라고 부른 현상을 목도한다.[9]

미학적 예술 체제는 예술을 예술로서 식별하고 사유하는 사유 체제 혹은 식별 체제이다. 그것은 근대에 형성된 역사적 산물이다. 이러한 의미에서 그것은 어떤 원리로부터 예술을 규정하고 설명하는 이론이 아니라, 근대인들이 예술의 고유성을 이해했던 하나의 역사적 방식이다. 랑시에르는 이 미학적 모더니티의 본성과 그 내적 모순을 드러냄으로써 예술과 정치 사이의 필연적 연관관계를 확립한다. 근대 이후 나타났던 다양한 미학적 담론들은 미학적 모더니티의 내적 모순과 긴장에 의해 추동되고 전개되었으며, 동시에 그 모순을 특정한 방식으로 해소하고 있다. 이러한 의미에서 미학 체제는 미학적 담론들의 본성을 이해하고 비판할 수 있게 해주는 기반을 제공한다. 또한 동시에

---

9) J. Rancière, "Le tournant éthique de l'esthétique et de la politique," *Malaise dans l'esthétique*, pp. 143~73 참조.

그것은 이러한 담론들이 해소하고 소멸시키고 있는 예술의 정치성을 재사유하도록 해주는 역사적 사건이자 무대이다. 이렇게 재구성된 미학적 모더니티를 통해서 랑시에르는 현대예술에 대한 미학적 논의들을 비판적으로 평가함과 동시에, 보다 적극적으로는 그 미학적 혁명 이후 존재해왔던 다양한 예술적 실천들을 구체적으로 분석한다. 우리가 이 글에서 다루고자 하는 오귀스트 로댕은 미학적 예술 체제하에서 전개되었던 예술적 실천의 한 무대를 구성한다.

4. 로댕의 인상주의 시학

1) 표면: 신체 탐구의 감각적 환경

랑시에르의 미학적 분석은 문학, 영화, 연극, 회화, 조각, 무용, 사진 등 아주 다양한 분야에 걸쳐 있다. 이러한 분석들은 그의 여러 저작에서 다양한 방식으로 제시되고 있지만, 미학에 관한 한 주저라고 할 수 있는 『아이스테시스: 미학적 예술 체제의 무대들』에서 집중적으로 등장한다. 그는 이 책에서 14개의 미학적 무대들 혹은 사건들을 선택해서 다룬다. 각각의 사건들을 기록한 텍스트를 제시하고, 그것이 갖는 의미를 미학 체제의 고유한 틀 속에서 탐험하는 방식으로 이 14개의 무대가 구성되어 있다.

로댕은 랑시에르가 선택한 14개 무대들 가운데 하나이다. 이 프랑스 조각가에 대한 랑시에르의 분석은, 로댕 해석의 한 전형을 만들어냈던 독일의 시인 릴케Rainer Maria Rilke의 텍스트로부터 출발한다. 랑시에르를 따라, 릴케의 텍스트부터 살펴보자.

결국 그의 탐구가 집중한 것은 표면surface이다. 표면은 빛과 사물의
무수히 많은 만남들로 구성된다. 이 만남은 각각 서로 다르며, 각각이
다 독특한 것처럼 보인다. 여기에서 각 만남들은 서로를 맞이하고 있는
것처럼 보이며, 서로 수줍게 인사하는 듯하다. 또한 그것들은 거기에서
두 이방인처럼 조우한다. 무수히 많은 만남의 장소들이 있지만, 아무 일
도 일어나지 않는 장소는 없었다. 비어 있는 장소는 없었다.[10]

랑시에르는 먼저 이 텍스트에서 '표면'이라는 용어에 주목한다. 릴
케는 여기에서 조각에 대한 일반적 관념 즉 조각을 3차원의 입체적 예
술로 보는 통상적 이해를 정면으로 부정하고 있다. 그 대신 주제적으
로 나타나고 있는 것이 표면이다. 이것은 로댕이 강조했던 단면plan의
예술로서의 조각이라는 관념에 상응한다. 그렇다면 조각이 왜 입체가
아니라 표면 혹은 단면의 예술인가? 표면은 그린버그가 회화라는 장
르의 고유성을 규정한다고 믿었던 평면성에 관계하고 있는 것은 아닌
가?[11] 이 질문들에 답하기 위해서는 먼저 '매체medium' 일반에 대한

---

10) R. M. Rilke, *Auguste Rodin*, M. Betz(trans.), *Oeuvres I*, Prose, Paris: Seuil, 1966, p.
   396(J. Rancière, *Aisthesis*, p. 185에서 재인용).
11) 실제로 회화를 평면의 예술로 이해했던 그린버그는 로댕의 조각에서 회화적 특징을 발견
   하고 있다. "로댕은 베르니니 이후 처음으로, 자신의 미술에서 회화의 본질적인 성질들,
   즉 단순히 삽화적인 성질들이라기보다 회화의 본질적인 성질들을 가로채보려고 시도한 조
   각가였다. 그는 인상주의와 겨루면서 빛에 의해 표면이 그리고 심지어는 형태까지도 녹아
   내리는 효과를 추구했다"(클레멘트 그린버그, 『예술과 문화』, 조주연 옮김, 경성대학교출
   판부, 2004, p. 168). 그린버그에 따르면 회화는, 자신의 자율성을 위해 3차원의 예술인 조
   각과 공유될 수 있는 모든 것을 버림으로써 평면성을 표현하게 되는데, 이 평면성은 빛과

미학적 성찰이 요구된다.

일반적으로 매체는 관념과 그 실현 사이의 중간에 있는 것으로서, 그것을 매개하는 수단moyen으로 이해할 수 있다. 그런데 그린버그는 이러한 일반적 관념을 전도한다. 그에게 매체는 단순히 목적 실현을 위한 수단이 아니라, 그 자체로 목적이 된다. 회화는 더 이상 어떤 사물이나 관념의 재현이 아니라, 매체의 물질성에 대한 형식적 탐구이기 때문이다. 그런데 이러한 관점은 매우 역설적이고 흥미로운 결과를 낳는다. 예술은 단순히 '기예techne'가 됨으로써, 즉 예술art이 아닌 한에서 예술이 된다는 귀결이 그것이다. 달리 말하면, 예술은 다른 수공업적 기예들과 구별되는 자신의 고유성을 버리는 한에서 예술이 된다. 매체의 고유성을 통한 예술의 정의는 이렇게 역설적인 귀결을 갖게 된다. 그런데 랑시에르는 이 역설에서 매체에 대한 새로운 해석의 가능성을 발견한다.

예술은, 예술인 것이 동시에 예술이 아닌 것이 될 수 있는 한에서 예술이 된다. 예술은 예술인 것과 예술이 아닌 것 사이의 구별이 불분명해지는 어떤 감각적 환경sensory milieu에 자신의 생산물들이 귀속하게 될 때 예술이 된다. 요컨대, 수단은 자기 자신의 목적과는 다른 어떤 것을 획득하는 수단이기도 하다. 그것은 또한 특정한 환경의 형성에 참여하는 수단이다.[12]

사물의 만남을 그린 모네의 인상주의 회화에서 특징적으로 나타난다. 위의 인용문에서 릴케가 말하고 있듯이, 로댕의 표면 혹은 단면은 빛과 사물의 만남이다.

12) J. Rancière, "What medium can mean?," *Parrhesia*, no. 11, 2011, p. 35.

랑시에르는 어떤 외적 목적의 실현 수단으로서의 매체와 순수 물질성으로서의 매체라는 두 관념의 대립으로부터 미학 체제에 고유한 제3의 매체 관념을 이끌어내고 있다. 후자의 관점이 전자의 부정을 통해서 성립된다면, 후자는 자신 안에 함축되어 있는 역설적 귀결에 의해 제3의 개념화를 요청한다. 랑시에르는 여기에서 매체를 '환경milieu'[13]으로 이해할 것을 주장한다. 감각적 환경으로서의 매체는 관념의 실현을 위한 단순한 수단도 아니고, 자신 이외에 다른 어떤 것도 실현하지 않는 순수한 자기 목적성도 아니다. 오히려 그것은 감각 경험의 일상적 형식에 이질적인 감각적 환경이며, 새로운 감각적 형식들의 구성이 실험되는 환경이다. 이 환경 속에서 실험되고 구성되는 감각적 형식들은 결국 새로운 삶의 형식인 한에서, 매체의 물질성에 대한 탐구 이상의 것을 의미하게 된다. 이렇게 매체는 랑시에르에게서 미학적 예술 체제에 고유한 '감성적 불일치'가 현시되는 환경으로 정의되고 있다. 따라서 이 환경 혹은 중간지대는 예술의 자율성과 타율성 사이의 동일성이 확립되는 장소이기도 하다.

이러한 관점에서 표면은 특정한 예술 장르에 고유한 매체로서 이해될 수 없다. 오히려 릴케가 로댕의 조각에서 주제화하고 있는 표면은 매체 자체에 대한, 나아가 예술 일반에 대한 새로운 이해를 함축한다. 릴케는 표면을 빛과 사물의 만남으로 정의한다. 로댕이 자신의 조각에서 인간 신체에 대한 탐구를 주제화할 때, 그 신체는 바로 이 표면들을 통해 구성된다. 로댕이 조각을 표면의 예술로서 이해했을 때, 그는 표면이 단지 신체의 일면적 가상들인 것이 아니라, 반대로 바로 이 표

---

13) 프랑스어 milieu는 매체medium가 그러하듯이 '중간' '가운데'의 뜻을 지니고 있다.

면들을 통해서 신체가 구성되고 탐구된다는 것을 잘 알고 있었다.

여기에서 표면은, 어떤 심층에 존재하는 실재를 드러내지만 동시에 은폐하는 어떤 가상적 외양으로 간주되지 않는다. 또한 표면의 배후에는 아무것도 없기 때문에 거기에서 모든 것은 동등한 가치를 가지며, 따라서 표면은 가상들의 놀이 그 이상의 것이 아니라고 주장하는 현대의 허무주의 철학으로 환원되지도 않는다. 그것은 랑시에르가 재규정하고 있듯이, 구성과 변형transformation의 장소이기 때문이다.[14)

2) 열려 있는 전체

이러한 관점은 근본적으로 표면과 부피, 행위와 신체의 관계에 대한 전복적 사유를 표현한다. 고전적 조형예술에서 신체는 행위의 담지자로서 간주된다. 따라서 유기적 신체의 구조와 그 기능에 대한 이해 속에서 운동과 행위가 규정되고 표현된다. 그러나 로댕에게서 "이제 행위하는 것은 신체들이 아니다. 신체를 구성하는 것이 행위들이다."[15) 여기에는 신체, 나아가 사물들을 하나의 유기적 통일체로 보는 전통적 관념에 대한 전복이 존재한다. 오히려 신체는 여기에서 유동적 표면들, 빛과의 만남을 통해 형성되는 무수히 많은 표면들이 탐험하는 전체, '열려 있는 전체tout ouvert'이다.

랑시에르에 따르면, 로댕은 예술에 대한 동시대의 새로운 이해를 조각의 물질성 속에서 구체화했으며, 그 새로움은 바로 이 열려 있는

---

14) J. Rancière, "Art of the Possible : Fulvia Carnevale and John Kelsey in Conversation with Jacques Rancière," *Artforum*, March 2007, p. 267.

15) J. Rancière, *Aisthesis*, p. 187.

전체와 그것을 탐험하고 구성하는 파편들fragments에 대한 주목에 있다. 로댕은 유기적 전체로부터 출발하지 않는다. 그는 파편들로부터, 도래할 전체를 구성하게 될 개체들로부터 출발한다. 그 개체들은 주어진 전체에 의해 규정되지 않는, 따라서 미완성의 것l'inachevé이다. 여기에서 미완성은 도래할 어떤 미지의 전체를 구성하게 될 가능성을 의미한다. 로댕의 친구이자 비평가였던 제프루아Gustave Geffroy가 「지옥의 문Porte de l'Enfer」에서 주목하는 것도 완성된 작품으로서의 「지옥의 문」이 아니라, 그것을 구성하게 될 파편적 조각상들이었다.

넓은 방 여기저기에, 조각 받침대, 선반, 소파, 의자, 바닥 위에, 작은 조각상들이 사방으로 흩어져 있다. 어떤 것들은 얼굴을 들고 있고, 어떤 것들은 팔이 비틀어진 채, 또 다른 것들은 다리를 오므린 채 있다. 그것들은 무질서하게 우연히 서 있거나 누워 있다. 그것들은 마치 활기에 찬 묘지와 같은 인상을 준다. 6미터 높이의 문Porte 뒤에는 한 무리가, 소리 없이 웅변하고 있는 무리가 있다. 한 장 한 장, 한 문단 한 문단, 한 문구 한 문구, 한 줄 한 줄에 멈추면서 책을 뒤적이거나 읽는 것처럼, 개체 하나하나에 시선을 주어야 할 것 같은 한 무리가 있다.[16]

제프루아는 흩어져 있는 파편적 조각상들, 「지옥의 문」이라는 완성된 작품을 구성하게 될 개체들에 주목한다. 이것들은 이미 기획된 어떤 유기적 전체의 부분들이 아니다. 완성된 「지옥의 문」은 그것을 명

---

16) G. Geffroy, "Claude Monet, A. Rodin,"(1889년 6월 21일부터 8월까지 파리에서 개최된 전시회의 카탈로그), pp. 56~57(J. Rancière, *Aisthesis*, p. 188에서 재인용).

확히 보여준다. 개별 조각상들은 어떤 전체로부터 자신의 자리와 규정성을 부여받은 미완성의 것이 아니다. 그것들 각각은 온전한 하나의 개체성을 구성한다. 거기에는 어떤 결핍도 없다. 이 각각의 개체성은, 제프루아가 서술했듯이, 어떤 몸짓 혹은 자세로 표현된다.

물론, 「지옥의 문」은 주제와 이야기를 가지고 있다. 잘 알려져 있듯이 로댕은 애초에 「지옥의 문」에서 단테의 『신곡: 지옥편La Divina Commedia: inferno』을 형상화하고자 했다. 실제로 문의 왼쪽 아래에 위치한 우골리노Ugolino와 그 아이들, 그리고 파올로Paolo와 프란체스카 Francesca 등의 조각은 단테의 지옥을 상기시킨다. 그렇다고 해서 「지옥의 문」을 이 문예적 서사와 그것이 함축하고 있는 도덕적 목적에 기초해서 해석해야 한다고 주장하는 것은 성급한 판단이다. 오히려 로댕은 개체들을 특정한 서사의 규정 속에서 형상화하는 것은 그것들의 실제 모습을 그리는 것과는 거리가 멀다는 것을 잘 인식하고 있었다.

나는 1년 내내, 단테의 『신곡: 지옥편』의 여덟 세계를 그려보면서 그와 함께 살았다. 단테에 대한 나의 시각을 그림으로 묘사해보았지만, 그것들이 실재reality와 충분히 근접해 있지 않다는 것을 나는 그해가 끝날 무렵에 깨닫게 되었다. 그래서 나는 모든 것을 다시 시작했다. 실재하는 사물들을 그리기 위해 나의 모델들을 가지고 작업했다. 나는 단테에 기초해서 그렸던 그림들을 버렸다.[17]

---

17) 이것은 로댕이 세르주 바세Serge Basset라는 작가에게 한 말로 알려져 있다. S. Basset, "La Porte de l'Enfer," *Le Matin*, 19 mars 1900〔A. E. Elsen(ed.), *Rodin Rediscovered*, Seattle: University of Washington Press, 1981, p. 61에서 재인용〕.

로댕은 시인 단테의 세계를 벗어나기 위해, 그의 말대로 실재에 다가가기 위해 20여 년 동안 멈추지 않고 작업을 계속했다. 그렇다면 「지옥의 문」에서 그 '실재'는 어떻게 나타나는가? 릴케에 따르면 여기에서 주제화되고 있는 것은 "살아 움직이는 단면들의 접촉"[18]이다. 로댕은 수많은 곳에서 만나고 있는 이 단면들의 접촉을 통해서 신체를 탐구하고 묘사했다. 이 단면들 혹은 표면들은 빛과의 상호작용 속에서 사물들의 명과 암, 깊이와 옅음을 드러낸다. 이것을 통해 단테의 인물들은 정형화된 몸짓, 표정, 정서로부터 벗어나 삶의 수천 가지 모습으로, 희망, 상실, 고통, 체념 등의 몸짓과 정서로 다시 태어났다. 전통적으로 인물들의 정체성을 표현했던 의복이나 얼굴 표정은 가려지거나 불분명하게 나타난다. 오히려 삶이 드러나는 곳은 미시적 요소들 즉 표면들이다.

신체에서 운동, 그리고 그것을 통해 삶과 정서를 표현하는 것은 조형예술에서 전혀 새로운 것이 아니다. 로댕의 새로움은 그 운동과 삶을 표현하는 방식 혹은 '문체style'에 있었다. 그는 닫힌 전체에서 출발하는 대신 미시적 사건들로부터 출발한다. 따라서 각 개별 인물들의 모습과 자리는 전체의 위계적 질서에 따라 규정되는 것이 아니라 그 스스로의 구성을 통해서 나타나게 된다. "그[로댕]는 인물들과 인물군이 스스로 자리 잡게 했다. 그는 자신이 창조한 인물들의 삶을 관찰했다. 그는 그것에 귀 기울였고, 그들 모두가 자신의 의지에 따라 행위하도록 했다. 「지옥의 문」의 세계는 이러한 방식으로 생겨났다. 이렇게 해서 조각된 형태들이 의존하고 있는 표면들은 삶에 다가가기 시작

---

18) R. M. Rilke, *Auguste Rodin*, New York: Parkstone Press, 2011, p. 56.

〈사진 1〉 오귀스트 로댕, 「지옥의 문」(1880~90)

했다."[19]

결론적으로 로댕에게서 세계는 표면을 통해 제시된다. 그것은 분별하고 분할하는 능력으로서의 이성이 발견해야만 하는 주어진 세계가 아니다. 사물들의 진리 혹은 그 실재성은 표면을 통한 무한한 탐험 속에서만 다가갈 수 있다.[20] 이러한 이유로 로댕은 그의 탐험을 멈출 수가 없었던 것이다. 그는 어떤 특권적 장소와 모습을 통해서는 진리에 다다를 수 없다는 것을 잘 알고 있었다. 따라서 그는 모든 표면을, 모든 신체의 장소를 그려내고자 했다. 그의 관심은 신체 일반, 얼굴 혹은 손 일반을 이해하는 게 아니었다. 그는 모든 신체, 모든 얼굴, 모든 손을 알고자 했다.

삶의 진리는 얼굴에서 그 표현의 특권적 장소를 발견하지 않는다. 그것은 신체의 모든 곳에, 모든 몸짓과 자세, 모든 장면과 순간에 퍼져 있다. 또한 그 몸짓이나 장면은 유기적 신체에 의해 부여되는 특정한 기능의 표현들이 아니다. 이 점을 탁월하게 주목했던 것이 릴케였다. 이 독일 시인은 손에 대한 로댕의 탐구를 다음과 같이 기술하고 있다.

예술가의 임무는 다수의 것들로 하나의 사물을 만들고, 한 사물의 가장 작은 부분으로부터 하나의 세계를 만드는 것이다. 로댕의 작품에는 손들이, 어떤 특정한 신체에 귀속되지 않은 살아 있는 독립적인 작은 손

---

19) 같은 책, pp. 62~65.
20) 랑시에르에게 진리는 '부재하는 중심'이다. 모든 언어와 사유는 이 부재하는 중심에 대한 탐험, 그것을 향한 하나의 궤도 그리기로 이해된다. 이 탐험에서 어떤 언어도 특권적이고 절대적인 권리를 갖지 않는다. 모든 언어와 사유는 동등한 권리를 갖는다. 이것은 랑시에르가 『무지한 스승 *Le Maître ignorant*』에서 제시하고 있는 핵심적인 논제이다.

들이 있다. 화가 나서 봉기하고 있는 손들, 케르베루스Cerberus의 머리들처럼 뻣뻣한 다섯 손가락이 울부짖고 있는 것과 같은 손들이 있다. 그리고 걷고 있는 손들, 잠자고 있는 손들, 깨어나고 있는 손들이 있다. 〔……〕 손들은 이야기를 가지고 있다. 그것들은 자신들만의 문화, 자신들만의 아름다움을 가지고 있다. 우리는 그것들에 자신들만의 표현, 자신들만의 바람, 감정, 분위기, 관심 등을 가질 수 있는 권리를 부여한다. 로댕은 자신이 실천해왔던 훈련 방식을 통해 신체가 삶의 장면들에 의해서만 구성된다는 것, 그리고 삶은 모든 장소에서 자신의 위대함과 개별성을 드러낼 수 있다는 것을 알고 있다. 그는 다양하게 구성된 이 넓은 평면의 각 부분에 전체의 자율성과 풍부함을 부여할 줄 아는 힘을 가지고 있다.[21]

릴케가 탁월하게 포착하고 있듯이, 로댕의 손들은 무엇을 잡거나 가리키는 손이 아니라 "걷고 있는 손" 혹은 "잠자고 있는 손"이다. 이 손들의 모습은 일상적으로 손에 부여되는 기능들로부터 벗어난다. 그리고 이러한 분리를 통해 이 손들은 자신들만의 고유한 이야기를 쓰고 표현한다. 이러한 한에서, 이 임의의 손들은 "전체의 자율성과 풍부함"을 가지고 있다. 이 자율적 개체들은 몸짓, 자세, 장면 들로 구성되며, 이것들을 로댕은 '표면'이라고 부른다. 그의 작품은 이 자율적 표면들로 구성되는 열려 있는 전체에 다름 아니다.

이제 로댕에게서 문제는 보다 명확해진다. 그것은 랑시에르가 말했듯이 "신체를 행위의 원동자moteur로 만드는 것을 거부하는 것, 보다

---

21) 같은 책, p. 50.

정확히 말하면, 이 신체를 다수의 단위들 즉 다수의 몸짓이나 장면으로 해체하거나 분해하는 것이다."[22] 따라서 로댕의 조형예술이 우리에게 보여주는 진정한 새로움은 그의 언어이다. 그의 작품은 이야기와 주제를 가지고 있다. 그러나 그의 작품에서 중요한 것은 그것이 아니다. 그것은 그 이야기를 표현하는 언어, 정확히 말하면 그의 '문체'에 있다. 플로베르는 문체를 "사물들을 보는 절대적 방식"으로 규정한 바 있다. 사물들을 절대적인 방식으로 본다는 것은, 그것들을 어떤 전제된 규범 속에서 보지 않는다는 것을 의미한다. 부분들을 전체에 기초해서, 운동들을 그 신체의 유기적 구조로부터, 정서들을 특정한 품성으로부터, 현상이나 외양을 전제된 본질로부터 파악하지 않고, 그것들을 그 자율성과 독립성 속에서 파악한다는 것을 의미한다. 이러한 의미에서 로댕에게 표면은 사물들을 절대적인 방식으로 보는 문체이다. 그리고 이러한 점에서 그의 예술은 재현적 예술 체제를 파괴하면서 등장했던 미학적 예술 체제의 한 무대를 구성하고 있다.

로댕이 표면이라는 새로운 문체를 통해 구성하고 있는 것은 랑시에르가 "인상주의적impressioniste"이라고 부르고 있는 시학poétique을 구성한다. 랑시에르에게 인상주의는 "재현의 세계를 반재현의 요소들로 재구성하는 시학"[23]을 의미한다. 로댕은 「지옥의 문」이 가지고 있는 서사적 통일성을 표면들이라는 사건적 요소들로 해체하고 재구성함으로써 정확히 이 인상주의 시학을 보여주고 있다.

20세기의 로댕 해석에는 상반되는 두 가지 경향이 존재했다. 로댕

---

22) J. Rancière, *Aisthesis*, p. 191.
23) J. Rancière, *La chair des mots*, p. 186.

의 천재성은 그가 전하고 있는 이야기들에 있다기보다 그의 재현 수단에 있다고 보는 해석과, 로댕이 너무 수사적이며 특정 서사에 얽매어 정형화된 주제나 감정에 압도당하고 있다고 보는 해석이 그것이다.[24] 랑시에르는 두 해석이 각각 주목하고 있는 서사와 표현 수단으로서의 문체를 등치시키고 동등화함으로써, 두 해석을 뛰어넘는 제3의 해석을 제시한다. 이 인상주의적 해석을 통해 그는, 로댕의 예술적 실천이 함축하고 있는 존재론적이고 정치적인 함의를 파헤친다.

3) 로댕과 플로베르의 동일성: 인상주의 시학의 정치

다수의 표면들로부터 구성되는 열려 있는 전체는 새로운 조형예술의 이념을 제시해준다. 랑시에르는 이 새로운 이념을 당시의 미학적 논쟁을 해결하는 관점으로 제시한다. 이 논쟁은, 빛의 변이에 따라 사물들이 보여주는 상이한 모습에서 자연의 진리를 발견하고자 했던 인상파 화가들과, 그러한 인상주의 회화에 반대하여 문학과 예술을 이념의 현시로 이해하고자 했던 젊은 비평가들 사이에서 전개되었다. 이때 논점이 되었던 것은 당시 등장하고 있었던 새로운 예술의 본성에 관한 해석이었다. 후자는 인상주의 회화에서 일종의 허무주의를 찾아낸다. 즉 그 비판자들은, 자연의 찬미자들이 빛을 찬양하면서 화폭 위에 펼쳐 보이는 자연은 생명의 표현이지만, 이때의 생명은 이유도 목적도 없이 추구되는 맹목적 의지의 공허함을 드러낼 뿐이라고

---

24) N. S. Benedek, *Auguste Rodin: The Burghers of Calais*, New York: The Metropolitan Museum of Art, 2000, p. 26 참조.

주장한다. 그들에게 예술에서 중요한 것은 오히려 영적 충동élan spirituel 혹은 이념의 현시였다. 그들은 이 새로운 예술의 전형을 고갱의 「설교 후의 환상La Vision du Sermon」에서 찾았다. 이 그림에는 어떤 종교적 서사의 장면도 존재하지 않는다. 거기에는 관념들을 표현하는 상징들만이 존재할 뿐이다. 그러나 인상파 화가들은 이 상징적 형상들에서 추상적 관념의 재현을 발견한다. 이렇게 미학적 새로움에 대한 해석은 모네의 '생명'에서 전형을 발견하는 입장과 고갱의 '이념'에서 그것을 찾는 입장 사이의 대립으로 나타난다.

로댕의 열려 있는 전체는 이 상반된 두 해석의 동일성을 보여줌으로써 이 대립을 해결한다. 그것은 로댕의 조형예술, 특히 앞에서 「지옥의 문」에 대한 논의를 통해 설명되었던 그의 '인상주의 시학'을 통해서 이루어진다. 그런데 여기에서 일차적으로 중요성을 갖는 것은 생명에 대한 이해이다. 인상주의 회화에서처럼, 로댕에게 표면은 빛과 사물들의 만남이다. 그리고 이 역동적인 표면들을 만들어내는 주체는 생명이다. 그런데 이때 생명은, 종종 오해되듯이, 어떤 "거대한 어두운 심연"이거나 "배후로부터 울리는 음악" 혹은 "오직 무언의 심포니에 의해서만 표현될 수 있는 원초적이고 무의식적인 의지의 거대한 웅얼거림"이거나 "거대한 생명의 약동"이 아니다.[25] 생명을 이렇게 이해하는 것은 표면과 심연, 닫힌 형식과 맹목적 약동, 관념의 통일성과 경험적 다수성, 합리주의와 경험주의라는 이항 대립의 논리에 빠지는 것이다.

앞에서 언급했듯이, 로댕의 작품에서 서사적 통일성, 주제, 의도는

---

25) J. Rancière, *Aisthesis*, pp. 198~99.

〈그림 1〉폴 고갱, 「설교 후의 환상 : 천사와 싸우는 야곱」(1888)

〈그림 2〉 클로드 모네, 「인상, 해돋이」(1873)

생명/삶의 표현인 표면들로 재구성된다. 이러한 재구성은 고전적인 서사적 담론에, 그것과 동등한 자격을 갖지만 이질적인 새로운 언어를 등치시키는 것과 같다. 이렇게 함으로써 로댕은 두 언어의 동등성을 확립하고 있는 것이다. 이를 통해 비언어적이고 비인격적인 기호들인 물질적 표면들은 하나의 동등한 언어로서 가시화되고 정립된다. 따라서 생명/삶은 재현될 수 없는 무언의 어두운 심연이 아니다. 로댕의 표면들이 표현하는 생명은 이유 혹은 근거 없이 존재하는 비이성적인 것이 아니다. "그것은 멈추지 않는 사유들의 창조자"[26]이고, "신체들의 운동과 만남에 온전하게 내재하는, 형식들을 창조하는 무한한 역량"[27]이다. 로댕의 작품에서 몸짓과 자세로 형상화되고 개체화되고 있는 것이 바로 이 '사유들'이고 '형식들'이다.

  랑시에르가 로댕에게서 발견한 이러한 생명 개념이 일차적으로 보여주는 것은 관념과 물질 사이에 설정되어 있는 대립의 해소이다. 릴케가 올바르게 쓰고 있듯이, 로댕에게 "우리가 정신과 영혼이라고 부르고 있는 것은 가까이 다가간 얼굴의 작은 표면 위에 나타난 가벼운 변화일 뿐"[28]이기 때문이다. 요컨대 로댕에게서 물질적 표면은 곧 사유 자체이다. 따라서 그에게는 인상주의와 상징주의 사이의 논쟁이 보여주는 물질과 관념 사이의 대립은 존재하지 않는다. 상반적인 것들 즉 물질과 관념의 동일성은, 이 두 항에 각각 전통적으로 부여되어 왔던 또 다른 대립, 즉 다수성과 통일성, 무한과 유한, 맹목성과 합리성 사이의 대립 또한 해소시킨다. 생명은 어두운 심연으로서 아폴론

---

26) 같은 책, p. 200.
27) 같은 책, p. 198.
28) R. M. Rilke, *Auguste Rodin*, p. 123 (J. Rancière, *Aisthesis*, p. 194에서 재인용).

적 형상들의 아름다운 가상에 대립하는 것이 아니라, 형식들과 사유들의 창조자이기 때문이다.

로댕의 생명 개념은 이렇게 대립적으로 간주되어오던 것들의 동일성을 확립한다. 그리고 이 동일성 속에서 인상파 화가들의 '생명'과 고갱의 '이념' 사이의 논쟁적 대립은 사라진다. 더 나아가 그의 생명 개념은 자신의 시대가 보여주고 있는 예술의 진정한 새로움이 어디에 있는지를 보여준다. 모네의 인상주의와 고갱의 상징주의가 만나는 공통의 지반, 로댕의 작품이 탁월하게 보여주고 있는 이 공통점은 존재에 대한 새로운 이해에 있다. 랑시에르는 그것을 '생성의 이념idéalité du devenir'으로 요약한다.[29] 간과되고 잊힌 생명의 무수한 모습들을 지칠 줄 모르는 관찰을 통해 포착하고자 했던 로댕의 조형예술은, 운동의 한 상태가 아니라 운동 자체를 그리고 있다는 점에서 생성의 존재론을 함축하고 있다.

그렇다면 로댕의 조형예술이 보여주는 이 생성의 존재론은 어떤 정치적 함의를 가지고 있는가? 미학 체제의 한 무대를 구성하고 있는 그의 인상주의 시학이 보여주는 미학의 정치는 어떠한 것인가? 랑시에르는 로댕을 분석하고 있는 『아이스테시스』에서 이 문제를 직접적으로 다루지 않는다. 그러나 우리는 그가 로댕의 동시대인이었던 플로베르를 분석한 곳에서 이 질문의 답을 발견할 수 있다. 랑시에르는 플로베르의 소설 또한 '인상주의 시학'으로 규정하면서 그것에 함축된 존재론을 '생성의 존재론'으로 이해하고 있기 때문이다.

플로베르의 소설에 등장하는 인물들을 구성하는 것은 그들의 사회

---

29) J. Rancière, *Aisthesis*, p. 201 참조.

적, 문화적 지위 등이 아니다. 그들은 주어진 전체 질서 안에서 그 몫이 계산되고 분배되는 개인들이 아니라, '임의의quelconque' 개인들이다. 이 점에서 그들은 로댕의 「지옥의 문」이나 「칼레의 시민들Les Bourgeois de Calais」(1886)에 등장하는 인물들처럼 자기 완결적이다. 엠마 보바리Emma Bovary는 자신에게 부과되었던 사회적, 문화적 규정성에서 벗어난 저 임의의 개인을 표현하고 있다. 그는 자신에게 부여된 삶 이상의 것을, 문학적 저작들이 그에게 불어넣었던 새로운 삶을 욕망하고 추구했다. 이 점에서 엠마는 새로운 시대, 민주주의라고 불리는 새로운 사회의 개인들을 표현한다. 이 민주주의적 개인은 프랑스 혁명, 산업화, 지식과 정보의 무차별적 유통을 가능케 한 새로운 매체들의 등장이 불러일으킨 위계적 정치질서의 파괴로부터 출현했다. 이제 개인들은 자신들의 삶을 규정했던 환경으로부터 자유로운 임의의 인간, 자유와 평등의 인간으로 새롭게 탄생한다. 플로베르가 그린 것은 바로 이 민주주의적 인간이라는 점에서, 비록 그는 민주주의 체제의 옹호자는 아니었지만 그의 소설은 민주주의적이었다고 할 수 있다.[30]

그러나 로댕의 파편적 개체들에 상응하는 자기 완결적이고 자기 충족적인 개인인 엠마는 소설에서 비극적 최후를 맞는다. 그녀는 왜 죽을 수밖에 없었는가? 아니 왜 플로베르는 그녀를 죽일 수밖에 없었는가? 그것은 꿈꾸어서는 안 되는 삶을 욕망한 대가가 아니다. 이 민주주의적 개인들의 무절제한 욕망이 사회를 혼란에 빠뜨리기 때문도 아니다. 요컨대 그것은 그녀를 꿈꾸게 했던 문학과 예술의 허구와 실제적 삶을 혼동해서가 아니다. 미적 경험은 삶의 논리로부터의 분리에

---

30) J. Rancière, *Politique de la littérature*, Paris : Galilée, 2007, pp. 61~64 참조.

서 성립하지만, 동시에 새로운 감성적 형식을 통한 삶의 형식의 창출이라는 점에서 예술은 삶과 분리될 수 없다. 앞에서 언급했듯이, 이 모순은 미학적 예술 체제에 고유한 예술의 모순을 구성한다. 따라서 엠마의 비극은 예술과 삶의 혼동 그 자체에 있지 않다. 랑시에르에 따르면, 오히려 그것은 구별될 수 없는 예술과 삶의 관계를 이해하는 특정한 방식에서 찾아야만 한다. 플로베르는 그것을 "감상적인sentimental"과 "실증적인positif"이라는 두 단어로 표현한다.[31] 보다 정확히 말하면 엠마는 감상주의와 실증주의의 동일화에 의해서 규정된다. 미사 시간에 엠마는 "제단의 향취, 성수반의 시원함, 촛불의 불빛에서 뿜어져 나오는 신비한 권태"[32]에 빠지면서, 미사라는 종교적 행사로부터 이탈한다. 그러나 그녀는 이 미적 정서와 감각에 구체적인 형상을 부여했다. 달리 말하면 그녀는 그것들을 현실적인 사물들이나 인물들의 파생적 성질들로 이해했고, 따라서 그녀는 그 사물들과 인물들을 욕망했다. 엠마의 비극의 기원은 바로 여기에 있었다. 로댕이 벗어나고자 했던 바로 그 고전적 관점, 즉 표면, 외양, 행위, 정서 등을 그 원인으로서의 실체에 귀속시켰던 관점으로 되돌아감으로써, 예술의 근대적 이해를 정초하는 미적 체험의 고유성 즉 미학적 분리를 무화시킨다. 이것이 엠마가 예술과 삶의 관계를 이해하는 방식이었다. 그녀의 죄는 미학적 예술 체제에 고유한 예술의 모순성 즉 예술의 고유성에 대한 배반에 있었다. 후에 벤야민이 "일상적 삶의 심미화"라는 이름으로 부르게 될 이 오류 때문에, 플로베르는 그를 죽일 수밖에 없

---

31) 같은 책, pp. 61~62 참조.
32) Gustave Flaubert, *Madame Bovary*, Paris: G. Charpentier, 1879, p. 38(J. Rancière, *Politique de la littérature*, p. 67에서 재인용, 번역은 필자).

었다.[33]

엠마가 사물을 바라보는 이러한 관점은 소설의 '이야기'를 이끌고 구성한다. 플로베르는 이 서사를 새로운 언어로 재구성하면서 그것을 이중화한다. 로댕과 마찬가지로 그것은 사물들을 재현하는 그의 고유한 문체 속에서 나타난다. 앞에서 말했듯이, 여기에서 그의 문체는 사물을 보는 절대적 방식이다. 그것은 무엇보다도 인격적인 재현 '주체'의 해체를 함축한다. 이 해체와 더불어 사물들은 더 이상 특정한 욕망, 목적, 의도에 의해 규정되거나 이해되지 않는다. 미적 정서와 감각은 어떤 개체적 인격성을 표현하는 게 아니라, 사물과 사물의 순수한 만남을 표현한다. 사람들이 이 정서의 원인으로 파악하는 개체성은 오히려 이러한 만남들을 통해 형성되는 것이다. 이러한 만남들을 현대 철학자들은 '사건' '독특성' 등의 개념으로 파악한다. 샤를르와 엠마의 만남, 사랑이라 불리는 이 사건을 플로베르는 "문 아래 틈을 통해 공기가 바닥 타일 위의 먼지를 약간 밀쳐냈다"[34]고 표현하고 있다. 여기에서 사랑의 감정은 사물들의 물질적 표면 위에, 그 미묘한 운동으로 표현되고 있는 것이다.

랑시에르가 플로베르의 소설을 인상주의 시학으로 규정하는 것은 바로 이러한 이유에서이다. 요컨대 그는, 엠마의 관점이 이끌고 있는

---

33) J. Rancière, *Politique de la littérature*, pp. 67~68 참조.

34) 같은 책, p. 72. 여기에서 공기는 무néant가 아니라 존재 자체, 모든 규정적 성질들이나 속성들로부터 벗어나 있는 존재 자체이다. 따라서 이것은 생명 자체, 예를 들면 '먼지의 작은 움직임'과 같은 사건들이 발생하는 터전과 같은 것이다. 사물을 그 절대성 속에서 이해한다는 것은 바로 그것을 이 공기 속에서 이해하는 것과 같다. 이에 대해서는 J. Rancière, *La parole muette: Essai sur les contradictions de la littérature*, Paris: Hachette, 1998, pp. 107~108 참조.

서사를 새로운 언어, "사물들의 몸체에 쓰여진 언어"[35]를 통해 이중화한다. 이 새로운 언어 혹은 문체는 그것에 상응하는 존재론을 함축하고 있다. 고대 그리스의 자연/본성physis 개념이 고전적인 시학을 정초했다면, 이 새로운 시학은 자신에 상응하는 새로운 자연, 반자연/본성contrenature이라고 불릴 수 있는 존재에 대한 새로운 이해를 함축한다. 생성의 존재론은 바로 로댕과 플로베르의 인상주의 시학이 전제하고 있는 존재론이다.

이러한 관점에서 볼 때, 플로베르의 소설은 로댕의 조각과 다르지 않다. 플로베르가 감성적인 미시 사건들로 인물들을 표현했듯이, 로댕은 표면들을 통해 신체를 탐험하고자 했다. 이렇게 두 예술가는, 비록 소설과 조각이라는 서로 다른 장르에 속해 있었지만 생명에 대한, 보다 정확히 말하면 새로운 의미 생성을 가능케 하는 무한한 역량에 대한 탐구라는 지점에서 서로 만나고 있다.

그런데 이 인상주의 시학에 고유한 정치성을 이해하기 위해서는, 이 시학이 생성의 존재론과 맺고 있는 관계를 정확히 이해할 필요가 있다. 우선 먼저 주목해야 할 것은 생성의 존재론은 필연적으로 인상주의 시학을 함축하지 않는다는 점이다. 인상주의 시학은 생성의 존재론을 함축하지만, 후자로부터 전자가 필연적으로 따라 나오는 것은 아니기 때문이다. 생명의 힘을 그리는 시학적 작업은 상이하게 나타날 수 있으며, 그에 따라 상이한 정치성을 보여줄 수 있다.

로댕의 「지옥의 문」과 플로베르의 『보바리 부인』은 민주주의가 탄생시킨 현대적 삶의 혼란과 비극을 묘사하고 있다. 그러나 이것은 이

---

35) J. Rancière, *Politique de la littérature*, p. 23.

두 예술가에게만 고유한 것은 아니다. 그러한 비극적 관점은 민주주의라는 새로운 시대의 출현 앞에서 많은 사람들이 공유하던 두려움의 표현이었다. 두 예술가의 고유성은, 민주주의라는 사회적 혼란과 병을 생명의 무수한 표현들로 재해석하고 있다는 점이다. 이를 통해 그들의 예술은 인상주의 시학으로 규정될 수 있었다. 이 시학은 민주주의를 하나의 비극으로 무대화하고 있는 언어에 그것과는 다른 언어, 침묵 속에서 말하고 있는 언어를 등치시키면서 무대를 재구성한다. 인상주의 시학의 정치성은 정확히 이 감성적 불일치의 무대를 구성하는 것에 있다. 랑시에르에게 정치는 평등의 무대화, 즉 말할 자격이 없다고 간주되던 것이 스스로를 말할 자격을 가진 것으로, 말이 아닌 것으로 간주되던 것이 스스로를 하나의 말로서 현시하고 증명하는 무대를 구성하는 것이다.[36] 로댕의 조형예술과 플로베르의 문학은 사물들의 표면 위에 나타나는 미시적 사건들에 말할 수 있는 자격과 권리를 줌으로써, 미학 체제에 고유한 정치를 보여준다.

랑시에르는 미학 체제에 특징적인 예술의 정치성을 '메타정치méta-politique'라고 부른다. 그렇게 부르는 이유는 그것이 "정치의 무대들과 언표들을, 그것들에게 토대를 제공하는 '진정한 무대'의 법칙들로 대체하고자 하는 시도"[37]이기 때문이다. 이러한 의미에서 로댕과 플

---

36) 이에 대해서는 J. Rancière, *La mésentente: Politique et philosophie*, Paris: Galilée, 1995, chap. 3; 박기순, 「랑시에르에서 미학과 정치」, 『미학』, 61집, 2010, pp. 72~79 참조.

37) J. Rancière, *Politique de la littérature*, p. 30. 『미학 안의 불편함』에서 랑시에르는 메타정치를 다음과 같이 정의한다. "민주주의적 가상들과 국가의 형식들로부터 그것들을 정초하는 심층의 운동들과 구체적인 에너지들의 하부 무대로 이행하면서, 즉 무대를 옮겨가면서 정치적인 불일치의 궁극에까지 가는 사유"(J. Rancière, *Malaise dans l'esthétique*, p. 49).

로베르의 인상주의 시학은 메타정치에 속한다. 그런데 이 두 예술가의 메타정치는 예술이 삶과 맺는 관계를 정립하는 고유한 방식에서 다른 메타정치와 구별된다. 그들의 예술작품은, 우리가 앞에서 설명한 바 있는 미학적 분리를 통해서 이질적인 감성의 차원으로 우리를 인도한다. 로댕의 새로운 조형예술과 플로베르의 근대적인 문학성은 바로 이 자율적인 예술적 실천 속에서, 사물들을 보는 절대적인 방식 속에서 실현되고 있다. 그런데 이러한 예술의 자율적 실천을 통해서 가시화되는 이질적 감성은 삶과 특정한 관계를 맺을 수밖에 없다. 여기에서 두 예술가가 이 관계를 설정하는 방식은, 새로운 감성적 언어를 그들의 작품을 구성하는 서사와 동일화하는 것에서 그 고유성을 갖는다. 그들의 예술적 문체는 서사를 에워싸고 포화시키는 동시에 그것에 용해되고 있다.

랑시에르에 따르면, 이러한 동등화가 갖는 궁극적인 정치성의 의미는 "반反박애주의적 평등égalité antifraternelle"이다.[38] 인상주의적 동등화는 민주주의적 삶의 비극적 서사를 존재론적 평등을 표현하는 비인칭적인 감각의 언어들로 재해석함으로써, 그 비극에 대한 궁극적 치료를 제공하기보다는 오히려 그것을 근본적인 것으로 만든다. 플로베르는 다음과 같이 확신한다. "나뭇잎들이 서로 같지 않듯이 인간들은 서로 형제가 아니다. 그것들은 모두 서로를 괴롭힌다."[39] 따라서 생성의 존재론으로부터 직접적으로 갈등과 불화가 존재하지 않는 박애의 정치 공동체로 나아가는 길은 존재하지 않는다.

---

38) J. Rancière, *La parole muette*, pp. 193~94 참조.
39) 같은 책, p. 194.

랑시에르가 로댕에게서 발견한 이 시학의 정치는 로댕에 대한 다른 해석과 구별된다. 로댕 해석의 또 다른 전형을 만들어냈던 예술사가 레오 스타인버그Leo Steinberg는, 릴케와 마찬가지로 로댕의 작품에서 표면 혹은 단면에 주목한다. 그러나 이로부터 그가 이끌어낸 결론은 릴케나 랑시에르의 그것과는 다른 것이었다. 그가 로댕에게서 주목한 것은 "지각이 불가능할 정도의 지속적인 변조와 부드러운 전이들"이다. 그에 따르면, 이것에 의해 신체는 어떤 분할도 갖지 않는 것처럼 보이며, 고대 그리스 조각이 보여주었던 신체적 구조는 연속적인 표피의 흐름skinflow으로 용해된다.[40) 요컨대 이 현대 예술사가는 로댕의 표면 속에서 '추상적 에너지'의 발산을 확인하고 있다.

로댕에 대한 이러한 동력학적 해석은, 예술과 삶의 관계 즉 예술의 정치성을 사유하는 또 다른 방식을 구성한다. 릴케와 랑시에르처럼, 스타인버그는 로댕의 표면들이 표현하고 있는 것은 생명이라는 점을 이해하고 있었다. 그러나 그가 이해한 로댕의 생명은 이야기를 갖지 않는다. 그는 로댕의 작품을 생명의 언어인 표면들과 서사적 언어를 등치시키는 인상주의 시학으로 해석하는 것을 거부한다. 오히려 그는 로댕에게서 그러한 서사와의 절대적 단절을 읽는다. 그렇다면 이렇게 이해된 로댕에게서, 이 철저하게 비재현적인 추상적 에너지는 삶과 어떠한 관계를 맺는가? 그것은 어떠한 정치성을 갖는가? 로댕의 작품은 사물의 다양한 변이들을 만들어내는 유동적 통일체를 '상징적으로' 보여준다. 즉 그것은 생명 혹은 힘 자체를 상징적으로 그리고 있

---

40) L. Steinberg, *Other Criteria: Confrontations with Contemporary Art*, Chicago: The University of Chicago Press, 1972, p. 379 참조.

다. 로댕의 작품이 보여주는 이 상징적 힘은 도래할 공동체, 즉 어떤 분할과 불평등도 존재하지 않는 정치 공동체를 알리고 있다는 점에서 하나의 정치, 랑시에르가 로댕과 플로베르의 인상주의 속에서 발견한 반박애주의적 메타정치와 구별되는 박애주의적 메타정치를 보여준다. 여기에서 이질적 감성 형식으로서의 예술작품은, 모든 위계적 질서와의 절대적 단절, 그 질서의 이름이었던 '아버지의 법loi du Père'에 대한 종말의 선언임과 동시에 도래할 새로운 공동체의 감성적 선취로, 도래할 인민의 합창으로 나타나게 된다.[41] 이러한 의미에서 이 박애주의적 평등의 정치는 민주주의적 질병에 대한 치료로서 제시된다.[42]

로댕에 대한 스타인버그의 해석은 릴케와 랑시에르의 고유성을 보다 분명하게 드러내준다. 로댕의 새로운 예술은 근대에 성립된 미학 체제의 한 무대를 구성한다. 그것은 그의 예술 세계가 미학적 자유와 평등에 기초한다는 것을 의미한다. 로댕의 인상주의 시학이 갖는 정치성은 이 미학적 자유와 평등이 정치적 자유와 평등과 맺는 관계에 의해 규정된다. 주노 루도비시Juno Ludovisi의 여신상이 그리스 대중의 자유로움을 표현하고 있다는 점에서 정치적이라면, 로댕의 「지옥의 문」이나 「칼레의 시민들」은 근대적 인민, 자유와 평등의 존재인 근대적 민주주의 대중을 그리고 있다는 점에서 그것과 구별된다. 그런데

---

41) 스타인버그의 로댕 해석이 함축하고 있는 예술의 정치성은, 랑시에르가 들뢰즈의 '문학의 정치'를 설명하면서 제시한 관점과 일치한다(J. Rancière, *La parole muette*, pp. 194~203 참조). 실제로 들뢰즈는 "문학으로서의, 글쓰기로서의 건강sauté은 부재하는 인민을 창조하는 것에 있다"고 말하고 있다(G. Deleuze, *Critique et clinique*, Paris: Éd. de minuit, 1993, p. 14).

42) 예술을 치료 혹은 의술로 간주하는 관점은 들뢰즈에게서 명확하게 나타난다(G. Deleuze, *Critique et clinique*, pp. 11~17 참조).

여기에서 미학과 정치, 예술과 삶이 맺는 관계는 동일하게 나타나지 않는다. 랑시에르가 로댕에게서 발견한 예술의 정치성은 종종 근대의 '윤리적' 이념으로 간주되기도 하는 '박애'를 부정하고 있다는 점에서 그 고유성을 갖는다.

5. 나가며

랑시에르의 미학을 이끌고 있는 것은 미학 개념, 그가 칸트와 실러로 되돌아가서 재발견하고 있는 바로 그 미학 개념이다. 그에게서 미학은 예술을 철학적 성찰의 대상으로 삼는 분과학문이 아니다. 그것은 특정한 역사적 시기 즉 18세기 근대라는 시기에 탄생하고 정립된, 예술을 식별하는 하나의 역사적 사유 방식이다. 이 점에서 그것은, 또다른 역사적 시기에 존재했던 다른 예술 체제들, 플라톤의 윤리적 이미지 체제와 아리스토텔레스의 재현적 예술 체제와 구별된다.

랑시에르가 칸트와 실러의 미학 개념으로 되돌아가 하고자 하는 것은, 이 미학 체제에 고유한 예술의 정치성을 재사유하고 무대화하는 것이다. 칸트와 실러 이후, 미학적 모더니티에 대한 다양한 해석과 비판, 그리고 단절의 선언을 통해서 폐기되고 왜곡되고 있는 것이 바로 예술의 정치성이기 때문이다. 랑시에르는 칸트와 실러에 대한 독해를 통해, 미학 체제에 고유한 예술의 정치성 즉 타율성은 예술의 자율성을 통해서만 정립되고 사유될 수 있다는 점을 확인한다. 미학 체제의 한 무대를 형성하고 있는 로댕의 조형예술은 이 미학의 정치가 구체적으로 어떠한 것인가를 우리에게 보여준다.

로댕은 표면이라는 새로운 조형예술의 언어를 창조했다. 이 언어는 신체를 보는 새로운 방식이며, 신체가 구성되고 이해되는 새로운 감각적 환경이다. 이 물질적 표면의 언어는 로댕의 조각이 갖는 가시적 언어 즉 서사를 이중화함으로써 그것을 재해석한다. 이 인상주의 시학은 이렇게 서로 다른 두 언어를 등치시킴으로써, 즉 이질적인 두 언어의 동등성과 불일치를 동시에 보여줌으로써 미학적 불화, 감성적 불일치의 무대를 구성한다. 이 시학에 고유한 정치는 바로 여기에 있다. 그것은 우리에게 어떤 윤리적 약속도 제시하지 않는다. 오히려 로댕의 시학은 정치적 불화를 감성적인 차원에서 극대화하는 메타정치를 보여준다.

앞에서 언급했듯이, 로댕을 하나의 미학적 사건으로 재무대화하는 것은 랑시에르에게 현재의 미학적 담론들에 대한 개입을 의미한다. 로댕에 대한 그의 분석은, 모더니즘과 포스트모더니즘의 구별, 재현과 비재현의 구별, 관념과 물질의 구별, 장르의 차이에 따른 재현 방식의 구별, 그리고 무엇보다도 순수예술과 정치적 참여예술의 구별을 무화시킨다. 랑시에르는 이 개입을 통해 이 분할의 담론들과 단절한다. 이를 통해 그는 시대적 거리와 장르적 거리를 뛰어넘어 공명하고 있는 상이한 예술적 실천들을 하나의 공통적 지반 위에서 사유하고 분석할 수 있는 길을 열어놓고 있다. 우리가 이 글에서 주제적으로 다루었던 로댕의 표면들은, 주노 루도비시의 조각상에 나타나고 있는 그리스 여신의 한가로움, 무리요의 거지 소년들, 네덜란드 풍속화에 나타난 민중의 일상적 장면들, 플로베르의 사실주의적 소설에 등장하는 민주주의적 대중 등과 소통하고 조응하고 있다. 랑시에르가, 현대의 미학적 담론들에 대한 논쟁적 개입을 통해 다양한 분할의 선들을 무너

뜨리면서 결국 보여주고자 했던 것은 아마도 이 공명의 음악이었는지
도 모른다.

참고문헌

제1부 실존주의와 현상학의 미술 체험

1장 하이데거의 미술론(반 고흐) 하피터

박정자, 『빈센트의 구두』, 기파랑, 2005.

콜링우드, R. G., 『상상과 표현』, 김혜련 옮김, 고려원, 1996.

하이데거, 마르틴, 『형이상학 입문』, 박휘근 옮김, 문예출판사, 1994.

───, 『예술작품의 근원』, 오병남·민형원 옮김, 예전사, 1996.

───, 『존재와 시간』, 이기상 옮김, 까치글방, 1998.

───, 『횔덜린의 송가〈이스터〉』, 최상욱 옮김, 동문선, 2005.

───, 『니체 1·2』, 박찬국 옮김, 길, 2012.

헤르만, F. W. 폰, 『하이데거의 예술철학』, 이기상·강태성 옮김, 문예출판사, 1997.

Derrida, Jacques, *The Truth in Painting*, Geoffrey Bennington & Ian McLeod(trans.), Chicago: The University of Chicago Press, 1987.

Gadamer, Hans-Georg, "Zur Einführung," M. Heidegger, *Der Ursprung des Kunstwerkes*, Stuttgart: Reclam, 1978.

Heidegger, Martin, *Kant und das Problem der Metaphysik*, Frankfurt am Main:

Vittorio Klostermann, 1973.

―――, "On the Essence of Truth"(1930), *Martin Heidegger: Basic Writings*,
David Farrell Krell(ed.), New York: Harper & Row Publishers, 1977.

―――, "Der Ursprung des Kunstwerkes," *Holzwege*, Frankfurt am Main: Vittorio
Klostermann, 1980.

―――, *Nietzsche I*, David Farrell Krell(trans.), San Francisco: Harper Collins
Publisher, 1991.

―――, *Contributions to Philosophy*, Parvis Emad & Kenneth Maly(trans.),
Bloomington: Indiana University Press, 1999.

2장 사르트르의 미술론(자코메티) 지영래

로드, 제임스, 『자코메티: 영혼을 빚어낸 손길』, 신길수 옮김, 을유문화사, 2006.

Beauvoir, Simone de, *La force de l'âge*(1960), Coll. "Folio," Paris: Gallimard,
1992.

Contat, Michel & Michel Rybalka, *Les écrits de Sartre*, Paris: Gallimard, 1970.

Drot, Jean-Marie, *Un homme parmi les hommes: Alberto Giacometti*, film
documentaire, 1963.

Genet, Jean, *L'Atelier d'Alberto Giacometti*, Lyon: L'Arbalète, 1963. 〔한국어판:
『자코메티의 아틀리에』, 윤정임 옮김, 열화당, 2007〕.

Sartre, Jean-Paul, *Esquisse d'une théorie des émotions*, Paris: Hermann, 1939.

―――, *Situations II*, Paris: Gallimard, 1948. 〔한국어판: 『문학이란 무엇인가』, 정
명환 옮김, 민음사, 1993〕.

―――, *Situations III*, Paris: Gallimard, 1949.

―――, "La Recherche de l'absolu"(1948), *Situations III*, Paris: Gallimard, 1949.

―――, *Saint Genet: Comédien et martyr*, Paris: Gallimard, 1952.

―――, "Les peintures de Giacometti"(1954), *Situations IV*, Paris: Gallimard,
1964.

―――, *Situations IV*, Paris: Gallimard, 1964. 〔한국어판: 『시대의 초상』, 윤정임
옮김, 생각의나무, 2009〕.

―――, *L'Imaginaire: Psychologie phénoménologique de l'imagination*(1940),

Coll. "Bibliothèque des idées," Paris: Gallimard, 1964. 〔한국어판:『사르트르 의 상상계』, 윤정임 옮김, 기파랑, 2010〕.

————, *L'Idiot de la famille: Gustave Flaubert de 1821 à 1857*, 3 vols., Paris: Gallimard, 1971~72.

————, *Situations IX*, Paris: Gallimard, 1972.

————, *Sartre: un film réalisé par Alexandre Astruc et Michel Contat*, texte intégral, Paris: Gallimard, 1977.

————, *L'Imagination*(1936), Coll. "Quadrige," Paris: PUF, 1989. 〔한국어판:『사 르트르의 상상력』, 지영래 옮김, 기파랑, 2008〕.

Sicard, Michel, *Obliques: Sartre et les arts*, no. 24~25, Paris: Borderie, 1981.

3장 레비나스의 미술론(소스노) 서동욱

만, 토마스,『요셉과 그 형제들 3』, 장지연 옮김, 살림, 2001.

바디우, 알랭,『비미학』, 장태순 옮김, 이학사, 2010.

칸트, 임마누엘,『판단력비판』, 백종현 옮김, 아카넷, 2009.

하이데거, 마르틴,『존재와 시간』, 이기상 옮김, 까치글방, 1998.

————,「예술작품의 기원」,『숲길』, 신상희 옮김, 나남, 2008.

Armengaud, Françoise, "Faire ou ne pas faire d'images: Emmanuel Levinas et l'art de l'oblitération," *Noesis*, vol. 3, 2000.

Cohen-Levinas, Danielle(ed.), *Le souci de l'art chez Emmanuel Levinas*, Houilles: Éd. Manucious, 2010. (마리옹, 낭시 등 프랑스의 대표적인 연구자들이 레비나스 예술철학에 대해 쓴 글을 모은 논문집).

Levinas, Emmanuel, *Totalité et Infini*, La haye: Martinus Nijhoff, 1961.

————, *De lexistence à lexistant*, Paris: J. Vrin, 1947; 1963. 〔한국어판:『존재에서 존재자로』, 서동욱 옮김, 민음사, 2003〕. (이 책은 3장 1절을 예술론에 할애하고 있다).

————, *Difficile liberté*, Paris: Albin Michel, 1963.

————, *Humanisme de l'autre homme*, Montpellier: Fata morgana, 1972.

————, *Autrement qu'être ou au-delà de l'essence*, La haye: Martinus Nijhoff, 1974.

──, "L'autre dans Proust" (1947), *Nom propres*, Montpellier: Fata morgana, 1976. (프루스트의 작품을 타자 이론의 관점에서 분석한 레비나스의 대표적인 문학평론).

──, *Le temps et l'autre*, Paris: PUF, 1947; 1979. 〔한국어판: 『시간과 타자』, 강영안 옮김, 문예출판사, 1996〕.

──, "Jean Atlan et la tension de l'art," *Emmanuel Levinas*, Paris: Éd. de l'Herne, 1991〔처음 발표: *Atlan, premières périodes 1940~1954*, Musée des Beaux-Arts de Nantes(1986)에 수록〕. (화가 장 아틀랑의 전시회 도록에 수록되었던 짧은 글).

──, "La réalité et son ombre" (1948), *Les imprévus de l'histoire*, Montpellier: Fata morgana, 1994. (레비나스의 대표적인 예술철학 논문).

── & Françoise Armengaud, *De l'oblitération*, Paris: Éd. de la différence, 1990. (사카 소스노의 조각작품을 다룬 조형예술론).

Marion, Jean-Luc, *Dieu sans l'être*, Paris: Fayard, 1982; Paris: PUF, 1991.

4장 메를로-퐁티의 미술론(세잔) 신인섭

Bonan, Ronald, *Premières leçons sur l'esthétique de Merleau-Ponty*, Paris: PUF, 1997.

Bonfand, Alain, *L'expérience esthétique à l'épreuve de la phénoménologie*, Paris: PUF, 1995.

Dastur, Françoise, *Philosophie et différence*, Chatou: Les Éditions de la Transparence, 2004.

Delco, Alessandro, *Merleau-Ponty et l'expérience de la création, Du paradigme au schème*, Paris: PUF, 2005.

Escoubas, Eliane, "La question de l'œuvre d'art: Merleau-Ponty et Heidegger," *Merleau-Ponty, phénoménologie et expériences*, Marc Richir & Etienne Tassin (eds.), Grenoble: Jérome Millon, 1992.

Haar, Michel, "Peinture, perception, affectivité," *Merleau-Ponty, phénoménologie et expériences*, Marc Richir & Etienne Tassin(eds.), Grenoble: Jérome Millon, 1992.

Heidegger, Martin, "L'origine de l'œuvre d'art," *Chemins qui ne mènent nulle part*, Wolfgang Brokmeier(trans.), Paris: Gallimard, 1962.

Merleau-Ponty, Maurice, *Phénoménologie de la perception*, Paris: Gallimard, 1945.

──, *L'œil et l'esprit*, Paris: Gallimard, 1960.

──, *Le visible et l'invisible*, Paris: Gallimard, 1964.

──, *La prose du monde*, Paris: Gallimard, 1969.

──, *Merleau-Ponty à la Sorbonne: Résumés de cours 1949~1952*, Grenoble: Cynara, 1988.

──, *Notes de cours 1959~1961*, Paris: Gallimard, 1996.

──, *Sens et non-sens*, Paris: Gallimard, 1996.

──, *Signes*, Paris: Gallimard, 2001.

Rochlitz, Rainer, *Art contemporain et argumentation esthétique*, Paris: Gallimard, 1994.

Roman, Joël, *Chroniques des idées contemporaines*, Paris: Bréal, 1995.

5장 리쾨르의 미술론(렘브란트) 윤성우

곰브리치, E. H.,『서양미술사』, 백승길·이종숭 옮김, 예경, 2002.

라플랑슈, 장·장 베르트랑 퐁탈리스,『정신분석 사전』, 임진수 옮김, 열린책들, 2005.

윤성우,『들뢰즈: 재현의 문제와 다른 철학자들』, 철학과현실사, 2004.

──,『폴 리쾨르의 철학』, 철학과현실사, 2004.

──,「리쾨르의 문학론: 언어와 실재에 대한 탐구」,『하이데거 연구』, 제15집, 2007.

Bazaine, Jean, *Couleurs et mots*, Paris: Le cherche midi éditeur, 1997.

Ricoeur, Paul, *Philosophie de la volonté I*, Paris: Aubier, 1950.

──, *La symbolique du mal*, Paris: Aubier, 1960.〔한국어판:『악의 상징』, 양명수 옮김, 문학과지성사, 1994〕.

──, *De l'interprétation: Essai sur Freud*, Paris: Seuil, 1965.〔한국어판:『해석에 대하여: 프로이트에 관한 시론』, 김동규·박준영 옮김, 인간사랑, 2013〕.

──, *Le conflit des interprétations: Essais d'herméneutique*, Paris: Seuil, 1969.

〔한국어판:『해석의 갈등』, 양명수 옮김, 아카넷, 2001〕.

———, *La métaphore vive*, Paris: Seuil, 1975.

———, *Temps et récit I*, Paris: Seuil, 1983. 〔한국어판:『시간과 이야기 1』, 김한식·이경래 옮김, 문학과지성사, 1999〕.

———, *Temps et récit II*, Paris: Seuil, 1984. 〔한국어판:『시간과 이야기 2』, 김한식·이경래 옮김, 문학과지성사, 2000〕.

———, *Temps et récit III*, Paris: Seuil, 1985. 〔한국어판:『시간과 이야기 3』, 김한식 옮김, 문학과지성사, 2004〕.

———, *Soi-même comme un autre*, Paris: Seuil, 1990. 〔한국어판:『타자로서 자기 자신』, 김웅권 옮김, 동문선, 2006〕.

———, *Lectures III*, Paris: Seuil, 1994.

———, *La critique et la conviction: Entretien avec François Azouvi et Marc de Launay*, Paris: Calmann-Lévy, 1994. 〔한국어판:『비판과 확신』, 변광배·전종윤 옮김, 그린비, 2013〕.

6장 미셸 앙리의 미술론(칸딘스키) 김재희

이남인, 『현상학과 해석학』, 서울대학교출판부, 2004.

정희성, 『한 그리움이 다른 그리움에게』, 창작과비평사, 1991.

칸딘스키, 바실리, 『예술과 느낌』, 막스 빌 엮음, 조정옥 옮김, 서광사, 1994.

———, 『예술에서의 정신적인 것에 관하여』, 권영필 옮김, 열화당, 2000.

———, 『점·선·면: 회화적인 요소의 분석을 위하여』, 차봉희 옮김, 열화당, 2000.

Dufour-Kowalska, Gabrielle, *L'art et la sensibilité: De Kant à Michel Henry*, Paris: J.Vrin, 1996.

Henry, Michel, *L'Essence de la manifestation*, Paris: PUF, 1963.

———, *Philosophie et phénoménologie du corps*, Paris: PUF, 1965.

———, *Phénoménologie matérielle*, Paris: PUF, 1990.

———, *Phénoménologie de la vie III: De l'art et du politique*, Paris: PUF, 2004.

———, *Voir l'invisible sur Kandinsky*, Paris: PUF, 2005.

———, *Entretiens*, Cabris: Sulliver, 2005.

Smith, Jeremy H., "Michel Henry's Phenomenology of aesthetic experience and

Husserlian intentionality." *International Journal of Philosophical Studies*, vol. 14, no. 2, 2006.

Zahavi, Dan, "Michel Henry and the phenomenology of the invisible," *Continental Philosophy Review*, no. 32, 1999.

7장 마리옹의 미술론(로스코) 김동규

서동욱, 『차이와 타자』, 문학과지성사, 2000.
이덕형, 『이콘과 아방가르드』, 생각의나무, 2008.

Baal-Teshuva, Jacob, *Mark Rothko, 1903~1970: Pictures as Drama*, Köln/ London: Taschen, 2003. [한국어판: 『마크 로스코』, 윤채영 옮김, 마로니에북스, 2006].

Boulnois, Olivier, "OBJET," *Vocabulaire européen des philosophies*, Barbara Cassin(ed.), Paris: Seuil/Le Robert, 2004.

Breslin, James B., *Mark Rothko: A Biography*, Chicago: The University of Chicago Press, 1993.

Coutagne, Denis, "Le miroir d'un mariage: Le réalisme religeux dans 'Les époux Arnolfinit' de Jan van Eyck," *Communio: Revue catholique internationale*, vol. 4, no. 5, Septembre-Octobre 1979.

Fritz, Peter Joseph, "Black Holes and Revelations: Michel Henry and Jean-Luc Marion on the Aesthetics of the Invisible," *Modern Theology*, vol. 25, no. 3, July 2009.

Heidegger, Martin, *Sein und Zeit*(1927), Tübingen: Max Niemeyer Verlag, 2006. [한국어판: 『존재와 시간』, 이기상 옮김, 까치글방, 1998].

Henry, Michel, *Phénoménologie matérielle*, Paris: PUF, 1990; 3e ed., 2008. [한국어판: 『물질 현상학』, 박영옥 옮김, 자음과모음, 2012].

Husserl, Edmund, *Die Idee der Phänomenologie: Fünf Vorlesungen*, Walter Wiemel(ed.), Den Haag: Martinus Nijhoff, 1973. [한국어판: 「현상학의 이념」, 『현상학의 이념: 엄밀한 학으로서의 철학』, 이영호·이종훈 옮김, 서광사, 1988].

Kant, Immanuel, *Kritik der reinen Vernunft*(1787), Hamburg: Felix Meiner, 1998. [한국어판: 『순수이성비판 1』, 백종현 옮김, 아카넷, 2006].

Kearney, Richard, "Jean-Luc Marion: The Hermeneutics of Revelation," *Debates in Continental Philosophy: Conversations with Contemporary Thinkers*, New York: Fordham University Press, 2004.

Lalande, André, "OBJECTIF," *Vocabulaire technique et critique de la philosophie* (1926), Paris: PUF, 2006.

Levinas, Emmanuel, *Totalite et Infini*, La haye: Martinus Nijhoff, 1961; 1965.

―――, "L'ontologie est-elle fondamentale?"(1951), *Entre Nous: Essai sur le penser-à-l'autre*, Paris: Grasset, 1991.

―――, "Un Dieu Homme"(1968), *Entre Nous: Essai sur le penser-à-l'autre*, Paris: Grasset, 1991.

―――, *De Dieu qui vient à l'idée*, Paris: J. Vrin, 1982; 2004.

Marion, Jean-Luc, *L'Idole et la distance*, Paris: Grasset, 1977.

―――, *De surcroît: Études sur les phénomènes saturés*, Paris: PUF, 2001.

―――, *Dieu sans l'être*, Paris: Fayard, 1982; 2e éd., Paris: PUF, 2002.

―――, *Étant donné: Essai d'une phénoménologie de la donation*, Paris: PUF, 1997; 3e éd., 2005.

―――, *La croisée du visible*, Paris: Éd. de la Différence, 1991; 3e éd., Paris: PUF, 2007.

―――, *Le croire pour le voir*, Paris: Éditions Parole et Silence, 2010.

―――, *Writings on Art: Mark Rothko*, Miguel López-Remiro(ed.), New Haven: Yale University Press, 2006.

Sharpe, Matthew, "On Levinas' shadow," *Colloquy: Text Theory Critique*, no. 9, May 2005.

Welten, Ruud, "The paradox of God's Appearance: On Jean-Luc Marion," Peter Jonkers & Ruud Welten(eds.), *God in France*, Leuven: Peeters, 2005.

―――, "Toward a Phenomenology of the Icon," *Aesthetics as a Religious Factor in Eastern and Western Christianity*, William Peter van den Bercken & Jonathan Sutton(eds.), Leuven: Peeters, 2005.

제2부 미술의 포스트모던적 모험

8장 라캉의 미술론(홀바인) 맹정현

Lacan, Jacques, *Écrits*, Paris: Seuil, 1966.

─────, *Le séminaire-livre IV: La relation d'objet*, Paris: Seuil, 1998.

─────, *Le séminaire-livre X: L'angoisse*, Paris: Seuil, 2004.

─────, *Le séminaire-livre XI: Les quatre concepts fondamentaux de la psychanalyse*, Paris: Seuil, 1973. 〔한국어판:『자크 라캉 세미나 11: 정신분석의 네 가지 근본 개념』, 맹정현·이수련 옮김, 새물결, 2008〕.

─────, *Le séminaire-livre XIII: L'objet de la psychanalyse*(미출간).

9장 리오타르의 미술론(뉴먼) 김상현

김상현, 「숭고의 존재론: 칸트 숭고론의 탈(반)칸트적 해석」, 『시대와 철학』 제22권 1호, 2011.

낭시, 장-뤽 외, 『숭고에 대하여: 경계의 미학, 미학의 경계』, 문학과지성사, 2005.

들뢰즈, 질, 『시네마 II: 시간-이미지』, 이정하 옮김, 시각과언어, 2005.

리오타르, 장-프랑수아, 『포스트모던의 조건』, 유정완 외 옮김, 민음사, 1992.

─────, 『지식인의 종언』, 이현복 편역, 문예출판사, 1993.

말파스, 사이먼, 『장 프랑수아 리오타르: 포스트모더니즘을 구하라』, 윤동구 옮김, 앨피, 2008.

박상선, 「리오타르 미학에 있어서 아방가르드」, 『사색』 제17집, 숭실대학교, 2001.

배철영, 「리오타르의 뉴먼: 현시할 수 없는 것으로서 순간 혹은 사건」, 『철학논총』 제39집, 2005.

심, 스튜어트, 『리오타르와 비인간』, 조현진 옮김, 이제이북스, 2003.

아도르노, Th. W.·M. 호르크하이머, 『계몽의 변증법』, 김유동 옮김, 문학과지성사, 2001.

안성찬, 「절반의 긍정: 리오타르의 포스트모던론」, 『문예미학』 제6호, 1999.

─────, 『숭고의 미학: 파괴와 혁신의 문화적 동력』, 유로서적, 2004.

이광래, 「현대의 사상: 표류의 사상가, 리오타르」, 『한국논단』 19권, 1991년 3월호.

최욱미, 「리오타르의 숭고 미학과 뉴만 회화」, 중앙대학교 박사학위논문, 2002.

칸트, 이마누엘, 『칸트의 역사철학』, 이한구 편역, 서광사, 1992.
──, 『이마누엘 칸트: 판단력 비판』, 김상현 옮김, 책세상, 2005.
타타르키비츠, W., 『미학의 기본 개념사』, 손효주 옮김, 미술문화, 1999.
포지올리, 레나토, 『아방가르드 예술론』, 박상진 옮김, 문예출판사, 1996.

Adorno, Theodor W., *Minima Moralia: Reflexionen aus dem beschädigten Leben*, Gesammelte Schriften, Bd. 4, Frankfurt am Main: Suhrkamp, 1980.
Hegel, Georg Wilhelm Friedrich, *Phänomenologie des Geistes*, Werke in zwanzig Bänden, Bd. 3, Frankfurt am Main: Suhrkamp, 1970.

10장 들뢰즈의 미술론(베이컨) 서동욱

데카르트, 르네, 『성찰』, 이현복 옮김, 문예출판사, 1997.
──, 『철학의 원리』, 원석영 옮김, 아카넷, 2002.
푸코, 미셸, 『말과 사물』, 이규현 옮김, 민음사, 2012.

Deleuze, Gilles, *Différence et répétition*, Paris: PUF, 1968.
──, *Spinoza et le problème de l'expression*, Paris: Éd. de minuit, 1968.
──, *Logique du sens*, Paris: Éd. de minuit, 1969.
──, *Francis Bacon: Logique de la sensation*, Paris: Éd. de la différence, 1981. (들뢰즈 미술론이 집대성된 프랜시스 베이컨론).
──, *Foucault*, Paris: Éd. de minuit, 1987.
──, *Le pli: Leibniz et le Baroque*, Paris: Éd. de minuit, 1988. 〔한국어판: 『주름: 라이프니츠와 바로크』, 이찬웅 옮김, 문학과지성사, 2004〕. (바로크 정신과의 관련성 아래 라이프니츠 사상을 다룬 책. 바로크 미술의 본성에 대한 성찰, 이에 대한 라이프니츠 사상의 관련성 등을 목격할 수 있음).
──, *Pourparlers*, Paris: Éd. de minuit, 1990.
──, "Le Froid et le chaud," *L'île déserte et autre textes*, Paris: Éd. de minuit, 2002. (1973년 프로망제G. Fromanger의 설치미술작품 카탈로그에 쓴 글).
──, "La peinture enflamme l'écriture," *Deux régimes de fous*, Paris: Éd. de minuit, 2003. (『감각의 논리』 출간 직후인 1981년에 한 베이컨에 관한 인터뷰).
── & Félix Guattari, *Mille plateaux*, Paris: Éd. de minuit, 1980.

11장 푸코의 미술론(마네) 허경

1. 푸코의 텍스트

Foucault, Michel, *Raymond Roussel*, Paris: Gallimard, 1963.

───, *Les mots et les choses*, Paris: Gallimard, 1966. 〔한국어판:『말과 사물』, 이광래 옮김, 민음사, 1986〕.

───, *L'archéologie du savoir*, Paris: Gallimard, 1969. 〔한국어판:『지식의 고고학』, 이정우 옮김, 민음사, 2000〕.

───, *Histoire de la folie à l'âge classique*, Paris: Plon, 1961; Paris: Gallimard, 1972. 〔한국어판:『광기의 역사』, 이규현 옮김, 오생근 감수, 나남출판, 2003〕.

───, *Naissance de la clinique*, Coll. "Quadrige," Paris: PUF, 2000.

───, "Ceci n'est pas une pipe," *Dits et écrits 1954~1988*, Coll. "Quarto," Paris: Gallimard, 2 vol., 2001. 〔한국어판:『이것은 파이프가 아니다』, 김현 옮김, 민음사, 1995〕.

───, *Dits et écrits 1954~1988*, Coll. "Quarto," Paris: Gallimard, 2 vol., 2001.

───, "La peinture de Manet," *Société française d'esthétique*, supplémentaire au bulletin, avril 2001.

───, *La peinture de Manet suivi de Michel Foucault, un regard*, Maryvonne Saison(ed.), Coll. "Traces Écrites," Paris: Seuil, 2004.

2. 푸코에 대한 텍스트

김현, 「푸코의 미술 비평」, 미셸 푸코, 『이것은 파이프가 아니다』, 김현 옮김, 민음사, 1995.

양운덕, 「칸트와 푸코: 푸코의 칸트 읽기」, 『포스트모던 칸트』, 한국칸트학회 엮음, 문학과지성사, 2006.

허경, 「푸코의 에피스테메 개념」, 『에피스테메』, 고려대학교 응용문화연구소, 2007.

Catucci, Stefano, "La pensée picturale," *Michel Foucault, la littérature et les arts: Actes du colloque de Cerisy-Juin 2001*, Philippe Artières(ed.), Paris: Editions Kimé, 2004.

3. 기타

타타르키비츠, W., 『미학의 기본 개념사』, 손효주 옮김, 미술문화, 1999.

12장 데리다의 미술론(아다미) 강우성

정재식, 「해체론의 눈(Eyes)과 자화상: 눈멂, 봄과 눈물, 그리고 믿음에 대하여」, 『비평과 이론』 13권 2호, 2008.

Caputo, John D., *The Prayers and Tears of Jacques Derrida: Religion Without Religion*, Bloomington: Indiana University Press, 1997.

Carroll, David, *Paraesthetics: Foucault, Lyotard, Derrida*, London: Methuen, 1987.

Derrida, Jacques, *Dissemination*, Barbara Johnson(trans.), Chicago: The University of Chicago Press, 1981.

———, *The Truth in Painting*, Geoff Bennington & Ian McLeod(trans.), Chicago: The University of Chicago Press, 1987.

———, *Memoirs of the Blind: The Self-Portrait and Other Ruins*, Pascale-Anne Brault & Michael Naas(trans.), Chicago: The University of Chicago Press, 1993.

Escoubas, Eliane, "Derrida and the Truth of Drawing: Another Copernican Revolution?," *Research in Phenomenology*, vol. 36, 2006.

Fried, Michael, "Between Realism: From Derrida to Manet," *Critical Inquiry*, vol. 21, 1994.

Hubert, Renée Riese, "Derrida, Dupin, Adami: 'Il faut être plusiers pour écrire,'" *Yale French Studies*, no. 84, 1994.

Lacan, Jacques, "What is a Picture?," *Four Fundamental Concepts of Psychoanalysis*, Alan Sheridan(trans.), Harmondsworth: Penguin Books, 1973.

Miller, J. Hillis, "What Do Stories about Pictures Want?," *Critical Inquiry*, vol. 34, 2008.

Zelechow, Bernard, "Memories of the Blind: The Self-Portrait and Other Ruins," *History of European Ideas*, vol. 21, no. 4, 1995.

13장 랑시에르의 미술론(로댕) 박기순

그린버그, 클레멘트, 『예술과 문화』, 조주연 옮김, 경성대학교출판부, 2004.

박기순, 「랑시에르에서 미학과 정치」, 『미학』 61집, 2010.

──, 「미학, 그 근대성의 의미」, 『서양근대미학』, 서양근대철학회 엮음, 창비, 2012.

Benedek, Nelly S., *Auguste Rodin: The Burghers of Calais*, New York: The Metropolitan Museum of Art, 2000.

Deleuze, Gilles, *Critique et clinique*, Paris: Éd. de minuit, 1993.

Deranty, Jean-Philippe(ed.), *Jacques Rancière: Key concepts*, New York: Acumen Publishing, 2010.

Elsen, Albert E.(ed.), *Rodin Rediscovered*, Seattle: University of Washington Press, 1981.

Game, Jérôme & Wald Lasowski Aliocha(eds.), *Jacques Rancière et la politique de l'esthétique*, Paris: Archives Contemporaines, 2009.

Lyotard, Jean-François, *L'inhumain*, Paris: Galilée, 1988.

Rancière, Jacques, *La mésentente: Politique et philosophie*, Paris: Galilée, 1995.

──, *La chair des mots: Politique de l'écriture*, Paris: Galilée, 1998.

──, *La parole muette: Essai sur les contradictions de la littérature*, Paris: Hahette, 1998.

──, *Le partage du sensible: Esthétique et politique*, Paris: La fabrique, 2000. 〔한국어판: 『감성의 분할: 미학과 정치』, 오윤성 옮김, 도서출판b, 2008〕.

──, *Le destin des images*, Paris: La Fabrique, 2003.

──, *Malaise dans l'esthétique*, Paris: Galilée, 2004. 〔한국어판: 『미학 안의 불편함』, 주형일 옮김, 인간사랑, 2008〕.

──, *Politique de la littérature*, Paris: Galilée, 2007. 〔한국어판: 『문학의 정치』, 유재홍 옮김, 인간사랑, 2011〕.

──, "Art of the Possible: Fulvia Carnevale and John Kelsey in Conversation with Jacques Ranciere," *Artforum*, March 2007.

──, *Le spectateur emancipé*, Paris: La fabrique, 2008.

──, "A few remarks on the method of Jacques Rancière," *Parallax*, vol. 15, no. 3, 2009.

———, *Aisthesis: Scènes du régime esthétique des arts*, Paris: Galilée, 2011.

———, "What medium can mean?," *Parrhesia*, no. 11, 2011.

———, *Figures de l'histoire*, Paris: PUF, 2012.

Rockhill, Gabriel & Philip Watts(eds.), *Jacques Rancière: History, Politics, Aesthetics*, Durham, NC: Duke University Press, 2009.

Rilke, Rainer Maria, *Auguste Rodin*, New York: Parkstone Press, 2011.

Steinberg, Leo, *Other Criteria: Confrontations with Contemporary Art*, Chicago: The University of Chicago Press, 1972.

도판 목록

1장 하이데거의 미술론(반 고흐) 하피터

〈그림 1〉 Vincent van Gogh, *A pair of shoes*, Oil on canvas, 37.5×45cm, 1886. 소
장: Van Gogh Museum, Amsterdam.

2장 사르트르의 미술론(자코메티) 지영래

〈사진 1〉 Alberto Giacometti, *La Clairière(Composition avec neuf figures)*, Bronze
with brown patina, 57.1×65.4×52cm, 1950. Zurich, Kunsthaus, Alberto
Giacometti Stiftung. ⓒ Alberto Giacometti Estate/SACK, Seoul, 2014.

3장 레비나스의 미술론(소스노) 서동욱

〈사진 1〉 Sacha Sosno, *La Tête au Carré(The Square Head)*, Inhabited sculpture,
28m(seven stories), 2002 in Nice, France. (Architects: Yves Bayard & Francis
Chapus, Enginnering: Guy Fillon). ⓒ Sacha Sosno/ADAGP, Paris – SACK,

Seoul, 2014. Photo: ⓒ Groume (www.flickr.com).

〈사진 2〉 Sacha Sosno, *Hommage à Arman*, Tôle d'acier, 200cm, 1987. Photo: ⓒ André Villers. ⓒ Sacha Sosno/ADAGP, Paris – SACK, Seoul, 2014. Photo: ⓒ André Villers/ADAGP, Paris – SACK, Seoul, 2014.

〈사진 3〉 Sacha Sosno, *Il tient son mérite caché*, Bronze et tóle d'acier, 111cm, 1985. ⓒ Sacha Sosno/ADAGP, Paris – SACK, Seoul, 2014. Photo: ⓒ André Villers/ADAGP, Paris – SACK, Seoul, 2014.

4장 메를로-퐁티의 미술론(세잔) 신인섭

〈그림 1〉 Paul Cézanne, *La Montagne Sainte-Victoire vue de Bellevue*, Oil on canvas, 73×92cm, 1885. 소장: Barnes Foundation, Pennsylvania.

〈그림 2〉 Paul Cézanne, *Montagne Sainte-Victoire*, Oil on canvas, 81×99cm, 1898~1902. 소장: Hermitage Museum, Sankt Peterburg.

〈그림 3〉 Paul Cézanne, *Montagne Sainte-Victoire*, Oil on canvas, 73×91.9cm, 1902~1904. 소장: Philadelphia Museum of Art, Philadelphia.

〈그림 4〉 Paul Cézanne, *Montagne Sainte-Victoire*, Oil on canvas, 64.8×81.3cm, 1902~1906. 소장: Philadelphia Museum of Art, Philadelphia.

5장 리쾨르의 미술론(렘브란트) 윤성우

〈그림 1〉 Leonardo da Vinci, *Mona Lisa(La Gioconda)*, Oil on poplar, 77×53cm, 1503~1506. 소장: Musée du Louvre, Paris.

〈그림 2〉 Rembrandt Harmenszoon van Rijn, *Self portrait*, Oil on canvas, 80.3×67.3cm, 1660. 소장: Metropolitan Museum of Art, New York.

〈그림 3〉 Vincent van Gogh, *The Church in Auvers-sur-Oise*, Oil on canvas, 94×74cm, 1890. 소장: Musée d'Orsay, Paris.

6장 미셸 앙리의 미술론(칸딘스키) 김재희

〈그림 1〉 Wassily Kandinsky, *Schaukeln(Swinging)*, Oil on board, 70.5×50.2cm,

1925. 소장: Tate Gallery, London.

〈그림 2〉 Wassily Kandinsky, *Gelb-Rot-Blau(Yellow, Red, Blue)*, Oil on canvas, 128×201.5cm, 1925. 소장: Musée national d'Art moderne(Centre Georges Pompidou), Paris.

〈그림 3〉 Wassily Kandinsky, *Komposition 8(Composition 8)*, Oil on canvas, 140×201cm, 1923. 소장: Solomon R. Guggenheim Museum, New York.

〈그림 4〉 Wassily Kandinsky, *Komposition 5(Composition 5)*, Oil on canvas, 190×275cm, 1911. Private collection.

7장 마리옹의 미술론(로스코) 김동규

〈그림 1〉 Jan Van Eyck, *The Arnolfini Wedding*, Oil on panel, 82×59.5cm, 1434. 소장: National Gallery, London.

〈그림 2〉 Albrecht Dürer, *Lamentation for Christ*, Oil on panel, 151×121cm, 1500~1503. 소장: Alte Pinakothek, Munich.

〈그림 3〉 Mark Rothko, *Entrance to Subway(Subway Scene)*, Oil on canvas, 86.4×117.5cm, 1938. Collection of Kate Rothko Prizel & Christopher Rothko. ⓒ 2014 Kate Rothko Prizel & Christopher Rothko/ARS, New York/SACK, Seoul.

〈그림 4〉 Mark Rothko, *Aquatic Drama*, Oil on canvas, 92.1×122.2cm, 1946. 소장: National Gallery of Art, Washington D.C. ⓒ 2014 Kate Rothko Prizel & Christopher Rothko/ARS, New York/SACK, Seoul.

〈사진 1〉 Mark Rothko, *Northwest-North-Northeast Triptych in Rothko Chapel*, Dry pigments in rabbit skin glue, egg-oil emulsion, synthetic polymer on canvas, Northwestern painting: 298.5×343cm, North wall apse: 363.2×624cm, Northeastern wall painting: 298.5×343cm. ⓒ 2014 Kate Rothko Prizel & Christopher Rothko/ARS, New York/SACK, Seoul. Photo: ⓒ Hickey Robertson, Rothko Chapel, Houston, Texas.

8장 라캉의 미술론(홀바인) 맹정현

〈그림 1〉Hans Holbein, *The Ambassadors*, Oil and tempera on oak, 207×
209.5cm, 1533. 소장: National Gallery, London.

9장 리오타르의 미술론(뉴먼) 김상현

〈그림 1〉Barnett Newman, *Vir heroicus sublimis*, Oil on canvas, 242.2×541.7cm,
1950~51. 소장: The Museum of Modern Art, New York. ⓒ Barnett Newman/
ARS, New York – SACK, Seoul, 2014.

〈그림 2〉Barnett Newman, *The Stations of the Cross: First Station*, Magna on
canvas, 197.8×153.7cm, 1958. 소장: National Gallery of Art, Washington D.C.,
Collection of Robert & Jane Meyerhoff. ⓒ Barnett Newman/ARS, New York –
SACK, Seoul, 2014.

10장 들뢰즈의 미술론(베이컨) 서동욱

〈그림 1〉Francis Bacon, *Study after Vélázquez's Portrait of Pope Innocent X*, Oil
on canvas, 153×118cm, 1953. 소장: Des Moines Art Center, Iowa. ⓒ The
Estate of Francis Bacon. All rights reserved. DACS 2014. Photo: ⓒ The
Bridgeman Art Library-GNC media, Seoul, 2014.

〈그림 2〉Francis Bacon, *Three Studies of Figures on Beds*, Oil and pastel on
canvas, 삼면화는 각각 198×147.5cm, 1972. private collection. ⓒ The Estate
of Francis Bacon. All rights reserved. DACS 2014. Photo: ⓒ Hugo Maertens.

〈그림 3〉Francis Bacon, *Lying Figure in a Mirror*, Oil on canvas, 198.5×147.5cm,
1971. 소장: Museo de Bellas Artes, Bilbao. ⓒ The Estate of Francis Bacon. All
rights reserved. DACS 2014.

〈그림 4〉Francis Bacon, *Painting*, Oil and pastel on linen, 197.8×132.1cm,
1946. 소장: The Museum of Modern Art, New York. ⓒ The Estate of Francis
Bacon. All rights reserved. DACS 2014. Photo: ⓒ Digital image, 2014. The
Museum of Modern Art, New York/Scala, Florence. Purchase. 229.1948.

11장 푸코의 미술론(마네) 허경

〈그림 1〉Édouard Manet, *Le Bal masqué à l'Opéra*, Oil on canvas, 59×72.5cm, 1873~74. 소장: National Gallery of Art, Washington D.C.

〈그림 2〉Édouard Manet, *Le Chemin de fer*, Oil on canvas, 93.3×111.5cm, 1872~73. 소장: National Gallery of Art, Washington D.C.

〈그림 3〉Édouard Manet, *Olympia*, Oil on canvas, 130×190cm, 1863. 소장: Musée d'Orsay, Paris.

〈그림 4〉Édouard Manet, *Le Balcon*, Oil on canvas, 169×125cm, 1868~69. 소장: Musée d'Orsay, Paris.

〈그림 5〉Édouard Manet, *Un Bar aux Folies-Bergère*, Oil on canvas, 96×130cm, 1881~82. 소장: Courtauld Institute of Art, London.

12장 데리다의 미술론(아다미) 강우성

〈그림 1〉Valerio Adami, *Noyée*, Serigraph, Signed and numbered in pencil, 99.1×73.7cm, 1975. ⓒ Valerio Adami/ADAGP, Paris – SACK, Seoul, 2014.

〈그림 2〉Valerio Adami, *Ritratto di Walter Benjamin*, Lithographie, 38×55cm, 1973. ⓒ Valerio Adami/ADAGP, Paris – SACK, Seoul, 2014.

〈그림 3〉Gérard Titus-Carmel, *The Pocket Size Tlingit Coffin Traduction: Le cercueil de poche Tlingit*, Crayon et aquarelle sur papier Arches, 28.2×36.5cm, 1975. 소장: Musée national d'Art moderne(Centre Georges Pompidou), Paris. ⓒ Gérard Titus-Carmel/ADAGP, Paris – SACK, Seoul, 2014. Photo: ⓒ Centre Pompidou, MNAM-CCI, Dist. RMN-Grand Palais/Jacques Foujour-GNC media, Seoul, 2014.

〈그림 4〉Joseph-Benoît Suvée, *Dibutades, ou l'Origine du dessin*, Oil on canvas, 267×131.5cm, 1791. 소장: Groeningue museum, Bruges.

〈그림 5〉Henri Fantin-Latour, *Self-Portrait*, Pencil, charcoal and whitener, 21.5×21cm, 1860. 소장: Musée du Louvre, Paris.

13장 랑시에르의 미술론(로댕) 박기순

〈사진 1〉 Auguste Rodin, *La Porte de l'Enfer*, Sculpture, Bronze, 636.9×401.3×84.8cm, 1880~90. 소장: Rodin Museum, Philadelphia.

〈그림 1〉 Paul Gauguin, *La Vision du Sermon: Combat de Jacob avec l'ange*, Oil on canvas, 73×92cm, 1888. 소장: National Gallery of Scotland, Edinburgh.

〈그림 2〉 Claude Monet, *Impression, soleil levant*, Oil on canvas, 48×63cm, 1873. 소장: Musée Marmottan Monet, Paris.

이 책에 나오는 철학자 소개(가나다순)

마르틴 하이데거 Martin Heidegger, 1889~1976

독일 동남부 슈바르츠발트의 메스키르히에서 태어났다. 종교에 관심을 가지고 1909년 프라이부르크 대학 신학부에 입학한다. 그러나 2년 후 질병으로 인해 신학 공부를 포기한 채 철학 연구에 전념하게 된다. 그는 1913년 슈나이더 리케르트 교수의 지도하에 『심리주의의 판단론』으로 박사학위를 받았으며, 1915년에는 『둔스 스코투스의 범주론과 의미론』으로 교수 자격을 획득했다. 이후 1923년부터 1928년까지 마르부르크 대학에서 교수로 재직한 뒤, 1928년 에드문트 후설의 후계자로서 자신의 모교인 프라이부르크 대학의 정교수로 초빙되었다. 연구와 강연으로 말년을 보내다가 1976년 고향 마을에서 생을 마감했다. 그가 잠든 이후에도 계속 발간되고 있는 다수의 작품들을 통해 그의 사유가 가진 영향력을 알 수 있으며, 현대철학의 성과는 하이데거 철학의 재해석이라 불릴 만하다.

주요 저서로는 『존재와 시간』(1927), 『칸트와 형이상학의 문제』(1929), 『형이상학이란 무엇인가』(1929), 『휴머니즘에 관하여』(1947), 『숲길』(1950), 『니체』(1961) 등이 있다.

모리스 메를로-퐁티 Maurice Merleau-Ponty, 1908~1961

프랑스의 로슈포르쉬르메르에서 태어났다. 파리 고등사범학교 졸업 후 리옹 대학, 파리 대학에서 가르쳤고, 1952년에는 콜레주 드 프랑스의 철학교수가 되었다. 말브랑슈와 라이프니츠에 정통한 그는 후설의 현상학과 게슈탈트 심리학, 그리고 정신병리학을 흡수하여 상호주관성의 문제를 해결하려 했다. 몸의 현상학에서 살의 존재론으로 이어지는 그의 연구는 현대철학의 선구적 업적으로 평가받고 있다.

주요 저서로는 『행동의 구조』(1942), 『지각의 현상학』(1945), 『휴머니즘과 테러』(1947), 『의미와 무의미』(1948), 『변증법의 모험』(1955), 『기호』(1960), 『눈과 정신』(1960) 등이 있으며, 사후에 『보이는 것과 보이지 않는 것』(1964), 『감각의 세계와 표현의 세계』(2011)가 출간되었다.

미셸 앙리Michel Henry, 1922~2002

구 프랑스령 인도차이나, 하이퐁에서 태어난 프랑스의 철학자이자 문학가이다. 제2차 세계대전 중에 비시 정권에 의한 대독 협력 강제노동을 거부하고 레지스탕스 조직에 들어갔다. 전후 철학교수 자격을 취득한 뒤, 국립과학연구센터의 연구원과 모로코, 알제리의 리세 교수, 몽펠리에 대학의 조교를 하면서 국가박사학위 논문을 준비한다. 이때 장 라포르트와 장 이폴리트에게 지도를 받았다. 1961년 몽펠리에 대학 인문학부의 조교수로 취임한 이래 1987년 퇴임하기까지 파리 대학의 초빙을 거절하고 그 대학에 머문다. 앙리의 관심은 일관되게 존재론에 있는데, 전통적인 의식 내지는 표상의 존재론에 맞서 표상에는 나타나지 않는 힘의 존재론, 즉 작용의 존재론의 가능성을 추구했다.

주요 저서로는 『현현의 본질』(1963), 『철학과 신체의 현상학』(1965), 『정신분석의 계보』(1985), 『야만』(1987), 『보이지 않는 것을 보다』(1988), 『공산주의에서 자본주의로』(1990), 『실질적 현상학』(1990) 등이 있다.

미셸 푸코Michel Foucault, 1926~1984

프랑스의 소도시 푸아티에에서 태어났다. 파리 고등사범학교 졸업 후 클레르몽페랑 대학, 뱅센 대학 등에서 강의했고, 1972년 콜레주 드 프랑스의 교수로 취임했다. 푸코의 작업은 역사의 심층을 파헤쳐 담론의 형성과 변환을 분석하는 고고학적 방식을 취한다. 그는 서구 근대 사회에서는 새로운 담론들이 계속해서 생겨났으며, 이 담론들은 항상 지배권력과 연계되어 있다고 강조했다.

주요 저서로는 『광기의 역사』(1961), 『임상의학의 탄생』(1963), 『말과 사물』(1966), 『지식의 고고학』(1969), 『담론의 질서』(1970), 『감시와 처벌』(1975), 『성의 역사 1: 앎의 의지』(1976), 『성의 역사 2: 쾌락의 활용』(1984), 『성의 역사 3:

자기 배려』(1984) 등이 있다.

에마뉘엘 레비나스Emmanuel Levinas, 1906~1995

리투아니아 태생의 프랑스 철학자이다. 서양 존재론 전체를 비판적으로 문제 삼고, 윤리학을 '제1철학'으로 내세우는 독특한 타자성의 철학으로 현대철학사에 큰 업적을 남겼다. 후설과 하이데거 밑에서 공부하고 프랑스에 이들을 최초로 소개했으며, 다보스 회의에서 현상학을 옹호하는 등 초기에는 현상학자로 활동했다. 그러나 이후 타자와의 관계 속에서 무한을 향한 초월의 욕망을 밝혀냄으로써 현대철학의 가장 전위적이고 대담한 입장을 확립하는 데 성공했다.

주요 저서로는 『탈출에 관하여』(1935), 『시간과 타자』(1947), 『전체성과 무한』(1961), 『존재와 다르게 또는 본질 저편』(1974), 『어려운 자유』(1963), 『윤리학과 무한』(1982), 『신, 죽음 그리고 시간』(1993) 등이 있다.

자크 데리다Jacques Derrida, 1930~2004

프랑스령 알제리에서 태어났다. 파리 고등사범학교에서 수학한 후 소르본 대학에서 강의했으며 예일 대학, 존스홉킨스 대학 등에서 교환교수를 지내기도 했다. 1987년 이후 파리 사회과학고등연구원 연구주임으로 활동했다. 데리다의 초기 작업은 음성언어가 문자언어에 의존할 수밖에 없음을 보임으로써 서양 형이상학의 로고스 중심주의적 한계를 부각시키는 일에 집중되었다. 1980년 전후 서양의 법적·정치적 전통에 대한 해체 작업을 수행하여 주목할 만한 성과를 거두었다.

주요 저서로는 『목소리와 현상』(1967), 『그라마톨로지』(1967), 『글쓰기와 차이』(1967), 『철학의 여백』(1972), 『산종』(1972), 『입장들』(1972), 『조종』(1974), 『회화의 진리』(1978), 『우편엽서』(1980), 『체류지들』(1986), 『마르크스의 유령들』(1994), 『법의 힘』(1994) 등이 있다.

자크 라캉Jacques Lacan, 1901~1981

프랑스 태생의 정신분석 이론가이다. 콜레주 스타니슬라에서 고전 및 인문학 교육을 받은 후 파리 의과대학에서 수학했고, 1932년 망상증에 관한 연구로 박사학위를 받은 뒤 바로 프랑스 정신분석학계에서 두각을 나타냈다. 프로이트의 정신분석학을 재해석하여 주체와 욕망의 문제를 주요 관심사로 삼았고, 무의식의 언어적 본성과 욕망을 새로운 시각으로 설명함으로써 정신분석이 오늘날 인문학과 예술비평의 토대 이론으로 활용되는 데 크게 기여했다.

주요 저서로는 논문 및 강연 모음집인 『에크리』(1966)와 사후에 출간된 『또 다른 에크리』(2001)가 있으며, 1953년 이후 약 30년 동안 지속된 '라캉 세미나'가 계속해서 출간되고 있다.

자크 랑시에르Jacques Rancière, 1940~

프랑스령 알제리 알제에서 태어났다. 파리 고등사범학교를 졸업하고, 이후 파리8대학에서 2000년까지 철학교수로 재직했으며, 현재는 명예교수로 있다. 알튀세르의 지도를 받으며 그의 사상적 영향을 받았으나, 마르크스주의의 과학성 및 결정론적 사상에 충실했던 알튀세르와 달리 랑시에르가 실천 중심의 마오이즘에 경도되어 있던 까닭에 둘은 1968년을 기점으로 결별한다. 그 이후에는 알튀세르의 사상을 정면으로 비판하는 책을 출간하기도 했으며, 노동 문제를 연구하는 데 몰두했다. 미학과 정치의 관계를 분석하는 연구에도 초점을 맞추고 있다.

주요 저서로는 『무지한 스승』(1987), 『정치의 주변부에서』(1990), 『침묵의 언어』(1998), 『문학 정치』(2007), 『프롤레타리아의 밤』(1981), 『노동자의 언어』(1976) 등이 있다.

장-뤽 마리옹Jean-Luc Marion, 1946~

프랑스 파리의 남서부 교외 지역 뫼동에서 태어났다. 낭테르 대학, 소르본 대학, 파리 고등사범학교에서 수학했으며, 고등사범학교에서는 데리다, 들뢰즈, 알튀세르 등과 교류했다. 소르본 대학의 교수였고, 리쾨르의 후임으로 시카고 대학의 철학과 및 신학과 교수로 재직했다. 현재는 파리 가톨릭연구소에서 학생들을 가르치면서, 저명한 가톨릭 신학자 데이비드 트레이시의 보직을 이어받아 활동하고 있다. 초창기 마리옹의 연구 과제는 데카르트에 대한 새로운 해명이었다. 이후 마리옹은 하이데거의 문제의식을 계승하는 가운데, 어떻게 신이 존재론적-형이상학적 기획 너머에서, 또는 탈-형이상학적 틀에서 사유될 수 있는지를 다룸으로써, 기존의 철학적-신학적 신론에 큰 충격을 주었다. 마리옹은 소위 '주어짐의 현상학'과 포화된 현상이라는 독특한 개념을 통해 현상학 분야의 새로운 길을 개척한 것으로 평가받는다.

주요 저서로는 『우상과 거리』(1977), 『데카르트의 형이상학적 프리즘』(1986), 『환원과 주어짐』(1989), 『존재 없는 신』(1991), 『주어진 것』(1997), 『과잉에 관해서』(2002) 등이 있다.

장-폴 사르트르Jean-Paul Sartre, 1905~1980

프랑스 파리에서 태어났다. 사르트르는 파리 고등사범학교를 거쳐 고등학교에서 철학을 가르치다가 제2차 세계대전에 참전한다. 전쟁 후 사회적 책임으로 눈을 돌려 정치에 적극적인 관심을 보였으며 소설가, 극작가, 평론가로도 활발한 학문적 활동을 펼쳤다. 1964년 작가의 자유를 추구하는 일에 장애가 된다고 생각해 노벨문학상 수상을 거부했다. 인간은 선험적으로 결정된 어떤 본질을 지니지 않고, 그 의미와 가치를 스스로 만들어가는 생성의 존재라고 주장하는 실존주의 철학을 제시했다.

주요 저서로는 『존재와 무』(1943), 『파리 떼』(1943), 『자유의 길』(1945), 『실존주의는 휴머니즘이다』(1946), 『문학이란 무엇인가』(1947), 『더러운 손』(1948), 『말』(1963), 『변증법적 이성비판』(1960) 등이 있다.

장-프랑수아 리오타르Jean-François Lyotard, 1924~1998

프랑스 베르사유 출신의 철학자, 사회학자, 문학 이론가이다. 초기에 리오타르는 현상학자로서 출발했다고 말할 수 있지만, 그의 관심은 헤겔 철학과 마르크스주의를 통해 현상학을 사변철학으로부터 분리함으로써 그것을 역사적 현실의 철학으로 변화시키는 작업이었다. 이 점에서 리오타르가 메를로-퐁티에게 받은 영향을 확인해볼 수 있다. 마르크스주의자였던 리오타르는 서서히 현상학에서 벗어나 프로이트와 니체로도 관심을 옮겨갔으나, 이후에는 마르크스주의를 포함한 근대의 서사 전반에 관한 비판적 시각을 수립한다.

주요 저서로는 『현상학』(1954), 『담론, 형상』(1971), 『포스트모던의 조건』(1979), 『분쟁』(1983) 등이 있다.

질 들뢰즈Gilles Deleuze, 1925~1995

프랑스 파리에서 태어났다. 소르본 대학에서 철학을 전공한 뒤 파리8대학에서 교수 생활을 했으며 1987년 은퇴했다. 철학사를 해석하는 뛰어난 능력과 독특한 관점으로 일찍부터 주목을 받았다. 근대적 이성의 재검토라는 1960년대의 큰 흐름 속에서 서구 사상의 전통들을 새롭게 종합하려는 시도를 했으며, 문학과 예술 비평에 철학적 깊이를 더하는 활발한 작업들을 통해 철학 분야 바깥에서도 큰 영향력을 행사했다.

주요 저서로는 『니체와 철학』(1962), 『베르그손주의』(1966), 『차이와 반복』(1968), 『스피노자와 표현의 문제』(1968), 『의미의 논리』(1969), 『앙티 오이디푸스』(1972), 『천 개의 고원』(1980), 『프랜시스 베이컨: 감각의 논리』(1983), 『시네마 1: 운동-이미지』(1983), 『시네마 2: 시간-이미지』(1985), 『푸코』(1986), 『주름: 라이프니츠와 바로크』(1988), 『철학이란 무엇인가?』(1991) 등이 있다.

폴 리쾨르Paul Ricoeur, 1913~2005

프랑스 동남부 발랑스에서 태어났다. 소르본 대학에서 철학을 전공한 후 프랑스 국립학술연구소 연구원을 역임했으며, 1949년 박사학위를 받은 뒤 스트라스부르 대학, 소르본 대학, 낭테르 대학, 시카고 대학에서 강의했다. 그는 주체철학의 전통에 서서 반주체적인 철학에 동조하지 않았지만, 주체철학을 수정하려는 노력을 진지하게 받아들였다. 따라서 그의 해석학은 모더니즘에 서서 모더니즘을 넘으려는 노력이라 할 수 있다. 그의 사상은 근대를 넘어서는 새로운 대안으로 각광받고 있으며, 철학, 신학, 문학의 많은 분야에 광범위한 영향을 미치고 있다.

주요 저서로는 『의지적인 것과 비의지적인 것』(1950), 『역사와 진리』(1955), 『악의 상징』(1960), 『해석에 대하여』(1965), 『해석의 갈등』(1969), 『살아 있는 은유』(1975), 『시간과 이야기 1·2·3』(1983~85), 『기억, 역사, 망각』(2000) 등이 있다.

이 책에 나오는 미술가 소개(가나다순)

렘브란트 판 레인 Rembrandt Harmenszoon van Rijn, 1606~1669

네덜란드 조이트홀라드 주 레이덴에서 태어났다. 레오나르도 다빈치와 함께 17세기 유럽 회화사상 최고의 화가로 꼽힌다. 어릴 때부터 미술에 소질을 보였으며, 야콥 반 스바넨부르크와 피터르 라스트만의 가르침을 받았다. 1625년 독립하여 아틀리에를 열었으며, 이후 1632년까지 독학으로 주변인들과 성서에서 소재를 얻어 그림을 그렸다. 이와 같은 노력의 결실로 이후 암스테르담 최고의 초상화가로서 명성을 얻었다. 그러나 렘브란트는 자신의 회화가 성숙함에 따라 초상화에서와 같은 외면적인 유사성보다는 오히려 내면적인 것, 인간성의 깊이에 다가서고자 했으며, 이에 따라 종교적·신화적 소재를 다룬 회화를 비롯하여 다수의 자화상을 남겼다.

주요 작품으로는 「튈프 박사의 해부학 강의」(1632), 「돌다리가 있는 풍경」(1637), 「야경」(1642), 「자화상」(1652), 「엠마오의 그리스도」(1648) 등이 있다.

마크 로스코 Mark Rothko, 1903~1970

라트비아에서 태어났다. 전쟁의 혼란을 피해 1923년 미국으로 건너와 본격적인 작품 활동을 시작했다. 공식적인 정규 과정상의 미술 공부를 거의 하지 않은 것으로 알려져 있다. 신화와 심리분석 서적들을 탐독했으며, 렘브란트, 모차르트, 니체의 영향을 많이 받았다. 1920~30년대에는 인간의 삭막한 감정을 누드, 자화상, 풍경 등을 통해 표현했으나, 이후의 시기에는 대상의 재현보다는 색감을 통한 추상적 표현에 몰두했다. 그러나 이와 같은 변화 속에서도 로스코의 일관된 주제는 '인간'이었다. 로스코는 눈에 보이는 사물들을 재현하는 대신, 색채를 통해 인간의 정서를 드러내려는 방식을 추구하는 기법으로서, 추상표현주의의 한 갈래인 색면추상예술이라는 독특한 작품 세계를 수립했다.

주요 작품으로는 「지하철 입구」(1937), 「전조」(1943), 「무제(하양과 빨강 위의 바이올렛, 검정, 오렌지, 노랑)」(1949), 「No. 14 / No. 10(황록색)」(1953), 「무제(빨강 위의 파랑, 노랑, 초록)」(1954), 「무제(회색 위에 검정)」(1969~70) 등이 있다.

바넷 뉴먼Barnett Newman, 1905~1970

미국 뉴욕에서 태어났다. 1926년까지 아트스튜던츠리그에서 공부하면서 동시에 뉴욕 시립대학에서 철학을 전공했다. 뉴먼은 1930년대부터 추상표현주의 양식의 회화를 제작했으나 화가보다는 주로 비평가로 활동했다. 1948년경에는 「지퍼」로 알려진 일련의 단색 모노크롬 회화를 제작했으며, 이 작품들은 뉴먼을 대표하는 양식이 되었다. 뉴먼의 회화는 종교적인 동시에 신비주의적인 성향을 지니고 있다. 추상표현주의가 대두하기 시작한 1950년대 초반부터 뉴먼은 뉴욕 화단에서 빼놓을 수 없는 존재였으나, 그가 미국을 이끄는 예술가로 인정받게 된 것은 거의 60세가 다 되어서였다. 1970년 뉴욕에서 생을 마감한 뉴먼의 진보성은 다음 세대의 미국 미술가들에게 큰 영향을 주었다.

주요 작품으로는 「단일성 1」(1948), 「숭고한 영웅」(1950~51), 「아담」(1951~52), 「퍼스트 스테이션」(1958), 「부러진 오벨리스크」(1963~67) 등이 있다.

바실리 칸딘스키Wassily Kandinsky, 1866~1944

러시아 모스크바에서 태어났다. 1886년 모스크바 대학에 들어가 법학과 경제학을 공부했으나, 1895년 전시회에서 모네의 그림을 보고 감명을 받아 화가가 되기로 결심한다. 초기에는 화려한 색채의 풍경화나 러시아 민속화에서 영감을 얻은 주제들을 그렸으나, 점차 대상에 무관하게 형태와 색채, 선 들 속에서 표현 가능성의 확장을 발견했다. 칸딘스키는 현대 추상회화의 선구자로서 대상을 구체적으로 재현하는 화풍에서 이탈하여, 선명한 색채를 통한 음악적이며 역동적인 추상표현을 이루었다. 그는 순수한 조형 요소만으로도 감동을 줄 수 있으며, 형태와 색채가 작가의 감정을 나타내는 표현 수단이 되어야 한다고 생각했다.

주요 작품으로는 「즉흥 26」(1912), 「교회가 있는 풍경」(1913), 「구성 218」(1919), 「구성 8」(1923), 「부드러운 상승」(1934), 「하늘색」(1940) 등이 있으며, 미술 이론가로서 『예술에서의 정신적인 것에 대하여』(1911), 『점·선·면』(1926) 등의 저술도 남겼다.

발레리오 아다미 Valerio Adami, 1935~

이탈리아 볼로냐에서 태어났다. 볼로냐 산 밀라노 브레라 미술학교에서 수학했고 1959년 밀라노에서 최초의 개인전을 열었다. 만화와 포스터 등의 대중문화 이미지를 변형하고 재구성해서 풍자와 해학이 넘치는 작품을 만들었다. 아다미는 소비의 세계를 문제 삼는 작품들을 통해 1960년대 초 새롭게 부활한 구상화 경향인 유럽 신구상회화의 대표 작가로 평가받는다. 일상적 삶이나 설화에서 주제를 찾아내는 아다미의 작품은 선의 구사가 뛰어난 점이 특징이며, 이 때문에 그는 '데생화가'라는 별칭을 가지고 있다. 또한 아다미는 형태를 만들어내는 기억이 집단적이고 문화적인 것이라는 사실에 기초하여 1970년대에는 프로이트나 벤야민과 같은 사상가들의 초상화 및 풍경화에 몰입했으며 프랑스 대혁명과 같은 역사적 사건을 소재로 하는 작품을 발표하기도 했다.

주요 작품으로는 「대륙풍 실내」(1967), 「벤야민의 초상」(1973), 「물에 빠진 여자」(1975) 등이 있다.

빈센트 반 고흐 Vincent van Gogh, 1853~1890

네덜란드에서 태어났으며 프랑스에서 활약한 화가이다. 1864년 기숙학교에 다녔으나 가난으로 15세 때 학교를 그만두었고, 1869년부터 1876년까지 화상 구필의 조수로 일했다. 이어서 영국에서 교사로, 벨기에에서 전도사로 일한 뒤, 1880년 본격적으로 직업 화가로서의 뜻을 굳혔다. 네덜란드 시절 그의 화풍은 어두운 색채가 주를 이루며 내용적으로는 비참한 주제가 특징적이었다. 1886년부터 1888년까지는 파리에서 인상파의 영향을 받는다. 1888년 봄 아를르에서는 자기 고유의 화풍을 전개하기 시작한다. 그러나 1888년 가을 아를르에서 고갱과 생활하던 중 발작과 함께 자기 왼쪽 귀를 자르는 사건을 벌여 정신병원에 입원했고, 이후 입·퇴원의 생활을 되풀이한다. 1890년 봄 오베르쉬르우아즈에 정착했으나, 같은 해 7월 권총으로 자살했다. 생전에 그의 작품은 인정받지 못했으나, 1903년의 유작전 이후 그의 위대함이 알려지기 시작했으며, 20세기 초에는 야수파 화가들의 지표가 되었다.

주요 작품으로는 「감자를 먹는 사람들」(1885), 「정물: 열두 송이의 해바라기가 있는 꽃병」(1888), 「밤의 카페 테라스」(1888), 「별이 빛나는 밤」(1889), 「까마귀가 나는 밀밭」(1890) 등이 있다.

사카 소스노Sacha Sosno, 1937~2013

프랑스 마르세유에서 태어났다. 니스와 파리, 뉴욕 등지에서 활동한 조각가이다. 청년기에는 니스에서 앙리 마티스, 이브 클레인, 아르망 등과 교우관계를 가졌으며, 이들로부터 큰 영향을 받았다. 1960년대에는 에콜 드 니스의 중심인물이 되어, 1961년에는 『쉬드 코뮤니카시옹Sud Communication』에 에콜 드 니스에 관한 최초의 예술 이론을 기고하기도 했다. 소스노는 내용적으로는 원형과 집단적 기억과 같은 테마를 추구하는 작품을 만들었으며, 형식적인 측면에서는 주로 청동이나 돌, 강철과 같은 재료들을 활용하여 초현실주의의 역설적 이미지에서 착안한 조형을 제작했다.

주요 작품으로는 「그는 자신의 재질을 숨긴 채로 있다」(1985), 「니스 엘리제 팔레스 호텔 조각상」(1988), 「정방형 머리」(2001) 등이 있다.

알베르토 자코메티Alberto Giacometti, 1901~1966

스위스에서 태어난 조각가이자 화가이다. 1919년에 제네바의 미술공예학교에서 조각을 배웠으며, 1922년에 파리로 이주하여 평생 동안 그곳에 머물렀다. 상상력을 통한 관념적인 공간 조형으로 환상적이며 상징적인 오브제들을 제작했으며, 이를 통해 초현실주의의 주요 구성원으로 인정받았다. 1935년 이후 그의 독특한 작품들이 주목을 끌기 시작하여, 이후 조각계에서 인정받게 되었다. 자코메티의 모든 작품은 눈에 보이는 현실 그대로를 보이고자 하는 노력의 산물이었으며, 서유럽 조형미술의 전통 사상 가장 현대적인 동시에 전위적인 표현을 시도한 것으로 평가받는다. 1951년의 상파울루 국제전람회에서 조각상을 받았다.

주요 작품으로는 「옆으로 눕는 여자」(1929), 「쉬르리얼리스트 케이지」(1930), 「오전 4시의 궁전」(1932~33), 「가리키는 남자」(1947), 「디에고의 초상」(1960) 등이 있다.

에두아르 마네Édouard Manet, 1832~1883

프랑스 파리에서 태어났다. 아버지가 화가의 꿈을 허락하지 않은 탓에 17세 때 남아메리카 항로의 선원견습생이 되었고 남아메리카를 항해한 뒤 1850년 쿠튀르의 아틀리에에 들어가게 된다. 그러나 역사화가인 스승에게 반발하여 이후에는 루브르 미술관 등에서 고전회화를 모사하며, 네덜란드와 에스파냐 화파의 영향을 받는다. 1863년 낙선전에 전시된 혁신적인 작품과 1865년의 살롱 입선작으로 미술계의 주목을 받았다. 그의 혁신적인 작품들에 대한 비난은 강했으나, 이 사건 이래 화단과 문단 일부에서 열렬한 지지자를 얻었고, 나중에 대두될 인상주의의 길을 열게 되었다. 마네 자신은 인상파 그룹의 전람회에 참가하기를 거부하고, 그들과 동일시되는 것을 대단히 꺼리기도 했다. 만년에는 레지옹 도뇌르 훈장을 받았다. 마네는 세련된 감각의 소유자로 주위의 활기 있는 현실을 예민하게 포착하는 감수성을 지니고 있었으며 인상주의의 아버지로 일컬어진다.

주요 작품으로는 「폴리베르제르의 술집」(1822), 「풀밭 위의 점심 식사」(1863), 「올랭피아」(1863), 「피리 부는 소년」(1866), 「막시밀리안 황제의 처형」(1867), 「나나」(1877), 「바르콘」(1868) 등이 있다.

오귀스트 로댕Auguste Rodin, 1840~1917

프랑스 파리에서 태어났다. 1860년까지 로댕은 자신의 작품에 대한 좌절감에 시달렸으며, 감정적으로 쇠약해져 수도원에서 요양하며 시간을 보냈다. 1875년에 이탈리아를 방문한 로댕은 고전주의 양식의 미술품들로부터 영감을 받았다. 특히 미켈란젤로의 작품에서 감명을 받고, 고전미술을 자신의 작품을 통해 새롭게 창조해내기로 결심했다. 점차 로댕의 명성과 지위는 확고해졌고, 그 뒤 20년간 자신의 가장 유명한 작품들을 제작했다. 로댕은 세계에서 가장 위대한 조각가 가운데 한 사람으로, 현대 조각의 기틀을 세운 작가로 평가받고 있다.

주요 작품으로는 「지옥의 문」(1880~90), 「입맞춤」(1886), 「칼레의 시민들」(1886), 「영원한 우상」(1889), 「신의 손」(1896~1902), 「생각하는 사람」(1903) 등이 있다.

폴 세잔Paul Cézanne, 1839~1906

프랑스 남부의 엑상프로방스에서 태어났다. 반 고흐, 고갱과 함께 후기 인상주의를 대표하는 작가로 꼽는다. 세잔은 사물이 가지고 있는 본질적인 구조와 형상에 주목했으며, 자연의 형상을 원기둥과 구, 원뿔로 해석하는 자신만의 화풍을 만들어냈다. 그의 회화에서 특징적인 것은 추상적인 기하학적 형태와 색채의 결합이며, 피카소와 같은 입체파 화가들에게 영향을 주었다는 점에서 근대 회화의 아버지로 일컬어진다.

주요 작품으로는 「에스타크」(1883~85), 「카드놀이 하는 사람들」(1892~96),

「대수욕도」(1898~1905), 「생트 빅투아르 산」(1902~1906) 등이 있다.

프랜시스 베이컨Francis Bacon, 1909~1992

아일랜드 더블린에서 태어났다. 16세 때 집에서 쫓겨난 뒤 런던, 베를린, 파리 등지를 방랑했으며, 파리에서 피카소의 전시회를 보고 미술가가 되기로 결심한다. 1933년 런던의 메이어 갤러리에서 열린 전시회에 참가해서 이름을 알리기 시작했으며, 이후 공포, 폭력, 분노, 타락 등의 악몽적인 이미지들을 묘사하는 독창적인 유화 제작에 몰두했다. 1962년 런던 테이트 갤러리에서 열린 베이컨의 회고전이 성황리에 개최됨으로써 동시대 영국 화가들 사이에서 그의 입지가 확고해졌다. 베이컨은 주제가 되는 대상을 기존의 명화와 사진으로부터 얻고, 이를 변형시켜 기하학적으로 구성한 폐쇄적 공간 안에 배치한다. 그의 작품의 그로테스크한 묘사는 인간의 불안과 공포를 표현하고 있다. 그러나 후기로 갈수록 베이컨은 유령 같은 형태의 그림을 그만두고, 밝은 채색을 선호했다. 그는 데미언 허스트와 제이크, 다이노스 채프먼 형제 같은 영국 현대미술가들에게도 커다란 영향을 주었다.

주요 작품으로는 「풍경 속의 인물」(1945), 「회화」(1946), 「인체 연구」(1949), 「벨라스케스의 '교황 인노켄티우스 10세 초상화'에 따른 연구」(1953), 「개코 원숭이 연구」(1953) 등이 있다.

한스 홀바인Hans Holbein, 1497~1543

독일 아우크스부르크에서 태어났다. 1515년 바젤로 이주하여, 그 무렵부터 에라스무스의 『우신예찬』의 삽화를 그린 것으로 알려져 있다. 1526년까지 바젤에 머물렀으며, 1517년경에는 이탈리아로 여행하여 레오나르도 다빈치와 안드레아 만테냐의 영향을 받아 독특한 고전적 화풍의 기초를 구축한다. 16세기 독일 르네상스를 대표하는 화가로서, 영국 헨리 8세의 궁정 화가이기도 했으며, 인물의 심리를 꿰뚫는 통찰력과 세밀한 사실주의적 묘사로 역사상 가장 위대한 초상화가로 평가받고 있다.

주요 작품으로는 「그리스도의 유해」(1521~22), 「죽음의 무도」(1525), 「시장 마이어가의 성모자」(1526), 「토머스 모어 초상」(1527), 「처자의 상」(1528), 「게오르크 기스체의 초상」(1532), 「대사들」(1533) 등이 있다.

필자 소개(가나다순)

강우성

미국 뉴욕주립대학에서 문학박사학위를 받았다. 지은 책으로『미국문학사』(공저),『전쟁의 기억 냉전의 구술』(공저)이, 논문으로「문학과 윤리: 해체론적 물음들」「'문화번역'의 정치성」「폭력과 법의 피안: 정치적 주체의 탄생」이 있으며, 옮긴 책으로『이론 이후 삶』등이 있다. 현재 서울대학교 영문과 교수이다.

김동규

서강대학교 철학과에서 마리옹 연구로 철학박사학위를 받았다. 논문으로「현전의 형이상학을 바라보는 세 가지 시선: 하이데거, 데리다, 마리옹」「부정을 통해 신비로: 장-뤽 마리옹에게서 '존재와 다른' 신의 이름에 관한 물음」이, 옮긴 책으로 테브나즈의『현상학이란 무엇인가』, 레비나스의『탈출에 관해서』『후설 현상학에서의 직관 이론』, 리쾨르의『해석에 대하여: 프로이트에 관한 시론』(공역) 등이 있다. 현재 서강대학교 생명문화연구소 연구교수이다.

김상현

서울대학교에서 칸트 미학 연구로 철학박사학위를 받았다. 지은 책으로『이성의 운명에 관한 고백』이, 논문으로「숭고의 존재론: 칸트 숭고론의 탈(반)칸트적 해석」「미감적 판단의 이율배반과 미감적 합리성」 등이 있다. 현재 성균관대학교 학부대학 대우전임교수이다.

김재희

서울대학교에서 베르그손 연구로 철학박사학위를 받았다. 지은 책으로 『베르그손의 잠재적 무의식』 『물질과 기억: 반복과 차이의 운동』이, 옮긴 책으로 질베르 시몽동의 『기술적 대상들의 존재양식에 대하여』, 가라타니 고진의 『은유로서의 건축』, 데리다의 『에코그라피』(공역) 등이 있다. 현재 이화여자대학교 이화인문과학원 HK연구교수이다.

맹정현

프랑스 파리7대학에서 정신분석학 및 정신병리학 박사학위를 받았다. 지은 책으로 『리비돌로지』가, 옮긴 책으로 라캉의 『세미나 11: 정신분석의 네 가지 근본 개념』과 브루스 핑크의 『라캉과 정신의학』이 있다. Forums du champ lacanien france와 Internationale des Forums 회원이며, 정신분석클리닉 혜윰에서 정신분석가로 활동하면서 서울정신분석포럼 SFP에서 가르치고 있다.

박기순

프랑스 파리4대학에서 스피노자 연구로 철학박사학위를 받았다. 지은 책으로 『서양근대미학』(공저)이, 논문으로 「랑시에르에서 미학과 정치」「스피노자의 인간 본성 개념」 등이 있다. 현재 충북대학교 철학과 교수이다.

서동욱

벨기에 루뱅 대학에서 들뢰즈 연구로 철학박사학위를 받았다. 지은 책으로 『차이와 타자』 『들뢰즈의 철학』 『일상의 모험』 『철학연습』 『익명의 밤』 등이, 옮긴 책으로 들뢰즈의 『칸트의 비판철학』과 『프루스트와 기호들』(공역), 레비나스의 『존재에서 존재자로』 등이 있다. 현재 서강대학교 철학과 교수이다.

신인섭

스위스 로잔 대학에서 메를로-퐁티 연구로 철학박사학위를 받았다. 논문으로 「M. 메를로-퐁티의 실존적 정신분석과 L. 빈스방거의 현존재 분석」「누보 로망과 메를로-퐁티의 유비쿼터스 현상학」「미학 지평에서 본, 메를로-퐁티의 내재적 초월의 현상학과 들뢰즈의 철저 내재주의 경험론」 등이 있다. 현재 강남대학교 철학과 교수이다.

윤성우
프랑스 파리12대학에서 리쾨르 연구로 철학박사학위를 받았다. 지은 책으로 『들뢰즈: 재현의 문제와 다른 철학자들』『폴 리쾨르의 철학』『해석의 갈등』『생각하고 토론하는 서양 철학 이야기 4』 등이, 옮긴 책으로 베르만의 『번역과 문자』(공역), 『낯선 것으로부터 오는 시련』(공역), 리쾨르의 『번역론』(공역) 등이 있다. 현재 한국외국어대학교 철학과 교수이다.

지영래
프랑스 스트라스부르 대학에서 문학박사학위를 받았다. 지은 책으로 『집안의 천치: 사르트르의 플로베르론』『실존과 참여』(공저) 등이, 논문으로 「사르트르의 언어와 문체, 그리고 번역」「사르트르의 상상력 이론과 도피로서의 문학」이, 옮긴 책으로 『사르트르의 상상력』『닫힌 방·악마와 선한 신』 등이 있다. 현재 고려대학교 불문과 교수이다.

하피터 Peter Ha
벨기에 루뱅 대학에서 하이데거 연구로 철학박사학위를 받았다. 논문으로 「하이데거 사유에 있어서 죽음의 존재론적 구조」「칸트, 하이데거, 포스트모더니즘: '바깥의 사유'에 대한 고찰」「메를로-퐁티와 쉴더에 있어서 신체도식개념」「하이데거에게서 현존재의 초월개념: 비대칭적인 수직적 관계에 관하여」 등이 있다. 현재 경희대학교 체육대학원 교수이다.

허경
프랑스 스트라스부르 대학에서 푸코 연구로 철학박사학위를 받았다. 지은 책으로 『미셸 푸코: 개념의 고고학』(근간), 『푸코와 근대성』(근간)이, 옮긴 책으로 들뢰즈의 『푸코』 등이 있다. 현재 한국근현대문화사상연구소 공동 대표이다.

찾아보기(개념)

찾아보기(인명)